高等教育工程造价系列规划教材

公路工程施工

主　编　朱　峰
副主编　夏英志　董吉福
参　编　张永存　陈爱军
主　审　张争奇

机械工业出版社

本书主要介绍了公路工程各组成部分的主要施工方法、施工工艺和施工流程，并对公路主体施工的要点进行了系统的总结。全书共分为八章，包括绪论、施工准备、路基工程施工、路面工程施工、桥梁工程施工、涵洞施工、隧道工程施工、公路附属设施的施工。

本书参照国家颁布的《公路路基施工技术规范》（2006年）、《公路沥青路面设计规范》（2006年）、《公路沥青路面施工技术规范》（2004年），结合最新的公路工程设计施工规范及定额资料编写，力求反映目前我国应用最广泛、工艺最先进的公路施工方法。

本书可作为本科工程管理专业、工程造价专业的教材及参考书。同时，可供土木工程专业及其相关专业的师生学习参考，还可作为造价工程师、工程造价从业人员及项目管理人员参考书及培训教材。

图书在版编目（CIP）数据

公路工程施工/朱峰主编.—北京：机械工业出版社，2009.12（2025.7重印）

（高等教育工程造价系列规划教材）

ISBN 978-7-111-28971-5

Ⅰ．公… Ⅱ．朱… Ⅲ．道路工程-工程施工-高等学校：技术学校-教材 Ⅳ．U415

中国版本图书馆 CIP 数据核字（2009）第 198771 号

机械工业出版社（北京市百万庄大街22号 邮政编码100037）
策划编辑：冷 彬 责任编辑：冷 彬 版式设计：霍永明
封面设计：张 静 责任校对：李秋荣 责任印制：单爱军
北京盛通数码印刷有限公司印刷
2025年7月第1版第9次印刷
169mm×239mm・17.25 印张・332 千字
标准书号：ISBN 978-7-111-28971-5
定价：39.80元

电话服务　　　　　　　　网络服务
客服电话：010-88361066　　机 工 官 网：www.cmpbook.com
　　　　　010-88379833　　机 工 官 博：weibo.com/cmp1952
　　　　　010-68326294　　金 书 网：www.golden-book.com
封底无防伪标均为盗版　机工教育服务网：www.cmpedu.com

高等教育工程造价系列规划教材
编审委员会

主任委员：齐宝库
副主任委员：陈起俊
委　　员：（按姓氏笔画排序）

于英乐	于香梅	马　楠	王东欣	王秀燕
王俊安	王炳霞	王　赫	白丽华	刘亚臣
刘　迪	刘　钦	庄　丽	朱　峰	闫　瑾
齐宝库	冷　彬	吴信平	张国兴	张爱勤
李旭伟	李希胜	李锦华	杨会云	邵军义
陈起俊	房树田	郑润梅	赵秀臣	都沁军
崔淑杰	曹晓岩	董　立	赖少武	

序

伴随着人类社会经济的发展和物质文化生活水平的提高，人们一方面对工程项目的功能和质量要求越来越高，另一方面又期望工程项目建设投资尽可能少、效益尽可能好。随着经济体制改革和经济全球化进程的加快，现代工程项目建设呈现出投资主体多元化、投资决策分权化、工程发包方式多样化、工程建设承包市场国际化以及项目管理复杂化的发展态势。而工程项目所有参建方的根本目的都是追求自身利益的最大化。因此，工程建设领域对具有合理的知识结构、较高的业务素质和较强的实作技能，胜任工程建设全过程造价管理的专业人才需求越来越大。

高等院校肩负着培养和造就大批满足社会需求的高级人才的艰巨任务。目前，全国300多所高等院校开设的工程管理专业几乎都设有工程造价专业方向，并有近50所院校独立设置工程造价（本科）专业。要保证和提高专业人才培养质量，教材建设是一个十分关键的因素。但是，由于高等院校的工程造价（本科）专业教育才刚刚起步，尽管许多专家、学者在工程造价教材建设方面付出了大量心血，但现有教材仍存在诸多不尽如人意之处，并且均未形成能够满足工程造价专业人才培养需要的系列教材。

机械工业出版社审时度势，于2007年下半年在全国范围内对工程造价专业教学和教材建设的现状进行了广泛的调研，并于年底在北京召开了"工程造价系列规划教材编写研讨会"，成立了"高等教育工程造价系列规划教材编审委员会"。本人同与会的各位同仁就该系列教材的体系以及每本教材的编写框架进行了讨论。随后的两三个月内，详细研读了陆续收到的各位作者提供的教材编写大纲，并提出自己的修改意见和建议。许多作者在教材编写过程中与我进行了较为充分的沟通。

通过作者们一年多的辛勤劳动，"高等教育工程造价系列规划教材"的撰写工作即将全面告竣，并将陆续正式出版。该套系列教材是作者们在广泛吸纳各方面意见，认真总结以往教学经验的基础上编写的，充分体现了以下特色：

（1）强调知识体系的系统性。工程项目建设全过程造价管理是一个十分复杂的系统工程，要求其专业人才具有较为扎实的工程技术、管理、经济和法律四大平台知识。该套系列教材注重四大平台知识的融汇、贯通，构建了全面、完整、系统的专业知识体系。

（2）突出教材内容的实践性。近年来，我国建设工程计价模式、方法和管理体制发生了深刻的变化。该套系列教材紧密结合我国现行工程量清单计价和定额计价并存的特点，注重以定额计价为基础，突出工程量清单计价方法，并对《建设工程工程量清单计价规范》（GB 50500—2008）在工程造价专业教学与工程实践中的应用与执行进行了较好的诠释；同时，教材内容紧密结合我国造价工程师等执业资格考试和注册制度的要求，较好地体现出培养工程造价专业应用型人才的特色。

（3）注重编写模式的创新性。作者们结合多年对该学科领域的理论研究与教学和工程实践经验，在该套系列教材中引入和编写了大量工程造价案例、例题与习题，力求做到理论联系实际、深入浅出、图文并茂和通俗易懂。

（4）兼顾学生就业的广泛性。工程造价专业毕业生可以广泛地在国内外土木建筑工程项目建设全过程的投资估算、经济评价、造价咨询、房地产开发、工程承包、招标代理、建设监理、项目融资与项目管理等诸多岗位从业，同时也可以在政府、行业、教学和科研单位从事教学、科研和管理工作。该套系列教材所包含的知识体系较好地兼顾了不同行业各类岗位工作所需的各方面知识，同时也兼顾了本专业课程与相关学科课程的关联与衔接。

在本套系列教材即将面世之际，我谨代表高等教育工程造价系列规划教材编审委员会，向在教材撰写中付出辛劳和心血的同仁们表示感谢，还要向机械工业出版社高等教育分社的领导和编辑表示感谢，正是他们的适时策划和精心组织，为我们教学一线上的同仁们创建了施展才能的平台，也为我国高等院校工程造价专业教育做了一件好事。

工程造价在我国还是一个年轻的学科领域，其学科内涵和理论与实践知识体系尚在不断发展之中，加之时间有限，尽管作者们做出了极大努力，但该套系列教材仍难免存在不妥之处，恳请各高校广大教师和读者对此提出宝贵意见。我坚信，该套系列教材在大家的共同呵护下，一定能够成为极具影响力的精品教材，在高等院校工程造价专业人才培养中起到应有的作用。

齐宝库

2009年4月于沈阳

前 言

本书是为我国高等院校工程造价与工程管理人才的培养,按照机械工业出版社工程造价系列规划教材编审委员会审定的《公路工程施工》教材大纲编写的。

本书的编写特色如下:

1. 内容体系系统、完善。从公路工程施工准备到公路各组成部分的施工,均按照现阶段国内外流行的施工程序组织和安排教材内容。

2. 重点突出,通俗易懂。为了适应从事公路工程建设施工、管理与造价控制的需要,本书重点编写了公路工程的施工方法、施工工艺和施工要点,语言通俗、结构简明,同时编入了大量图表,明晰直观,实用性强。

3. 内容新颖,与时俱进。本书的编写紧密结合我国新颁布的一系列行业标准、技术规范和新定额,以便于学生掌握公路工程施工的最新的内容与知识。

本书由山东交通学院朱峰主编,河南城建学院夏英志和山东交通学院董吉福任副主编,朱峰负责全书的统稿工作,董吉福协助统稿。具体的编写分工为:第1、2、8章由董吉福编写,第3章由朱峰编写,第4章由夏英志编写,第5章由张永存(河南城建学院)编写,第6、7章由陈爱军(湖南工程学院)编写。

本教材由长安大学张争奇教授主审。张教授严谨、认真、细致地审阅本书稿,为提升本书的编写质量提出了许多宝贵的修改意见,在此深表感谢。

由于编者的知识水平有限,本书编写中难免出现遗漏和错误,恳请读者批评指正。

编 者

目 录

序
前言
第1章 绪论 1
　1.1 公路的分级与组成 1
　1.2 公路施工的发展概况 4
　1.3 公路施工的方法与特点 7
　1.4 公路施工的基本程序 8
第2章 施工准备 10
　2.1 技术准备 10
　2.2 组织准备 17
　2.3 物资准备 20
　2.4 施工现场准备 21
第3章 路基工程施工 24
　3.1 路基工程施工概述 24
　3.2 路基施工主要机械简介 26
　3.3 填方路基施工 36
　3.4 挖方路基施工 46
　3.5 特殊路基施工 51
　3.6 路基排水设施施工 62
　3.7 路基防护与支挡工程施工 67
第4章 路面工程施工 84
　4.1 路面施工主要机械设备简介 84
　4.2 路面的分类和路面结构 90
　4.3 路面基层（底基层）施工 91
　4.4 沥青路面施工 105
　4.5 水泥混凝土路面施工 125
第5章 桥梁工程施工 137
　5.1 桥梁工程概述 137
　5.2 桥梁施工方法的选择 138
　5.3 桥梁墩台的施工 146
　5.4 梁式桥的施工 153
　5.5 拱桥的施工 175
　5.6 斜拉桥和悬索桥施工简介 194
第6章 涵洞施工 203
　6.1 涵洞的构造 203
　6.2 涵洞施工准备 207
　6.3 涵洞施工工艺 208
第7章 隧道工程施工 213
　7.1 公路隧道结构构造 213
　7.2 公路隧道施工准备和施工
　　　测量 221
　7.3 隧道施工方法 232
第8章 公路附属设施的施工 247
　8.1 公路安全设施施工 247
　8.2 公路绿化工程施工 260
参考文献 266

第1章 绪 论

公路是指连接城市、乡村、港口、厂矿和林区等的道路，它是主要供汽车行驶且具备一定技术条件的交通设施。公路工程属于一种人工构造物，需要通过设计和施工等环节，消耗大量的人工、材料和借助机械而完成的建筑产品。作为产品，施工质量是公路工程的生命，决定着公路的使用安全、品质和寿命。因此，对公路工程各组成部分的施工应给予足够的重视。

1.1 公路的分级与组成

1.1.1 公路的分级

1. 公路分级

交通部 2004 年 1 月颁布的《公路工程技术标准》（JTG B01—2003），将公路根据功能和适应的交通量分为五个等级，即高速公路、一级公路、二级公路、三级公路、四级公路。

（1）高速公路　专供汽车分向、分车道行驶，并应全部控制出入的多车道公路。

四车道高速公路应能适应将各种汽车折合成小客车的年平均日交通量 25000~55000 辆。

六车道高速公路应能适应将各种汽车折合成小客车的年平均日交通量 45000~80000 辆。

八车道高速公路应能适应将各种汽车折合成小客车的年平均日交通量 60000~100000 辆。

（2）一级公路　供汽车分向、分车道行驶，并可根据需要控制出入的多车道公路。

四车道一级公路应能适应将各种汽车折合成小客车的年平均日交通量 15000

~30000 辆。

六车道一级公路应能适应将各种汽车折合成小客车的年平均日交通量 25000~55000 辆。

(3) 二级公路　供汽车行驶的双车道公路。

二级公路应能适应将各种汽车折合成小客车的年平均日交通量 5000~15000 辆。

(4) 三级公路　主要供汽车行驶的双车道公路。

三级公路应能适应将各种车辆折合成小客车的年平均日交通量 2000~6000 辆。

(5) 四级公路　主要供汽车行驶的双车道或单车道公路。

双车道四级公路应能适应将各种车辆折合成小客车的年平均日交通量 2000 辆以下。

单车道四级公路应能适应将各种车辆折合成小客车的年平均日交通量 400 辆以下。

2. 公路分类

公路按其在公路网的地位与作用分为以下五类：

(1) 国道　在国家公路网中，具有全国性政治、经济、国防意义，并经确定为国家干线的公路。

(2) 省道　在省公路网中，具有全省性政治、经济、国防意义，并经确定为省级干线的公路。

(3) 县道　具有全县性政治、经济意义，并经确定为县级的公路。

(4) 乡道　主要为乡村生产、生活服务，并经确定为乡级的公路。

(5) 专用公路　专为企业或其他单位提供运输服务的道路，如专门或主要为工矿、林区、油田、农场、军事要地等与外部连接的公路。

1.1.2　公路的组成

1. 路基工程

路基是按照道路的平面位置、纵面线形和一定的技术要求修筑的作为路面基础的岩土构造物。路基是路面的基础，又是公路的重要组成部分。按路基横断面形状的不同，通常可分为路堤、路堑和半填半挖路基三种形式，如图 1-1 所示。

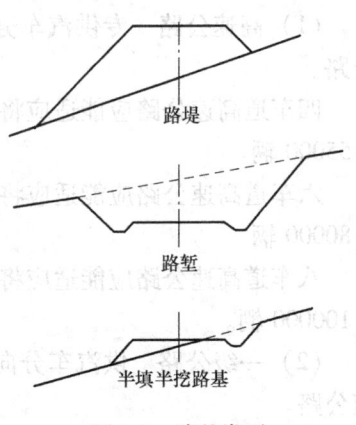

图 1-1　路基类型

2. 路面工程

路面是在路基之上用各种筑路材料铺筑的

供汽车行驶的层状构造物，其作用是保证汽车能全天候地在道路上安全、迅速、舒适、经济的运行。

路面结构一般由面层、基层、底基层与垫层组成，如图1-2所示。

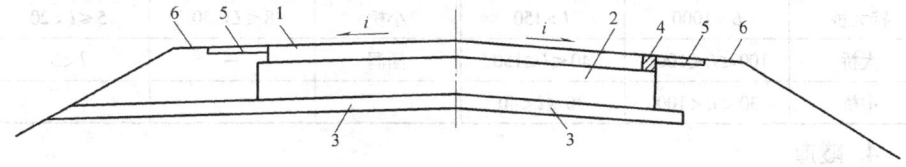

图1-2　路面的组成
1—面层　2—基层　3—垫层　4—路缘石　5—硬路肩　6—土路肩　i—路拱横坡度

面层是直接承受车轮荷载反复作用和自然因素长期影响的结构层。按面层所用材料的不同，可划分为柔性路面、刚性路面和半刚性路面三种。作为柔性路面的典型代表，沥青路面可由一～三层组成。三层式沥青路面的表面层应根据使用要求设置抗滑、耐磨、密实稳定的沥青层，中面层、下面层应根据公路等级、沥青层厚度、气候条件等选择适当的沥青结构层。

基层是设置在面层之下，并与面层一起将车轮荷载的反复作用传递到底基层、垫层、土基，起主要承重作用的层次。基层可分为柔性基层（沥青稳定碎石、沥青贯入式、级配碎石、级配砾石等）、半刚性基层（水泥稳定土或粒料、石灰或粉煤灰稳定土或粒料等）、刚性基层（碾压式水泥混凝土、贫混凝土等）、混合式基层（上部使用柔性基层、下部使用半刚性基层）等。对于高速公路、一级公路，应采用水泥稳定粒料、石灰粉煤灰（二灰）稳定粒料、沥青碎石以及级配碎砾石等材料铺筑。高速公路、一级公路的底基层和二级及二级以下公路基层和底基层，除上述类型材料外，也可采用水泥稳定土、石灰稳定土、石灰粉煤灰稳定土、石灰工业废渣、填隙碎石等或其他适宜的当地材料铺筑。

垫层是设置在底基层与土基之间的结构层，起排水、隔水、防冻、防污等作用。各级公路当需要设置垫层时，一般可采用水稳性好的粗粒料或各种稳定性材料铺筑。

3. 桥涵工程

桥梁是为道路跨越河流、山谷或人工障碍物而建造的构造物；涵洞是为宣泄地面水流而设置的横穿公路的小型排水构造物。

（1）按桥梁总长和跨径的不同分类　分为特大桥、大桥、中桥、小桥和涵洞。交通部颁布的《公路桥涵设计通用规范》（JTG D60—2004）给出了桥涵的分类，具体见表1-1。

（2）按桥梁受力体系分类　可分作梁式桥、拱式桥、刚架桥、吊桥四种基本体系，其中梁式桥以受弯为主，拱式桥以受压为主，吊桥以受拉为主。另外，由上述四大基本体系的相互组合，又派生出在受力上具有组合特征的组合体系桥型，如目前在我国广为流行的斜拉桥等。

表1-1　桥梁、涵洞分类

桥梁分类	多孔桥全长 L/m	单孔跨径 l/m	桥梁分类	多孔桥全长 L/m	单孔跨径 l/m
特大桥	$L>1000$	$l>150$	小桥	$8 \leqslant L \leqslant 30$	$5 \leqslant l<20$
大桥	$100 \leqslant L \leqslant 1000$	$40 \leqslant l \leqslant 150$	涵洞	—	$l<5$
中桥	$30<L<100$	$30 \leqslant l<40$			

4. 隧道

隧道是为公路从地层内部或水下通过而修建的结构物。当公路需要翻越高山或穿过深水层时，为了改善平纵线形和缩短路线长度，经过技术、经济比选，可选用隧道方式。

5. 排水及防护工程

排水工程是为了排除地面水及地下水而设置的排水构造物。除桥涵外，还有边沟、截水沟、急流槽、盲沟、渗井和渡槽等路基排水构造物和路面排水构造物组成的道路排水系统。

防护工程是为了加固路基边坡、确保路基稳定的结构物，如在路基边坡修建的填石边坡、砌石边坡、挡土墙、护脚和护面墙等构造物。

6. 交通工程设施

交通工程设施是针对高等级公路行车速度快、通过能力大、交通事故少、服务水平高的特点设置的，它包括安全设施、管理设施、服务设施、收费设施、供电设施等。

（1）安全设施　安全设施是整个交通工程系统的最基本的部分，主要有标志、标线、视线诱导标、护栏、隔离栅、防眩设施和照明设施等。

（2）管理设施　主要包括控制、监视、通信、数据采集与处理设施。

（3）服务设施　主要包括服务区、加油站、公共汽车停靠站等。

（4）收费设施　主要是指收费站等。

（5）供电设施　这是为了使整个交通工程系统正常运行而设置的配套设施。

（6）环保设施　主要指为减少公路交通环境污染而设计的声屏障、减噪路面、绿化工程及公路景观（自然景观及人文景观）。

1.2　公路施工的发展概况

1.2.1　我国公路施工技术发展回顾

我国在公路施工技术上有着悠久的历史，据史料考证，早在公元前2000年，我国已修建有可供行驶牛车、马车的道路。在西周时期道路建设已初具规模,唐代是我国古代道路发展的鼎盛时期,形成了以城市为中心的四通八达的道路网,其间在道路结构、施工方法等方面作了许多创新。到了清代,对道路进行了功能分级,分为官马大路、大路、小路三个等级。其中仅官马大路已达2000km 以上。

20世纪初,在第一辆汽车输入我国后,通行汽车的公路就随之诞生了,1908年建成了我国历史上的第一条公路,即广西的龙州至那堪公路。到新中国成立前,我国近代道路发展缓慢,并且屡遭破坏。30多年间修建的公路不足8万km,其中铺有高级、次高级路面的还不到350km。在这一时期,就施工技术而言,修建的多为天然泥土路、泥石路或泥结碎石路;就施工手段而言,主要是人工挑抬、石碾压实。虽然那时也引进了一些筑路机械,但由于配件和燃料供应困难,机械的利用率很低。到解放初期,全国仅有推土机200余台,压路机还不足百台,拌合机刚过百台。

新中国成立以后,随着我国公路建设事业的蓬勃发展,公路施工技术水平也相应地得到了较快地提高。解放后不久,全国从上到下成立了各级公路施工专业队伍,并颁布了相应的公路技术规范或规则,使公路施工及管理迅速走上了正轨。20世纪50年代,由专业施工队伍负责承担施工任务的康藏公路、海南岛公路、成都至阿坝公路等10余条重点公路工程相继竣工。结合这些公路自然条件复杂、工程艰巨、工期要求短等特点,在施工中探索、创造了土石方大爆破施工、泥结碎石路面施工和泥结碎石路面加铺级配磨耗层和保护层施工、软土等特殊地基的处理等一系列的公路施工技术,使我国的公路施工技术水平有了一个整体上的提高。20世纪60~80年代初,是我国公路发展的普及阶段,这个时期共修建公路80多万km。其中,高级、次高级路面(主要是渣油路面)达10万km。这些公路以三、四级公路和等外路为主,基本上是采取发动群众和以手工操作方式为主进行施工的。因此,施工机械的发展和推广应用比较缓慢。

1988年是我国公路交通史上不平凡的一年,随着沪嘉高速公路于1988年10月31日的建成通车,结束了我国大陆没有高速公路的历史,这是我国公路建设迈入现代化的新起点。自20世纪80年代开始建设高速公路以来,我国高速公路的建设快速发展。1999年底,我国高速公路通车总里程达到6258km,仅位列世界第八;2001年底达到1.9万km,已跃居世界第二;至2008年底,我国高速公路的通车总里程实现了6.03万km,直逼高速公路世界第一的美国。

按照我国2005年公布的高速公路网发展规划,到2020年基本建成国家高速公路网,届时我国高速公路通车总里程将达10万km。新路网由7条首都放射线、9条南北纵向线和18条东西横向线组成,简称为"7918公路网"。

为适应高等级公路高标准和高质量的要求,进入20世纪80年代以来,我国公路施工技术也获得了前所未有的发展。这些发展与变化主要体现在以下几个方面：

1）制定或修订公路工程技术规范，建立起了一整套符合我国国情的公路施工控制、检测及验收标准。

2）机械化施工水平大大提高，各种先进的筑路机械广泛应用于公路工程的施工。全国各地组建了一批设备先进、种类齐全的公路机械化施工队伍，公路施工实现了由手工操作逐步向机械作业方式的转变。到目前，全国公路施工部门已拥有一大批国产和进口的技术先进、种类齐全、成龙配套的筑路机械、试验仪器和检测设备，大型筑路机械已达30余万台（套），固定资产原值已达30多亿元。

3）新技术、新工艺、新材料得到广泛应用，进而取得了巨大的社会、经济效益。

4）施工的控制及检测手段日臻完善，从而有力地保证了工程质量，加快了施工进度。

1.2.2 公路施工技术的发展趋势

随着世界各国技术经济的进步、交通事业的发展和人们物质文化要求的提高，对公路建设也提出了更高的要求，这主要表现为：一是对公路功能的要求越来越高，如通行能力、承载能力及行车的安全性与舒适性等；二是对公路整体线形、路容、路况的要求越来越高，特别是山区公路及旅游区道路，其路线与周围环境的协调性成为重要的评价指标；三是对公路环保的要求越来越高，如对行车污染和噪声的限制等；四是对公路的施工速度、施工质量和管理水平要求越来越高，在施工中将普遍采用自动化机械设备进行快速而且优质的作业。

针对上述要求，公路施工必将向着机械化、自动化、生物化学化、标准化和工厂化方向发展。

(1) 在公路施工方案的拟订和选择方面 将充分利用计算机及其他现代先进手段，综合考虑施工材料、机具、工期、造价等因素，进行方案比选与优化，以获取最大的社会经济效益。

(2) 在施工工艺方面 土石方爆破、稳定土、旧有沥青及水泥混凝土再生、工业废料筑路及水泥、沥青、土壤外加剂等的工艺水平将有突破性进展。

(3) 施工机械方面 将研究使用一条龙的单机配套机械进行流水作业和多功能的联合施工机械；为实现施工机械自动化，还将使用电子装置、自控装置和激光技术，对施工现场进行遥控监测。

(4) 在施工检测技术方面 将研究使用能自动连续量测动、静两种荷载作用下的路基、路面弯沉仪和曲率半径仪；研究使用冲击波、超声波测定强度和弹性模量；研究使用同位素方法测定密实度和厚度，以及研究使用计算机自动连续量测路面抗滑性能和平整度的仪器的使用等。

（5）在施工作业方面 将大量使用预制结构，使人工构造物的施工实现标准化和工厂化。

（6）在特殊路基的处理方面 将充分应用生化技术，最大限度地利用当地材料。

（7）各种环保和交通工程设施 如声屏墙、减噪路面及绿化工程等的施工技术将提高到一个新的水平。

（8）施工技术的发展 施工技术的发展将更好地满足设计要求，设计与施工的结合将更加密切。

1.3 公路施工的方法与特点

1.3.1 施工的方法

高等级公路的施工方法主要有人工、简易机械化、机械化、水力机械化和爆破等。

（1）人工施工法 人工施工法是使用手工工具进行公路施工的方法。这种施工方法效率低、劳动强度大，不仅要占用大量的劳动力，而且施工进度慢，工程质量也难以保证。但在山区低等级公路路基工程中，当机械无法进入施工现场或施工场地难以展开机械化作业时，就不可避免地要采用人工施工法。

（2）简易机械化施工法 简易机械化施工法是以人力为主，配以简易机械的公路施工方法。与人工施工法相比较，能适当地减轻劳动强度，而且可以加快施工进度，提高施工质量。在我国目前的施工生产条件下，特别是山区一般公路建设中，仍是一种值得推广的施工方法。

（3）机械化施工法 机械化施工法是使用配套机械，主机配以辅机，相互协调，共同形成主要工序的综合机械化作业的公路施工方法。机械化施工可以极大地提高劳动生产率，减轻劳动强度，显著地加快施工进度，提高工程质量，而且安全程度高，是加速公路工程建设和实现公路施工现代化的根本途径。

（4）爆破施工法 爆破施工法是通过爆破震松岩石、硬土或冻土，开挖路堑或采集石料的施工方法。这种方法是道路施工、特别是山区公路施工不可或缺的重要施工方法。

（5）水力机械化施工法 水力机械化施工法是利用水泵、水枪等水力机械，喷射出强力水流，冲散土层，并流运至指定的地点沉积的施工方法。这种方法需要有充足的水源和电源，适于挖掘比较松散的土质和地下钻孔工程。

施工方法的选择，应根据工程性质、工程数量、施工期限以及可能获得的人力和机械设备等条件综合考虑。为了适应我国公路建设标准高和速度快的要求，近年来许多施工单位都先后从国内外购置了大量现代化筑路机械与设备，在高等级公路施工中，基本实现了机械化或半机械化作业。迅速提高了施工质量和劳动效率，大大加快了公路工程建设的步伐。

1.3.2 施工特点

作为一种特定的人工构造物，公路工程施工与工业生产比较，虽然公路施工同样是把一系列的资源投入产品（即工程）的生产过程，其生产上的阶段性和连续性，组织上的专门化和协作化也与之基本相符。但是，公路施工与一般工业生产和其他土建工程施工（如房屋建筑）仍有所不同。

1) 公路工程属于线性工程。一般一条公路项目的建设路段少则几千米，多则数十千米、数百千米以上，路线跨越山川、河谷。路线所经路段难以完全避开不良地质地区，如滑坡、软基、冻土、高填、深挖等路段；在地形复杂的地段，难以避免地要修建大桥、特大桥、隧道、挡墙等结构物。这就使得公路项目建设看似简单，实际上却比一般土木工程项目复杂得多。由于公路路线所经路段地质特性的多变性，使得公路路基施工复杂、多变性凸现，结构物的施工也因地质条件的不确定性，经常导致设计变更、工期延长，使进度控制、质量控制、投资控制的难度大大增加。

2) 公路工程项目构成复杂。公路工程项目的单位工程包括：路基土石方工程、路面工程、桥梁工程、隧道工程、互通立交工程、沿线设施及交通工程、绿化工程等。各单位工程中的作业内容差异很大，如桥梁工程，随不同的桥型，施工技术差异很大。这也决定了公路工程项目施工的技术复杂性和管理的综合性。

3) 公路工程项目规模庞大，施工过程缓慢，工作面有限，决定了其较长的工期。高速公路的施工工期通常在 2~5 年，工期长意味着在工程建设中面临着更多的不确定因素，承担着更大的风险。

4) 公路工程项目建设投资大。高速公路造价一般为 2000 万~4000 万元/km，有时甚至更高。工程建设需要的巨大资金能否及时到位，是保障工程按期完工的前提。资金投入对于投资活动的成功与否关系重大，同时，在工程建设中要求有高质量的工程管理，以确保项目的工期、投资和质量目标的实现。

1.4 公路施工的基本程序

施工程序是指施工单位从接受施工任务到工程竣工阶段必须遵守的工作程序，主要包括接受施工任务、签订工程承包合同、组织施工和竣工验收等。

1.4.1 签订工程承包合同

1. 接受施工任务的方式

施工企业接受任务的方式主要有三种：

1) 上级主管单位统一布置任务，安排计划下达。
2) 经主管部门同意，自行对外接受任务。
3) 参加招投标，中标而获得任务。

2. 接受任务的要求

1) 查证核实工程项目是否列入国家计划。
2) 必须有批准的可行性研究、初步设计（或施工图设计）及工程概（预）算文件。

3. 接受任务的方式

1) 签订工程承包合同，对工程接受加以肯定。
2) 施工承包合同的内容主要包括：承包的依据、方式、工程范围、工程质量、施工工期、工程造价、技术物资供应、拨款结算方式、奖惩条款等。

1.4.2 施工准备工作

施工准备工作是为拟建工程的施工建立必要的技术和物质条件，统筹安排施工力量和现场。施工准备工作也是施工企业搞好目标管理，推行技术经济承包的依据。要编制好施工组织设计，以保证工程建设的顺利进行。其作用是发挥企业优势，合理资源供应，加快施工速度，提高工程质量，降低工程成本。

1.4.3 组织施工

1) 施工准备就绪后，向监理工程师提交开工报告，经同意即可开工。
2) 按施工顺序和施工组织设计中所拟定的施工方法进行施工。
3) 组织施工应具备的文件有：①设计文件；②施工规范和技术操作规程；③各种定额；④施工图预算；⑤施工组织设计；⑥公路工程质量检验评定标准和施工验收规范。

1.4.4 竣工验收

1) 所有建设项目和单位工程都已按设计文件内容建成。
2) 以设计文件为依据，根据有关规定和评定质量等级进行工程验收。

第 2 章 施工准备

施工单位通过投标获得工程任务并与建设单位签订工程施工承包合同后,施工企业应成立项目经理部,按照合同的要求着手进行施工准备工作。施工准备分为技术准备、组织准备、物资准备和施工现场准备等几个方面。经验表明,公路施工能否按计划顺利进行,与准备工作的好坏有直接关系,因此必须认真做好各项准备工作。

2.1 技术准备

2.1.1 熟悉与审查设计文件并进行现场核对

组织有关人员学习设计文件,其目的是为了对设计文件、设计图及资料进行了解和研究,使施工人员明确设计者的设计意图和业主要求,熟悉设计图的细节,并对设计文件和设计图进行现场核对。其内容主要包括:

1) 设计图是否齐全,规定是否明确,与说明有无矛盾。
2) 路基平、纵、横断面,构造物总体布置和桥涵结构物形式等是否合理,相互之间是否有错误和矛盾。
3) 主要标高、尺寸、位置有无错误。
4) 设计文件所依据的水文、气象、土壤等资料是否准确、可靠、齐全。
5) 核对路线中线、主要控制点、水准点、三角点、基线等是否准确无误。
6) 路线或构造物与农田、水利、航道、公路、铁路、电信、管线及其他建筑物的互相干扰情况及其解决办法是否恰当,干扰可否避免。
7) 对地质不良地段采取的处理措施。
8) 主要材料、劳动力、机械台班等计算(含运距)是否准确。
9) 施工方法、料场分布、运输工具、道路条件等是否符合实际情况。
10) 结构物工程数量计算是否有误。

11）工程预算以及采用的定额是否合理。如现场核对时发现设计不合理或有错误之处，应做好详细记录并拟定修改意见，待设计技术交底时提交。

2.1.2 补充调查资料

进行现场补充调查是为编制实施性施工组织设计收集资料。调查的内容主要有：

1）工程地点的水文、地形、气候条件和地质情况。
2）自采加工料场、当地材料、可供利用的房屋情况。
3）当地劳动力资源、工业加工能力、运输条件和运输工具情况。
4）施工场地的水源、电源以及生活物资供应情况。
5）当地风俗习惯等。

2.1.3 设计交桩和设计技术交底

工程在正式施工之前，应由勘测设计单位向施工单位进行交桩和设计技术交底。

交桩应在现场进行，设计单位将路线测设时所设置的导线控制点和水准点及其他重要点位的桩志逐一移交给施工单位。施工单位在接受这些控制点后，要采取必要措施妥善地加固与保护。

设计技术交底一般由建设单位主持，设计、监理和施工单位参加。交底时设计单位应说明工程的设计依据、设计意图，并对某些特殊结构、新材料、新技术以及施工中的难点和需注意的方面详细说明，提出设计要求。施工单位则将在研究设计文件中发现的问题及有关修改设计的意见提出，由设计单位对有关问题进行澄清和解释，对于合理的修改设计的意见，必要时可在统一认识的基础上，对所讨论的结果逐一记录，并形成会议纪要，由建设单位正式行文，参加单位共同会签，作为与设计文件同时使用的技术文件和指导施工的依据，以及进行工程结算的依据。

2.1.4 建立工地实验室

1. 工地实验室的作用

公路工程施工过程中，必须进行各种材料试验，以便选用合适的材料及其材料性能参数，才能保证公路工程结构物的强度和耐久性，并有利于掌握各种材料的施工质量指标，保证结构物的施工质量。

随着公路技术等级的提高，相应的筑路材料试验任务增大，并要求试验结果具有更高的准确性和可靠性。高等级公路的线形更趋于平直，使得路基工程的高填深挖及经过不良地带的路段增加。由于高等级公路对路面的行车性能及耐久性能提出更高的要求，相应地要求路基更为稳定，路面材料应具有更高的力学性能、耐磨蚀性和气候稳定性等。公路工程事业的进步，促进了其施工技术水平的不断提高，同时也推动了公路工程新材料的研究应用，并且使材料性能试验及质量检验工作显得日益重要。另一方面，随着经济体制改革的深化，要求不断改善公路工程的投资效益，因而工程质量问题已从一般化的要求变成了衡量工程施工单位技术质量水平的标志。因此，从某种意义上说，一项工程的质量如何，已关系到该公路施工单位以后的业务前景。基于上述情况，加强质量管理和施工质量检验、建立并充分发挥工地实验室的作用，是施工单位必须做的一项十分重要的工作。

2. 工地实验室的主要工作内容

工地实验室是为施工现场提供直接服务的实验室，主要任务是配合路基、路面施工，对工地使用的各种原材料、加工材料及结构性材料的物理力学性能，以及施工结构体的几何尺寸等进行检测。

3. 工地实验室的人员及设施

工地实验室的试验检测人员必须是施工单位试验检测机构的正式人员。工地实验室负责人应由施工单位试验检测机构负责人授权，从事试验检测工作3年以上，具有交通部试验检测工程师资格的人员担任；工地实验室部门负责人需具有省交通厅试验检测员及以上资格的人员担任；一般试验检测人员需具有省交通厅试验检测员及以上资格或交通系统试验检测培训证的人员担任。未取得交通系统试验检测资格或培训证的人员不得上岗。

施工单位试验检测人员数量按施工合同额进行配备，5000万元以下的至少4人；5000万元以上、1亿元以下的至少6人；1亿元以上、2亿元以下的至少8人；2亿元以上的至少10人。

工地实验室在工程项目完工之前，不准对人员和设备进行更换和调离。确实需要更换和调离的，应取得项目建设单位的书面批准。

工地实验室面积应达到300m^2，并按检测项目要求合理布局，满足工地试验要求；设备安置要合理，便于操作，并保持环境整洁卫生。

工地实验室应按照合同和工程实际需要配备合格的试验检测仪器设备。工地实验室试验检测仪器设备在使用前必须通过计量检定或校准。试验检测仪器设备应由专人负责日常保养、保管，做好使用记录、保养记录，主要试验检测仪器设备应建立设备档案，仪器设备的操作规程要张贴上墙。

2.1.5　编制施工组织设计

施工组织设计是指工程项目在施工前，根据设计人员、业主和监理工程师的要求，以及主客观条件，对工程项目施工的全过程所进行的一系列筹划和安排。公路施工组织设计是指导公路施工的基本技术经济文件，也是对施工实行科学管理的重要手段。编制施工组织设计的目的在于全面、合理、有计划地组织施工，从而具体实现设计意图，按质、按量、按期完成施工任务。实践证明，一个工程如果施工组织设计编制得好，并能得到认真地执行，施工就可以有条不紊地进行，否则将会出现盲目施工的混乱局面，造成不必要的损失。

1. 编制原则

1）严格遵守合同签订的或上级下达的施工期限，保质保量按期完成施工任务。对工期较长的大型项目，可根据施工情况，分期分批进行安排。

2）科学、合理地安排施工顺序，在保证质量的基础上，尽可能缩短工期，加快施工进度。

3）采用先进的施工方法和施工技术，不断提高施工机械化、预制装配化程度，减轻劳动强度，提高劳动生产率。

4）应用科学的计划方法确定最合理的施工组织方法。根据工程特点和工期要求，因地制宜地快速施工、平行作业。对于复杂的工程应通过网络计划确定最佳的施工组织方案。

5）落实季节性施工的措施，科学安排施工计划，组织连续、均衡的施工。

6）严格遵守施工规范、规程和制度。认真按照基本建设程序办事，根据批准的设计文件与工期要求安排进度。严格执行有关技术规范和规程，提出具体的质量、安全控制和管理措施，并在制度上加以保证，确保工程质量和作业安全。

2. 编制施工组织设计的程序

编制施工组织设计需要遵守一定的程序，根据合同要求和施工现场的具体条件，按照施工的客观规律，协调和处理好各个影响因素的关系，用科学的方法进行编制。常见的编制程序如图2-1所示。

3. 施工组织设计的主要内容

1）工程概述。简要说明工程项目、施工单位、业主、监理机构、设计单位、质检单位名称、合同开工日期和竣工日期、合同价；简要介绍项目的地理位置、地形地貌、水文、气候、交通运输、水电供应等情况；介绍施工组织机构设置及职能部门之间的关系；说明工程结构、规模、主要工程量；说明合同特殊要求等。

2）施工技术方案。主要是施工方法（特别是冬期和雨期以及技术复杂的特殊施工方法），施工程序（重点是施工顺序及工序之间的衔接），决定采用的新技术、新工艺、新材料和新设备，技术安全措施、质量保证措施等。

3）施工进度计划。主要是对施工顺序、开始和结束时间、搭接关系进行综合安排，包括以实物工程量和投资额表示的工程的总进度计划和分年度计划，以及所需用的工日数和机械台班数。

4）施工总体及部分工程平面图。施工总平面图布置必须以平面布置图表示，并应标明项目建设的位置、生产区、生活区、预制厂、材料场、爆破器材库等的位置。

5）劳动力需要量和来源。包括总需要量和分工种、分年度的需要量在内。

6）施工现场平面布置。

7）施工机械、建筑材料，施工用水、用电的分年度需要量及供应方案。

8）便道、防洪、排水和生产、生活用房屋等设施的建设及时间要求。

9）施工准备工作进度表，包括各项准备工作的负责单位、完成时间及要求等。

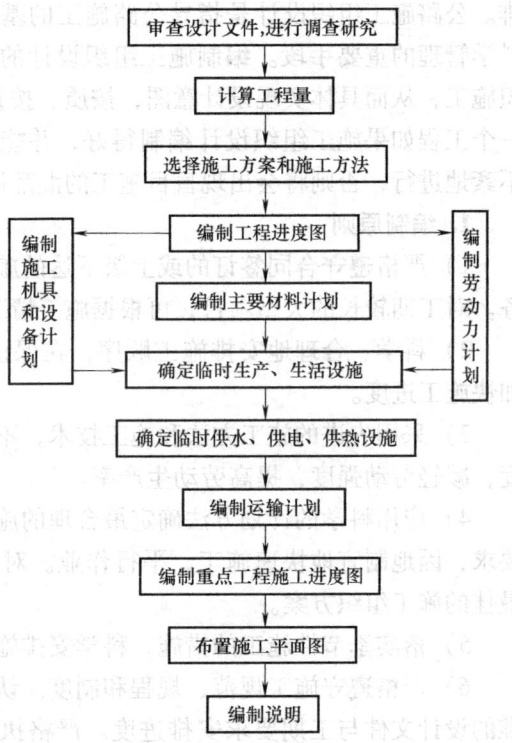

图 2-1 施工组织设计程序

施工组织设计用文、图、表三种形式表示，互相结合，互相补充。凡能用图表表示的，应尽量采用图表。因为图表便于"上墙"，能形象、准确、直观地说明问题，有利于指导现场施工。

4. 施工组织设计的编制步骤

（1）施工方案的制定 编制施工组织设计首先遇到的问题就是选择和制定施工方案，如果这个问题得不到解决，施工组织设计乃至以后的施工工作就不可能进行。所以，施工方案的优劣，在很大程度上决定了施工组织设计质量的好坏和施工任务能否圆满完成。

施工方案是指对项目施工所作的总体设想和安排。施工方案应包括：施工方法和施工机具的选择，施工段划分，施工顺序，新工艺、新技术、新机具、新材料、新管理方法的使用，有关该工程的科学试验项目安排等。选择和制定施工方案，首先要考虑其是否可行，同时还要做到技术先进、经济合理、施工安全，应全面权衡、通盘考虑。

施工方法是施工方案的核心内容，它对工程的实施具有决定性的作用。确定施工方法应突出重点,凡是采用新技术、新工艺和对本工程质量起关键作用的项目,以及工人在操作上还不够熟练的项目,应详细而具体,不仅要拟订进行这一项目的操作过程和方法,而且要提出质量要求,以及达到这些要求的技术措施,并要预见可能发生的问题,提出预防和解决这些问题的办法。对于一般性工程和常规施工方法则可适当简化,但要提出工程中的特殊要求。

确定施工方法,应考虑工程项目的特点,结合现场一切有关的自然条件和施工单位拥有的施工经验和设备,吸收国内外同类工程成功的施工方法和先进技术,以达到施工快速、经济和优质的目的。

(2) 施工进度计划的编制　施工进度计划是对施工顺序、开始和结束时间、搭接关系进行综合安排。施工进度计划是施工组织设计中最重要的组成部分,它必须配合施工方案的选择进行安排,它又是劳动力组织、机具调配、材料供应以及施工场地布置的主要依据,一切施工组织工作都是围绕施工进度计划来进行的。

编制施工进度计划的目的是要确定各个项目的施工顺序,开、竣工日期。一般以月为单位进行安排,从而据此计算人力、机具、材料等的分期(月)需要量,进行整个施工场地的布置和编制施工预算。

施工进度计划一般用图示法表现。进度计划的图形可以采用横道图、S形曲线、"香蕉"曲线、网络图等。通常采用横道图,它的形式简单、醒目,易绘制、易懂;还可以在施工过程中在同一图上描绘实际进度。与计划进度相比,当工程项目及工序比较简单,且它们之间的关系也不太复杂,其工序衔接及进度安排凭已有施工经验即可确定时,可以直接绘制横道图进度计划;当工程项目以及工序之间的相互关系比较复杂、各工序的衔接及进度安排有多种方案需进行比较时,则要用网络图求得最优先计划,再整理绘制成横道进度图。

(3) 资源供应计划　资源供应计划包括劳动力供应计划、材料供应计划、施工机械和大型工具供应计划、预制品供应计划等,这些计划是根据施工进度计划编制的,是计划进度的保证性计划,是进行市场供应的依据。

(4) 场外运输计划　将各种物资从产地或交货地点运到工地仓库、料场,称为场外运输。场外运输计划应解决的主要问题是正确选择运输方式及运输工具,以达到降低成本和加速工程进度的目的。

2.1.6　施工现场规划和场地布置

1. 施工现场规划和场地布置

施工现场和场地布置是施工组织设计的基本内容之一,它需要考虑的问题很多、很广泛、也很具体。它是一项实践性、综合性很强的工作,只有充分掌握了现场的地形、地物、熟悉了现场的周围环境和其他有关条件,并对本工程情况有了一个清楚与正确的认识之后，才能做到统筹规划，合理布局。

施工现场规划和场地布置情况应以场地平面布置图表示出来。在施工场地平面布置图内应表示出公路的平面位置、场地内需要修建的各项临时工程和露天料场、作业场的平面位置和占地面积，以及场地内各种运输线路（包括由场外运送材料至工地的进出口线路）。

2. 材料加工及机械修配场地的规划和布置

施工单位为满足本身的需要，有条件时应设置采石场、采砂场、混凝土构件预制场、金属加工厂、机械修配厂等。

对于预制场，一般宜设在工地上，以减少构件的运输。对于砂石材料开采场，宜设在材料产地。如有两个或两个以上的产地可供选择时，选择的条件首先是材料品质要符合设计要求，其次是运输距离要近，再次是开采的难易程度、成材率的高低。预制场的选择要综合考虑，作出综合经济分析。

对于材料加工场地，则设在原材料产地较为有利。

3. 工地临时房屋的规划与布置

工地临时房屋主要包括施工人员居住用房、办公用房、食堂和其他生活福利设施用房，以及实验室、动力站、工作棚和仓库等。这些临时房屋应建在施工期间不被占用、不被水淹、不受塌方影响的安全地带。现场办公用房应建在靠近工地，且受施工噪声影响小的地方；工人宿舍、文化生活用房，应避免设在低洼潮湿、有烟尘和有害健康的地方；此外，房屋之间还应按消防规定相互隔离，并配备灭火器。

4. 工地仓库及料场布置

工地储存材料的设施，一般有露天料场、简易料棚和临时仓库等。易受大气侵蚀的材料，如水泥、铁件、工具、机械配件及容易散失的材料等，宜储存在临时仓库中，钢材、木材等宜设置简易料棚堆放，砂、石、石灰等一般在露天料场中堆放。

仓库、料棚、料场的位置，应选择在运输及进出料都方便，而且尽量靠近用料最集中、地形较平坦的地点。设置临时仓库、料棚时，应根据储存材料的特点，进出料的便利程度，以及合理的储备定额，来计算需要的面积。面积过大会增加临时工程费用，过小可能满足不了储备需要及增加管理费用。

5. 施工场内运输的规划

在工地范围内，从仓库、料场或预制场等地到施工点的料具、物资搬运，称为场内运输。场内运输方式应根据工地的地形、地物、材料在场内的运距、运量，以及周围道路和环境等因素进行选择。如果材料供应运输与施工进度能密切配合，做到场外运输与场内运输一次完成，即由场外运来的材料直接运至施工使用地点，或场内外运输紧密衔接，材料运到场内后不存入仓库、料场，而由场内运输工具转运至使用地点,这是最经济的运输组织方法。这样可节省工地仓库、料场的面积,减少工地装卸费用。但这种场内外运输紧密结合的组织方法在工程实践是很难做到的。大量的场内运输工作是不可避免的,必须做好施工场内运输规划。

6. 工地供电的规划

工地用电主要包括各种电动施工机械和设备的用电,以及室内外照明的用电。公路工程施工离不开电,做好工地供电的组织计划,对保证施工的顺利进行有着重要的关系。

工地用电应尽可能利用当地的电力供应,从当地电站、变电站或高压电网取得电能。在当地没有电源,或电力供应不能满足施工需要的情况下,则要在工地设置临时发电站。最好选用两个来源不同的电站供电,或配备小型临时发电装置,以免工作中偶然停电造成损失。同时,还要注意供电线路、电线截面、变电站的功率和数目等的配置,使它们可以互相调剂,不致因为线路发生局部故障而引起停电。

7. 工地供水的规划

公路工程施工离不开水,施工组织设计必须规划工地临时供水问题。确保工地用水和节省供水费用。

2.2 组织准备

施工企业通过投标方式获得工程施工任务后,应根据签订的施工合同的要求,迅速组建符合本工程实际的施工管理机构,组织施工队伍进场施工。同时,为保证工程按设计要求的质量、计划规定的进度和低于合同运价的成本,安全、顺利地完成施工任务,还应针对施工管理工作复杂、困难多的特点,建立一整套完善的施工管理制度,采用科学的管理方法,切实有效地开展工作。

施工组织准备工作的主要任务是:组建施工项目经理部;选配强有力的施工领导班子和施工力量;强化施工队伍的技术培训。

2.2.1 施工机构的组建和人员的配备

这里的施工机构是指为完成公路施工任务负责现场指挥、管理工作的组织机构。

根据我国具体情况及以往的公路施工经验,施工机构一般由生产系统、职能部门和行政系统等组成。图 2-2 所示是公路工程中比较常见的一种施工组织机构。

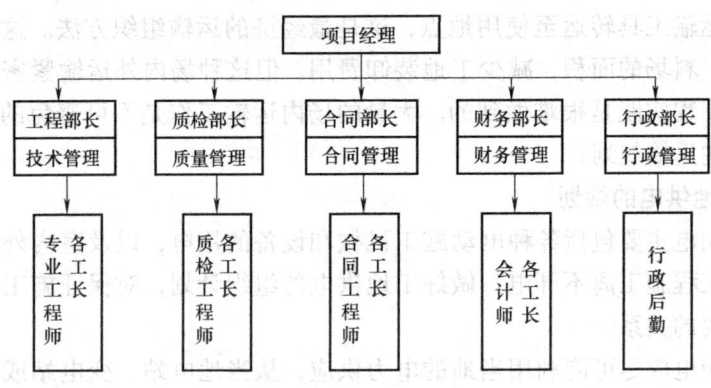

图 2-2 施工组织机构

2.2.2 建立健全各项管理制度

1. 施工计划管理制度

施工计划管理是施工管理工作的中心环节，其他管理工作都要围绕计划管理来开展。计划管理包括编制计划、实施计划、检查和调整计划等环节。由于公路施工受自然条件的影响大，其他客观情况的变化也难于准确预测，这就要求施工计划必须经过充分调查研究后制订，同时在执行过程中应随时检查，发现问题及时采取措施解决，必要时还应对计划进行调整修改，使之符合新的客观情况，保证计划的实现。

2. 工程技术管理制度

施工技术管理是对施工技术进行一系列组织、指挥、调节和控制等活动的总称。其主要内容包括：施工工艺管理、工程质量管理、施工技术措施计划、技术革新和技术改造、安全生产技术措施、技术文件管理等。要搞好各项技术管理工作，关键是建立并严格执行各种技术管理制度，只有执行技术管理制度，才能很好地发挥技术管理作用，圆满地完成技术管理的任务。

（1）技术责任制　技术责任制就是在一个施工单位的技术工作系统，对各级技术人员规定明确的职责范围，使其各负其责、各司其事，把整个施工技术活动和谐而有节奏地组织起来。它对调动各级技术人员的积极性和创造性，促进施工技术的发展和保证工程质量，都有极其重要的作用。

根据施工单位的组织机构情况，制定分级技术责任制。上级技术负责人应履行向下级技术负责人进行技术交底和技术指导的职责，监督下级按施工图、施工规范和操作规程进行施工，处理下级请示的技术问题等责任。下级技术负责人应该主动接受上级技术负责人的技术指导和监督，执行自己所在技术岗位上的任务。各级技术负责人所负的责任，应根据组织机构和施工任务情况，明确规定在技术责任制中。

（2）技术交底制度　工程开工前，为了使参与施工的人员及工人了解所承担的工程任务的技术特点、施工方法、施工程序、质量标准、安全措施等，必须实施技术交底制度，认真做好交底工作。

技术交底不仅要针对技术干部，而且要把它交给所有从事施工的操作工人，从而提高他们自觉研究技术问题的积极性和主动性，为更好地完成施工任务和提高技术水平制造条件。

技术交底应按技术责任制的分工，分级进行。施工单位的技术总负责人，应将公路施工质量标准、施工方法、施工程序、进度要求、安全措施、各分部工程施工组织的分工和配合、主要施工机具的安排和调配等，连同整个工程的施工计划，向所属工程队长及全体技术人员进行交底。工程队技术负责人应将本队承担的工程项目，向所属班组长及全体技术人员进行交底。班组技术负责人，应将本班组承担工程项目的施工方法、劳动组合、机具配备等，对全组工人进行交底。班组技术交底是技术交底制度的最重要环节，班组工人应在接受交底后进行讨论与消化，目的是要使参加施工实际操作的所有人员，充分了解自己施工中应掌握的正确方法和应尽的具体责任，并对改进施工劳动组织和操作方法，以及提高工程质量和保证施工安全等方面提出合理化建议。因为工人是对施工操作最熟悉、经验最丰富的实践者，他们的意见和建议往往能切中要害，可以提出和解决工程师考虑不到的问题，对完善施工计划能起到良好的促进作用。

分级交底时都应做好记录，作为检查施工技术执行情况和检查技术责任制的一项依据。

3. 工程成本管理制度

工程成本管理是施工企业为降低工程成本而进行的各项管理工作的总称。工程成本管理与其他管理工作有着密切的联系，施工企业总的技术水平和经营管理水平的高低，均能直接或间接地反映在成本这个指标上。工程成本的降低，表明施工企业在施工过程中活劳动（支付劳动者的报酬）和物化劳动（生产资料）的节约。活劳动的节约说明劳动生产率的提高，物化劳动的节约说明机械设备利用率的提高和建筑材料消耗率的降低。因此，建立成本管理制度，加强对工程成本的管理，不断降低工程造价，具有十分重要的意义。

工程成本是工程建设过程中耗费的物化劳动和活劳动的货币表现。公路工程成本是施工企业为完成一定数量的工程所耗费的各项生产费用的总和，由直接成本和间接成本所组成。直接成本分为人工费、材料费、施工机械使用费和其他直接费四部分；间接成本分施工管理费和其他间接费两部分。若工程发生质量事故及返工等损失，也应计入直接成本。

工程成本是由生产全过程中各个环节、各个部门所有人员的工作质量决定的。所以成本是反映企业工作质量的综合性指标，是衡量企业管理水平的尺度和制定计划价格的依据。

4. 施工安全管理制度

安全生产关系到人民群众生命和财产安全，关系到改革发展和社会稳定大局。加强施工安全、劳动保护对公路工程的质量、成本和工期有重要意义，也是企业管理的一项基本原则。其基本任务是：正确贯彻执行"以人为本"的思想和"安全第一、预防为主、综合治理"的方针。建立安全施工责任制，加强安全检查，开展安全教育，在保证安全施工的条件下，创优质工程。

（1）施工安全责任制　施工工地应设安全工程师、班组应设不脱产或半脱产的安全检查员。各安全检查员应该负责本班组或单位工程施工的安全工作，督促和帮助操作人员遵守操作规程和各项安全施工制度。组织班前和班后的安全检查，一旦发现事故苗头应及时向工程管理人员报告，采取预防措施，防止事故的发生。

（2）安全教育、检查及事故处理　安全教育是提高施工人员安全施工知识和预防作业时发生事故的重要手段。安全检查是预防各种事故发生的重要措施。发生伤亡事故时应立即采取紧急措施，组织力量抢救，并将情况向有关方面报告。

（3）加强安全技术工作　安全施工是一项技术性很强的工作，应根据公路工程作业的各种特点来制定安全规范、作业章程。

2.3 物资准备

物资准备是指施工中必需的劳动手段和施工对象的准备。它是根据各种物资需要量计划，分别落实货源、组织运输和安排储备，以保证连续施工的需要。准备工作主要内容包括以下内容。

1. 建筑材料准备

首先根据工程量用预算的方法进行工、料、机分析，按批准的施工进度计划的使用要求、材料储备定额和消耗定额，分别按材料名称、规格、使用时间进行汇总，编制材料需要量计划，同时根据不同材料的供应情况，随时注意市场行情，及时组织货源，签订供货合同。主要包括：

1）路基、路面工程所需的砂石料、石灰、水泥、工业废渣、沥青等材料的准备。

2）沿线结构物所需的钢材、木材、砂石料和水泥等材料的准备。

2. 施工机具设备的准备

根据采用的施工方案和施工进度计划，确定施工机械的类型、数量和进场时间,确定施工机具的供应方法和进场后的存放地点和方式,提出施工机具需要量计划,以便及时组织机械进场,保证工程的顺利进行。

3. 周转材料准备

周转材料主要是指模板和架设工具。根据批准的施工进度计划和施工方案编制周转材料的需要计划,组织周转材料进场。

2.4 施工现场准备

2.4.1 恢复定线测量

1)承包人应检查工程原测设的所有永久性标桩,并将遗失的标桩在接管工地14天之内通知监理工程师,然后根据监理工程师提供的工程测设资料和测量标志,在28天之内将复测结果提交监理工程师。上述测量标志经检查批准后,承包人应自费进行施工测量和补充测量,并经监理工程师批准之后,在工地正确放样。

2)通过复测,对持有异议的原地面标高,承包人应向监理工程师提交一份列出有误标高和相应的修正标高表。在监理工程师确定正确标高之前,对有争议的标高的原有地面不得扰动。

3)在合同执行期间,承包人应将施工中所有的标桩,包括转角桩、曲线主点桩、桥涵结构物和隧道的起终点、控制点以及监理工程师认为对放样和检验有用的标桩等,进行加固保护,并对水准点、三角网点等树立易于识别的标志。承包人应对永久性测量标志进行保护,直至工程竣工验收后,完整地移交给监理工程师。

4)承包人应根据批准的格式向监理工程师提供全部的测量标记资料,所有测量标记应涂上油漆,其颜色要得到监理工程师的同意,易于辨别。所有标桩保护和迁移的费用均由承包人承担,因施工而引起的标桩变动所发生的费用业主将不予以支付。

5)承包人应按照上述测量标志资料自费完成全部恢复定线、施工测量设计和施工放样。承包人应对施工测量、设计和施工放样工作的质量负责到底。

6)各合同段衔接处的测量应在监理工程师的统一协调下由相邻两合同段的承包人共同进行,将测量结果协调统一在允许的误差范围内。

2.4.2 建造临时设施

1. 临时房屋设施

临时房屋设施包括行政办公用房、宿舍、文化福利用房及作业棚等。临时房屋设施的需要量根据职工与家属的总人数和房屋指标确定,参见表2-1。

表2-1 行政生活福利临时设施建筑面积参考指标

项次	名称	单位	面积定额	说 明
1	办公室	m²/人	2.1~3.5	
2	宿舍	m²/人	3~3.5	
3	食堂	m²/人	0.7	
4	诊疗所	m²/人	0.06	
5	浴室及理发室	m²/人	0.10	
6	招待所	m²/人	0.06	包括家属招待所
7	会议及文娱室	m²/人	0.10	
8	商店	m²/人	0.07	
9	其他		占临时建筑面积的5%	包括烧水房、实验室等

临时房屋修建的一般要求是,布置要紧凑,充分利用非耕地,尽量利用施工现场或附近已有的建筑物。必须修建的临时房屋,应以经济、实用为原则,合理选择形式(如装拆式移动式建筑)以便重复使用。

2. 仓库

仓库是为存放施工所需要的各种物资器材而设的。按物资的性质和存放量要求,其形式可以是露天、敞棚、房屋或库房。仓库物资储存量应根据施工条件通过计算确定,一方面应保证工程施工的需要,有足够的储量;另一方面又不宜储存过多,以免增加库房面积,造成积压浪费。其储存量可按下式估算:

$$P = \frac{\alpha k t'}{t}$$

式中 P——某物料储存量(t 或 m³);

α——该工程或施工段该材料总需要量(t 或 m³);

t——该工程或施工段内工作天数(d);

k——物料使用不均匀系数,可取1.5~2.0;

t'——物料储存天数(d);估算时可参考表2-2。

表2-2 物料储存天数的估算指标

物料种类	储存天数/d	
	公路运输在50km以内	公路运输在50km以上
钢材、钢管、五金、木材、沥青等	12~15	15~20
水泥、石灰、油漆、金属构件、油毛毡等	8~12	10~15
砂、石、砖、混凝土预制构件等	5~10	7~12

为了保证物料及时顺利地卸入库内和发放使用,仓库必须设计有足够的卸装长度。在保证安全的条件下,应设在交通方便的地方,并利用天然地形组织

装卸工作。对于材料使用量很大的仓库,应尽量靠近使用地点。

3. 临时交通便道

工程在正式施工前,必须解决好场内外的交通运输问题。

在工地布设临时交通便道时应遵循下列原则:

1) 临时交通道路以最短距离通往主体工程施工场所,并连接主干道路,使内外交通便利。

2) 充分利用原有道路,对不满足使用要求的原有道路,应在充分利用的基础上进行改建,节约投资和施工准备时间。

3) 在本工程的施工与现有的道路、桥涵发生冲突和干扰之处,承包人都要在本工程施工之前完成改道施工或修建临时道路。临时道路应满足现有交通量的要求,路面宽度应不小于现有道路的宽度,且应加铺沥青面层。

4) 利用现有的乡村道路作为临时道路时,应将该乡村道路进行修整、加宽、加固及设置必要的交通标志,并经监理工程师验收合格后方可通行。

5) 工程施工期间,应配备人员对临时道路进行养护,以保证临时道路和结构物的正常通行。

6) 尽量避开洼地和河流,不建或少建临时桥梁。

4. 工地临时用电

施工现场用电,包括生产用电和生活用电。其中,生活用电主要是照明用电;生产用电包括各种生产设施用电、主体工程施工用电、其他临时设施用电。临时供电总用量可按下式计算:

$$P = K\left(\frac{\sum P_r K_1 K_2}{\eta \cos\varphi} + \sum P_i K_i + \sum P_o\right)$$

式中　P——供电设备总需要容量(kW);

　　　K——用电不均衡系数,一般取 1.05~1.20;

　　　P_r——动力设备用电额定功率(kW);

P_i、P_o——室内与室外照明用电量(kW);

　　　η——电动机及其他用户的效率,一般可取 0.83~0.88;

　　$\cos\varphi$——动力用电功率因数;

　　　K_1——同时用电系数,视电动机台数而定;

　　　K_2——动力用户负荷系数或容量利用系数,一般采用 0.75~1.0。

　　　K_i——用电需要系数,一般室内照明取 0.8,仓库照明取 0.35。

第 3 章
路基工程施工

3.1 路基工程施工概述

路基作为公路的重要组成部分，既是公路线形的主体，又是路面的基础。实践证明：没有坚实的路基，就没有稳定的路面。而路基的强度和稳定性是通过施工才得以实现的，因此，路基的施工质量直接关系到路面和整条公路的使用品质和使用寿命。

3.1.1 公路路基施工的程序和基本原则

1. 公路路基施工的程序

路基施工一般按以下程序进行：

（1）施工前的准备工作　准备工作是保证路基工程施工顺利进行的基本前提，工作内容主要包括组织准备、物资准备、技术准备和现场准备等。

（2）修建小型构造物　主要指小桥、涵洞、挡土墙、盲沟等，这些构造物通常与路基工程同时施工，并先于路基完工，以减少与其他工程之间的施工干扰。

（3）路基土石方工程施工　包括路堤填筑、路堑开挖、路基压实、路基表面整平（达到一定的横坡度要求）、修整边坡、构筑排水设施及防护与加固工程等。

（4）路基工程的竣工检查与验收　主要包括路基及其附属工程的位置、标高、断面尺寸、压实度或砌筑质量，以及原始记录、设计图及其他资料等项目的检查与验收。

2. 公路路基施工的基本原则

1）路基应具有一定的稳定性和耐久性，应能承受行车荷载的反复作用和抗御各种自然因素的长期影响。

2) 路基工程应推行机械化施工，只有在条件极其困难的三、四级公路中方可采用人工施工法。

3) 路基应按照设计要求进行施工，在确保工程质量的前提下，应因地制宜，合理利用当地的材料和工业废料。

4) 路基施工应在符合工艺要求和质量标准的条件下，积极采用经过鉴定的新材料、新技术、新机具和新的试验检测方法。

5) 路基施工必须遵守国家相关的土地管理法规，节约用地，保护耕地和农田水利设施。

6) 路基施工应保护生态环境，尽量不破坏或少破坏原有的植被地貌。清除的杂物必须分类妥善处理，不得随意倾弃于河流水域之中。

7) 路基施工必须贯彻安全生产的方针，制定技术安全措施。加强安全教育，严格执行安全操作规程，确保工程施工安全。

8) 公路路基施工必须按批准的设计文件进行。当需要变更设计、改变原定的施工方案或采用特殊施工方法时，应按施工管理程序，报请业主或监理工程师审批。

3.1.2 场地清理与路基基底处理

为了保证施工质量和施工的顺利进行，应根据横断面设计要求和实际地形情况确定施工用地范围，并及时做好场地清理工作。同时，为使路堤土体与基底结合紧密，避免路堤沿基底产生滑动，以及防止因草皮、树根腐烂而引起路堤沉陷，必须对基底进行认真处理，达到设计要求的密实度。在场地清理与基底处理时应注意以下事项：

1) 对路基用地范围内既有的房屋、道路、河沟、通信、电力设施、上下水管道、坟墓及其他建筑物等，均应协助有关部门事先进行拆迁或改造；对路基附近的危险建筑物应予以加固；对文物古迹应妥善保护。

2) 路基用地范围内既有的树木、灌木丛等均应在施工前砍伐或移植。二级及二级以上的和填方高度小于1m的公路路堤，应将路基基底范围内的树根全部挖除，并将坑穴填平夯实；填方高度大于1m的二级以下的公路路堤，可保留树根，但树根不能露出地面。

3) 对路幅范围内原地面表层的腐殖土、表土、草皮等应进行清理，清除深度一般不小于15cm。

4) 原地面上的坑、洞、穴等，应在清除沉积物后，用符合要求的填料分层回填、逐层压实，压实度达到规范的要求。

5) 处于深耕地段的路基，在必要时应先将土翻松、打碎，再整平、压实；公路经过水田、池塘和洼地时，应根据具体情况，采取排水疏干、换填水稳性较好的土或者抛石挤淤等处理措施，以确保路堤的基底具有足够的稳定性。

6）对路基范围内的泉眼或露头地下水，应按设计要求，采取有效的导排措施后方可填筑路基。当地下水位较高时，应按设计要求认真进行处理。

7）当地面横坡为1:5~1:2.5时，应将原地面挖成台阶，台阶宽度不小于2m；当地面横坡陡于1:2.5时，还需要作进一步的特殊处理，以防路堤沿基底滑动，通常采用加大坡脚附近的台阶宽度、在坡脚处设置砌石护堤等措施。

8）填方地段的基底应按设计要求整平与压实。一般情况下，按重型击实标准，二级及二级以上的土质路堤基底的压实度不小于90%；三、四级公路应不小于85%。当路基填土高度小于路面与路床的总厚度时，基底应按设计要求进行处理。

9）对于土石混合地基、填挖界面、高填方地基等，都应按设计要求进行处理。在非岩石地基上修建填石路堤时，应按设计要求设置过渡层。

10）在陡、斜坡地段，路堤靠山一侧应按设计要求做好排水和防渗处理。

3.2 路基施工主要机械简介

用于路基施工的机械可分为土方工程机械和石方工程机械。

3.2.1 土方工程机械

路基土方工程中，常用的机械有推土机、铲运机、挖掘机、装载机、平地机和压实机械等。本节重点介绍以上各种机械的特征、分类、适用范围和基本作业方法。

1. 推土机

推土机是路基土方施工中最常用的机械之一，如图3-1所示。它适用于土壤、风化岩层、爆破石渣的铲挖与推运，以及松散粒料的移运等工作。

（1）推土机的分类　推土机按行走装置的形式分为履带式和轮胎式两种；按发动机功率的大小分为小型（37kW以下）、中型（37~250kW）和大型（250kW以上）三种。

图3-1　推土机

（2）推土机的基本作业方法　推土机的基本作业循环由铲土、运土、卸土三个工作行程和一个空载回驶过程组成，如图3-2所示。

1）铲土作业。在此作业行程内，使铲刀切入土内一定深度，以最少的时间和最短的距离使铲刀前堆满土壤，并用铲刀推动土壤前行。推土机铲土主要有

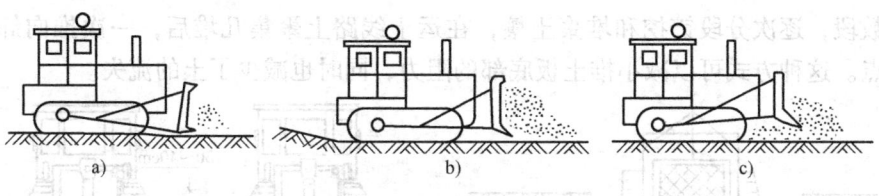

图 3-2　推土机基本作业
a) 铲土过程　b) 运土过程　c) 卸土过程

波浪式、跨铲和平铲等方法。①波浪式铲土法。采用这种方法铲土时，应将铲刀最大可能地切入土中，当发动机稍有超负荷现象时，应将铲刀缓缓提起，直到发动机恢复正常运转，再将铲刀降下切土，起刀时不应离开地面，经过这样多次起伏，直至铲刀前堆满土为止，如图 3-3 所示。这种方法的优点是可以使发动机的功率得到最大程度的发挥，而且缩短了铲土的时间和距离；缺点是在推土机空回过程中因铲土通道地面不平整而产生颠簸。②跨铲铲土法。这种方法是在第一个循环中，在铲土地段沿横向每间隔铲刀宽度的 2/3 铲土一次；第二个循环时，再将所间隔的土垄铲除，如图 3-4 所示。③平铲法。在铲土时，将铲刀持于自由状态，让铲刀保持一定的切入深度向前平推。平铲法能较好地保持铲土通道的平整，有利于推土机空回时的快速行驶。

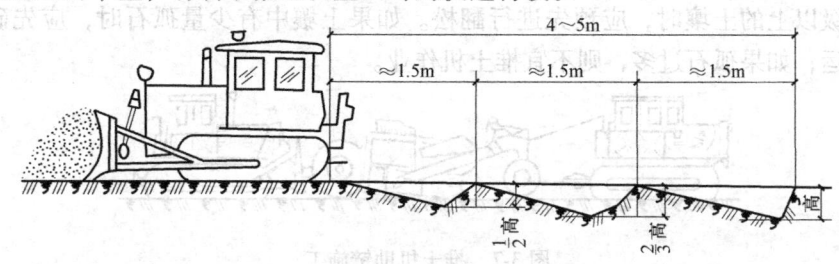

图 3-3　波浪式铲土

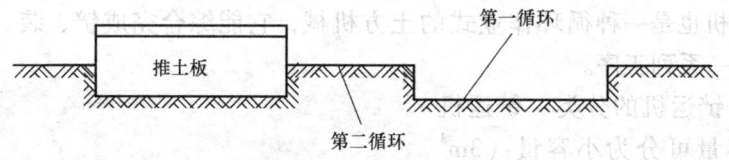

图 3-4　跨铲铲土法

2）运土作业。推土机运土作业主要有深槽式、并进式、分段式等几种方法。①深槽式（见图 3-5）是利用土埂挡住推土板两侧的土，减少遗漏，增加运土量。形成方法是连续多次在同一条线上推土，在地面上推出一条运土的槽沟。一般情况下，槽深不超过 1m，槽宽比推土板宽 0.3~0.4m。②并进式（见图 3-6）是组织两台以上的同类型推土机并成一排，同时向前推土，互为依靠，减少土的散失。并排作业的铲刀间隔一般为 0.3~0.5m。③分段式就是把推土距离分成数段，逐次分段铲挖和堆聚土壤，在运土线路上聚集几堆后，一次推向卸土地点。这种方式可以减小推土板底部的阻力，同时也减少了土的流失。

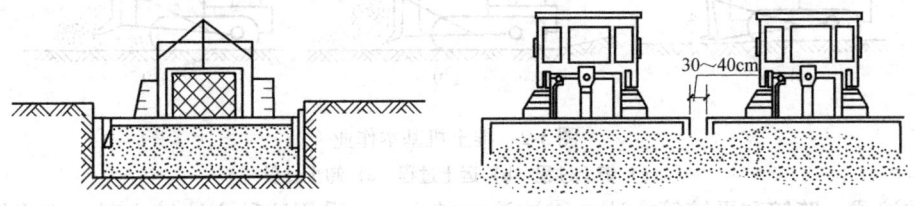

图 3-5　推土机槽形推土　　　　　图 3-6　推土机并列推土

3）卸土作业。该作业行程是通过提升铲刀来实现的，卸土的方法因施工条件的不同而异，有分层填土、沟堑填土等多种方法。

(3) 推土机的适用范围　推土机一般适用于季节性较强、工程量集中、施工条件较差的施工环境，特别适于 50~100m 的短距离作业。在公路工程施工中主要用于填筑路基、开挖路堑、平整场地、管道和沟渠回填以及其他辅助作业。此外，推土机在公路施工准备阶段可以用以推集乱石和清除树根，在辅助作业中还可以为铲运机和挖装机械进行松土、助铲、牵引等，如图 3-7 所示。履带式推土机在路基工程中应用广泛，它适宜于Ⅳ级以下土壤的推运。需要推运Ⅳ级及Ⅳ级以上的土壤时，应预先进行翻松。如果土壤中有少量孤石时，应先破碎再推运；如果孤石过多，则不宜推土机作业。

图 3-7　推土机助铲施工

2. 铲运机

铲运机也是一种循环作业式的土方机械，它能综合完成铲、装、运、卸、铺、压等一系列工序。

(1) 铲运机的分类　铲运机按照斗容量可分为小容量（$3m^3$ 以下）、中等容量（$4 \sim 14m^3$）、大容量（$15 \sim 30m^3$）和特大容量（$30m^3$ 以上）四种；按卸土方法可分为强制式、半强制式和自由式三种；按操作系统的形式可分为钢索滑轮式和液压式两种；按

图 3-8　自行式铲运机

行走方式可分为拖式、半拖式和自行式三种，图 3-8 所示为自行式铲运机。

（2）铲运机的基本作业方法　铲运机的作业循环由铲装、运输、卸土和回驶四个过程组成，图3-9所示为其中的铲装、运输和卸土三个过程。在此以钢索式操纵法为例简单介绍铲运机的基本作业过程和方法。

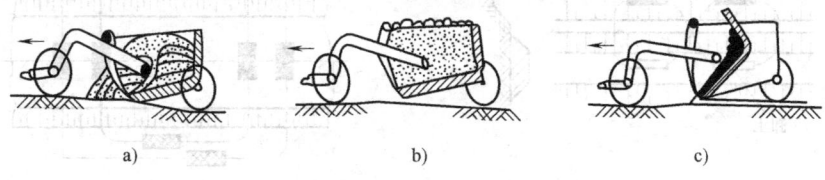

图3-9　铲运机基本作业
a）铲装　b）运输　c）卸土

1）铲装作业。升起铲斗门、放下铲斗，随着铲运机前行，在铲斗自重的作用下，铲刀逐渐切入土壤，被切下的土则被挤入斗中，随着斗内土壤的增加，逐渐减小铲土的深度，直到斗内装满为止。

根据施工现场的地形和土壤条件，铲运机铲土除了常见的一般铲土法之外，还有波浪式铲土法、跨铲铲土法、硬土预松法、下坡铲土法、助铲法等，使用这些方法可以充分发挥发动机的功率，改善装土条件，缩短铲土时间，提高作业效率。但是利用地形下坡铲装时，下坡角应不大于7°。

2）运输作业。当斗内装满土壤后，升起铲斗，关闭斗门，按照一定的运行路线到达卸土地点。在规划铲运机的施工运行路线时，要综合考虑施工效率、现场的地形条件及机械磨损等因素，以满足运距短、坡道平缓和修筑运输通道的工作量小等要求。常见的运行路线有椭圆形（见图3-10）、8字形（见图3-11）、螺旋形（见图3-12）等形式。在布设运行路线时，应遵循"挖远填近，挖近填远"的原则，争取创造下坡取土的条件，并尽量保持一段较平坦的运土路线。

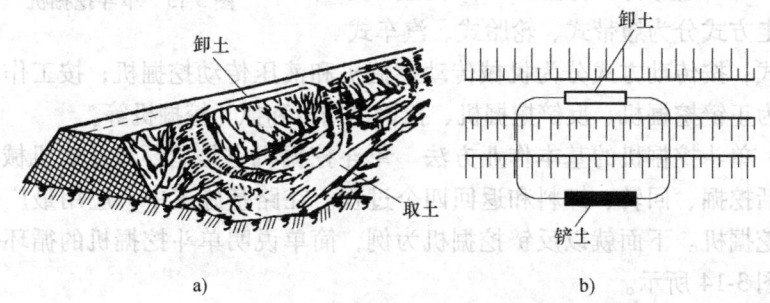

图3-10　椭圆形运行路线
a）立面图　b）平面图

3）卸土作业。首先放低铲斗，使斗距离地面一定高度（即铺土厚度）时，开启斗门，用卸土板向外逐渐推卸斗内的土，随着铲运机的行进即可在卸土地段铺筑一层土壤。

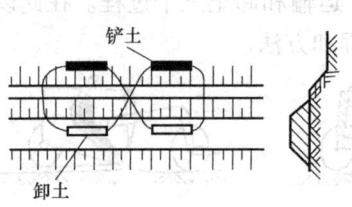
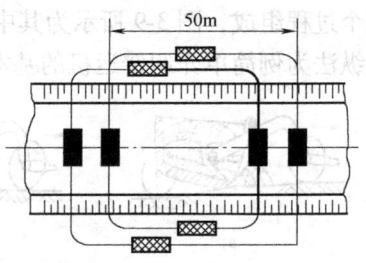

图 3-11 8字形运行路线　　　　　图 3-12 螺旋形运行路线

4）回驶。卸完土后，关闭斗门，升起铲斗，将铲运机空驶回铲土区，准备下一循环作业。

(3) 铲运机的适用范围　铲运机一般用于开挖Ⅰ、Ⅱ级土，在Ⅲ、Ⅳ级土施工时，需要用松土器预先翻松。它适宜于在湿度较小（含水量在25%以下）的松散砂土和粘性土中施工；但是不适宜在干燥的粉砂土或潮湿的粘土中作业，更不宜在地下水位较高的潮湿地区或沼泽地带作业。铲运机的作业内容主要是平整场地、填筑路堤、开挖路堑等。

3. 挖掘机

挖掘机是路基土方开挖作业的一种主要机械。其特点是效率高、产量大，但是机动性较差。按照挖掘机的作业形式可以分为单斗挖掘机和多斗挖掘机，在公路工程施工中普遍采用的是单斗挖掘机。在此以单斗挖掘机为例进行介绍，如图3-13所示。

图 3-13 单斗挖掘机

(1) 单斗挖掘机的分类　单斗挖掘机按照行走方式分为履带式、轮胎式、汽车式和悬挂式；按传动方式分为机械传动挖掘机和液压传动挖掘机；按工作装置的不同分为正铲挖掘机、反铲挖掘机、拉铲挖掘机和抓斗挖掘机等。

(2) 单斗挖掘机的基本作业方法　单斗挖掘机也是循环作业式机械，每个循环包括挖掘、回转、卸料和返回四个过程。在路基施工中，应用最广泛的是反铲式挖掘机。下面就以反铲挖掘机为例，简单说明单斗挖掘机的循环作业过程，如图3-14所示。

1）挖掘作业。先将铲斗向前伸出，并让动臂带动铲斗落在工作面上（Ⅰ），然后将铲斗向内拉转（Ⅱ），于是在动臂和铲斗的重力及牵引钢索的拉力作用下，在工作面上挖出一条弧状的挖掘带，土就装进了铲斗。反铲挖掘机主要有沟端开挖和沟侧开挖两种作业方式。

2) 回转作业。待土装满铲斗后,就将铲斗保持在装满的状态下,与动臂一起升起(Ⅲ),再回转到卸料处的上空。

3) 卸料作业。对于斗底可打开式的,将料斗底打开卸料(Ⅳ);对于斗底不能打开式的,将斗口朝下卸料(Ⅴ)。

4) 返回作业。回转转台,动臂带动空斗返回挖掘面,同时放下铲斗。

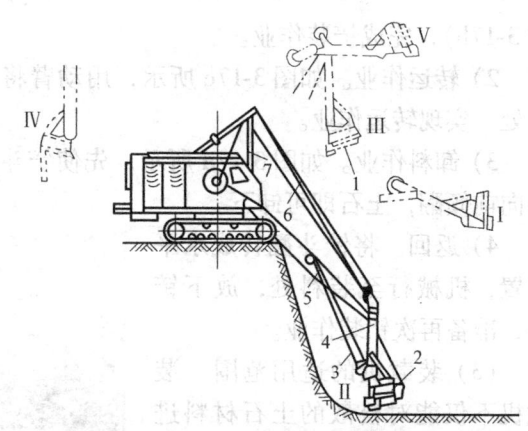

图 3-14 反铲挖掘机(机械传动式)作业示意图
1—斗底 2—铲斗 3—牵引钢索 4—斗杆
5—动臂 6—提升钢索 7—前支架
Ⅰ~Ⅴ—工作过程

(3) 挖掘机的适用范围 正铲和反铲挖掘机的主要挖装对象是Ⅰ~Ⅳ级土壤和软石;拉铲和抓斗挖掘机主要适用于Ⅰ、Ⅱ级土壤和预松后的Ⅲ、Ⅳ级土壤作业。在公路工程中,当遇到开挖量较大的路堑和填筑较高的路堤时,选用挖掘机与运输车辆相配合(见图 3-15)是比较合理的组织方案。挖掘机还常用来开挖排水沟渠和构造物的基础,以及用来清挖爆破后块径较小的坚石。

4. 装载机

装载机是一种应用范围广泛的机械,它兼具推土机和挖掘机两者的功能,可以完成铲掘、推运、整平、装载和牵引等多种作业。它的优点是适应性强、作业效率高、操作简便。

(1) 装载机的分类 装载机按发动机的功率分为小

图 3-15 挖掘机与运输车辆配合作业

型(<74kW)、中型(74~147kW)、大型(147~515kW)和特大型(>515kW);按行走装置分为轮胎式和履带式;按卸载方式分为前卸式、回转式、后卸式和侧卸式;按传动方式分为机械式、液力机械式、液压式和电动式。

(2) 装载机的基本作业方法 装载机的作业由铲装、转运、卸料和返回四个过程组成一个工作循环。装载机外形见图 3-16。

1) 铲装作业。如图 3-17a 所示,将铲斗的斗口朝前,平放到地面上,随着机械的前进,铲斗插入料堆,等斗口装满土石后,将斗收起,使斗口朝上(见

图3-17b)，完成铲装作业。

2）转运作业。如图3-17c所示，用动臂将斗升起，机械倒退，转向驶至卸料处，实现转运作业。

3）卸料作业。如图3-17d所示，先使铲斗停止在运料车厢的上空，然后将斗向前倾翻，土石即可卸下。

4）返回。将铲斗翻转成水平位置，机械行至装料处，放下铲斗，准备再次铲装作业。

(3) 装载机的适用范围　装载机不仅能对松散的土石材料进行装、运、卸作业，对岩石、硬土进行轻度的铲掘，还能用来清理、刮平场地以及进行牵引作业。装载机的适用范围取决于使用场所、土石料的特性和工作环境，

图3-16　装载机

需要根据使用场所正确选择机型，根据装载机的容量及其质量选用经济合理的运距。一般情况下，装载机整个作业循环（装、运、卸、回）的时间不宜超过3min；挖掘机与自卸式汽车相配合时，应注意使装载机的斗容量与自卸式汽车的车厢容积相匹配。

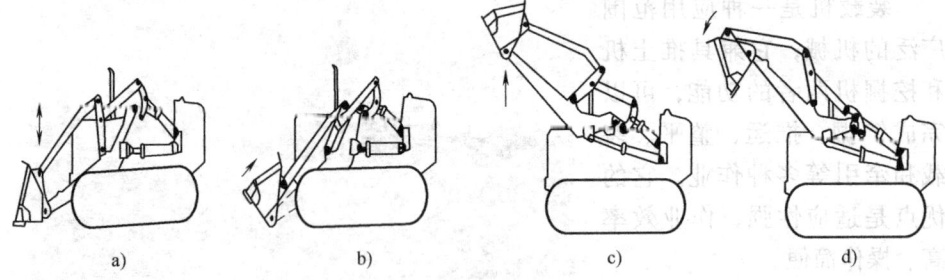

图3-17　装载机的基本作业示意图

5. 平地机

平地机是一种以带转盘的铲土刮刀为主，并配备其他多种可换作业装置，进行土地平整和路基整形的连续作业的土方施工机械，如图3-18所示。

(1) 平地机的分类　平地机按照行走方式分为自行式和拖式；按行走轮数分为四轮式和六轮式；按转向方式分为前轮转向、全轮转向等。

(2) 平地机的基本作业方法　平地机的主要工作装置是刮刀，它可以调整出四种不同的动作，即刮刀的平面回转、左右端升降、左右引伸和机外倾斜。

通过这些动作，可以使刮刀在各种不同的位置来实现多种土方作业方式，主要归纳为刮刀刀角铲土侧移、刮土侧移、刮土直移和机外刮土等，如图3-19所示。

（3）平地机的适用范围　平地机是一种铲土、运土、卸土等工序可以同时进行的连续作业式机械，能够从事多种土方工程作业。平地机主要用于开挖路槽，修整路拱，从路线两侧取土填筑矮路堤（高度不超过1m），旁刷边坡，开挖边沟、排水沟、路缘石沟，以及进行大面积场地平整等。此外可以在路基上拌合与摊铺路面的底基层或基层材料，用于清除路肩上的杂草及进行冬季道路除雪等。

图3-18　平地机

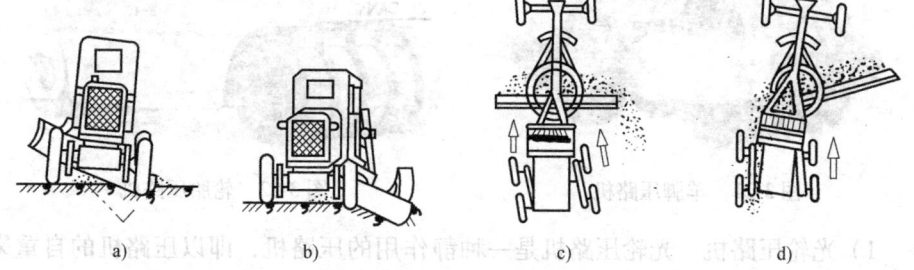

图3-19　平地机作业方式示意图
a）刀角铲土侧移　b）刮土侧移　c）刮土直移　d）机外刮土

6. 压实机械

压实是在外部压力的作用下，克服土粒间的内聚力和摩擦力，破坏原有的结构，使固体颗粒重新排列，彼此挤紧，达到一种较为密实的新的平衡。压实的目的在于提高土壤的密实度（干密度），从而增强路基的强度和稳定性。压实效果的好坏与压实机械密不可分，在路基施工中，需要采用专用的压实机械。

（1）压实机械的分类。压实机械按压实作用的原理分为静作用碾压机械、振动碾压机械、振荡碾压机械和夯实机械四类；按行走方式分为拖式和自行式两类；按碾轮的形状分为光轮（见图3-20）、羊脚（见图3-21）、充气轮胎（见图3-22）等；按滚轮的数目分为单轮式、双轮式、三轮式等；按机重可分为轻型（5~8t）、中型（8~10t）和重型（10~15t）三种类型。

（2）压实机械的特点及适用范围　具体如下：

图 3-20 光轮压路机
a) 单轮式 b) 双轮式 c) 三轮式

图 3-21 羊脚压路机　　　　图 3-22 轮胎压路机

1) 光轮压路机。光轮压路机是一种静作用的压路机,即以压路机的自重来实施压实作用。由于这种压路机的单位线压力小,压实深度较浅,仅适用于一般的公路工程或作为辅助压实之用。

2) 羊脚压路机。羊脚压路机具有较大的单位压力(包括羊脚的挤压力),压实深度大而且均匀,并能挤碎土块,有着很好的压实效果和较高的作业效率,广泛地用于粘性土的分层压实,但不适用于非粘性土和含水量很高的土。

3) 轮胎压路机。轮胎压路机机动性好,便于运输,压实作业时土壤与轮胎同时变形,接触面大,并有很好的揉和作用,压实效果较好。适用于各种土的压实。

4) 振动压路机。振动压路机单位线压力大,振动力影响深,较大地增加了压实深度,而且压实遍数也可以相应地减少。振动压路机种类繁多,在公路施工中应用广泛。

5) 夯实机械。夯实机械分为振动夯实与冲击夯实两大类,通常情况下它们的体积小,质量轻,生产率低,主要应用在狭窄工作面铺筑层的压实工作中。振动夯实机械适用于非粘性土、砾石、碎石的压实;冲击夯实机械则适用于粘土、砂质粘土和灰土的夯实作业。

3.2.2 石方工程机械

在公路工程施工中，除了土方填挖作业，还需要进行石方的开采与料石、碎石的加工，对石方进行开采和加工的机械设备称为石方工程机械。与路基石方紧密相关的工程机械主要有空气压缩机、凿岩机、破碎机等。

1. 空气压缩机

空气压缩机是气源装置中的主体，它是将原动机（通常是电动机）的机械能转换成气体压力能的装置，是压缩空气的气压发生装置，如图3-23所示。

空气压缩机的种类很多，按工作原理可分为往复式和旋转式两种类型；按空气在一个循环内被压缩次数的不同，可分为单级式、双级式和多级式三种类型；按活塞工作面的不同，可分为单作用式和双作用式两种类型；按压缩机安装方式的不同，可分为移动式、半固定式和固定式三种类型。

图3-23 空气压缩机

空气压缩机的工作原理：往复式空气压缩机的工作原理是压缩气体的体积，使单位体积内气体分子的密度增加以提高压缩空气的压力；旋转式压缩机的工作原理是提高气体分子的运动速度，使气体分子具有的动能转化为气体的压力能，从而提高压缩空气的压力。

2. 凿岩机

凿岩机是用来开采石料的专用工具。利用它在岩层上钻凿出炮眼，以便放入炸药炸开岩石，完成开采石料或其他石方工程的任务。此外，凿岩机还可以用来破碎混凝土之类的坚硬物质。

（1）凿岩机的分类 凿岩机按其动力来源可分为风动凿岩机、内燃凿岩机、电动凿岩机和液压凿岩机四种类型。目前，在公路工程中最常用的是风动凿岩机，如图3-24所示。

（2）各种凿岩机的工作特点 简介如下：

1）风动凿岩机。以压缩空气驱使活塞在气缸中向前冲击。

2）内燃凿岩机。利用内燃机原理，通过柴油的燃爆力驱使活塞冲击钢钎，凿击岩石。适用于无电源、无气源的施工场所。

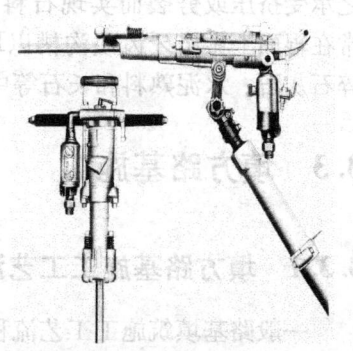

图3-24 风动凿岩机

3）电动凿岩机。由电动机通过曲柄连杆机构带动锤头冲击钢钎，凿击岩石。

4）液压凿岩机。依靠液压通过惰性气体和冲击体冲击钢钎，凿击岩石。

这些凿岩机的冲击机构在回程时，由转钎机构强迫钢钎转动角度，使钎头改变位置继续凿击岩石。通过柴油的燃爆力驱使活塞冲击钢钎，如此不断地冲击和旋转，并利用排粉机构排出石屑，即可凿成炮孔。

3. 破碎机

破碎机是一种用来破碎石块的机械，它可以将较大的石块破碎成各种规格的碎石。石块的破碎方法有压碎、劈碎、碾碎、击碎和折碎，而在实际工作中，通常是几种方法的综合使用。

破碎机按其结构的不同可分为颚式、锥式、锤式和辊式四大类。下面简单介绍各种破碎机的工作特点。

（1）颚式破碎机 颚式破碎机是利用两颚板对物料的挤压和弯曲作用来粗碎或中碎石料的破碎机械。其破碎机构由固定颚板和可动颚板两部分组成，当两颚板相互靠近时石料即可被破碎，当两颚板离开时，小于排料口的碎石料由底部排出，因此破碎动作是间歇进行的。这种破碎机结构简单、工作可靠。

（2）锥式破碎机 锥式破碎机适于中碎或细碎石料作业。由于中、细碎作业排料粒度的均匀性比粗碎作业要求高，故应在破碎腔的下部设置一段平行区，而且还要加快破碎锥的旋回速度，以便石料在平行区内再受到1次以上的挤压。

（3）锤式破碎机 锤式破碎机是利用锤头的高速冲击作用，对石料进行中碎和细碎作业。锤头铰接于高速旋转的转子上，机体下部设有篦条以控制排料粒度。送入破碎机的石料首先受到高速运动的锤头的冲击而初次破碎，并同时获得动能，高速飞向机壳内壁上的破碎板而再次被破碎，直至碎石粒径小于篦条缝隙而排出机外。锤式破碎机具有破碎比大、排料粒度均匀、过粉碎物少、能耗低等优点。但为了防止堵塞篦条缝隙，不宜用于破碎湿度大和含粘土的石料。

（4）辊式破碎机 辊式破碎机是利用辊面的摩擦力将石料咬入破碎区，使之承受挤压或劈裂而实现石料破碎的机械。当用于粗碎或需要增大破碎比时，常在辊面上做出牙齿或沟槽以增大劈裂作用。辊式破碎机适于粗碎、中碎或细碎石灰石、水泥熟料和长石等中硬度以下的物料。

3.3 填方路基施工

3.3.1 填方路基施工工艺流程

一般路基填筑施工工艺流程如图 3-25 所示。

3.3.2 路基填料选择

1. 各类路基填土的工程性质

(1) 砂土　砂土无塑性，有良好透水性，毛细管水上升高度很小，具有较大的内摩擦系数。但是砂土粘结性差，易松散，抗水流冲刷和抵御风蚀的能力很弱，而且压实困难。用砂土填筑路堤，经过充分的压实，压缩变形小、稳定性较好。

(2) 砂性土　砂性土既含有一定数量的粗颗粒，使之具有一定的强度和水稳性，又含有一定数量的细颗粒，使之具有一定的粘结性，不致过于松散，而且级配良好。雨天不泥泞、晴天不扬尘，易于施工，能构成平整坚实的路基表面，是理想的路基填筑材料。

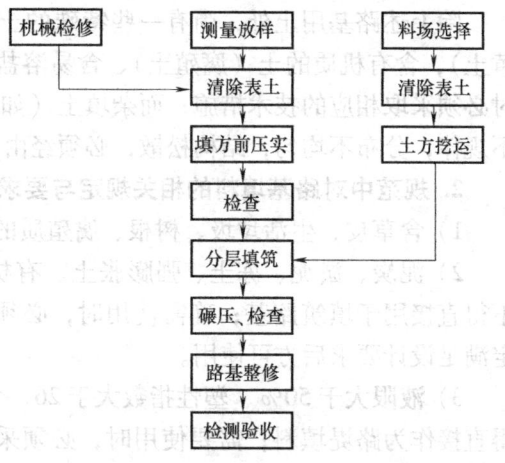

图 3-25　路基填筑施工工艺流程图

(3) 粘性土　粘性土细颗粒含量多，内摩擦系数小，粘聚力大，透水性差而吸水能力强，毛细现象严重，具有较大的可塑性。干燥时坚硬不易挖掘，浸水后强度急剧下降，而且干湿循环所引起的体积变化较大，过干或过湿时都不便于施工。若给予充分压实和良好排水，粘性土尚可作为路堤填料。

(4) 粉性土　粉性土含有较多的粉粒，毛细现象严重，干燥时易风蚀，浸水后很快被湿透。在季节性冰冻地区常引起冻胀和翻浆，遇水饱和时可产生振动液化，因此粉性土属于不良的路基用土。在必须使用时，宜掺配其他材料进行必要的改良，同时要采取严格的隔水与排水措施。

(5) 碎（砾）石质土　碎（砾）石质土颗粒较粗，内摩擦系数高，透水性大。具有足够的抗变形能力和良好的水稳定性，施工时压实方便，是一种良好的筑路填料；但是随着细粒的增多，其透水性和水稳性随之下降。

(6) 砾石、不易风化的石块　砾石、不易风化的石块透水性大，强度高，水稳定性好，使用场合和施工季节均不受限制，是一种较好的路基下部填料。但是石块之间要嵌锁密实，以避免在路基自重和行车荷载的作用下因石块松动而产生局部沉陷。

(7) 膨胀性重粘土　膨胀性重粘土几乎不透水，粘结力特强，干时难挖掘，湿时膨胀性和塑性都很大。其工程性质受粘土矿物成分影响较大，膨胀性重粘土不宜用来填筑路堤。

(8) 易风化的软质岩石　易风化的软质岩石，如泥灰岩、硅藻岩等，浸水后易崩解，强度显著降低，而且变形量大，一般不宜作为路基填料。

除上述路基用土外，尚有一些特殊的土类，如含有特殊结构的土（湿陷性黄土）、含有机质的土（腐殖土）、含易溶盐的土（盐渍土）等，用以填筑路基时必须采取相应的技术措施；而杂填土（如建筑垃圾、工业废料等），由于成因不规律，分布不均匀，结构松散，必须经由试验确定能否采用。

2. 规范中对路基填料的相关规定与要求

1) 含草皮、生活垃圾、树根、腐殖质的土，严禁作为路基填料。

2) 泥炭、淤泥、冻土、强膨胀土、有机质土及易溶盐超过允许含量的土，不得直接用于填筑路基；确需使用时，必须采取技术措施进行处理，经检验确定满足设计要求后方可使用。

3) 液限大于50%、塑性指数大于26、含水量不适宜直接压实的细粒土，不得直接作为路堤填料；需要使用时，必须采取技术措施进行处理，经检验确定满足设计要求后方可使用。

4) 粉质土不宜直接填筑于路床，也不得直接填筑于浸水部分的路堤及冰冻地区的路床。

5) 填料强度和粒径，应符合表3-1的规定。

表3-1 路基填料最小强度和最大粒径的要求

填料应用部位 (路床顶面以下深度)/m		填料最小强度CBR（%）			填料最大粒径/mm
		高速、一级公路	二级公路	三、四级公路	
路堤	上路床（0~0.30）	8	6	5	100
	下路床（0.30~0.80）	5	4	3	100
	上路堤（0.80~1.50）	4	3	3	150
	下路堤（>1.50）	3	2	2	150
零填及挖方路基	0~0.30	8	6	5	100
	0.30~0.80	5	4	3	100

3.3.3 土质路堤施工

1. 路堤填筑方法

（1）分层填筑 这种作业方式又可分为水平分层填筑和纵坡分层填筑两种情况。

1) 水平分层填筑。水平分层填筑是填筑时按照横断面全宽分成水平层次，逐层向上填筑的方法。对原地面进行必要的处治后，从最低处分层填起，每填一层经过压实达到标准后，再填筑其上一层，依此循环施工，直至达到设计标高，如图3-26所示。

2) 纵坡分层填筑。纵坡分层填筑是用推土机、铲运机等机械从挖方地带取土，就近填筑路堤，依纵坡方向分层填筑和压实，直至达到设计标高的施工方法，如图 3-27 所示。

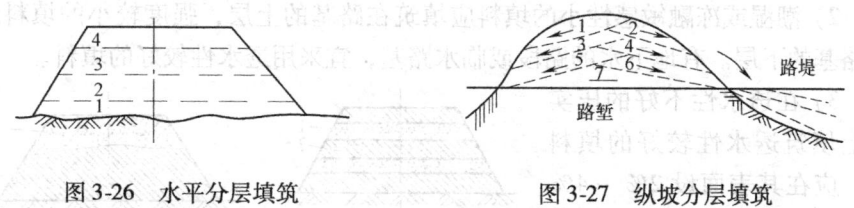

图 3-26 水平分层填筑　　　　图 3-27 纵坡分层填筑

（2）竖向填筑　竖向填筑是在深谷陡坡地段，难以自下而上分层填筑的路堤，可以从路堤的一端或两端按横断面全高逐步推进的填筑方法，如图 3-28 所示。

（3）混合填筑　在深谷陡坡地段，也可采用下层竖向填筑，而在其上层水平分层填筑的混合填筑方法，如图 3-29 所示。

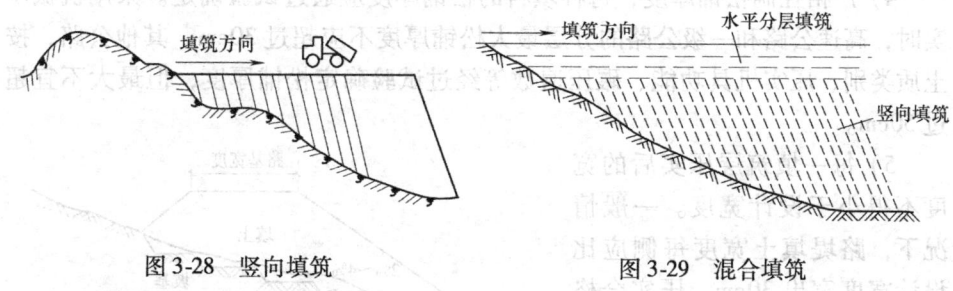

图 3-28 竖向填筑　　　　图 3-29 混合填筑

2. 路基填方取土

路基填方取土应根据设计规划，结合路基排水和当地的土地规划、环境保护等要求进行，不得任意挖取。施工取土应不占或少占良田，尽量利用荒坡、荒地。取土深度取决于地下水等因素。在桥头两侧不宜设置取土坑。取土坑与路基之间的距离，应满足路基边坡稳定的要求。取土坑与路基坡脚之间的护坡道应平整密实，表面设 1%～2% 向外倾斜的横坡。若路线外的取土坑等与排水沟、池塘、水库等蓄水（或排洪）设施相连接时，应采取防冲刷、防污染等措施。对由于取土造成的裸露面，应加以整治或进行防护处理。

3. 路堤填筑施工工序与作业要点

土质路堤填筑作业工序流程通常包括测量放线、基底处理、分层填筑、摊铺整平、碾压夯实、边坡修整、检查验收等。在上述工序中，压实作业通常是施工控制的关键。

路堤填筑施工的要点有以下几方面：

1）不同性质的填料，应水平分层、分段填筑，分层压实，并严格控制碾压最佳含水量。当采用透水性不良的土填筑路堤时，应严格控制其含水量偏差在最佳含水量的 ±2% 之内。在同一水平层上，路基的全宽范围内应采用同一种填料，不得混合填筑，如图 3-30a 所示。每种填料的填筑层压实后的连续厚度不宜小于 500mm。填筑至路床顶面最后一层时，压实后的厚度应不小于 100mm。

2）潮湿或冻融敏感性小的填料应填筑在路基的上层，强度较小的填料应置于路基的下层。有地下水的路段或临水路基，宜采用透水性较好的填料。

3）在透水性不好的压实层上填筑透水性较好的填料前，应在其表面设 2%～4% 的双向横坡，并采取相应的防水措施，如图 3-30b 所示。而不得在由透水性较好的填料所填筑的路堤边坡上覆盖透水性不好的填料。

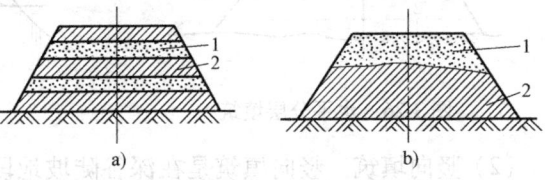

图 3-30 不同性质填料的填筑
1—透水性较好的土 2—透水性不良的土

4）严格控制松铺厚度，每种填料的松铺厚度应通过试验确定。采用机械压实时，高速公路和一级公路的分层最大松铺厚度不应超过 30cm。其他公路，按土质类别、压实机具功能、碾压遍数等经过试验确定松铺厚度，但最大不宜超过 50cm。

5）每一填筑层压实后的宽度不得小于设计宽度。一般情况下，路堤填土宽度每侧应比设计宽度宽出 30cm，压实合格后再作削坡处理。

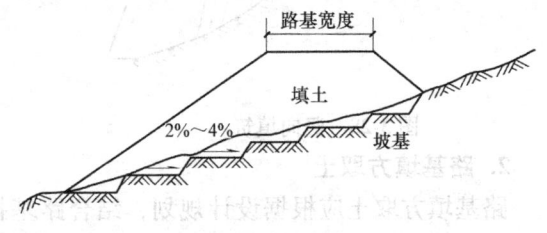

6）路堤应从最低处起分层填筑，逐层压实；当原地面纵坡大于 12% 或横坡陡于 1:5 时，应将地面挖成内倾坡度不小于 2%～4%、宽度大于 2m 的台阶，如图 3-31 所示。

图 3-31 斜坡基地处理

7）当填方分几个作业段施工时，接头部位如不能交替填筑，则先填的路段应按 1:1 坡度分层留台阶；如能交替填筑，则应分层相互交替搭接，搭接长度不小于 2m。

8）应考虑工程特点、土石的种类及数量、气候条件、工期等因素，经济合理地选用碾压机具。在碾压前，应先对作业面整形，形成满足要求的横坡。压实作业（见图 3-32）时应遵循以下规则：①在直线路段和大半径曲

图 3-32 土质路基压实作业

线路段上,应先压边缘、后压中间,以便形成双向路拱;在半径较小的曲线路段上,应由低的一侧(内侧)向高的一侧(外侧)碾压,以便形成单向超高横坡。②先轻后重。刚开始碾压时,土质疏松,强度较低,故宜先轻压。随着土体密实度的增加,逐步提高压实力度,以适应逐渐增长的土基强度。③先慢后快。初步压实时,速度应慢些,以免松土被机械推动,随着土层越来越密实,速度也应逐渐加大以提高作业效率。④路基压实过程中,在横向接头处和纵向前后作业相邻两区域的碾压轮迹均需要有一定的重叠量。整个压实过程中要特别注意控制碾压的均匀性。

4. 土质路基压实影响因素与压实度标准

经充分压实后的土体,具备了一定的密实度,使路基的塑性变形显著减小,渗透性、毛细水作用及隔温性能也都得以改善,从而明显地提高了路基的承载能力和水稳性。因此,压实是填方路基填筑中最主要的工序,对路基的施工质量起着决定性的作用。

(1)土质路基压实影响因素 影响路基压实的因素有很多,主要包括含水量、土质、压实功等。

1)含水量。土的含水量对压实效果的影响比较显著。当土的含水量较小时,由粒间引力使土保持着比较疏松的状态或凝聚结构,水少而气多,在一定的外部压实功能的作用下,虽然孔隙中的气体容易被排出,但由于水膜的润滑作用还不够明显,以及外部功也不足以克服粒间引力,土粒间的相对移动不容易实现,因而压实效果比较差;随着土的含水量的逐渐增大,水膜变厚,引力减小,水膜又起到较好的润滑作用,因此,在这种情况下,外部压实功比较容易使土粒产生移动,压实效果渐佳;如果土的含水量过大,孔隙中出现了自由水,压实功不能使气体排出,压实功的一部分将被自由水抵消,减小了有效压力,压实效果反而会下降。

由击实曲线图(见图3-33)可以看出:曲线上有一峰值,该处的干密度最大,称之为最大干密度;与之相对应的含水量,则被称为最佳含水量。这两个指标对于路基的设计与施工极其重要。

只有在最佳含水量的情况下路基土才最容易被压实,也只有在最佳含水量的情况下经过充分压实的路基土的水稳性最好。

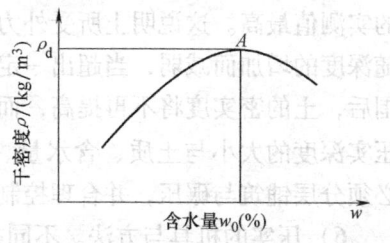

图3-33 干密度与含水量关系曲线

2)土质。由试验(结果见图3-34)可知,土的性质不同,其最大干密度和最佳含水量也明显不同。因此,施工时应根据不同的土壤类别确定其最大干密度和最佳含水量。

土中的粉粒、粘粒含量越大，土的塑性指数越大，土的最佳含水量也越大，而最大干密度却越小。所以，一般情况下，砂性土的最佳含水量小于粘性土的最佳含水量，而砂性土的最大干密度大于粘性土的最大干密度。各种土的最大干密度和最佳含水量虽然不同，但是击实曲线的形状却相类似。亚砂土和亚粘土的压实性能均较好，都是理想的筑路用土。

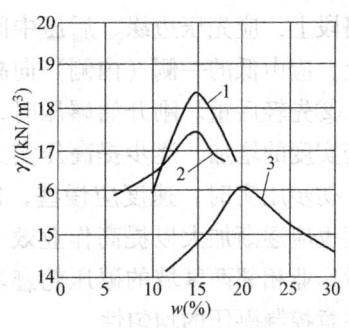

图 3-34 不同土质的 $\rho_d - \gamma$ 关系曲线

1—亚砂土 2—亚粘土 3—粘土

3）压实功。同一类土，其最佳含水量随着压实功的加大而减小，而最大干密度则随压实功的加大而增大，如图 3-35 所示。当土偏干时，增加压实功对提高土的密度影响较大，但当压实功加大到一定程度后，对于最佳含水量的减少和最大干密度的提高将变得越来越不明显；当土偏湿时，增加压实功对提高土的密度则收效甚微，而且还有可能引发路基"弹簧现象"。

4）碾压的温度。在路基的碾压过程中，当温度适宜时，容易达到良好的压实效果。如果温度过高，将由于水分蒸发太快而难以压实；如果温度低于0℃，又将因部分水分结冰，润滑作用变差，碾压阻力增大，难以达到理想的压实状态。

5）压实土层的厚度。在相同的压实条件下，实测土层不同深度的密实度可知：该值随深度的增加而递减，表层5cm的实测值最高。这说明土所受外力的作用随深度的增加而减弱，当超出一定深度范围后，土的密实度将不再提高，而且有效

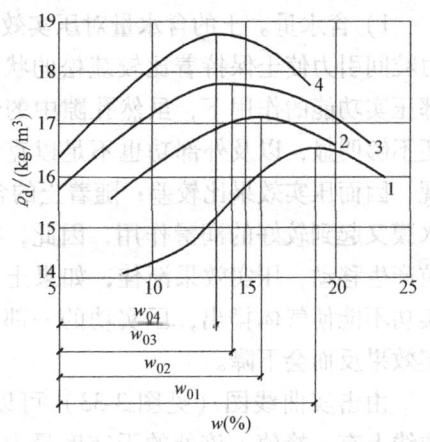

图 3-35 不同压实功的 $\rho_d - \gamma$ 关系曲线

压实深度的大小与土质、含水量、压实机具等因素有关。因此，路堤填土施工必须分层铺筑与碾压，并合理控制每层的铺筑厚度。

6）压实的机具与方法。不同类型的压实机具，其质量大小、适应的土质类型和压力传布的深度都将有所差异。另外，碾压的速度不同，压实效果也会有一定的变化。

(2) 土质路基压实度标准　土质路基压实度应符合表 3-2 的规定。

5. 压实度的检测

(1) 压实度检测方法主要有：灌砂法、灌水（水袋）法、环刀法、核子仪

法等。用灌砂法、灌水（水袋）法检测压实度时，取土样的底面位置为每一压实层底部；用环刀法进行试验时，环刀中部应处于压实层厚的 1/2 深度；用核子仪试验时，要认真按照仪器使用说明书的要求进行检测。

表 3-2 土质路基压实度标准

填挖类型		路床顶面以下深度/m	压实度（%）		
			高速公路、一级公路	二级公路	三、四级公路
路堤	上路床	0～0.30	≥96	≥95	≥94
	下路床	0.30～0.80	≥96	≥95	≥94
	上路堤	0.80～1.50	≥94	≥94	≥93
	下路堤	>1.50	≥93	≥92	≥90
零填及挖方路段		0～0.30	≥96	≥95	≥94
		0.30～0.80	≥96	≥95	—

注：1. 表中所列压实度以《公路土工试验规程》重型击实试验法为准。
　　2. 三、四级公路铺筑水泥混凝土路面或沥青路面时，其压实度应采用二级公路的规定值。

（2）施工过程中，每一压实层均应检验压实度，检测频率应符合相应的规定，必要时可根据需要增加检测的点数。

3.3.4 填石路堤施工

1. 填料要求

1）膨胀岩石、易溶性岩石不宜直接用于路堤填筑；强风化石料、崩解性岩石和盐化岩石不得直接用于路堤填筑。

2）路堤填料的粒径应不大于 500mm，且不宜超过层厚的 2/3，不均匀系数宜在 15～20 之间。路床底面以下 400mm 范围内，填料的粒径应小于 150mm。

3）路床填料的粒径应小于 100mm。

2. 填筑施工要点

1）路堤施工前，应通过试验路段确定满足要求的松铺厚度、压实机械型号及其组合，压实速度及压实遍数、沉降差等参数。

2）二级及二级以上公路的填石路堤应分层填筑压实。二级以下砂石路面公路在陡峻山坡堤段施工特别困难时，可采取倾填的方式将石料填筑于路堤下部，但在路床顶面以下不小于 1.0m 范围内仍应分层填筑与压实。

3）岩性相差较大的填料应分层或分段填筑，严禁将软质石料与硬质石料混合使用。

4）中硬、硬质石料填筑路堤时，应进行边坡码砌，码砌边坡的石料强度、尺寸及码砌厚度应符合设计要求；边坡码砌与路基填筑施工宜同步进行。

5）压实机械宜选用自重不小于18t的振动压路机。

6）在填石路堤顶面与细粒土填土层之间应按设计要求设置过渡层。

7）填石路堤施工后，其上、下路堤的压实质量应达到表3-3的要求。而在填石路堤实际施工时，常用试验路段确定的工艺流程和工艺参数来控制每一填筑层的压实过程；同时，用试验路段确定的沉降差指标检测其压实质量。

表3-3 填石路堤上、下路堤的压实质量标准

分区	路床顶面以下深度 /m	硬质石料孔隙率（%）	中硬石料孔隙率（%）	软质石料孔隙率（%）
上路堤	0.8~1.50	≤23	≤22	≤20
下路堤	>1.50	≤25	≤24	≤22

8）填石路堤成型后的外观质量标准：路堤表面无明显孔洞；大粒径石料不松动，铁锹挖动困难；边坡码砌紧贴、密实，无明显孔洞、松动，砌块间承接面向内倾斜，坡面平顺。

3.3.5 土石路堤施工

1. 填料要求

1）膨胀岩石、易溶性岩石等不宜直接用于路堤填筑，崩解性岩石和盐化岩石等不得直接用于路堤填筑。

2）天然土石混合填料中，中硬、硬质石料的最大粒径不得大于压实层厚的2/3；石料为强风化石料或软质石料时，其CBR值应符合规范的规定，石料的最大粒径不得大于压实层厚。

2. 填筑施工要点

1）压实机械宜选用自重不小于18t的振动压路机。

2）施工前，应根据土石混合材料的类别分别进行试验路段施工，确定能达到最大压实干密度的松铺厚度、压实机械型号及其组合、压实速度及压实遍数、沉降差等参数。

3）土石路堤不得倾填，应分层填筑与压实。

4）碾压前应使大粒径石料均匀分散在填料中，石料间的孔隙应填充小粒径的石料、土或石渣。

5）压实后透水性差异大的土石混合材料，应分层或分段填筑，不宜纵向分幅填筑；如确需纵向分幅填筑，应将压实后渗水良好的土石混合材料填筑于路堤的两侧。

6）当土石混合材料来自不同料场，其岩性或土石比例相差较大时，宜分层或分段填筑。

7）填料由土石混合材料变化为其他填料时，土石混合材料最后一层的压实

厚度应小于300mm，该层填料最大粒径宜小于150mm，压实后的层面上应无孔洞。

8）由中硬、硬质石料填筑的土石路堤，应进行边坡码砌，码砌边坡的石料强度、尺寸及其码砌厚度应符合设计要求，边坡码砌与路堤填筑宜同步进行；由软质石料填筑的土石路堤，其边坡应按土质路堤边坡处理。

9）土石路堤的外观质量应达到：路基表面无明显孔洞；大粒径填石无松动，铁锹挖动困难；中硬、硬质石料土石路基边坡码砌紧贴、密实，无明显孔洞、松动，砌块间承接面应向内倾斜，坡面平顺。

3.3.6 高填方路堤

在稻田区和常年积水地带用细粒土填筑高度达到6m以上，或在其他地带填土或填石高度达到20m以上的路堤，称为高填方路堤。这种路堤由于地基承载力较差或填筑高度过大，填筑时难以达到施工质量的要求，或竣工后沉降超过规范要求。因此，需要认真选择路堤填料，严格按规程进行施工，以确保工程质量。

1. 填料选择

高填方路堤宜优先选用强度高、水稳定性好的填料或采用轻质材料。受水浸淹的填方部分，应采用水稳定性和透水性均较好的材料。

2. 回填施工要求

高填方路堤施工应注意两方面的问题：

一是施工进度。路堤施工需要一层一层地上料、摊铺、碾压和检测验收，高路堤的填筑高度大，所需要的工期长，为保证合同工期，应尽早安排和组织施工，为了缩短填土周期，往往采用大吨位的振动压路机，以增加分层厚度或减少压实遍数。

二是竣工后路堤的沉降问题。沉降的原因一方面是由于填筑高度大，下部的土体因受压而产生一定的变形，变形的多少取决于填料的性质和压实的情况。路堤沉降另一方面的原因是地基的沉降，所以基底强度应满足设计要求，对特殊地段或承载力不足的地基按设计要求认真进行加固处理。

减少高路堤沉降的方法一般采用预压，所以高路堤施工要尽早安排，多投入、快完工，以留有足够的预压时间；并要在回填过程中进行动态监控，做好沉降观测和位移观测工作，按照设计要求合理控制填筑速率。同时，高填方路堤填筑中应按设计要求适当增加路堤的施工宽度。

3.3.7 桥、涵及其他结构物的回填

桥台台背、涵洞两侧及涵顶、挡土墙墙背的回填，是指用符合要求的材料

分层填筑结构物与路基之间遗留的路基部分。这项工作往往是在构造物砌筑基本完成之后才开始的，由于场地狭窄，同时还要保护构造物，回填过程中的压实工作比较困难，并且容易形成积水；如果填筑不良，竣工之后，填土与构造物的连接部分出现沉降差，就会引发"桥头跳车"现象，从而影响行车的速度、舒适与安全，甚至会导致构造物失稳。因此，必须对填料选择和回填施工等环节给予足够的重视。

1. 填料选择

桥、涵及其他结构物的回填宜采用透水性材料、轻质材料或无机结合料等，非透水性材料不得直接作为填料使用。

2. 回填施工要点

基坑回填必须在隐蔽工程验收合格后方可进行，并应分层填筑与压实，各分层厚度宜为100～200mm。二级及二级以上的公路，当采用小型夯实机具施工时，基坑回填的分层压（夯）实厚度不宜大于150mm，要求在接近于最佳含水量状态下分层填筑与压（夯）实，并达到设计要求的压实度。

二级及二级以上公路的台背回填时，应根据设计要求合理确定过渡段的范围，过渡段路堤压实度应不小于96%，并应设置纵横方向的防、排水系统；二级以下公路的路堤与回填的连接部，应按设计要求预留台阶。台背回填宜与路堤路床同步填筑，台背和锥坡的回填也宜同步进行，并且应一次填筑达到设计宽度的要求。

涵洞回填应在洞身两侧对称分层回填与压实，填料粒径宜小于150mm。在涵顶填土的松铺厚度小于50～100cm时，不得通过重型车辆或施工机械；靠近构造物100cm范围内，不得有大型机械行驶或作业，以防涵洞产生破坏。

桥、涵及其他构造物回填过程中，要严禁雨水流入；对已有的积水应挖沟或用水泵迅速排除；对于地下渗水，应设置盲沟等将其引出。

3.4 挖方路基施工

3.4.1 土质路堑开挖

1. 土质路堑开挖方案

土质路堑开挖，可以根据路堑深度、纵向长度及现场施工条件，采用以下几种方法。

（1）横挖法 在路堑的一端或两端，沿路线的纵向按路基横断面全宽开挖。可分为单层横向全宽挖掘法和多层横向全宽挖掘法，如图3-36所示。

单层横向全宽挖掘法，是指一次性挖掘高度达到路堑设计深度，掘进时逐段成型向前推进,由相反方向将土外运送出,适用于深度小、长度较短的路堑开挖;而对于深而短的路堑,可采用双层横向全宽挖掘法,使上层在前、下层随后,在下层施工面上需要留有上层开挖操作的出土和排水通道。双层开挖增加了工作面,加快了施工进度,层高应视施工的方便与安全而定,一般为 1.5~2.0m。必要时,还可组织多层横向全宽挖掘。

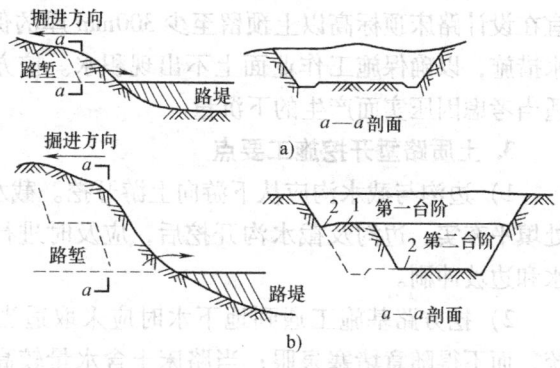

图 3-36 全宽横挖法
a) 单层横向全宽挖掘法 b) 双层横向全宽挖掘法
1—第一台阶运土道 2—临时排水沟

(2) 纵挖法 先沿路堑的纵向挖出通道,然后将通道向两侧拓宽,并利用纵向通道作为运土路线和场地排水的出路。将该层通道拓宽至路堑边坡后,再开挖下层通道,直至纵深开挖到路基设计标高,如图 3-37 所示。这种开挖方法,工作面大,既可人工施工,也可机械施工,适于较长、较深的路堑开挖。

(3) 混合式掘进开挖 混合式掘进开挖是横挖法与纵挖法两种方法的混合运用,即先顺路堑方向开挖通道,然后沿横向坡面挖掘,以增加开挖坡面,每一开挖坡面应能容纳一个施工组或一台开挖机械作业。在较大的挖方地段,还可沿横向再挖沟,配以传动设备或布置运土车辆,如图 3-38 所示。当路线纵向长度和深度都很大时,宜采用混合式开挖法。

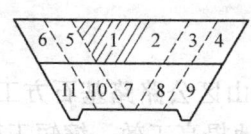

图 3-37 纵挖法

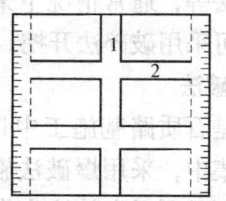

图 3-38 混合式掘进法
1—纵向通道 2—横向通道

2. 土质路堑开挖施工

对于能够作为路基填料使用的土方,应分类开挖和使用;对于非适用材料可作为弃方处理。土方开挖工作应自上而下进行,不得乱挖超挖,严禁掏底开挖。开挖过程中,应采取适当的措施保证边坡的稳定。开挖至边坡线前,应预留一定宽度,预留的宽度应保证刷坡过程中设计边坡线外的土层不受扰动。

开挖至零填或路堑路床部分后,应尽快进行路床施工;如不能及时进行,宜在设计路床顶标高以上预留至少300mm厚的保护层。在施工中应采取临时排水措施，以确保施工作业面上不出现积水。挖方路基路床顶面的终止标高，应适当考虑因压实而产生的下沉量。

3. 土质路堑开挖施工要点

1）边沟与截水沟应从下游向上游开挖。截水沟通过地面坑凹处时，应将凹处填平夯实。边沟及截水沟开挖后，应及时进行防渗处理，不得形成渗漏、积水和边坡冲刷。

2）挖方路基施工遇到地下水时应采取适当的措施，将水引入路基排水系统，而不得随意堵塞泉眼；当路床土含水量较高或为含水层时，应设置渗沟或采取换填、改良土质或土工织物等措施进行处理，并选用透水性良好的填料。

3）土质路堑开挖应根据地面坡度、开挖断面的纵向长度及出土方向等因素，结合土方调配，选用安全、经济的开挖方案。

4）土质路堑开挖形成的弃土不得占用耕地，沿河弃土不得影响排洪、通航和加剧河岸冲刷。也不能向水库、湖泊、岩溶漏斗及暗河口处弃土。

5）弃土堆的几何尺寸、压实程度和位置，应能保证路基边坡和弃土堆自身的稳定。一般情况下，弃土堆的边坡不陡于1:1.5，顶面向外设不小于2%的横坡，其内侧高度不宜大于3m。

3.4.2 石质路堑开挖

石质路堑开挖应根据岩石的类别、风化程度、岩层产状、岩体断裂构造、施工环境等因素综合确定开挖方案。岩石路堑开挖的方法主要有爆破法、松土法和破碎法等，通常情况下采用爆破法开挖，有条件时宜采用松土法开挖，局部情况也可采用破碎法开挖。

1. 爆破法

爆破是石质路基施工中最有效的施工方法。山区公路路基石方工程量大，而且较为集中，采用爆破法施工，不但能够大大地提高工效、缩短工期、节约劳动力，而且可以有效地改善线形，提高公路的使用质量。

爆破作用的原理是：药包点燃后，炸药在瞬间内通过化学反应转化为气体状态的爆炸产物。由于膨胀作用，体积增加百倍乃至数千倍而形成静压力，同时产生很高的温度和速度高达每秒上千米的冲击波，自药包的中心按球面等量向外扩散，以动压力的形式传递给周围介质，使周围介质产生各种不同程度的破坏和振动现象。爆破冲击波由药包中心向外扩散过程中，按其破坏程度可大致分成四个作用圈，分别称之为压缩圈、抛掷圈、松动圈和振动圈，如图3-39所示。

开挖岩石路基常用的爆破方法主要有：

(1) 裸露药包法　裸露药包法是将药包置于被炸物体表面或经过清理的岩缝中，在药包的表面用草皮或稀泥加以覆盖后进行的爆破方法。这种爆破方法主要用于破坏较大的孤石或进行大块岩石的二次爆破。

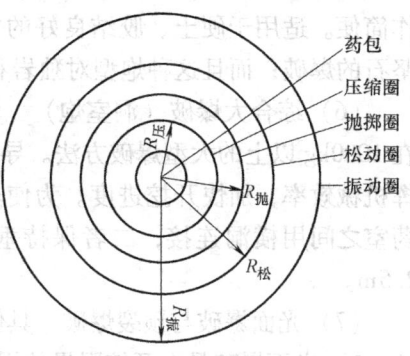

图 3-39　爆破作用圈示意图

(2) 浅孔爆破　浅孔爆破也称为炮眼法或钢钎炮，是指炮眼的直径小于 75cm，深度小于 5m，将炮眼中的炸药装成长条形，并用泥土堵塞的爆破方法。这种爆破方法工具简单，技术容易掌握，施工灵活性大，而且由于药量少、爆破的振动轻，不易造成塌方与滑坡。广泛用于露天、石方数量较少的爆破工程，如整修边坡、水沟开挖、炸孤石、改造地形、打井洞等工程项目。

(3) 深孔爆破　深孔爆破是指炮孔的直径大于 75cm，深度 5m 以上，采用延长药包的一种爆破方法。这种方法一次性爆破的石方量大，施工进度快、效率高；但是由于需要使用大型机械，因而转移工地、开辟新场地等工作变得较为复杂，而且爆破后仍有 10%~25% 的大石块需经二次爆破改小。深孔爆破适用于石方集中、地势平缓垭口的深路堑开挖。

(4) 药壶法（葫芦炮）　药壶法是指在孔深 3.0~6.0m 的炮眼底部，用少量炸药，经过一次或多次扩膛，把炮眼底部扩大成葫芦形，再集中装入炸药，以提高爆破效果的一种方法（见图 3-40）。这种爆破方法炸药利用率高、消耗少，爆破效果好，而且施工安全程度较高。适用于结构均匀密实的硬土、次坚石和坚石等的爆破。

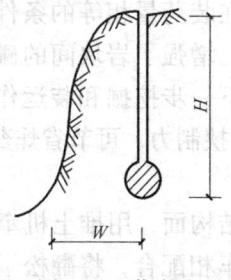

图 3-40　药壶法

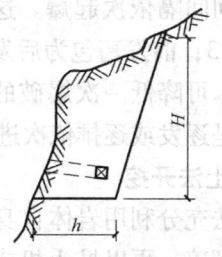

图 3-41　猫洞炮

(5) 猫洞炮　这种方法是将药包直接集中放于直径为 20~40cm、深度为 2~5m 的呈水平或略向下倾斜的洞穴的底部，然后用细粒土或砂类土将洞穴堵满、塞紧而进行的爆破（见图 3-41）。这种爆破方法充分利用了岩石本身的崩塌作用，能用较浅的洞穴爆破较高的岩体；爆破量大、用工少、进度快，而且操作简便。适用于硬土、胶结良好的古河床、冰渍层和节理比较发育的次坚石与坚石的爆破；而且这种炮型对独岩和特大孤石爆破效果也较好。

（6）综合大爆破（洞室炮）　综合大爆破是利用导洞和药室装药，用药量在 1000kg 以上的大型爆破方法。导洞和药室的开挖，应合理组织人力，充分发挥机械效率，加快开挖进度。为使药包集中，药室多做成近似立方体，导洞和药室之间用横洞连接，二者保持垂直，药室中心与导洞中心间距一般不小于 2.5m。

（7）光面爆破与预裂爆破　具体如下：

1）光面爆破是在开挖限界的周边，适当排列一定间隔的炮孔，在有侧向临空面的情况下，使之形成一个光滑、平整的边坡。

2）预裂爆破是在开挖限界处，按适当间隔排列炮孔，在没有侧向临空面和最小抵抗线的情况下，用控制炸药量的方法，预先炸出一条裂缝，使爆破体分开，作为隔振、减振带，以减弱对开挖界限以外山体或建筑物的地震破坏作用。

光面爆破和预裂爆破的外表特征是均在边坡壁上留下半个炮孔的痕迹。预裂爆破的起爆时间在主炮之前，光面炮在主炮之后。

（8）定向爆破　定向爆破是利用爆破的作用，将大量的岩石和土体按照指定的方向搬移到指定的地点，并堆积成一定形状的填方的方法。爆破的基本原理是炸药在岩石或土体内部爆炸时，岩石和土将沿着最小抵抗线，即沿着从药包到临空面最短距离的方向抛出去。因此，合理选择临空面布置炮孔是定向爆破的一个重要问题。临空面大多利用自然地形，也可以在爆破地点用人工方法制造临空面。采用这种爆破方法，一次爆破即可实现土石方调配，形成路基雏形。因而在很大程度上减少用工、缩短工期，也节约了投资。

（9）微差爆破　微差爆破又称毫秒爆破，是指前后或相邻炮孔内的药包以毫秒的时间间隔依次起爆。这种爆破的特点是，在装药量相等的条件下，可减振 1/3～2/3；前发药包为后发药包开创了临空面，增强了岩块间的碰撞挤压和破碎效果；可降低一次爆破的堆积高度，有利于下一步挖掘和装运作业；同时由于爆破是逐发或逐排依次进行的，减少了岩石的挟制力，可节省炸药用量。

2. 松土法开挖

松土法充分利用岩体自身存在的各种裂隙和结构面，用推土机牵引的松土器将岩体翻碎，再以推土机或装载机与自卸式汽车相配合，将翻松了的岩块搬运出去。松土法避免了爆破法所带有的危险性，而且有利于开挖边坡的稳定及附近建筑物的安全。原则上讲只要能够使用松土法施工的场合，就应尽量不要用爆破法施工。

施工时注意松土作业方向应尽可能顺着岩层的下坡方向，遇到较坚硬的岩石，当松土器难以贯入或引起机械后部上翘、履带打滑时，可用另一台推土机在后面顶推；若岩石较为完整和坚硬，也可以先进行适当的浅孔松动爆破，然后再进行松土作业。

3. 破碎法开挖

这种开挖方法是利用破碎机凿碎岩块，通常将凿子装在推土机或挖掘机上，利用活塞的冲击作用，使凿子产生冲击力来破碎岩石。破碎法宜用于岩体裂缝较多、岩块体积较小、抗压强度低于100MPa的岩石，但是存在着作业效率低的缺点。

3.4.3 深挖路堑施工

当路堑边坡高度等于或大于20m时称为深挖路堑。深挖路堑因为边坡高度大，易坍塌，而且工程数量非常大，往往是影响全线按期完工的重点工程。因此，在施工准备阶段就要详细了解沿线的工程地质情况、工程量和工期，合理编制施工组织设计，确定所应配备的机械设备的类型、数量，以确保工程质量和施工期限。

影响深挖路堑边坡稳定性的因素有很多，最主要的是边坡坡度的大小。较缓的坡度有利于边坡的稳定，同时边坡稳定性还与气候等因素有关，在多雨地区必须严格按照所设计的坡度进行施工，并进行必要的边坡防护和设置完善的防排水系统。深挖路堑通常需要在路堑边坡一定高度处设置护坡道，以延缓边坡坡度，这样既可起到稳定边坡的作用，还兼具碎落台的功能。故在高路堑边坡施工中，一般按规定每隔6~10m高度设置一层护坡道，其宽度不小于2m，表面横向坡度应向外侧倾斜，坡度为2%~4%，护坡道的纵向坡度宜与路线平行。

3.5 特殊路基施工

特殊路基施工主要包括软土、多年冻土、滑坡、泥石流、黄土和盐渍土等地区（或地段）的路基施工。

3.5.1 软土地区路基施工

1. 软土的分类

1）以孔隙比、有机质含量为主，结合其他指标，软土可划分为软粘性土、淤泥质土、淤泥、泥炭质土和泥炭五种类型。

习惯上把淤泥、淤泥质土、软粘性土总称为软土；而把有机质含量很高的泥炭、泥炭质土总称为泥沼。

2）按其成因，软土可划分为海洋沿岸沉积和内陆湖沉积两大类。

3) 按其沉积环境和特征，软土可划分为潟湖相沉积、溺谷相沉积、滨海相沉积、三角洲相沉积、湖相沉积、河漫滩相沉积、丘陵谷地相沉积七种。

2. 软土的特点

1) 天然含水量高，最小值为 30% ~ 40%；孔隙比大，最小值约为 0.8 ~ 1.2。

2) 透水性差，渗透系数一般小于 1×10^{-6} cm/s。

3) 压缩性高，压缩系数一般大于 0.5MPa。

4) 粘聚力小。

5) 具有触变性，一经扰动，软土的强度就降低很多。

6) 抗剪强度低，快剪内摩擦角最大为 11°，最小可接近 0°。

在软土地基上修建路基，若不进行基底处理，将因为变形过大或强度不足，引发路基出现失稳或过量沉陷，从而导致公路产生病害或不能正常使用。因此，需要采取正确的加固措施，以保证路堤的稳定与正常施工。

3. 软土地基的加固措施及其施工

当路堤经过稳定性验算或沉降计算不能满足设计要求时，必须对软土地基进行加固。常用的加固方法主要有以下方式：

（1）塑料排水板法　塑料排水板是带有孔道的板状物体，插入土中形成竖向排水通道，改善了地基的排水条件、缩短了排水途径。在地基承受附加荷载后，排水固结的速度加快，进而使地基的强度得以提高，如图 3-42 所示。该方法施工简单、快捷。

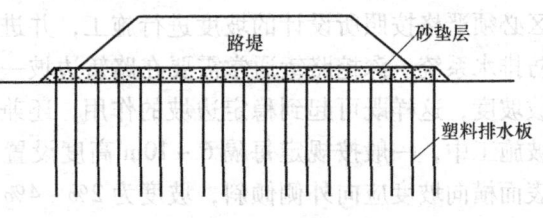

图 3-42　塑料排水板法

1) 塑料排水板具有质量轻、强度高和耐久性好等特点。常见的塑料排水板是由芯板和滤膜组成的，如图 3-43 所示。其中芯板由聚丙烯和聚乙烯塑料加工而成，滤膜一般采用耐腐蚀的涤纶衬布。

2) 施工时，塑料排水板一般要用插板机插入土中。插板机分为套管式插板机和无套管式插板机两种。塑料排水板超过孔口的长度应能伸入砂垫层不小于500mm，预留段应及时弯折，埋设于砂垫层中，与砂垫层贯通，并采取必要的保护措施。施工中应防止泥土等杂物进入套管内，一旦发现应及时清除。打设后形成的孔洞应用砂回填，不得用土块堵塞。

（2）砂井　利用打桩机具向地基中击入钢管，或利用高压射水、爆破等方法在地基中获得按一定规律排列的孔眼，再向孔中灌入中、粗砂，形成砂柱的加固形式。

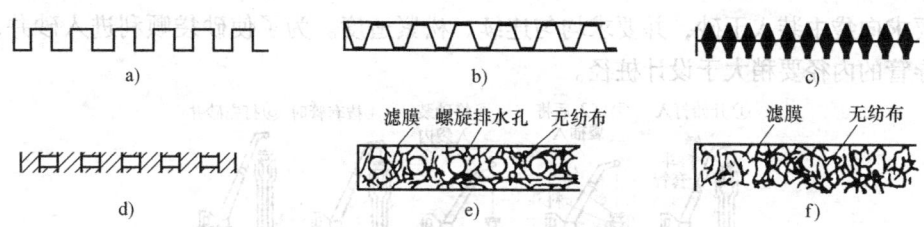

图 3-43 几种常见的塑料排水板
a) 方槽塑料板 b) 梯形槽塑料板 c) 三角形槽塑料板 d) 硬透水膜塑料板
e) 无纺布螺旋塑料板 f) 无纺布柔性塑料板

1) 砂井的特点是,在软弱地基层中,设置砂井作为竖向排水体,在堆土加载的情况下,使土体中的水沿竖向排水体排出,从而加速了土壤固结和地基沉降,提高了地基的强度。

砂井适用于软土层厚度大于 5m 的情况。砂井在饱和软粘土中起排水通道的作用,在砂井的顶面应铺设砂垫层,以构成完整的地基排水系统。公路工程中,砂井的直径通常为 20~50cm;砂井的间距一般为井径的 6~10 倍;砂井的深度与土层分布、地基附加应力的大小、施工期限等因素有关。

2) 砂井施工的方法主要有套管法、射水法和螺旋成孔法三种,使用较为广泛的是套管成孔法。

套管法是将带有活瓣管尖或套有混凝土端靴的套管,在振动(打入)机的作用下,沉到预定的深度,然后在套管内灌砂、灌水,拔出套管,管尖或混凝土端靴随同所灌入的砂一起留在孔中,形成砂井。其施工过程如图 3-44 所示。根据沉管工艺的不同,有振动、静压、锤击与静压相结合等方式;射水法是以压力水,通过专用喷头冲成孔,不使用套管,而直接从地面将砂投入

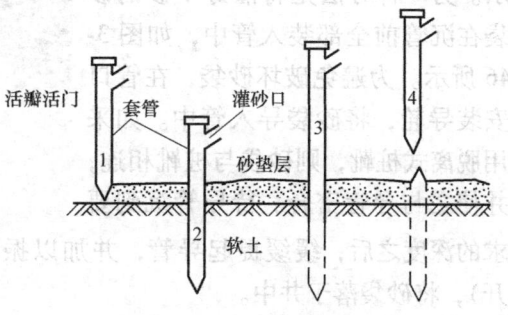

图 3-44 砂井的套管法施工过程
1—套管就位 2—套管沉至设计高程
3—灌砂、灌水 4—提升套管、成型砂井

孔中,形成砂井;螺旋成孔法是以动力螺旋钻钻孔,提出钻头后,在孔内灌砂成井。

(3) 袋装砂井 这种方法是普通砂井的发展与提高。为了既缩小砂井的直径,又能保证施工的顺利实施,利用透水性良好的网状织物制作的袋子(其直径一般为 7~12cm),向袋中装满砂子,沉入井内的软土地基进行加固。该种方法用料省、价格低,而且施工质量容易得到保证。

砂袋的制作要求不鼓包、不漏砂。为了防止砂袋入井过程中产生缩颈现象,

要求向袋中装入干砂,并要求均匀连续、松紧适度。为了使砂袋顺利进入砂井,导管的内径要稍大于设计桩径。

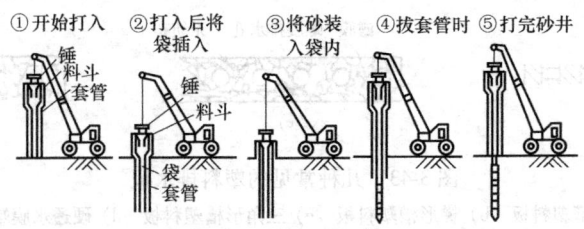

图 3-45　袋装砂井(后装砂法)施工工艺流程图

袋装砂井的施工方法有两种:一种方法是装有空袋(底部装有 20~30cm 的砂)的导管,按设计的井位就位,调整桩尖使之与导管紧密结合。将导管沉到设计高程(一般比设计高程深 10~20cm),通过振动,将干砂装入袋中,待砂袋装满之后,卸下砂袋,拧紧套管上盖,然后把压缩空气送进套管,并提升套管。此时管底受到压力,活门打开,将管取出,而砂袋则留在孔中。其施工步骤如图 3-45 所示。另一种方法是将灌好干砂的砂袋在沉管前全部装入管中,如图 3-46 所示。为避免破坏砂袋,在管口安装导轮,将砂袋导入管中。如采用脱离式桩靴,则砂袋与桩靴相连,并使之与导管密合。待导管沉到要

图 3-46　袋装砂井施工现场

求的深度之后,缓缓提起导管,并加以振动。此时底盖张开(或桩靴与管离开),将砂袋落于井中。

(4) 排水砂垫层　这种方法只是在路堤底部的地面上铺设一层较薄的砂层。其作用是在软土顶面增加一个横向排水面,在填土过程中,荷载逐渐增加,促使软土地基排水固结,渗出的水就可以从砂垫层中排走。

1) 排水砂垫层适用于施工期限不紧,路堤高度为极限高度的二倍以内,而且砂源丰富,软土地基表面无隔水层的情况,砂垫层的厚度一般为 0.6~1.0m。

2) 排水砂垫层施工要点有:①为确保砂垫层能排水通畅,宜采用透水性良好的中砂、粗砂等,含泥量应小于 5%;也可采用天然级配砂砾,其最大粒径应小于 50mm,砾石强度不低于四级。②垫层宜分层摊铺压实,达到规定的压实度。③垫层宽度应宽出路基坡脚 500~1000mm,两侧宜用片石护砌或采用其他方式加以防护。④为了保证砂垫层在其使用期间的整体连续性,在砂垫层的上、

下两侧均宜设置反滤层；⑤确定砂垫层的厚度时，要做到既不致因地基沉降而使砂垫层发生错断，又不致因排入砂垫层中的孔隙水的水头过高而使水渗入路堤填土。

(5) 土工织物 土工织物大多是由丙纶（聚丙烯）、涤纶（聚酯）、玻璃纤维为主要材料加工而成的。具有质地轻、强度高、弹性好，以及耐磨、耐酸碱、不易腐烂或虫蚀、吸湿性小等优点；但是存在着日光照射下易老化的缺点。

土工织物种类繁多，从制作工艺上可以大致分为编型土工纤维、织型土工纤维、无纺型土工纤维、组合型土工纤维和其他形式土工纤维。

土工织物的作用是具有反滤、排水、隔离及加固补强等功能。在软土地基表层铺设一层或多层的土工织物，能与其接触部分的土壤形成一个有机的整体，减小路堤填筑后的地基不均匀沉降，在提高地基的承载力的同时还不影响排水。另外，对于高含水量的超软弱地基，若在采用砂井及其他深层加固法之前铺设土工织物，可作为前期处理提高施工的可能性；若在砂垫层上加铺土工织物，可以防止填土对砂垫层的污染。

土工织物施工要点有：下承层应平整，摊铺时应拉直、平顺，使土工织物紧贴下承层，不得出现扭曲、褶皱等现象。在斜坡上摊铺时，应保持松紧适度；施工中应防止土工织物受损，清除软土层上的铁刺、木桩以及容易划破土工织物的碎石等，以防发生土工织物被撕裂、顶破等现象；如果出现破损应及时进行修补或更换。铺设土工织物时，应在路堤每边各留一定长度，回折覆裹在已压实的填筑层面上，折回的外露部分用土加以覆盖。土工织物连接时，若采用搭接形式，则搭接长度宜为 300～900mm；若采用缝接形式，则缝接宽度应不小于 50mm，缝接强度应不低于土工合成材料的抗拉强度；若采用粘结形式，则粘合宽度应不小于 50mm，粘合强度应不低于土工合成材料的抗拉强度；双层土工合成材料上、下层的接缝应错开，错开长度应大于 500mm。

(6) 预压 预压也是软土排水固结的非常重要的方法和步骤，采取正确的预压措施是达到预期固结效果的重要保障。预压法简单易行，但是需要较长的固结时间，并且常常需要配合采用砂垫层、砂井等排水措施方能达到较好的使用效果和满足工期的要求。

预压一般分为利用建筑物自身重量预压和堆载预压两类方法。利用建筑物自身重量预压法是先在软土地基上填筑不超过软土极限高程的路堤填土，待其沉降稳定之后，再行填筑，如此反复地进行，直至达到设计高度的要求；堆载预压法是在软土地基上拟建涵洞或桥台等结构物时，先在结构物修建位置填土预压，待地基强度提高到一定程度以后，挖除填土，再建造结构物。预压法施工时应严格控制加荷速率，该速率应保证地基只产生沉降而不致丧失稳定，加荷速率可根据理论计算或观测法确定。

(7) 挤密砂桩 挤密砂桩是以冲击或振动,强力将砂、石等材料挤入软土地基中,形成直径较大的密实柱体,提高软土地基的整体抗剪强度,减少沉降的软土加固方法。

砂桩的直径一般为 0.3~0.7m,对于软弱粘性土地基宜采用直径较大的砂桩。与排水砂井的作用不同,挤密砂桩的主要目的是增大土体的密实度。砂桩一般采用中、粗砂,也可采用砂砾混合料。

挤密砂桩施工方法有振动成桩和锤击成桩两类。振动成桩又分为一次拔管法、逐步拔管法和重复压拔管法;锤击成桩也可分为单管成桩法和双管成桩法。

以一次拔管法为例,挤密砂桩的施工工艺为:桩管就位→将桩管振动下沉至设计深度→将砂灌入桩管中→边振动、边拔管→最后形成密实的砂柱。

(8) 生石灰桩 在软弱的粘性土壤中可以掺入生石灰,形成石灰桩,利用生石灰吸收软土中的水分,在生成消石灰(氢氧化钙)时,体积急剧膨胀,并散发出大量的热量,促使软土中的水分蒸发,同时还能发生火山灰反应,生成的硅酸钙和铝酸钙等水合物,在水及空气中逐渐硬化,与土颗粒粘结在一起,构成网状结构,改善土的物理力学性质,使得处治后的软土强度提高,地基沉降减小,从而增加了路基的稳定性。

生石灰桩的孔径多为 20~40cm,桩长多在 12m 以内,用打入或钻进的方法成孔,再填入粒径为 2~5cm 的生石灰块。生石灰桩成孔主要采用振动沉桩法,施工工艺与砂桩基本相同,与砂井施工不同的是,在桩孔之中充填的不是砂,而是生石灰。在灌生石灰块或生石粉时,应使用导管将填充物振实,一直到达软土的原地面高程。然后再用砂土将桩顶封实,以防止雨水与生石灰桩直接接触,并控制生石灰向上膨胀。

(9) 加固土桩 加固土桩是利用工程钻机,将旋喷注浆管置入预定的地基加固深度,通过钻杆旋转,徐徐上升,并将预先配置好的浆液以一定的压力从喷嘴喷出,冲击土体,使土和浆液搅拌成混合体,形成具有一定强度的人工复合地基。

加固土桩可以根据不同的施工对象、用途,调整灌入材料的用量、浓度,使加固土体满足工程需要的强度。所使用的固化材料主要有:水泥、生石灰、粉煤灰等。

1) 施工方法与施工工艺。加固土桩的施工可分为粉喷法(干法)和深层搅拌法(湿法)两种。①粉喷法(干法)施工工艺:钻机就位、检查→

图 3-47 水泥搅拌加固桩施工

钻进至预定深度→旋喷、提升钻杆→重复搅拌。图3-47为水泥搅拌加固桩施工示意。②深层搅拌法（湿法）施工工艺：定位→预搅下沉→制备水泥浆→提升喷浆搅拌→重复搅拌（见图3-48）。

2) 施工要点有：①加固土桩施工前必须进行成桩试验，桩数不宜少于5根，以获取满足设计喷入量的各种技术参数，确定能保证胶结料与加固软土拌合均匀的工艺。②采用粉体固化剂时，严格控制粉喷时间、停粉时间和喷入量，不得中断喷粉，

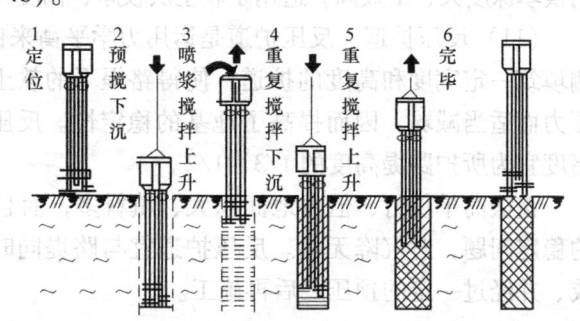

图3-48 深层搅拌（湿法）施工工艺流程图

确保桩体的有效长度；并注意按设计要求的深度进行复搅，以提高拌合均匀性。③采用浆液固化剂时，制备好的浆液应拌合均匀，不得产生结块和离析。浆液供浆要连续，超过2h的浆液应降低等级使用。

(10) 换土 将路堤下的部分或全部软土，换填强度较高的粘性土或砂、砾、卵石、片石等渗水性材料。该法工作量大，却从根本上改善了地基特性，处理效果较好。换土法常用的做法有：

1) 人工或机械开挖换土法适用于软土层较薄、易于排水施工的情况，换土深度一般不宜超过2m。在开挖过程中，需要注意边坡的稳定；回填时，应注意分层填筑与压实。

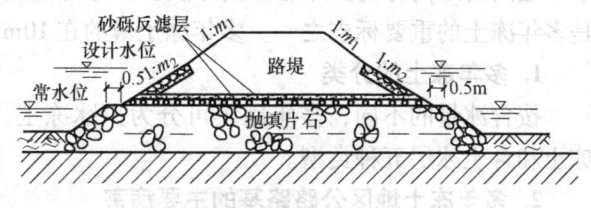

图3-49 抛石挤淤

2) 抛石挤淤法。该方法是强迫换土的一种方式，如图3-49所示。该法不必抽水、挖淤，使施工变得简便。主要用于池塘或河流等积水洼地，如常年积水、不易抽干，而且表层无硬壳、软土液性指数大、厚度薄、片石能沉至下卧硬层的情况。这种方法适宜处理的软土厚度为3~4m。

抛石挤淤应选用不易风化的片石，要求片石的厚度或直径不宜小于300mm。当软土地层平坦时，填筑应沿路基中线向前呈三角形投放片石，再渐次向两侧全宽范围扩展。当软土地层横坡陡于1:10时，应自高侧向低侧填筑，并在低侧坡脚外一定宽度范围内同时抛填，以形成片石平台。片石抛填露出软土面后，应用较小石块填塞垫平，用重型压路机碾压，在其上铺设反滤层后，再进行填土作业。

3) 爆破挤淤法。该方法是利用炸药爆炸时的张力作用，使软土扬弃或压缩，然后填以强度较高的渗水性土壤或一般粘性土，达到换土的目的。这种方法的换填深度大、工效高，适用于软土层较厚、稠度大、路堤高及工期紧的情况。

（11）反压护道 反压护道是运用力学平衡来保持路基的稳定，在路堤的两侧填筑一定宽度和高度的护道，使得路堤下的软土层所承受的压力作用因反压压力而适当减弱，因而提高了地基的稳定性。反压护道一般采用单级形式，其高度宜为所护路堤高度的 1/3～1/2。

该法简单易行，但占地面积大、填料多，而且反压护道只解决了软土地基的稳定问题，对沉降无益。反压护道宜与路堤同时施工，也可以在路堤施工完成、并经过一定的预压之后再施工。

3.5.2 多年冻土地区路基施工

凡温度为负温或零度、并且含有冰的各种土被称为冻土，冻结状态持续三年以上的冻土层则称之为多年冻土。在多年冻土地区，地表以下一定深度范围内，每年夏季融化，冬季冻结，该层称为季节冻融层，同时这一深度被称作季节冻融层底板或多年冻土上限。在该深度以下一定厚度的土则终年处于冻结状态，即所谓的多年冻土层。多年冻土层的底部称做多年冻土的下限，其上限和下限之间的距离称为多年冻土的厚度。多年冻土的厚度反映着冻土的发育程度，是多年冻土的重要标志之一。多年冻土薄的在 10m 以下，厚的可达 100m 以上。

1. 多年冻土的分类

按含冰量的不同，多年冻土可分为少冰冻土、多冰冻土、富冰冻土、饱冰冻土和含土冰层五种类型。

2. 多年冻土地区公路路基的主要病害

多年冻土地区的不良地质现象主要有冰丘、冰锥、地下冰和冻土沼泽等，将对公路工程建设产生极为不良的影响。多年冻土地区公路路基的病害主要有以下几种：

（1）融沉 融沉一般发生在含冰量大的粘土地段。当路基基底多年冻土的上部或在路堑边坡上分布有较厚的地下冰层时，由于地下冰层埋藏较浅，在施工及使用过程中，因为原来的自然条件发生变化，使多年冻土局部融化，上覆土层在土体自重力及外力作用下产生沉陷，造成路基变形。融沉主要表现为路堤向阳侧路肩及边坡的开裂、下滑，路堑边坡溜坍等。

（2）冻胀 冻胀多发生在季节性冻结深度较大的地区及多年冻土地区，发生原因主要是地基土或填土中的水在冻结时体积急剧膨胀，冻胀的程度与土质及土中的含水量有很大关系。

（3）冰害 冰害主要是指路堤上方出露的地表泉水或开挖路堑后地下水自

边坡流出，在隆冬季节随流随冻，构成积冰掩埋路基、边坡挂冰或堑内积冰等病害。在路基工程中，路堑地段较路堤地段的冰害要多，尤其发生在浅层地下水发育的低填浅挖及零填挖地段。

3. 多年冻土地区公路路基施工要点

1）施工前应查清沿线冻土的分布情况、类型、冻土的上下限、地下水，以及有无热融（湖、塘）、冰丘、冰锥等不良地质情况。

2）必须严格遵循保护冻土的原则进行施工。路基形式以路堤为宜，尽量避免零填或浅挖断面，使路基竣工后仍处于热学稳定状态。

3）路基的排水与加固除满足水力和土力条件外，还应考虑由于施工因素所引起的热力变化不能导致多年冻土层的上限下移。

4）填方路基施工过程中，应采取措施保持路基及其周围的冻土处于冻结状态，根据设计要求和实际情况对基底采取换填或设置毛细水隔断层等措施。需要取土时，宜设置集中取土场，取土位置宜在路堤坡脚500m以外。填料宜选用保温、隔水性能均较好的填料，严禁使用塑性指数大于12、液限大于32%的细粒土、富含腐殖质的土及冻土；若采用粘性土或透水性不良土填筑路堤，碾压时含水量应严格控制在最佳含水量±2%范围内。路基应分层填筑与碾压，达到规定的压实度。

5）在地下水发育的挖方地段，路基边沟应采取防渗措施。刨冰冻土、含土冰层的路堑地段，可根据设计要求换填足够厚度的水稳性好的填料。

6）处于冰锥、冰丘地段的路基施工，应按设计要求设置防、排水设施；冻胀较重的地段，应在其上游主流处做好地下渗沟，并将水引到一定距离外的地面积冰场。

3.5.3 盐渍土地区路基施工

盐渍土是指包括盐土和碱土在内，以及不同程度盐化和碱化土壤的统称。在公路工程中，按地表全层1m以内容易溶于水中的无机盐类（或称易溶盐类）含量平均达0.5%以上的土壤，称为盐渍土。气候干旱、排水不畅，以及地下水位过高，是引起土壤盐渍化的主要原因。

盐渍土类型众多，一般多分布在较低洼的地区，而且常常与沼泽相伴而生。

1. 盐渍土的分类

1）盐渍土按含盐化学成分分类，可分为氯化物盐渍土、硫酸盐—氯化物盐渍土、氯化物—硫酸盐盐渍土、硫酸盐盐渍土和碳酸盐盐渍土等。

2）盐渍土按盐渍化程度分类，可分为弱盐渍土、中盐渍土、强盐渍土和过盐渍土等。

2. 盐渍土对路基的主要危害

1）氯化物盐渍土容易使土壤过分湿化而影响路基的稳定性，造成湿陷、坍塌等病害。路基处于潮湿状态时，密度较小，翻浆现象比一般地区严重。

　　2）硫酸盐盐渍土的盐胀作用主要发生在路基上部 0~80cm 范围内，越接近表层，盐胀值越大。在昼夜温差大的地区，反复循环的盐胀作用容易造成边坡约 0.3m 厚度范围的土体疏松与剥落。由于硫酸盐遇水时容易溶解，当含盐量较大时，路基会出现湿陷、坍塌等病害。

　　3）碳酸盐盐渍土遇水崩解的速度很快，当土中的碳酸盐含量大于 0.5% 时，遇水后碳酸盐即与土中的胶体颗粒分解，使路基土体产生膨胀，土体强度急剧降低。

3. 盐渍土路基施工要点

　　1）盐渍土路基宜在干旱季节施工，施工前应对填料的含盐量及其均匀性加强检测。

　　2）当地表土不符合要求时，应将路基基底的土壤挖除，换填透水性较好的土。

　　3）对于含水量超过液限的原地基土，应将基底以下 1m 范围内的土壤全部换填成透水性材料；当含水量介于液限和塑限之间时，应换填 100~300mm 厚的透水性材料；当含水量在塑限以下时，可直接填筑粘性土。

　　4）盐渍土路堤应分层填筑、分层压实，每层松铺厚度不宜大于 200mm。碾压时应严格控制含水量，含水量不宜大于最佳含水量 +1%，不得在雨天施工。

　　5）盐渍土路堤宜从基底处理开始，连续施工。在设置隔断层的路段，以一次做到隔断层的顶部为宜。

　　6）在施工季节的选择方面：地下水位高的粘性盐渍土地区，宜在夏季施工；砂性盐渍土地区，宜在春季和夏初施工；强盐渍土地区，宜在表层含盐量较低的春季施工。

　　7）盐渍土路基施工中应合理设置排水设施，勿使路基及其附近存有积水。无论是填筑粘性土或换填渗水性好的土，其压实度均应符合路基的压实度标准。

3.5.4　黄土地区路基施工

　　黄土颜色以淡黄色为主，有黄、褐等色，颗粒组成以粉土颗粒为主，富含硫酸盐，具有较大孔隙。

1. 黄土的工程特性

　　1）黄土的颗粒组成以粉土为主，含量可达 50% 以上；黄土的孔隙率较大，一般为 35%~60%。

　　2）黄土的节理明显，以垂直节理为主，在干燥而固结的黄土层中比较发育，土层的上部较下部发达。

3）黄土垂直方向渗水性强，由于黄土孔隙率大和垂直节理发育，所以垂直方向的渗水性要比水平方向大很多。

4）黄土具有收缩、膨胀和崩解等性质。黄土遇水后膨胀，干燥后收缩，经过多次胀缩后，容易形成裂缝及剥落。新黄土浸水后崩解较快，而老黄土要滞后一些。

5）黄土的湿陷性。黄土可分为湿陷性黄土和非湿陷性黄土两大类，其湿陷性一般通过相对湿陷系数来区别。相对湿陷系数大于或等于0.02的黄土是湿陷性黄土，湿陷性黄土浸水后有较大的沉降量。

2. 黄土地区路基施工要点

1）黄土地区路基施工，应做好排水工作，注意防渗、防漏，雨期施工时要将地表水迅速引离路基。

2）路床填料不得使用老黄土，填料中不得有粒径大于100mm的土块。

3）黄土路堤应分层填筑，分层压实，并应在最佳含水量时进行碾压，达到路基压实度的标准与要求。

4）路基边坡施工时应拍实，并及时进行防护，以防止地表水的冲刷。

5）对路基范围内现有的陷穴、暗穴，可采用灌砂、灌浆、开挖回填、导洞和竖井等措施进行填充与封堵。同时，宜对路堑边坡坡顶以外50m和路堤坡脚以外20m范围内的黄土陷穴进行处理。另外，挖方边坡坡顶以外的陷穴，若倾向路基，也应进行适当处理。

3.5.5 泥石流地区路基施工

泥石流是在山区沟谷中，由暴雨或冰雪融水等水源激发的，含有大量的泥砂和石块的特殊洪流。泥石流是一种灾害性的地质现象，其特征是爆发突然，来势凶猛，可携带巨大的石块，并以高速前进，具有极强的破坏性。

1. 泥石流分类

泥石流按其物质成分可分为泥石流、泥流和水石流三大类。由大量粘性土和粒径不等的砂粒、石块组成的称做泥石流；以粘性土为主，含少量砂粒与石块，粘度较大，呈稠泥状的称做泥流；由水和大小不等的砂粒、石块组成的称做水石流。

2. 泥石流对公路的危害

泥石流既可直接埋没公路设施和路上车辆及行人，摧毁路基、桥涵等构造物，还能通过汇入河道，引起河道变迁，间接毁坏公路及其他构筑物，甚至迫使道路改线等，给公路工程建设和运输造成巨大的损失。

3. 泥石流地区路基施工要点

1）施工前，应结合设计详细调查泥石流的成因、规模、特征、活动规律、危害程度等相关情况，核实泥石流的形成区、流动区和堆积区，确定适宜的施工方案。

2）在泥石流地区路基施工的全过程中，应设置专职的巡查人员监测泥石流的动态，遇有异常情况应及时处理，确保施工安全。

3）当采用桥梁形式跨越泥石流地段时，应按设计要求合理采取防护与加固措施。

4）采用排泄道、排导沟、明沟、涵洞、渡槽等以排导功能为主的结构物进行泥石流治理时，排导构造物的基础应牢固，其强度、断面尺寸应符合设计要求；构造物平面线形应圆滑、渐变，上下游应有足够长的衔接段，行进段的沟槽不宜过分压缩，出口不宜突然放宽；流向改变处的转折角不宜超过15°，排导构造物行进段和出口段的纵坡应大于沟槽的淤积平衡坡度。

5）泥石流地区设置的永久性调制构造物，采用浆砌片（块）石结构时，应使用质地坚硬、不易风化的片（块）石，基础深度和强度应满足要求。

6）采用植被治理泥石流时，植被物种应选择生长期短、见效快、根系发达，并适宜本地区生长的品种。

3.6 路基排水设施施工

公路竣工之后，路基范围内的地面积水，会降低土基的承载力；地下水软化路基，不但降低了土基的强度，还会引起边坡滑坍，进而造成整个路基的塌陷。因此，水能严重地影响着公路的使用安全与质量。

危害路基的水可分为地表水和地下水。其中，地表水主要包括大气降水和高于路基一侧、流经路基或流向路基的溪（河）水；地下水主要包括上层滞水、潜水、层间水等。为了保证路基能经常处于干燥、坚固和稳定的状态，必须设置必要的排水设施，与沿线的桥梁、涵洞形成一个完善的排水系统。

3.6.1 地表排水设施

1. 边沟

在挖方地段和填土高度小于边沟深度的填方地段均应设置边沟，边沟用以汇集和排除路基范围内或流向路基的少量地面水。

（1）边沟的断面形式与尺寸　边沟流水断面的大小及深度取决于汇水面积。土质边沟的断面形式一般为梯形或三角形，石质边沟的断面形式一般为梯形或矩形（见图3-50）。梯形边沟的内侧边坡坡度一般为1:1~1:1.5，外侧边坡坡度与路堑边坡相同。边沟的深度一般为0.4m；高速公路和一级公路的边沟断面尺寸应适当加大，深度和底宽通常为0.8~1.0m。

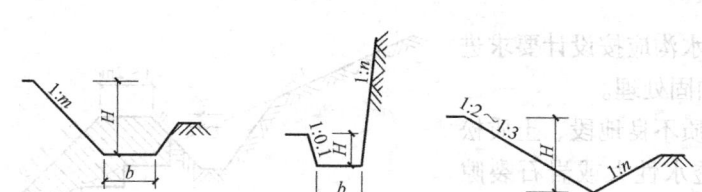

图 3-50 边沟断面常见形式
a) 梯形断面　b) 矩形断面　c) 三角形断面

(2) 边沟的沟底纵坡与长度　边沟沟底纵坡通常与路线纵坡一致。当路线纵坡小于 0.2% 时，为防止产生淤积，应对边沟沟底纵坡加以调整；当纵坡超过 3% 时，为避免冲刷，应予以加固。

梯形边沟的长度通常要根据路线桥涵的设置而定，为了防止边沟里的水漫溢或冲刷，平原区和山岭重丘区的边沟应分段设置出水口。一般情况下，多雨地区梯形边沟每段的长度不宜超过 300m，三角形边沟不宜超过 200m。

(3) 边沟施工要点　包括：

1) 边沟沟底纵坡应衔接平顺，石质路堑边沟一般应采用浆砌。

2) 边沟水引出路基时，应注意路基边坡冲刷和冲毁农田，必要时挖顺水沟将边坡水引到桥涵或沟底。

3) 在边沟与填方的毗邻处应设置跌水或急流槽，将水流直接引到填方坡脚以外，以免冲刷边坡。

2. 截水沟

截水沟设于路堑坡顶以外或山坡路堤的上方，用以拦截上方流来的地面水，如图 3-51、图 3-52 所示。

(1) 截水沟的断面形式、尺寸与沟底纵坡　截水沟的断面形式一般为梯形，在地面横坡较陡时，也可以做成石砌矩形。截水沟的底宽一般不小于 0.5m，深度由流量而定。截水沟沟底的纵坡通常不得小于 0.5%，特殊困难地区不得小于 0.2%。

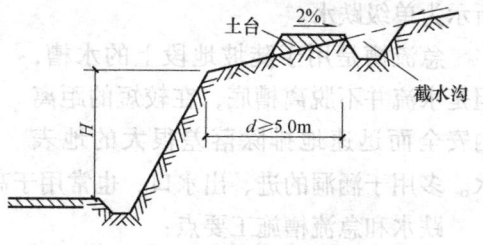

图 3-51　挖方路段的截水沟

(2) 截水沟的位置　路堑坡顶外的截水沟，有弃土堆时，应设于弃土堆以外；无弃土堆时，距路堑顶边缘至少应 5m。对于山坡路堤上方的截水沟，距离路堤坡脚至少应 2m。

(3) 截水沟施工要点　具体如下：

1) 在地表排水设施中，截水沟要优先施工，应注意与其他排水设施衔接平顺。

2）截水沟应按设计要求进行防渗及加固处理。

3）地质不良地段、土质松软地段、透水性大或岩石裂隙较多的地段，以及截水沟沟底、沟壁、出水口等位置处都应进行加固处理，防止水流渗漏和冲刷。

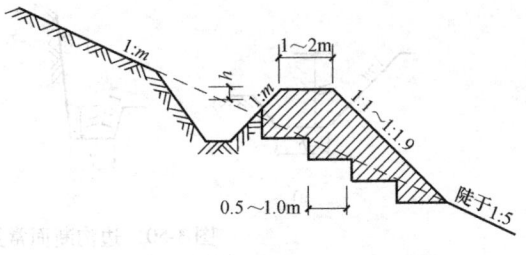

图 3-52　山坡路堤路段土方的截水沟

3. 排水沟

排水沟的作用是将边沟、截水沟、取土坑及路基附近的积水引到附近的桥涵或沟谷中去。

排水沟施工要点：

1）排水沟的线形应平顺，转弯处宜设成弧线形。

2）排水沟沿线路布设时，应尽可能离路基远些，距路基坡脚不宜小于4m。

3）在排水沟的出水口，应设置跌水和急流槽，直接将水流排离路基或引入排水系统。

4. 跌水与急流槽

当截水沟、排水沟通过陡坡地段时，可利用跌水或急流槽等设施加以连接。其断面形式一般为矩形，常用浆砌片石或混凝土修筑。

跌水是阶梯形的建筑物，水流以瀑布形式通过，有单级和多级之分。其作用是降低流速、消减水的能量。图 3-53 所示为单级跌水。

急流槽是用于陡坡地段上的水槽，但是水流并不脱离槽底，在较短的距离内安全而迅速地排除落差很大的地表水。多用于涵洞的进、出水口，也常用于高路堤路段的边坡排水。

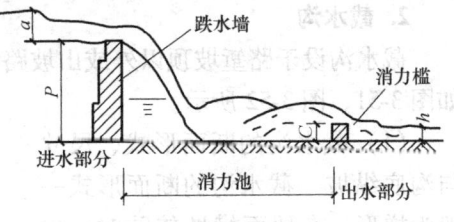

图 3-53　跌水构造示意图

跌水和急流槽施工要点：

1）跌水与急流槽必须采用浆砌圬工结构，跌水的台阶高度可根据地形、地质等条件确定，一般为 0.3～0.4m。

2）急流槽的纵坡不宜陡于 1:1.5，并应与天然的地面坡度相配合。当急流槽较长时，槽底可设置几个纵坡，一般上坡段较陡、下坡段较缓；当急流槽很长时，应分段砌筑，每段的长度不宜超过 10m，在接头处用防水材料填塞密实。

3）急流槽的砌筑应使自然水流与涵洞进、出口之间形成一个过渡段。

4）急流槽的主体部分应每隔 2～5m 设置一个防滑平台，平台应嵌入地基

5) 在路线纵坡不大的高路堤路段上,急流槽进水口在路肩上可做成簸箕形,以引导水流进入急流槽;在路线纵坡较大的高路堤路段上,急流槽进水口在路肩上应增设拦水带,以拦截上游来水,使其汇入急流槽中。

5. 蒸发池

在年降雨量不大、晴天日数较多、空气相对湿度小、多风易蒸发的空旷荒野地段,若路线平坦、难以把地表水排除时,可以在距离路基适当的位置设置蒸发池,引水入池,任其蒸发或下渗。

蒸发池施工要点:

1) 蒸发池与路基之间的距离应满足路基稳定性要求。湿陷性黄土地区,蒸发池与路基排水沟外缘的距离应大于湿陷半径。

2) 不得因设置蒸发池而使附近地基泥沼化或对周围生态环境产生不利影响。

3) 蒸发池池底宜设成0.5%的横坡,入口处应与排水沟平顺衔接。蒸发池的四周要进行围护。

3.6.2 地下排水设施

地下水对路基的危害很大,应查清水源和水量,采取适当的排水措施。排除地下水时,一般以导流为主,不宜采用堵塞的方式。常采用的地下水排除结构物有暗沟、渗沟、渗井等。

1. 暗沟

暗沟又称盲沟,设于地面以下,用来隔断或截住流向路基的层间水或少量泉水,然后向外疏导,起到降低地下水位、防止路基边坡滑坍和毛细水上升的作用,如图3-54所示。

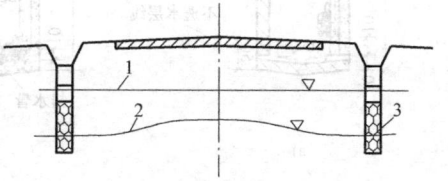

图3-54 路基两侧边沟下设置的盲沟
1—原地下水位 2—降低后地下水位 3—盲沟

暗沟构造简单,一般采用透水性大的粗砾石筑成,填筑时石料应大、中、小自下而上排列,两侧采用石屑、粗砂等与土质沟壁隔离。因其排水量有限,暗沟不宜过长。暗沟的宽度一般为0.5~0.8m,高度应根据地下水的情况而定,一般为宽度的2.5倍。

暗沟施工要点:

1) 沟底必须埋入不透水层,沟壁最低一排渗水孔应高出沟底至少200mm。

2) 暗沟设在路基旁侧时,宜沿路线方向布置;设在低洼地带或天然沟谷处时,宜顺山坡的沟谷走向布置。沟底纵坡应大于0.5%,出水口处应加大纵坡,并高出地表排水沟常水位200mm以上。

3）寒冷地区的暗沟应按照设计要求做好防冻保温处理，出水口也应进行防冻保温处理，纵坡宜大于5%。

4）采用混凝土浇筑或浆砌片石砌筑的暗沟，在沟壁与含水层接触面以上高度，应设置一排或多排向沟中倾斜的渗水孔，沟壁外侧应填筑粗粒透水性材料或土工合成材料，形成反滤层。沿沟槽底每隔10~15mm或在软硬岩层分界处应设置沉降缝和伸缩缝。

5）暗沟顶面必须设置混凝土盖板，板顶上填土厚度应大于500mm。

2. 渗沟

路线所经地段遇有潜水、层间水、路堑顶部出现地下水，以及地下水位较高而影响路基或路堑边坡稳定时，可采用渗透的方式将地下水汇集于沟内，并通过沟底通道将水排放到指定地点，这种地下水排除设施称为渗沟。渗沟具有疏干表层土体、增加边坡稳定、截断及引排地下水、降低地下水位、防止土壤中的细颗粒被冲蚀等作用。

在路基工程中，浅埋的渗沟深度在2~3m以内，深埋时可达6m以上。渗沟一般有填石渗沟、管式渗沟和洞式渗沟等形式，如图3-55所示。下面针对各种形式简要说明其施工要点。

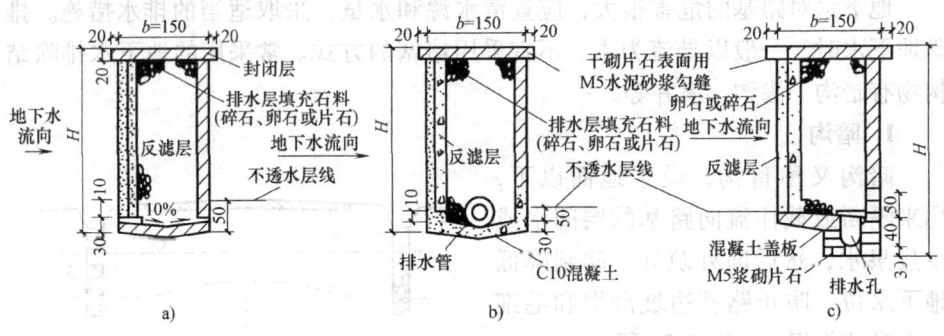

图3-55 渗沟的结构形式（尺寸单位：cm）
a) 填石渗沟 b) 管式渗沟 c) 洞式渗沟

（1）填石渗沟　填石渗沟只宜用于渗流不长的地段。填石渗沟的截面形式通常为矩形或梯形，在渗沟的底部和中间采用较大的碎石或卵石填筑，在碎石或卵石的两侧和上部，按一定比例分层（层厚约15cm）填较细颗粒的粒料做成反滤层。施工时应注意：

1）填石渗沟所使用的石料应洁净、坚硬、不易风化；砂宜采用中砂，含泥量应小于2%，严禁用粉砂、细砂。

2）渗水材料的顶面（指封闭层以下）不得低于原地下水位。当用于排除层间水时，渗沟底部应埋置于最下面的不透水层，用双层反铺草皮或其他材料

（如土工合成的防渗材料）铺成，并在其上夯填厚度不小于 0.5m 的粘土防水层。在冰冻地区，渗沟埋置深度不得小于当地最小冻结深度。

3）填石渗沟的纵坡不宜小于 1%，出水口底面标高应高出渗沟外最高水位 200mm。

（2）管式渗沟　管式渗沟多设于地下水引出路线较长、流量较大的地段。管式渗沟的泄水管可用陶瓷管、混凝土、石棉、水泥或塑料等材料制成，管壁应设泄水孔。沟底垫层一般采用干砌片石，当沟底深入到不透水层时，宜采用浆砌片石、混凝土或土工合成的防水材料。施工时应注意：

1）管式渗沟长度大于 100m 时，应在其末端设置疏通井，并设横向泄水管，分段排除地下水。

2）泄水孔应在管壁上交错布置，间距不宜大于 200mm。渗沟顶标高应高于地下水位。管节宜用承插式柔性接头连接。

（3）洞式渗沟　洞式渗沟适用于地下水流量较大的地段。洞壁宜采用浆砌片石砌筑，洞顶应用盖板覆盖，盖板之间留有空隙，以便地下水流入洞内。施工时应注意以下问题：

1）洞式渗沟填料的顶面标高宜高于地下水位。

2）在洞式渗沟的顶部必须设置封闭层，层厚应大于 500mm。

3. 渗井

当地下存在多层含水层，其中影响路基的上部含水层较薄，排水量不大，且渗沟难以布置时，可以设置渗井进行立式（竖向）排水，即将路基范围内的上层地下水汇集起来，穿过不透水层，引入更深的含水层中，以降低上层的地下水位或全部予以排除，如图 3-56 所示。施工时应注意：

1）渗井尺寸直径一般采用 0.5~0.6m。按层次在下层透水范围内填碎石或卵石，上层不透水层范围内填砂或砾石。井壁与填充料之间应设反滤层。

2）填充料的含泥量应小于 5%，按单一粒径分层填筑，不得将粗细材料混杂填塞。

3）在渗井顶部的四周要用粘土填筑围护，井顶应加盖封闭。

4）在渗井开挖时，应根据土质选用合理的支撑形式，随挖随支撑，并注意及时回填。

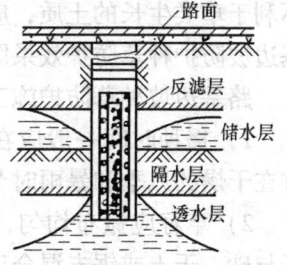

图 3-56　渗井结构示意图

3.7　路基防护与支挡工程施工

由岩土填挖而成的路基，改变了地层原有的天然平衡。在各种自然因素、自重和行车荷载的综合作用下，路基可能产生各种变形和破坏。为保证路基的强度和稳定，除做好路基排水工作外，还必须根据当地的水文、地质及材料供应等情况，采取有效的措施对路基进行必要的防护与加固，以防止可能产生的路基破坏和过量变形，起到稳定路基和美化路容的作用。

路基防护的重点是路基边坡防护，特别是地质不良与水文地质不良地段的路堑、容易受水冲刷的边坡、不稳定的山坡更值得重视。路基防护工程一般可分为坡面防护和冲刷防护两大类。支挡工程则起着较深层次的边坡稳定与加固作用，主要形式有挡土墙、抗滑桩等。

3.7.1 坡面防护工程

易于冲蚀的土质路基边坡和易于风化的岩石路堑边坡，在风化应力和雨水冲刷的作用下，将会发生冲沟、溜坍、剥落和坍塌等坡面变形，故必须及早地采取相应的防护措施。坡面防护常用的有植物防护、砌石防护和坡面处治等类型。

1. 植物防护

植物防护又称为"生命"防护，以土质边坡为主。植物防护的作用主要是覆盖表土，防止雨水冲刷；调解土的湿度，防止产生裂缝；固结土壤，避免坡面风化剥落；同时还能起到保护环境和美化路容的作用。目前，植物防护主要有种草、铺草皮、三维植被网防护、植树等形式，下面对各种植物防护形式分别简单介绍。

（1）种草 这是一种简单、经济而且有效的坡面防护方法。它可用于适合草类生长的土质路堑或路堤边坡，要求边坡的坡度较缓，而且高度不大。对于不利于草类生长的土质，应在坡面上先铺一层 10-15cm 的种植土。图 3-57 为路基边坡防护种草防护效果图。

路基边坡种草防护施工要点如下：

1）播种时间一般应在春季和秋季，不宜在干燥的风季和暴雨时节进行播种。

2）草籽应撒布均匀，施工时可先将种子与砂、干土或锯末混合后撒播，草籽在土中的埋置深度应不小于5cm。

3）在路堑边坡较陡或较高的路段，可将草籽与含肥料的有机质泥浆混合，采用喷播法将混合物喷射于坡面上。

图3-57 路基边坡种草防护

4）草籽播种后，应及时进行洒水、施肥和杂草清除。

（2）铺草皮　铺草皮适用于各种土质边坡，也可用于风化极其严重的岩石和风化严重的软质岩石边坡上。草皮铺设主要有平铺、竖铺和网格式铺筑等方法，如图3-58所示。

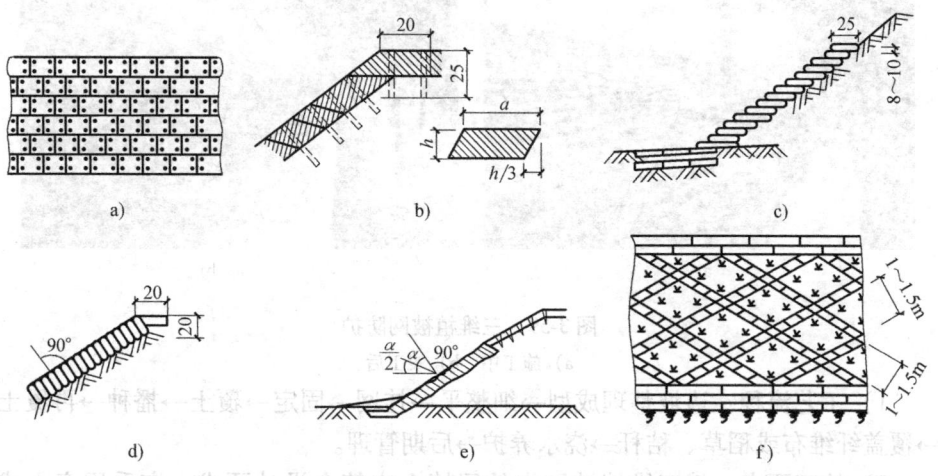

图3-58　草皮防护示意图（除标注外，其余尺寸单位为cm）
a）平铺平面　b）平铺剖面　c）水平叠铺　d）垂直叠铺　e）斜交叠铺　f）网格式

草皮铺设施工要点如下：

1）草皮铺设前应将边坡表层挖松、整平和洒水润湿。

2）草皮一般从坡脚开始铺设，自下而上进行，草皮应与坡面密贴，四周用木桩或竹桩钉固。

3）在草皮铺筑前，应将边坡的表面挖松整平。施工尽可能在春秋季或雨季进行，随挖随铺，使草皮与边坡紧贴。

4）在路堑边坡上铺草皮时，应铺过路堑顶部1m或铺至截水沟边缘。为提高防护效果，在坡面上铺草的同时，尽可能植树造林，共同形成一个良好的覆盖层。

（3）三维植被网防护。这是土工织物复合植被防护坡面的一种典型形式。三维植被网以热塑树脂为原料，采用科学配方及工艺制成。其结构分为上、下两层：下层为一个经双面拉伸的高模量基础层，强度足以防止植被网变形；下层由具有一定弹性的、规则的、凹凸不平的网包组成。网包外观凸凹不平，材质疏松而柔韧，留有90%以上的空间可填充土壤及草籽，将草籽及表层土壤牢牢地固定在立体网的中间，可以使风及水流在网垫的表层产生无数的小涡流，起到缓冲消能作用。这样做较好地阻断了坡面雨水，固定填充物（土、营养土、草籽），使其不被雨水冲走，为植被生长创造良好条件。另外，三维网固定在坡面上，直接对坡面起固筋作用。当植物生长茂盛后，根系与三维网盘错、连接、纠缠在一起,坡面与土相接,形成一个固定的绿色复合防护整体,起到复合护坡的作用。图 3-59 为三维植被网防护施工中和竣工后的效果图。

a) b)

图 3-59 三维植被网防护
a) 施工中 b) 竣工后

1) 工艺流程:边坡整理成型→细整平→挂网→固定→覆土→播种→再覆土→覆盖纤维布或稻草、秸秆→浇水养护→后期管理。

2) 施工要点:①三维植被网中的回填土应符合设计要求,宜采用客土或土、肥料及腐殖质土的混合物;②三维植被网适用于砂性土、土夹石及风化岩石,且边坡坡率要缓于 1:0.75;③三维植被网的搭接宽度不宜小于 100mm。

(4) 植树 种植适于各种土质边坡和风化极其严重的岩石边坡,但边坡坡度应不陡于 1:1.5。施工要点:

1) 植树防护宜选用在当地土壤和气候条件下能迅速生长,而且根系发达、枝叶茂密的树种。

2) 边坡如有不利于树木生长的砂石类土,则在栽种树木的坑穴内应置换适宜树木生长的土类。

3) 树木栽种后,坑内应及时地填土、拍实,并经常浇水,使坑内保持湿润。

4) 植种后在树木未成长前,应防止流速大于 3m/s 的水流侵害,必要时应在树前方设置障碍物进行保护。

5) 植树防护最好与种草结合使用,以更好地起到边坡防护作用。

2. 骨架植物防护

为了防止边坡受水冲蚀后在土质边坡上形成沟槽,同时也是美化环境的要求,高填土的路堤边坡应优先选择骨架排水及植草防护相结合的防护形式,即将骨架嵌入压实坡面一定深度,并与坡面排水设施综合布置,在骨架之间框格内种植草皮。骨架可采用浆砌片石或砖、混凝土预制块砌筑,以及锚杆混凝土浇筑而成的方格形、菱形、拱形、人字形及多边形。图 3-60 所示为一拱形骨架植物防护。

施工要点如下：

1) 当采用浆砌片石（或混凝土）作为骨架时，在骨架内宜植草或采用其他辅助防护措施，草皮下附有 50~100mm 厚的种植土壤。草皮应与坡面和骨架密贴，对草皮的养护要及时。

2) 当采用水泥混凝土空心块为骨架时，预制块铺砌工作应在路堤沉降稳定后方可进行。预制块铺置前应将坡面整平，使预制块与坡面紧贴，并注意与相邻坡面之间保持平顺。

图 3-60 拱形骨架植物防护

3. 圬工防护

对于不适宜草木生长的较陡岩石边坡，可以采用圬工防护的方法。圬工防护又称为"无机"防护，以石质路堑边坡为主，结构形式主要包括勾缝与灌浆、喷护、锚杆挂网喷护、干砌片石、浆砌片（卵）石护坡和护面墙等。当圬工防护用于路堑边坡时，应注意与边坡渗沟或排水孔配合使用，防止边坡产生变形破坏。

（1）勾缝与灌浆 勾缝适用于较硬、不易风化、节理裂缝多而细的岩石路堑边坡；灌浆适用于坚硬、裂缝较大较深的岩石路堑边坡。勾缝与灌浆的作用是借灰浆的粘结力把裂开的岩石粘结成为一个整体，以免其坠落或坍塌；同时防止雨水及有害杂质侵入裂缝而促使岩石风化和裂缝继续扩大，进而影响到边坡的稳定性。

施工要点如下：

1) 勾缝和灌缝应使用符合要求的水泥砂浆、水泥石灰砂浆或混凝土。

2) 灌缝和勾缝前应先用水冲洗坡面，清除裂缝内的泥土与杂草。

3) 勾缝时要求将砂浆嵌入缝隙中，与岩体牢固结合；灌浆时要求插捣密实，灌满缝口并抹平。

（2）喷浆防护 喷浆防护是指采用专用机械，将配制好的砂浆喷射于坡面之上。喷浆防护常用于边坡易风化、裂隙和节理发育，而且表面平整度较差的岩石边坡，坡面较干燥。这是为了防止岩石边坡进一步风化、剥落及零星掉块而采取的一种防护措施。

施工要点如下：

1) 喷护前应采取措施对泉水、渗水进行处治，并按设计要求设置泄水孔，以防形成积水。

2) 喷浆防护的坡脚应作 1~2m 高的浆砌片石护坡。

3) 喷浆施工的砂浆强度等级不应低于 M10,厚度不宜小于 50mm。

4) 喷射顺序应自下而上。

5) 砂浆初凝后,应立即开始养护,养生期一般为 5~7 天。

6) 应及时对喷浆层顶部进行封闭处理。

(3) 喷射混凝土防护　喷射混凝土防护的使用条件和施工工艺与喷浆防护较为接近。喷射混凝土防护施工的要点:

1) 作业前应进行试喷,选择合适的水灰比和喷射压力,喷射混凝土施工宜自下而上进行。

2) 喷射混凝土防护的厚度不宜小于 80mm,应根据厚度大小分成 2~3 层喷射,并在喷射混凝土防护层中合理设置泄水孔和伸缩缝。

3) 喷射混凝土初凝后,应立即养生,养护期一般为 7~10 天。

(4) 锚杆挂网喷射混凝土(砂浆)防护　当坡面上的岩石风化破碎严重时,为了加强防护的稳定性,可以采用锚杆挂网喷射混凝土(砂浆)的方式进行防护。施工要点如下:

1) 锚杆应嵌入稳固的基岩内,锚固深度取决于岩体的性质,锚杆孔深应大于锚固长度 200mm。

2) 钢筋保护层的厚度不宜小于 20mm。

3) 固定锚杆的砂浆应捣固密实,钢筋网与锚杆连接牢固。

4) 铺设钢筋网前宜在岩面喷射一层混凝土,将钢筋网与岩面的间隙控制在 30mm 左右,然后再喷射混凝土至设计厚度。

5) 混凝土的喷射厚度要均匀,钢筋网及锚杆不得外露,并设置好泄水孔和伸缩缝。

(5) 干砌片石护坡施工　适于坡度缓于 1:1.25 的土质路堑边坡或边坡易受地表水冲刷,以及有少量地下水渗出的地段(见图 3-61)。其施工要点如下:

1) 当防护边坡为粉质土、松散的砂或粉砂土等易被冲蚀的土时,碎石或砂砾垫层厚度不宜小于 100mm。

2) 基础应选用较大的石块进行砌筑,如果基础与排水沟相连,应将基础设在沟底以下,并按设计要求砌筑浆砌片石。

3) 砌筑时相邻片石应彼此镶紧,将接缝错开,缝隙间用小石块填满塞紧。

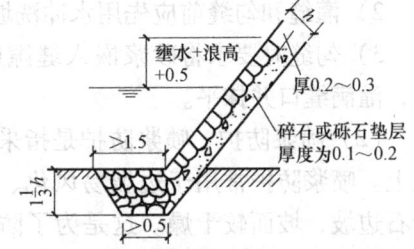

图 3-61　单层铺砌片石护坡
(尺寸单位:m)

(6) 浆砌片(卵)石护坡施工　适用于坡度缓于 1:1 的易风化的岩石边坡,以及坡面防护不适宜采用干砌片石的边坡。而对于严重潮湿或严重冻害的土质边坡,在未采取排水措施的前提下,不宜采用浆砌片（卵）石护坡。施工要点有：

1）路堤边坡浆砌片（卵）石护坡施工宜安排在路堤沉降稳定后进行。

2）在冻胀变化较大的土质边坡上，护坡底面应铺设 100~150mm 厚的碎石或砂砾垫层。

3）浆砌片（卵）石护坡应每隔 10~15m 设置一条伸缩缝，缝宽 20~30mm；在基底地质有变化处，应加设沉降缝，施工时可将伸缩缝与沉降缝合并设置。

4）泄水孔的位置要得当，并应按设计要求认真制作反滤层。

5）浆砌片石石料应选用未风化的硬质石料，砌筑应紧密、错缝，严禁出现通缝、叠砌、贴砌和浮塞，勾缝应均匀饱满、美观，坡面应平顺。

6）砂浆初凝后，立即对砌体洒水、覆盖养生，直至砂浆终凝。

（7）水泥混凝土预制块护坡　适用于缺乏石料的地区或城市近郊、互通式立体交叉等环境美化要求较高的路段。施工要点有：

1）在寒冷地区，预制块混凝土的强度等级不宜低于 C20。

2）路堤边坡护坡宜在路堤沉降稳定后施工。

3）铺设混凝土预制块前应将坡面平整，碎石或砂砾垫层的厚度不宜小于 100mm。

4）预制块应错缝砌筑，砌筑坡面应平顺，并与相邻坡面顺接。

5）泄水孔的位置应符合设计要求，并保证泄水畅通。

（8）浆砌片石护面墙　浆砌片石护面墙是一种浆砌片石覆盖物，多用在易风化的泥岩、页岩等岩石及其他风化严重的软弱岩层和较破碎的岩石地段，以防止路堑岩壁继续风化（见图3-62）。需要说明的是，护面墙仅能承受自重，不能承受侧压力，因此要求被防护的边坡自身必须能够稳定。

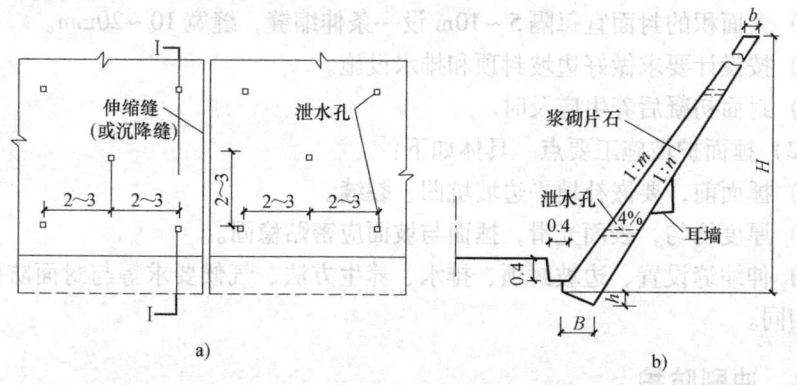

图 3-62　浆砌片石护面墙（图中尺寸单位：m）

护面墙施工要点如下：

1) 修筑护面墙前，应清除边坡上的风化层，对于风化迅速的岩层，清挖到新鲜岩面后应立即修筑护面墙。

2) 护面墙的基础应设置在稳定的地基上；如果地基承载能力不足，应采取加固措施。基础埋置深度应根据地质条件确定，冰冻地区要埋置在冰冻深度以下至少250mm。

3) 护面墙背必须与路基坡面密切相贴，边坡局部凹陷处，应在挖成台阶后，用与墙身相同的圬工进行砌补，不得回填土石或干砌片石。在坡顶护面墙与坡面之间应按设计要求做好防渗处理。

4) 按设计要求设置伸缩缝，当护面墙基础修筑在不同岩层上时，应在变化处加设沉降缝。

5) 泄水孔的位置和反滤层的设置应符合规定与要求。

6) 护面墙中的石料应选用未风化的硬质片石，并按规定进行砌筑，达到良好的视觉和使用效果。

4. 封面、捶面防护

封面适用于未形成严重风化的各种易风化岩石的路堑边坡，如页岩、泥岩、泥灰岩、千枚岩等；捶面适用于边坡坡度缓于1:0.5、易受冲刷的土质边坡或易风化剥落的岩石边坡。封面和捶面均不能承受荷载，不能承受土压力，要求边坡必须平整、干燥、稳定。

(1) 封面防护施工要点　具体如下：

1) 封面防护施工不宜在寒冬和雨天进行。

2) 封面前，岩体表面要冲洗干净，土体表面要平整、密实和湿润。

3) 封面厚度应符合设计要求。封面应分两层进行施工，底层为全厚的2/3，面层为全厚的1/3。封面施工要求厚度均匀、表面光滑，封面与坡面密贴稳固。

4) 大面积的封面宜每隔5~10m设一条伸缩缝，缝宽10~20mm。

5) 按设计要求做好边坡封顶和排水设施。

6) 封面初凝后养生应及时。

(2) 捶面护坡施工要点　具体如下：

1) 捶面前，要嵌补填平边坡坑凹、裂缝。

2) 厚度均匀，表面光滑，捶面与坡面应密贴稳固。

3) 伸缩缝设置、边坡封顶、排水、养生方法、气候要求等与封面防护施工要求相同。

3.7.2 冲刷防护

沿河路基及岸坡由于经常或周期性的受到水流的冲刷作用，为了保证路基稳固与安全，必须采取有效的冲刷防护措施。冲刷防护措施一般分为两类：一类是直接防护,主要包括护面墙、砌石或混凝土板、护坦、抛石、石笼、浸水挡墙等;另一类是改变水流性质的间接防护,主要包括导流构造物(如丁坝、顺坝及拦河坝)、改河和防护林等工程。各种防护措施均应结合具体工程,根据河流情况、水流性质及岸坡受冲刷现状,选用适当的工程防护措施,可以单独使用其中的某一种工程防护措施,也可以同时使用两种或两种以上的防护形式进行综合治理。

1. 植物防护

植物防护是指在公路沿线的河岸及其岸坡上采用种草、铺草皮、植树等形式进行的防护,这种防护适用于河水流速不大、冲刷较轻的土质河岸地段。在施工时应注意:

1)经常浸水或长期浸水的路堤边坡,不宜采用种草防护。

2)沿河路堤边坡铺草皮防护,宜采用平铺、叠铺的方法。坡面及基础部分的铺置应符合规定,基础部分的铺置层表面应与地面齐平。

3)植树防护宜采用带状或条形。一般情况下,河岸路基防护或防御风浪侵蚀时,宜采用横行带状;桥头引道路堤防护宜采用纵行带状。

4)应选用喜水性的树种进行植树防护,林带应由多行树木组成,密植乔灌木,并要采取有效的保护措施。

2. 砌石或混凝土防护

砌石或混凝土防护包括干砌片石、浆砌片(卵)石及混凝土板等形式。其中,干砌片石适用于易受水流侵蚀的土质边坡、严重剥落的软质岩石边坡、周期性浸水及受冲刷轻(河水流速为 2~4m/s)的河岸路基及边坡;浆砌片(卵)石适用于经常浸水受水流冲刷(河水流速为 3~6m/s)或受较强烈的波浪作用,以及可能有流水、漂浮物等冲击作用的河岸路基;混凝土板防护常用于路堤及河岸的边坡,以抵抗渗透水及波浪的破坏,其允许流速可在 4~8m/s 以上。

施工要点如下:

1)石料应选用未风化的坚硬岩石。

2)开挖基坑时,应认真核对地质情况,地基条件与设计要求不符时,要认真处理。基础完成后应及时采用符合设计要求的材料进行回填。

3)砌石与边坡土之间应设置 1~2 层的砂、砾垫层,垫层厚度一般为 10~15cm。

4)坡面密实、平整、稳定后方可进行铺砌。砌块应交错嵌紧,严禁浮塞。砂浆应饱满、密实,不得有悬浆。

5)每 10~15m 设置一条伸缩缝,基底土质变化处应加设沉降缝,按要求设置泄水孔。

6)采用干、浆砌片石时,不准大面平铺,石块应彼此交错搭接,不得有松动。采用干、浆砌河卵石时，使长方向垂直坡面，成横行牢固栽砌；采用铺砌混凝土预制块时，按设计的规格和要求检验后方可铺筑；就地浇筑混凝土板时，宜采取措施提高早期强度，要求混凝土表面平整、光滑。

7）沿河路基防护工程的基础应埋设在局部冲刷线以下不小于1m或嵌入基岩内。

3. 抛石防护

抛石防护的应用广泛，对于经常浸水的深水地段的路基边坡防护及洪水季节防护抢险中的使用更加普遍。在缺少大块石料地区，也可以把混凝土预制块作为抛投材料，如图3-63所示。

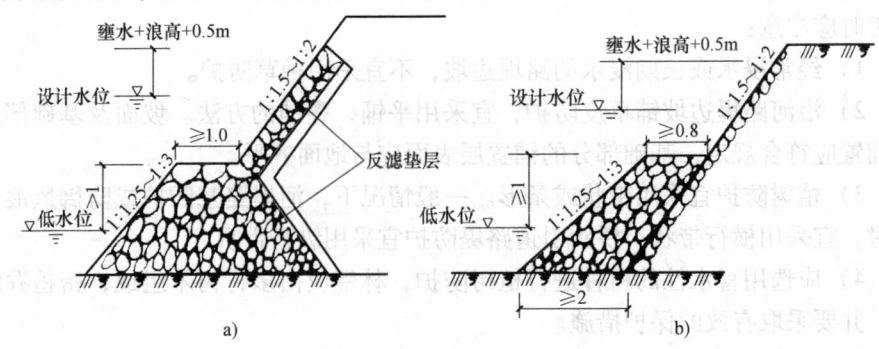

图3-63 抛石防护（尺寸单位：m）
a）新填路基抛石垛 b）旧路堤抛石垛

抛石防护施工要点如下：

1）抛石体边坡坡度和石料粒径应根据水深、流速和波浪情况进行确定，一般的石料粒径应大于300mm。施工中宜用大小不同的石块掺杂抛投，坡度应不陡于抛石石料浸水后的天然休止角。

2）抛石厚度宜为粒径的3~4倍，当采用大粒径的石料时，也不得小于2倍。

3）抛石石料应选用质地坚硬、耐冻，且不易风化崩解的石块。

4）抛石防护除特殊情况外，宜在枯水季节进行施工。

4. 石笼防护

石笼是河床加固和路堤防止冲刷效果较好的柔性体防护。石笼的外形多为箱形和圆柱形。石笼网一般用镀锌铁丝和普通铁丝编制，在网内填充石料（见图3-64）。铁丝石笼能经受高流速的水流冲刷，一般可抵抗4~5m/s的流速；当其体积较大时，可抵抗5~6m/s的流速、波浪高度为1.5~

图3-64 石笼示意图

1.8m 的水流。当水流中含有大量泥砂时,石笼中的空隙能很快淤满,从而形成一个整体防护层,因此石笼防护适用于水流中含有丰富泥砂的河流冲刷防护。但是使用中应注意铁丝网易锈蚀,而且当水流中带有较多的滚石时,铁丝容易被冲破。在施工时应注意以下问题:

1) 根据设计要求或根据不同情况和用途,合理选用石笼形状。
2) 应选用浸水不崩解、不易风化的石料。
3) 基底应大致整平,必要时用碎石或砾石垫层找平。
4) 应保证石笼位置正确,搭叠衔接紧密,形成一个稳固的整体。

5. 浸水挡土墙

长期或季节性浸于水中的挡土墙,除了经受正常的土压力作用外,还受到水的浮力、墙身与墙背的静水压力差、动水压力,以及浸泡之后墙背填料的工程性质可能发生变化等的影响。为了保证浸水挡土墙的强度和稳定性,在施工时应注意以下问题:

1) 浸水挡土墙应选用坚硬未风化,且浸水不崩解的石块。
2) 应注意浸水挡土墙与岸坡的衔接。
3) 沿河路基防护工程基础应埋设在局部冲刷线以下不小于1m处,或嵌入基岩内。

6. 丁坝与顺坝防护

丁坝和顺坝均为导流构造物,是以改变水流方向为主的水工建筑物(见图3-65)。丁坝又称挑水坝,其作用是迫使水流改变方向,离开被防护的河岸。由于丁坝压缩水流断面,扰乱原来的水流性质,坝头附近出现强烈的局部冲刷,故不仅坝头的基础必须埋深,而且还需要做平面防护;顺坝根部是受水流冲击作用较重的部位,应特别重视坝根部分与相连地层或其他防护设施的嵌接,确保施工质量。

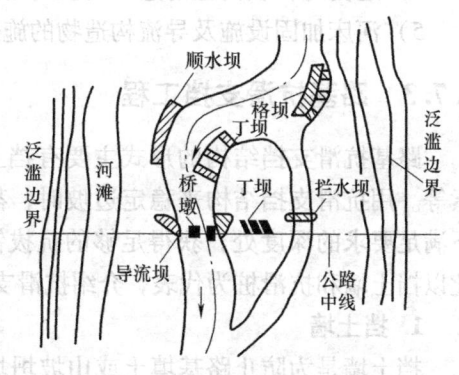

图 3-65 导流构造物综合布置图

(1) 丁坝施工注意事项 具体如下。
1) 施工前应制定合理的施工方案,合理安排工期,避免因工期过长而引起农田、村庄以及上下游路基冲刷。
2) 丁坝坝头应做好平面防护,处理好坝根与相连接的地层或其他防护设施的衔接。
3) 当丁坝间的河岸或路基边坡所承受的容许流速小于水流靠岸回流流速

时，应适当缩短坝距，或者对河岸及路基边坡进行防护。

(2) 顺坝施工注意事项 具体如下：

1) 顺坝与上下游河岸的衔接，应使水流顺畅，起点应选择在水流匀顺的过渡段，坝根位置宜设在主流转向点的上方。

2) 坝根嵌入稳定河岸内的距离应符合规定，坝根附近的河岸应防护加固至上游不受水流冲击处。

7. 改移河道工程

在沿河的公路工程中，为了保护路基而将直接冲刷路基的水流引向别处，或由于路基占用了河槽的有效宽度，需要拓宽河道或将河道截弯取直，以利于路线或桥涵的布置等原因，而改移了河道中心线的位置。改移河道是一个系统工程，影响因素众多，施工时应注意以下事项：

1) 改移河道工程应通盘安排，将施工工期安排在枯水期。当一个旱季不能完成施工时，应采取必要的防洪措施。

2) 河道开挖应先挖好中段，然后再开挖两端，确认新河床工程已符合工程要求后，方可挖通其上游河段。

3) 利用开挖新河道的土石方填平旧河道时，在新河道未通流前，旧河道应保持适当的流水断面。

4) 通流时，改河上游进口河段的河床纵坡宜稍大于设计坡度。

5) 河床加固设施及导流构造物的施工应合理安排，及时配套完成。

3.7.3 路基抗滑支挡工程

路基抗滑支挡结构的形式主要有挡土墙、抗滑桩、抗滑片石垛、锚杆、锚索等。用抗滑支挡结构来稳定边坡时，都是将支挡构造物的基础置于滑动面以下满足要求的深度处，获得足够的抗拔锚固力，起到平衡下滑力的作用的。在此以挡土墙和抗滑桩为代表，介绍抗滑支挡结构的施工注意事项。

1. 挡土墙

挡土墙是为防止路基填土或山坡坍塌而修筑的承受土体侧压力的墙式构造物。在公路工程中，挡土墙作为主要的路基抗滑支挡构造物而广泛地应用于支撑路堤填土或路堑边坡，以及桥台、隧道洞口和河流堤岸等处。挡土墙的分类方式有很多，按其结构形式可分为重力式、垛式、悬臂式、锚杆式、锚碇板式、加筋土式挡土墙。不同形式的挡土墙的组成有所差异，也有着不同的自身特点和施工要求。

(1) 重力式挡土墙 这类挡土墙主要依靠墙身自重支撑土压力维持其稳定，一般多用片（块）石砌筑，在缺乏石料的地区也可用混凝土修建。重力式挡土墙是公路工程中常用的一种挡土墙形式，基本组成包括墙身、基础、排水设施和伸缩缝等。这种挡土墙的圬工量较大，但其断面形式简单，施工难度小，可以就地取材，而且适应性较强。

重力式挡土墙根据其所处位置的不同，可以构成路肩挡土墙、路堤挡土墙、路堑挡土墙、山坡挡土墙，也可以作为河流、水库、池塘岸边的浸水挡土墙。重力式挡土墙的断面形式有很多，墙身可以做成仰斜、垂直、俯斜、凸形折线和衡重式等形式，如图3-66所示。

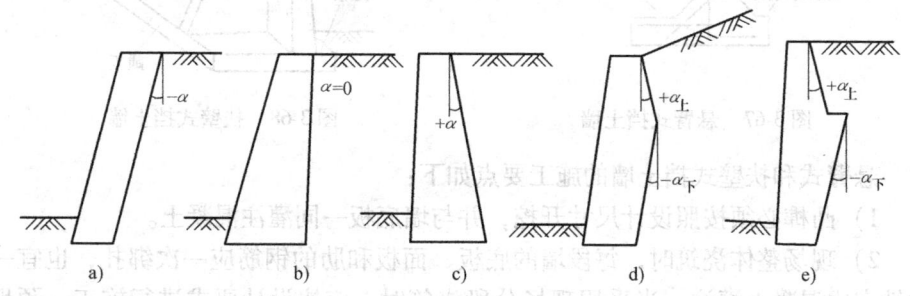

图 3-66 重力式挡土墙断面形式图
a) 仰斜式 b) 垂直式 c) 俯斜式 d) 凸形折线式 e) 衡重式

重力式挡土墙的施工要点如下：

1) 基础施工应将基底表面风化、松软的土石清除。在硬质岩石基坑中，基础宜满坑砌筑。若土质或易风化软质岩石基坑施工处于雨期，基坑挖好后应及时封闭坑底。当基底带有向内倾斜的横坡时，应采取临时排水措施，坐浆后再砌筑基础。采用台阶式基础时，台阶与墙体应连在一起同时砌筑，基底及墙趾台阶转折处不得砌成垂直通缝，砌体与台阶壁间的缝隙砂浆应饱满。基坑应随砌筑分层回填夯实，并在表面保留3%的向外倾斜的坡面。

2) 墙身要分层错缝砌筑，砌出地面后基坑应及时回填夯实，并在其顶面做好排水与防渗工程。伸缩缝与沉降缝内的两侧壁应竖直、平齐，缝中防水应按设计要求进行施工，并应在砌筑墙身过程中按要求设置泄水孔，保证墙背反滤、防渗设施的施工质量。在墙身的强度达到设计强度的75%后方可进行回填工作。距墙背0.5~1.0m范围内，不宜用重型振动压路机碾压。

(2) 悬臂式和扶壁式挡土墙　它们都属于薄壁式挡土墙，其特点是结构的稳定性不是依靠墙体自身的重量，而是主要借助于踵板上的填土重量来保证的。这种挡土墙的断面尺寸小、自重轻。可适用于地基承载力较低的地段或石料比较缺乏的地区。其缺点是需要耗用较多的水泥和钢筋，而且施工工艺较为复杂。

悬臂式挡土墙由立壁、墙趾板和墙踵板三部分组成（见图3-67）。当挡土墙较高时，可沿墙身每隔一定距离加设扶壁（肋板），连接墙面和踵板，构成扶壁式挡土墙。扶壁式挡土墙由竖面板、趾板、踵板和扶壁（肋板）组成（见图3-68）。

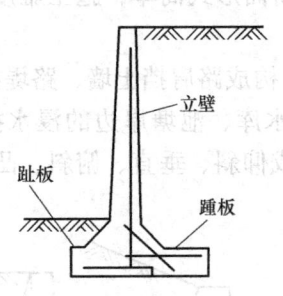

图 3-67 悬臂式挡土墙

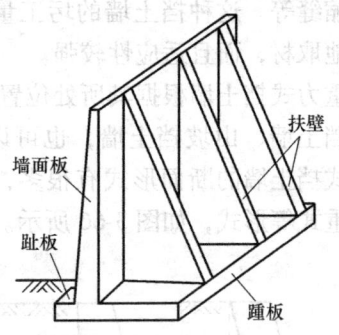

图 3-68 扶壁式挡土墙

悬臂式和扶壁式挡土墙的施工要点如下：

1) 凸榫必须按照设计尺寸开挖，并与墙底板一同灌注混凝土。

2) 现场整体浇筑时，每段墙的底板、面板和肋的钢筋应一次绑扎，也宜一次性完成混凝土灌注。当采用现场分段浇筑时，应按设计要求进行施工，预埋好连接钢筋，对连接处的混凝土面应严格认真地凿毛和清洗。

3) 混凝土灌注施工后，按要求及时进行养护，待墙体达到设计强度的75%以后，方可进行墙背填土，并应按规定分层填筑和压实，完成墙背排水设施施工。

4) 装配法施工应待基础混凝土强度达到设计强度的75%后方可开始安装，施工时注意将预制墙板与基础牢固连接。

(3) 锚杆挡土墙　这是一种轻型挡土墙，主要由预制的钢筋混凝土立柱、挡土板构成墙面，与水平或倾斜的钢锚杆联合组成。锚杆的一端与立柱连接，另一端被锚固在山坡深处的稳定岩层或土层中。来自墙后的压力由挡土板传给立柱，由锚杆与岩体之间的锚固力（即锚杆的抗拔力）使挡土墙获得稳定（见图3-69）。这种挡土墙适用于岩石路堑地段，或墙高较大，具有适当的锚固条件，而且石料缺乏或挖基困难的地区。施工要点有：

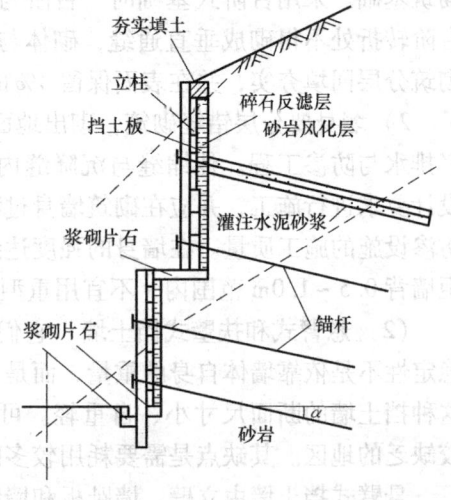

图 3-69 锚杆挡土墙

1) 按照设计要求，在施工前应通过锚杆抗拔力试验对设计方案进行验证。

2) 锚杆应按设计尺寸下料、调直、除污和加工。

3) 钻孔前,应清除岩面上松动的石块,整平墙背坡面。根据设计孔径及岩土工程性质合理选择钻孔机具。孔轴应保持直线,钻孔后应将孔内的粉尘、石渣清理干净。

4) 普通砂浆锚杆应安装在孔位的中心,对未插入岩层的锚杆部分,必须按设计要求作防锈处理。在有水地段安装锚杆时,应把孔内的水排出或采用早强速凝药包式锚杆。锚杆宜先插入,后灌浆。采用孔底注浆法进行灌浆,应将灌浆管插至距孔底 50~100mm,并随水泥砂浆的注入逐渐拔出;灌浆压强不宜小于 0.2MPa;砂浆应随拌随用。砂浆锚杆安装后,不得进行敲击和摇动。

5) 砂浆达到设计强度的 75% 后方可安装肋柱和墙板。在安装墙板时,应边安装墙板边进行墙背回填及墙背排水系统施工。

(4) 锚碇板挡土墙 锚碇板挡土墙由钢筋混凝土肋柱、钢筋混凝土墙面、钢拉杆、锚锭板等组成,如图 3-70 所示。锚锭板挡土墙借助于埋在填土内的锚锭板的抗拔力抵抗土的侧压力,保持墙的稳定性。主要特点是构件断面尺寸小、工程量省、不受地基承载力的限制;构件可预制,有利于实现结构轻型化和施工机械化。锚锭板挡土墙适用于在缺乏石料的地区修建墙高不大于 10m 的路肩墙、路堤墙及桥台端墙。

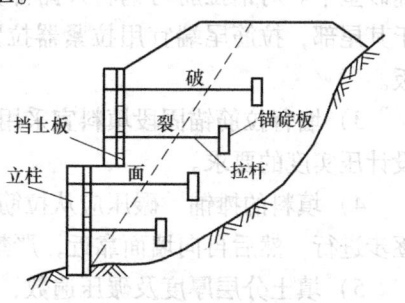

图 3-70 锚碇板挡土墙

施工要点如下:

1) 拉杆使用前应按规定取样试验,埋于土中的拉杆必须进行防锈处理。

2) 吊装时应保证肋柱不前倾。

3) 拉杆及锚碇板埋设时应注意:先填土后挖槽就位;挖槽时,锚碇板宜比设计位置高出 30~50mm。锚碇板前方超挖部分宜用 C10 水泥混凝土或灰土回填夯实。

4) 肋柱、锚碇板上的锚头及螺丝杆应进行防锈处理和防水封闭。

5) 分级平台上应按设计要求进行封闭处理,并设 2% 的外倾排水坡面。

(5) 加筋土挡土墙 加筋土挡土墙由墙面板、拉筋、填料(填土)、基础等组成(见图 3-71)。在垂直于墙面的方向上,按一定间隔和高度水平放置拉筋材料,然后填土压实,通过填土与拉

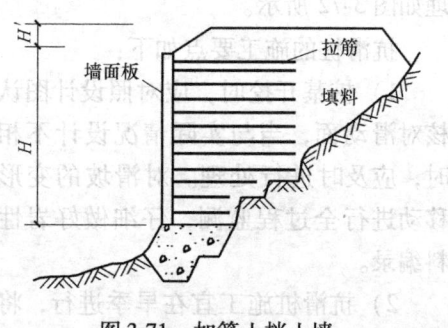

图 3-71 加筋土挡土墙

筋之间的摩擦作用，把土的侧压力传给拉筋，从而使得填土与拉筋结合为一个稳定的整体。加筋土挡土墙具有造价低、施工简便、工期短等特点，适用于一般地区的公路工程填方地段。

施工工艺：基底处理→基础浇筑→预制墙板→安装墙板→调整墙板→铺设钢筋→填土碾压。

施工要点如下：

1）安装直立式墙面板时，应按不同填料和拉筋预设仰斜坡，仰斜坡度一般为 1:0.02～1:0.05，墙面不得前倾。

2）拉筋应有粗糙面，并按设计要求呈水平铺设，当局部与填土不密贴时应铺砂垫平。对钢拉筋与钢材外露部分应作防锈处理。连续敷设的拉筋接头应置于其尾部，拉筋尾端宜用拉紧器拉紧，各拉筋的拉力大体均匀，避免拉动墙面板。

3）墙背拉筋锚固段填料宜采用粗粒土或改性土等填料。墙背填土必须满足设计压实度的要求。

4）填料的摊铺、碾压应从拉筋中部开始，平行于墙面碾压，先向拉筋尾部逐步进行，然后再向墙面靠近，严禁沿着平行于拉筋方向碾压。

5）填土分层厚度及碾压遍数，应根据拉筋间距、碾压机具和密实度的要求通过试验确定，严禁使用羊足碾。靠近墙面板 1m 范围内，应使用小型机具夯实或人工夯实，不得使用重型压实机械。

6）当采用聚丙烯土工带时，拉带应平顺，不得出现打折、扭曲等现象，不得与硬质、棱角填料直接接触。

7）施工过程中随时观测加筋土挡土墙的异常变化，出现异常现象时，及时进行处理。

2. 抗滑桩

抗滑桩是一种用于处理滑坡或防止边坡下滑的钢筋混凝土结构，抗滑能力强，是一种较为理想的抗滑设施；其缺点是造价高、投资大。抗滑桩的设置原理如图 3-72 所示。

抗滑桩的施工要点如下：

1）桩基开挖时，应对照设计图认真核对滑动面，当与实际情况设计不相符时，应及时进行处理。对滑坡的变形和移动进行全过程监测，仔细做好岩性资料编录。

2）抗滑桩施工宜在旱季进行，将孔口地形整平，设好地表截、排水及防渗

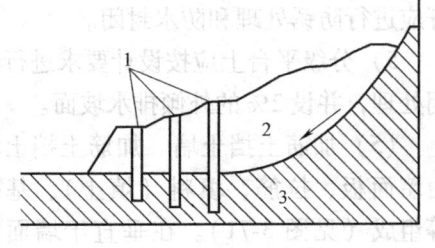

图 3-72 抗滑桩示意图
1—抗滑桩 2—滑动土体 3—稳定土体

设施；雨期施工时，孔口应搭雨棚，做好锁口，在孔口地面上加筑适当高度的围埂，以防止雨水的灌入。

3）桩基应分节开挖，每节的高度宜为0.6~2.0m，分节不宜过长；不得在土石层变化处和滑动面处分节；挖一节应立即支护一节。

4）护壁混凝土应紧贴围岩灌注，灌注前要清除孔壁上松动的石块与浮土。如果围岩较松软、破碎或含水时，宜在护壁上设置泄水孔。

5）下一节开挖应在上一节护壁混凝土终凝后进行。护壁混凝土模板的支撑应在混凝土强度达到能保持护壁结构不变形后方可拆除。

6）在围岩松软、破碎和有滑动面的节段，应在护壁内顺滑动方向用临时横撑加强支护，并经常观察其受力情况，及时进行加固。

7）开挖桩群应从两端沿滑坡主轴间隔开挖，在桩身强度不低于设计强度的75%的情况下方可开挖邻桩。

8）灌注桩身混凝土前，应检查断面净空、清洗混凝土护壁。钢筋笼的搭接接头不得设在土石分界和滑动面处。桩身混凝土的灌注必须连续进行。

9）桩间的支挡结构及与桩相邻的挡土、排水设施等，均应按设计要求与抗滑桩正确连接，配套施工。

# 第4章 路面工程施工

4.1 路面施工主要机械设备简介

近年来，随着公路事业的蓬勃发展和建设标准的不断提高，大批性能优良的机械设备不断地被投入到路面工程施工中，这对保证工程质量和加快工程进度有着十分重要的意义。目前，用于公路路面施工的主要有拌合、摊铺和碾压机械。

4.1.1 拌合机械设备

在路面无机结合料稳定材料、沥青混合料、水泥混凝土等的施工中，都使用到各种形式的拌合机械设备。

1. 路面基层（底基层、垫层）混合料的拌合设备

一般公路的基层混合料拌合施工，常采用小型机具与人工配合。但是，随着工程质量要求的进一步提高，基层施工已越来越多地使用路拌机械和厂拌机械。

（1）路拌机械设备 路拌机械设备主要是指稳定土拌合机，它是把土、无机结合料（石灰、粉煤灰、水泥）、砂、骨料（碎砾石、炉渣）等材料，按施工配合比在路上直接进行拌合。

稳定土拌合机可分为履带式和轮胎式两种。履带式稳定土拌合机的特点是附着性与整机稳定性好，但机动性差、不便于运输，且对现有路面有一定的破坏作用。因此，目前在施工中较多地使用的是轮胎式稳定土拌合机，如图4-1所示。

稳定土拌合机按工作装置在机上位置的不同，可分为前置式、中置式和后置式三种。目前工程中，后置式稳定土拌合机因不产生轮迹，转子及拌合刀更换方便，且易于维修与保养，转弯半径小等的特点，被广泛地使用。前置式拌合机容易产生轮迹，中置式也不便于更换与维修、保养等，两者目前均较少使用。

稳定土拌合机按转子的旋转方向的不同，可分为正转和反转两种。正转式稳定土拌合机的转子由上向下切削（顺切），拌合阻力较小，在相同功率下，可实现更大宽度和深度的拌合，适于拌合松散的稳定材料。反转式稳定土拌合机的切削方向正好相反，混合料大都在转子的前方进行拌合，这样可使混合料反复拌合破碎，拌合效果较好，但由于拌合阻力大，所需要的拌合机功率也较大。

图4-1 稳定土拌合机（路拌）

（2）厂拌机械设备 该拌合设备是将土、石灰、粉煤灰、水泥、砂、碎（砾）石、炉渣、水等材料，按施工配合比，在固定地点拌合均匀的专用设备，其组成如图4-2所示。

图4-2 稳定土拌合设备（厂拌）

拌合作业时，将所用的无机结合料通过带式输送机、垂直提升机输送到大仓中，再经螺旋输送器将其送入小仓中。小仓中的无机结合料通过叶轮供料器被送到斜带式输送机上，同时，各料斗中的其他物料由料门卸出，并经带式输送机送至水平带式输送机上，水平带式输送机再将各种材料送至斜带式输送机上。然后由斜带式输送机将按设计配合比确定的各种材料送到拌合筒内，同时水箱内的水也被泵入拌合筒内。拌合筒中的螺旋搅拌器将各种材料搅拌均匀后，强制送到储料仓，拌好后的成品料由储料仓的溢流管送到堆料输送机上或直接卸至运输车上，利用运输车将成品送至施工现场。

2. 沥青混合料拌合设备

沥青混合料拌合设备可将碎石、砂、矿粉和沥青按一定配合比拌合成均匀的混合料。

根据生产能力可分为小型（<50t/h）、中型（50～100t/h）、大型（150～350t/h）和超大型（>400t/h）。一般大型和超大型属于固定式，中型多为半固定式，小型一般为移动式。

沥青混合料拌合设备根据工艺流程可分为间歇强制式和连续滚筒式。由于间歇强制式沥青混合料拌合机的集料配合比较精确，而且燃料的消耗率较低，目前应用广泛。下面简单介绍间歇强制式和连续滚筒式沥青混合料的拌合设备。

（1）间歇强制式拌合设备　拌合机的工艺流程如下：

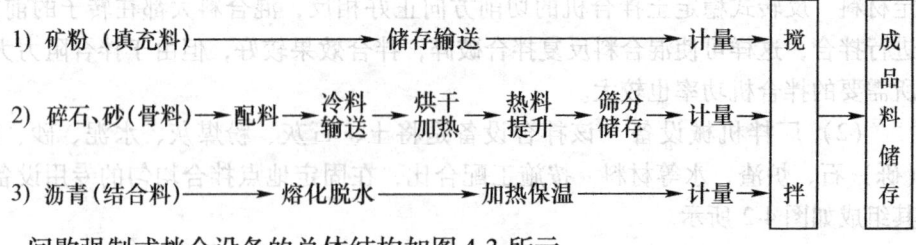

间歇强制式拌合设备的总体结构如图4-3所示。

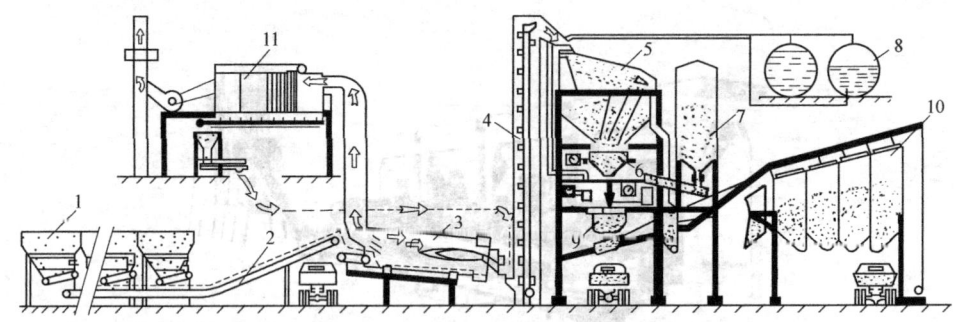

图4-3　间歇强制式沥青混合料拌合设备的总体结构

1—冷骨料储存及配料装置　2—冷骨料带式输送机　3—冷骨料烘干、加热筒　4—热骨料提升机
5—热骨料筛分及储存装置　6—热骨料计量装置　7—矿粉供给及计量装置　8—沥青供给系统
9—搅拌器　10—成品料储存仓　11—除尘装置

（2）连续滚筒式拌合设备　拌合机的工艺流程如下：

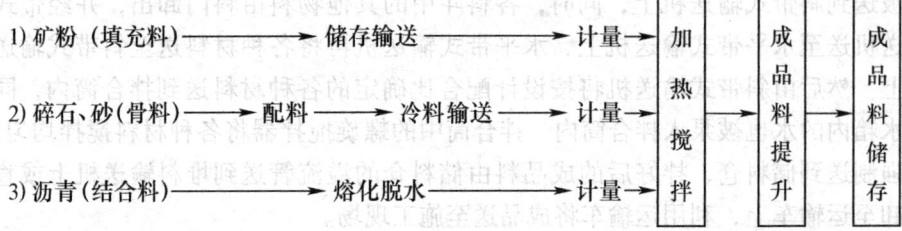

连续滚筒式拌合设备的总体结构如图4-4所示。

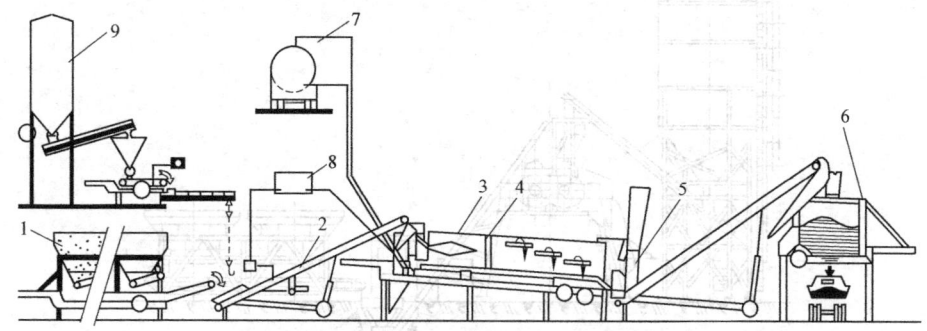

图4-4 连续滚筒式沥青混合料拌合设备的总体结构
1—冷骨料储存及配料装置 2—冷骨料带式输送机 3—干燥滚筒 4—料帘 5—除尘装置
6—混合料成品储仓 7—沥青供给系统 8—自动控制中心 9—矿粉供给系统

3. 水泥混凝土的拌合设备

水泥混凝土的拌合设备可分为水泥混凝土搅拌机和水泥混凝土搅拌站（楼）两类。

目前，工程中使用的水泥混凝土搅拌机主要有自落式和强制式两种，如图4-5、图4-6所示。水泥混凝土搅拌站（楼）一般由扇形骨料堆场、集料称量系统、水和外加剂的供给计量系统、水泥及粉煤灰的供给系统及水泥储仓、电-液或电-气操纵系统、手控及自控系统等组成。

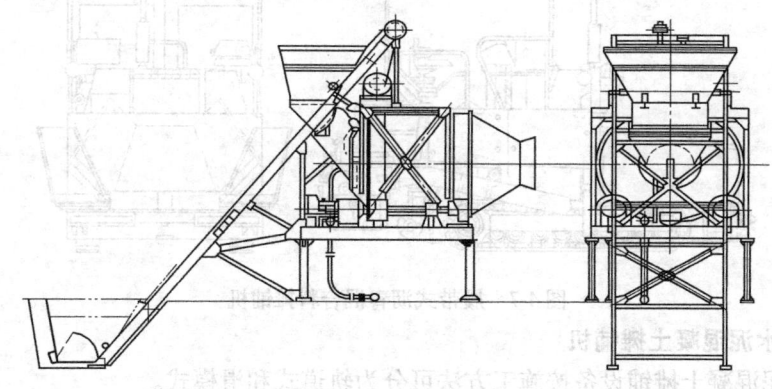

图4-5 自落式水泥混凝土搅拌机

4.1.2 摊铺机械与设备

1. 沥青混合料摊铺机

沥青混合料摊铺机是摊铺沥青混合料路面的专用机械，它是将已搅拌好的沥青混合料按一定的技术要求摊铺在已整平好的路基或底基层上，并给予初步的捣实和整平。

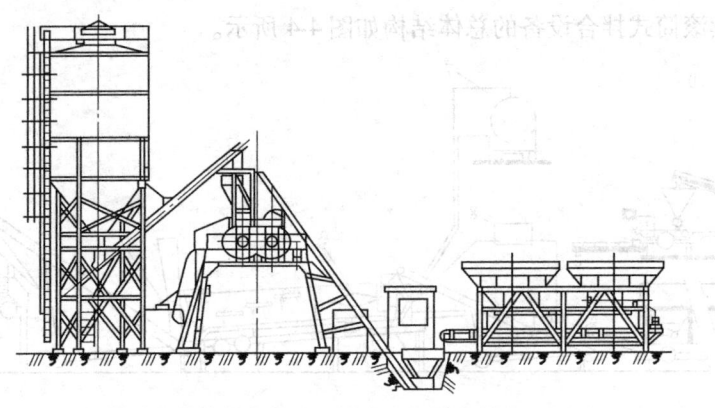

图 4-6　强制式水泥混凝土搅拌机

（1）分类　沥青混合料摊铺机按其行走方式可分为轮胎式摊铺机和履带式摊铺机。

按摊铺的宽度可分为小型（3.6m 左右）、中型（4~6m）、大型（6~10m）和超大型（10~12m）；按行走的动力传递方式可分为机械传动和液压传动两种。

（2）组成结构　一般沥青混合料摊铺机主要由发动机、传动系统、料斗、刮板、输送器、螺旋布料器、熨平装置以及自动找平机构等组成。履带式沥青混合料摊铺机如图 4-7 所示。

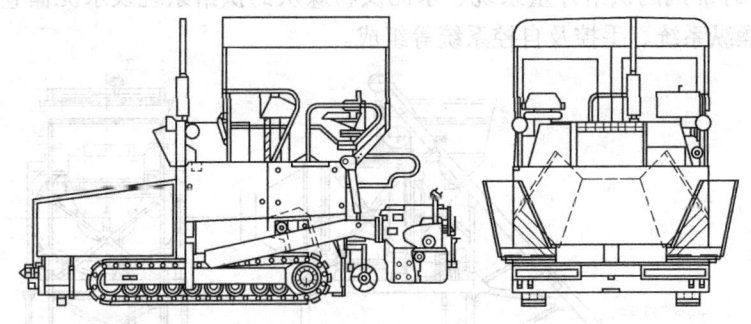

图 4-7　履带式沥青混合料摊铺机

2. 水泥混凝土摊铺机

水泥混凝土摊铺设备按施工方法可分为轨道式和滑模式。

（1）轨道式　轨道式摊铺机支撑在平底型轨道上，可以固定在 3m 长的宽基钢板架上，也可安放在预制的混凝土板上或补强处理后的路面基层上。摊铺机的水平调整由轨道的平整度控制。

轨道式摊铺设备的组成包括：进料器（根据所采用的运输方式决定），水泥混凝土摊铺机（即匀料机、分料箱式、移动回转刮板式和固定刮板式），压实机和修整机，横向缩缝和纵向缩缝处传力杆、拉杆放置机，接缝槽成型机和接缝槽修整机（用湿法成型时采用这两种机型），最后修整机，路面纹理加工机，水泥混凝土养生剂喷洒机，防护帐篷等。轨道式水泥混凝土摊铺机的结构如图4-8所示。作为摊铺机发动机动力的高速柴油机应具备技术参数稳定、散热性好，并与传动系统的功率配应最佳。

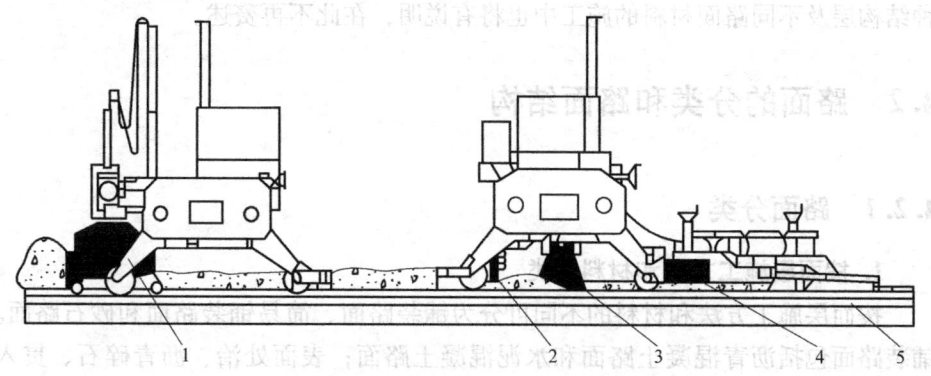

图4-8　轨道式水泥混凝土摊铺机
1—摊铺器（回转铲式）　2—预平整刮板　3—振捣装置　4—修光器　5—轨模

（2）滑模式　该机型将摊铺设备安装在履带底盘上，行走装置在模板外侧移动，支撑侧边的滑动模板沿机器长度方向安装，作业时不需要另外加设轨道和模板即可把路面板按照要求挤压成型。

滑模式摊铺设备的组成包括：摊铺机（刮板、螺旋布料器、振动器、振动梁、修光梁、侧压模板，自动调平控制系统），横向缩缝和纵向缩缝处传力杆、拉杆放置机，路面纹理加工机，水泥混凝土养生剂喷洒机，切缝机等，如图4-9所示。

图4-9　滑模式水泥混凝土摊铺机

4.1.3　压实机械设备

路面的强度和稳定性等是非常重要的技术指标，而它们和路面压实有着极其密切的关系。因此，压实也是路面施工非常重要的一个环节。在路面压实作业中，常用的压实机械有光轮压路机、轮胎压路机、振动压路机等。

因为路基施工一章已对各种压实机械有了较为详细的阐述，而且在本章各种结构层及不同路面材料的施工中也将有说明，在此不再赘述。

4.2 路面的分类和路面结构

4.2.1 路面分类

1. 按面层施工方法和材料分类

按面层施工方法和材料的不同可分为铺装路面、简易铺装路面和砂石路面。铺装路面包括沥青混凝土路面和水泥混凝土路面；表面处治、沥青碎石、贯入式路面等称为简易铺装路面；砂石路面是以砂、石等为骨料，以土、水、灰为结合料，通过一定的配合比铺筑而成的路面的统称，包括级配碎（砾）石路面、泥结碎（砾）石路面、水结碎石路面、填隙碎石路面及其他粒料路面。路面面层类型的选用应符合表 4-1 的规定。

表 4-1 路面面层类型及适用范围

面层类型	适用范围
沥青混凝土	高速公路、一级公路、二级公路、三级公路、四级公路
水泥混凝土	高速公路、一级公路、二级公路、三级公路、四级公路
沥青贯入、沥青碎石、沥青表面处理	三级公路、四级公路
砂石路面	四级公路

2. 按路面力学特性分类

按路面力学特性可分为柔性、刚性及半刚性路面。

（1）柔性路面　其力学特点是在行车荷载作用下的弯沉变形较大，路面结构本身抗弯拉强度小，在重复荷载作用下产生累积残余变形。路面的破坏取决于荷载作用下所产生的极限垂直变形和弯拉应力。目前在我国的公路路面中，绝大多数属于柔性路面，以沥青混凝土路面为典型代表。

（2）刚性路面　其特点是在行车荷载作用下产生板体效应，其抗弯拉强度和弹性模量较其他各种路面材料要大得多，故呈现出较大的刚性。刚性路面在荷载作用下的弯沉变形极小，路面的破坏取决于荷载作用下所产生的疲劳弯拉应力。刚性路面主要指水泥混凝土路面。

（3）半刚性路面　是指使用水泥、石灰、粉煤灰等无机结合料稳定材料（常称半刚性材料）作为基层、底基层的沥青路面结构。这种半刚性基层材料使用前期的力学特性呈柔性，而后期趋近于刚性，如石灰稳定土、石灰粉煤灰稳定碎石、水泥稳定砂砾等路面结构。

4.2.2 路面结构

路面结构一般由面层、基层、底基层与垫层组成。

1. 面层

面层是直接承受车轮荷载反复作用和自然因素影响的结构层，可由一~三层组成。沥青路面的表面层应根据使用要求设置抗滑耐磨、密实稳定的沥青层；中面层、下面层应根据公路等级、沥青层厚度、气候条件等选择适当的沥青结构层。

2. 基层

基层是设置在面层之下，并与面层一起将车轮荷载的反复作用传布到底基层、垫层、土基，起主要承重作用的层次。基层可分为无机结合料稳定类（整体型）和粒料类（嵌锁型、级配型）。对高速公路、一级公路，应采用水泥稳定粒料、石灰粉煤灰（二灰）稳定粒料、沥青混合料以及级配碎砾石等材料铺筑。除上述基层材料外，也可选用水泥稳定土、石灰稳定土、石灰粉煤灰稳定土、石灰工业废渣、填隙碎石等作为各级公路路面的底基层和二级以下公路的基层。

3. 垫层

垫层是设置在底基层与土基之间的结构层，起排水、隔水、防冻、防污等作用。各级公路需要设置垫层时，目前多采用水稳性好的粗粒料或各种稳定性材料铺筑。

4.3 路面基层（底基层）施工

4.3.1 一般要求

基层、底基层应具有足够的强度和稳定性，在冰冻地区还应具有一定抗冻性。高级路面下的半刚性基层应具有较小的收缩（温缩及干缩）变形和较强的抗冲刷能力。

路面基层（底基层）可选用无机结合料稳定集料类或沥青混合料、粒料、贫混凝土等材料，底基层应充分利用沿线地方材料，可采用无机结合料稳定细粒土类或料粒类等。

基层、底基层应根据交通量大小、材料性能，充分发挥压实机具的功能，以及考虑有利于施工等因素选择各结构层的厚度。为便于施工组织、管理，各结构层的材料不宜频繁变化。各种结构层压实最小厚度与适宜厚度见表4-2，且不得设计小于150mm厚的半刚性材料薄层。

表 4-2　各种结构层压实最小厚度与适宜厚度

结构层类型	压实最小厚度/mm	适宜厚度/mm
级配碎石	80	100～200
水泥稳定类	150	180～200
石灰稳定类	150	180～200
石灰粉煤灰稳定类	150	180～200
贫混凝土	150	180～240
级配砾石	80	100～200
泥结碎石	80	100～150
填隙碎石	100	100～120

一般公路的基层宽度每侧宜比面层宽出25cm，底基层每侧宜比基层宽15cm。在多雨地区，透水性好的粒料基层，宜铺至路基全宽，以利排水。高速公路、一级公路基层的施工宽度和边坡形状应符合图4-10的相关规定。

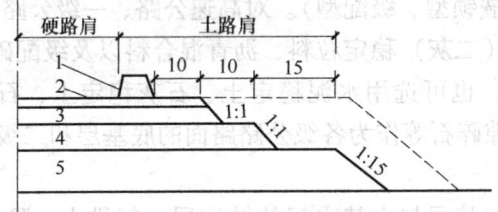

图 4-10　高速公路、一级公路的基层宽度（尺寸单位：cm）
1—挡水缘石　2—上面层　3—下面层　4—基层　5—底基层

4.3.2　垫层施工

1. 垫层设置的原则

处于下列状况的路基应设置垫层，以排除路面、路基中所滞留的自由水，确保路床处于干燥或中湿状态。

1）地下水位高、排水不良，路基经常处于潮湿或过湿状态的路段。

2）排水不良的土质路堑，有裂隙水、泉眼等水文不良的岩石挖方路段。

3）季节性冰冻地区的中湿、潮湿路段，可能产生冻胀需设置防冻垫层的路段。

4）基层或底基层可能受污染以及路基软弱的路段。

2. 垫层材料

垫层材料可选用粗砂、砂砾、碎石、煤渣、矿渣等粒料，以及水泥或石灰煤渣稳定粗粒土，石灰、粉煤灰稳定粗粒土等。若采用粗砂或砂砾料时，通过0.074mm筛孔的颗粒含量应不大于5%。采用煤渣时，小于2mm的颗粒含量不宜大于20%。

为防止软弱路基污染粒料底基层、基层，或为防止间断地下水的影响，可在路基顶面设土工合成材料隔离层。

3. 垫层设置宽度

高速公路，一、二级公路的排水垫层应铺至与路基同宽，以利路面结构排水，保持路基稳定；三、四级公路的垫层宽度比底基层每侧至少宽25mm。

4. 铺筑碎石、砂砾、煤渣或矿渣垫层的施工要求

1) 承包人应在监理工程师验收合格的路基上铺筑垫层材料。
2) 在铺筑垫层前，应将路基面上的浮土、杂物全部清除，并洒水湿润。
3) 承包人应采用经监理工程师批准的机械进行垫层材料的摊铺。
4) 摊铺后的碎石、砂砾应无明显离析现象或采用细集料作嵌缝处理。
5) 经过整平和整型，承包人应按试验路段所确认的压实工艺，在全宽范围内均匀地压实至重型击实最大密度的96%以上，如图4-11所示。
6) 一个路段碾压完成以后，应按批准的方法做密实度试验。被检验的材料没有达到所需的密实度、稳定性，则应重新碾压、整型及整修。
7) 在压路机不能作业的地方，应采用机夯压实，直到达到规定的压实度为止。
8) 严禁压路机在已完成的或正在碾压的路段上调头和急刹车。

图4-11　垫层施工

9) 在相邻两作业段的衔接处，第一段应预留5~8m不碾压，等到第二段施工时，将前段留下未压部分与第二段一起碾压。

5. 水泥或石灰粉煤灰稳定粗粒土垫层

水泥或石灰粉煤灰稳定粗粒土垫层的施工，要求与同类材料的底基层一致。

4.3.3　无机结合料稳定类基层（底基层）施工

无机结合料稳定类包括：水泥稳定类、石灰稳定类和工业废渣稳定类。半刚性基层材料的显著特点是：整体性强、承载力高、刚度大、水稳性好，而且较为经济。半刚性材料已广泛用于修建高等级公路路面基层或底基层。

水泥稳定类和石灰粉煤灰稳定类材料广泛适用于各级公路的基层和底基层，但是水泥稳定细粒土不得作为高速公路或一级公路路面的基层，只能作为底基层使用。在高等级公路的水泥混凝土路面板下，水泥土也不应做基层。

石灰稳定类材料适用于各级公路路面的底基层和二级以下公路的基层。石灰稳定细粒土不得用作二级公路和二级以上公路高级路面的基层。在冰冻地区的潮湿路段和其他地区的过湿路段，不宜采用石灰土作为基层或底基层。

1. 对原材料的要求

（1）无机结合料 无机结合料目前最常用的有水泥、石灰、粉煤灰及工业废渣。

1）水泥。普通硅酸盐水泥、矿渣硅酸盐水泥和火山灰质硅酸盐水泥均可用作结合料，宜选用终凝时间较长（6h以上）的水泥。快硬水泥、早强水泥以及已受潮变质的水泥不得使用。

水泥剂量应通过配合比设计试验确定，但工地实际采用的水泥剂量应比室内试验确定的剂量多0.5%～1%，集中厂拌法宜增加0.5%，路拌法宜增加1%。采用水泥稳定类材料、粗粒土做基层时，应控制水泥剂量不超过6%。水泥的最小剂量应符合表4-3的规定。

表4-3 水泥最小剂量

土 类	拌合方法 路 拌 法	集中厂拌法
中、粗粒土	4%	3%
细粒土	5%	4%

水泥（石灰）剂量系指水泥（石灰）质量占全部粗细颗粒（即砾石、砂粒、粉粒和粘粒）的干质量的百分率。

2）石灰。石灰质量应符合表4-4规定的Ⅲ级以上的生石灰或消石灰的技术指标。实际使用时，要尽量缩短石灰的存放时间。石灰在野外堆放时间较长时，应妥善覆盖保管，不应遭日晒雨淋。块灰须充分消解才能使用，未消解的生石灰必须剔除。对于高速和一级公路，宜采用磨细生石灰粉。

表4-4 石灰的技术指标

	类别与指标 项 目	钙质生石灰			镁质生石灰			钙质消石灰			镁质消石灰		
		等 级											
		Ⅰ	Ⅱ	Ⅲ	Ⅰ	Ⅱ	Ⅲ	Ⅰ	Ⅱ	Ⅲ	Ⅰ	Ⅱ	Ⅲ
	有效钙加氧化镁含量（%）不小于	85	80	70	80	75	65	65	60	55	60	55	50
	未消化残渣含量（5mm圆孔筛筛余,%）不大于	7	11	17	10	14	20						
	含水率（%）不大于							4	4	4	4	4	4
细度	0.71mm方孔筛筛余（%）不大于							0	1	1	0	1	1
	0.125mm方孔筛筛余（%）不大于							30	20	—	13	20	—
	钙镁石灰的分类界限，氧化镁含量（%）	≤5			>5			≤4			>4		

注：硅、铝、铁氧化物含量之和大于5%的生石灰，有效钙加氧化镁含量指标，Ⅰ等≥75%、Ⅱ等≥70%、Ⅲ等≥60%；未消化残渣含量指标与镁质生石灰指标相同。

石灰剂量应通过配合比设计试验确定，但工地实际采用的剂量应比室内试验确定的剂量多0.5%～1%。采用集中厂拌法施工时，可只增加0.5%；采用路拌法施工时，宜增加1%。

3）粉煤灰。粉煤灰是火力发电厂燃烧煤粉产生的粉状灰渣，其主要成分 SiO_2（二氧化硅）、Al_2O_3（三氧化二铝）和 Fe_2O_3（三氧化二铁）的总含量应大于70%，烧失量不应超过20%，比表面积宜大于 $2500cm^2/g$。

干粉煤灰和湿粉煤灰都可以应用。干粉煤灰如堆在空地上应洒水，以防止其飞扬造成污染。湿粉煤灰的含水量不宜超过35%。使用时，凝固的粉煤灰应打碎或过筛，同时清除有害杂质。

4）煤渣。煤渣是煤经锅炉燃烧后的残渣，其主要成分是 SiO_2（二氧化硅）和 Al_2O_3（三氧化二铝），它的松干密度在 $700～1100kg/m^3$ 之间。煤渣的最大粒径不应大于30mm，颗粒组成宜有一定级配，且不含杂质。煤渣的含煤量宜少，最好选用含煤量低于20%的。

(2) 集料 适宜做水泥或石灰稳定土基层的材料有：级配碎石、未筛分碎石、砂砾、碎石土、砂砾土、煤矸石和各种粒状矿渣等。碎石包括岩石碎石和矿渣碎石。有机质含量超过2%的土，不应单独用水泥稳定；如需采用，必须先用石灰进行处理，之后方可用水泥稳定。硫酸盐含量超过0.25%的土，不应用于水泥稳定。塑性指数为15～20的粘性土以及含有一定数量粘性土的中粒土和粗粒土均适宜用石灰稳定。塑性指数为15以上的粘性土更适宜用石灰和水泥综合稳定。

用作基层时，集料颗粒的最大粒径不应超过31.5mm；用作底基层时，集料颗粒的最大粒径不应超过40mm。同时，土的均匀系数（通过量为60%的筛孔尺寸与通过量为10%的筛孔尺寸的比值）应大于5。

水泥稳定粒径较均匀的砂，宜在砂中添加少部分塑性指数小于10的粘性土或石灰土，也可添加部分粉煤灰。加入比例可按使混合料的标准干密度接近最大值确定，一般为20%～40%。

半刚性基层材料所用碎、砾石应具有一定的抗压碎能力。高速和一级公路的集料压碎值不大于30%，二级和二级以下公路的集料压碎值不大于35%（底基层可放宽至40%）。

(3) 水 人或牲畜饮用的水均可使用。

2. 混合料配合比的确定

混合料组成设计所要达到的目标是：所设计的混合料组成在强度上满足设计要求，抗裂性达到最优且便于施工。设计的基本原则是：结合料剂量合理，尽可能采用综合稳定以及集料应有一定的级配。

混合料组成中，结合料的剂量太低则不能成为半刚性材料；剂量太高则刚度太大，容易脆裂。实际上，限制低剂量是为了保证整体性材料具有基本的抗拉强度，以满足荷载作用的强度要求；限制高剂量可使模量不致过大，避免结构产生太大的拉应力，同时降低收缩系数，使结构层不会因温度变化而引起拉伸破坏。

采用水泥、石灰综合稳定时，混合料中有一定水泥可提高早期强度，有一定石灰可使刚度不会太大，掺入一定数量的粉煤灰可以降低收缩系数，必要时可根据施工季节及材料性质加入适量的早强剂或其他外掺剂。

集料应有一定的级配。集料数量以达到靠拢而不紧密为原则，其空隙让无机结合料填充，形成各自发挥优势的稳定结构。半刚性基层材料中结合料和集料种类繁多，应以就地取材为前提，通过试验得得合理组成，充分发挥其各自优势。

混合料组成设计的主要内容是根据表4-5的强度标准值，通过试验选取适宜稳定的材料，确定材料的配比、最大干密度和最佳含水量。表中所列数值指龄期为7天（湿养6天、浸水1天）的无侧限抗压强度。

表4-5 无机结合料稳定类材料的抗压强度 （单位：MPa）

公路等级	高速、一级公路		二级及二级以下公路	
	基层	底基层	基层	底基层
水泥稳定类材料	3~5	1.5~2.5	2.5~3.0	1.5~2.0
石灰稳定类材料	—	≥0.8	≥0.8	0.5~0.7[①]
二灰稳定类材料	0.8~1.1	≥0.6	0.6~0.8	≥0.5

① 低限与高限分别用于塑性指数小于7和大于7的土。

混合料组成的具体设计步骤如下：

1) 制备同一种土样、不同结合料剂量的混合料，水泥和石灰的剂量可参考表4-6、表4-7所列数值。

表4-6 水泥剂量参考值

土 类	水泥剂量（%）									
	作基层时					作底基层时				
中粒土和粗粒土	3	4	5	6	7	3	4	5	6	7
塑性指数小于12的土	5	7	8	9	11	4	5	6	7	9
其他细粒土	8	10	12	14	16	6	8	9	10	12

表4-7 石灰剂量参考值

土 类	石灰剂量（%）									
	作基层时					作底基层时				
中粒土和粗粒土	3	4	5	6	7	—	—	—	—	—
塑性指数小于12的粘性土	10	12	13	14	16	10	11	12	13	14
塑性指数大于12的粘性土	5	7	9	11	13	5	7	8	9	11

二灰稳定类混合料试件的制备可根据不同情况进行。对于硅铝粉煤灰，采用石灰粉煤灰作基层或底基层时，石灰与粉煤灰之比可以是1:2~1:9；采用石灰粉煤灰土作基层或底基层时，石灰与粉煤灰之比常用1:2~1:4（对于粉土，以1:2为宜），石灰粉煤灰与细粒土之比可以是30:70~90:10；采用石灰粉煤灰集料作基层时，石灰与粉煤灰之比常用1:2~1:4，石灰粉煤灰与级配集料（中粒土和粗粒土）的配比应是20:80~15:85；采用石灰煤渣作基层或底基层时，石灰与煤渣之比可以是20:80~15:85；采用石灰煤渣土作基层或底基层时，石灰与煤渣之比可以是1:1~1:4，石灰煤渣与细粒土之比可以是1:1~1:4，混合料中石灰不应少于10%；采用石灰煤渣集料作基层或底基层时，石灰:煤渣:粒料可以是(7~9):(26~33):(67~58)。

2）采用重型击实试验确定各种混合料的最佳含水量和最大干密度，至少应做3个不同水泥或石灰剂量混合料的击实试验，即最小剂量、中间剂量和最大剂量。其他剂量混合料的最佳含水量和最大干密度可用内插法确定。

3）按工地预定达到的压实度，分别计算采用不同结合料剂量时试件应有的干密度。

4）按最佳含水量和计算得到的干密度制备试件，并以此进行强度试验。

5）试件在规定温度下保湿养生6天，浸水1天后，进行无侧限抗压强度试验。规定的温度为：冰冻地区(20 ± 2)℃，非冰冻地区(25 ± 2)℃。计算试验结果的平均值和偏差系数。

6）根据表4-3中的强度标准选定合适的结合料剂量。此剂量试件室内试验结果的平均抗压强度$\overline{R}$应符合如下公式的要求：

$$\overline{R}=\frac{R_d}{1-Z_a C_v}$$

式中 R_d——设计抗压强度；

C_v——试验结果的偏差系数（以小数计）；

Z_a——标准正态分布表中随保证率（或置信度a）而变的系数，高速公路和一级公路应取保证率为95%，此时$Z_a=1.645$；一般公路应取保证率为90%，此时$Z_a=1.282$。

石灰土稳定碎石和石灰土稳定砂砾，仅对其中的石灰土进行组成设计，对碎石和砂砾，只要求其具有较好的级配。石灰土与碎石砂砾的重量比宜为1:4。二灰稳定粒料的组成设计，则应包括全部混合料（或25mm以下的粒料）。条件不具备时，可仅对二灰进行组成设计，确定二灰的配合比后，在二灰中再掺入一定比例的粒料。

3. 路拌法施工

半刚性基层或底基层路拌法施工的主要工序为：准备下承层→施工测量→

备料→摊铺→拌合→整平和碾压成型→初期养护。

(1) 下承层准备和施工测量　施工前，应对下承层（土基或底基层）按质量验收标准进行验收。下承层表面应平整、坚实，具有规定的路拱，没有任何松散的材料和软弱的地点，高程应符合设计要求。然后，恢复中线，直线路段每15～20m设一桩，平曲线地段每10～15m设一桩，并在两侧路肩边缘外设指示桩，在指示桩上标出基层（或底基层）的边缘设计高程及松铺厚度等相关数据。

(2) 备料　所用材料应符合质量要求，并根据各路段基层（底基层）的宽度、厚度及预定的干密度，计算各路段需要的干燥集料数量。根据混合料的配合比、材料的含水量以及所用车辆的吨位，计算各种材料每车料的堆放距离，对于水泥、石灰等结合料，常以袋（或小翻斗车车斗）为计量单位，计算结合料堆放距离、地点；也可根据各种集料所占比例及其干密度，计算每种集料的松铺厚度，以控制集料施工配合比，而对水泥、石灰等结合料仍以每袋的摊铺面积来控制剂量。

同一供料路段内应由远而近地卸料，要严格把握卸料的距离，避免路段上出现供料不足或过多。集料在下承层上的堆置时间不应过长，运送集料宜比摊铺集料提前数天。

(3) 摊铺与拌合　用平地机、推土机或人工，按试验路段所求得的松铺系数进行集料摊铺，摊铺力求均匀。摊铺集料应在摊铺结合料的前一天进行，摊料长度应满足日进度的需要。摊料过程中，应将土块、超尺寸颗粒及其他杂物拣除。松铺厚度等于压实厚度与松铺系数之积。

根据需要在集料层上洒水闷料，洒水要均匀，防止出现局部水分过多的现象；严禁洒水车在洒水段内停留和"调头"。对水泥和石灰综合稳定土，应先将石灰和土拌合，然后一起进行闷料。对人工摊铺的集料层整平后，用6～8t两轮压路机碾压1～2遍，使其表面平整。

结合料应当日运送到摊铺路段，直接卸在集料层上，用刮板将结合料均匀摊开。应注意，摊铺完后，表面没有空白位置，也没有结合料过分集中的地点。

用稳定土拌合机进行拌合时，拌合深度应达到稳定层底，应设专人跟随拌合机，随时检查拌合深度，并配合机器操作人员调整拌合深度。严禁在拌合层底部留有"素土"夹层。应略破坏（约1cm）下承层的表面，以利于上、下层结合。通常应拌合两遍以上，工作速度以1.25～1.5km/h最为适宜。拌合路线应自基层的最外沿向中心线靠拢。拌合中，应适时测定含水量，若含水量过大，应进行自然蒸发，使含水量达到最佳值；若含水量小于最佳含水量，应补充洒水拌合（见图4-12）。

在没有专用拌合机械的情况下，也可用农用旋转耕作机与多铧犁或平地机配合拌合，但应注意拌合效果，而且拌合时间不要过长。

混合料拌合均匀后应色泽一致,没有灰条和花面,没有粗细颗粒离析现象,且水分合适均匀。

(4) 整形与碾压 混合料拌合均匀后,立即用平地机初步整形和整平。在直线段,平地机由两侧向路中心刮平;在平曲线地段,平地机由内侧向外侧刮平。对于局部低洼处,

图 4-12 半刚性基层路拌法作业

应将表层耙松后找平。整形宜反复进行,每次整形都应按照规定的坡度和路拱进行,并应特别注意接缝的顺适平整。整形过程中,严禁任何车辆通行。

整形后,当混合料的含水量等于或略大于最佳含水量时,立即用 12t 以上三轮压路机、重型轮胎压路机或振动压路机在路基全宽内进行碾压。碾压时,应重叠 1/2 轮迹,一般需碾压 6~8 遍。用 12~15t 三轮压路机碾压时,每层压实厚度不应超过 15cm;用 18~20t 的三轮压路机碾压时,每层压实厚度不应超过 20cm。对于稳定中粒土和粗粒土,采用能量大的振动压路机时,每层的压实厚度根据试验确定。压实厚度超过时,应分层铺筑,每层的最小压实厚度为 10cm。压实应遵循先轻后重、先慢后快的原则。直线段,由两侧路肩向路中心碾压;平曲线段,由内侧路肩向外侧路肩碾压。

碾压过程中,表面应始终保持潮湿,如水分蒸发过快,应及时补洒少量的水;如有"弹簧"、松散、起皮等现象,应及时翻开重新拌合,或用其他方法处理,使其达到质量要求。在碾压结束前,用平地机再终平一次,使其纵向顺适,路拱和超高符合设计要求。终平应仔细进行,必须将局部高出部分刮除并扫出路外。对于局部低洼之处,不再进行找补,留待铺筑沥青面层时处理(见图 4-13)。

图 4-13 半刚性基层路拌法施工整形与碾压

(5) 养生 养生时间应不少于 7 天。水泥稳定类混合料碾压完成后立即开始养生;二灰稳定类混合料在碾压完成后第二天或第三天开始养生。养生宜采

用不透水薄膜或湿砂进行；若用砂覆盖，厚度宜为 7~10cm，并保持整个养生期间砂的潮湿状态。也可以用潮湿的帆布、粗麻布、草帘或其他合适的材料覆盖。养生结束，必须将覆盖物清除干净，并应及时喷洒透层沥青或做下封层，基层上不铺封层或面层时，不应开放交通。必须临时开放交通时，应采取覆盖、限重、限速等保护性措施。

一般情况下，路拌法每一流水作业段以 200m 为宜，但每天的第一个作业段宜稍短些，可为 150m（宽度为 7~8m 的稳定层）；如稳定层较宽，作业段应再缩短。

4. 厂拌法施工

混合料在中心站集中拌合可以采用强制式拌合机、双卧轴桨叶式拌合机等厂拌设备进行，如图 4-14 所示。塑性指数小、含土少的砂砾土，以及级配碎石、砂、石屑等集料也可采用自落式拌合机拌合。

厂拌法施工前，应先调试拌合设备，目的在于找出各料斗闸门的开启刻度（简称开度），以

图 4-14 混合料拌合站

确保按设计配合比拌合。拌合生产中，含水量应略大于最佳含水量，使混合料运到现场摊铺碾压时的含水量不小于最佳含水量。运输过程中，如运距较远，车上混合料应覆盖，以防水分损失过多；如有粗细颗粒离析现象，应用机械或人工再充分拌合。

混合料的摊铺应采用摊铺机进行（见图 4-15）。拌合机与摊铺机的生产能力应互相协调，减少摊铺机停机待料情况，以保证施工的连续性。一般公路施工中，若没有摊铺机，也可以用自动平地机摊铺。

摊铺后的整形、碾压、养生与路拌法施工相同。

图 4-15 半刚性基层混合料摊铺施工

目前，我国高等级公路和半刚性基层施工，多采用厂拌法集中拌制混合料，并使用摊铺机进行摊铺。

修筑的基层平整度、高程、路拱、纵坡和厚度都达到规范要求。实践证明，提高高等级公路半刚性基层施工质量的根本出路在于机械化。因此，《公路工程国内招标文件范本》明确规定：水泥稳定土底基层、基层都不得采用人工拌合法施工。对于二级和二级以下的公路，可以采用路拌法；但对于二级公路，应采用专用的稳定土拌合机；对于高速和一级公路，除直接铺筑在土基上的底基层下层可用稳定土拌合机进行路拌法施工外，其上的各个稳定土层都应采用集中厂拌法拌制混合料，并应用摊铺机摊铺基层混合料。

4.3.4 粒料类基层（底基层）施工

粒料类基层按强度构成原理可分为嵌锁型与级配型。嵌锁型包括泥结碎石、泥灰结碎石、填隙碎石等；级配型包括级配碎石、级配砾石、符合级配的天然砂砾、部分砾石经轧制掺配而成的级配砾、碎石等。

1. 填隙碎石

用单一尺寸的碎石做主骨料，形成嵌锁结构，用石屑填满碎石间的孔隙，增加密实度和稳定性，这种结构称为填隙碎石。实践证明，靠使用两种分开的不同尺寸的集料，可使堆放和运输过程中集料离析现象降到最小。填隙碎石用干、湿法施工均可。其中干法施工特别适于干旱缺水地区。填隙碎石的密实度压实良好时，通常为固体体积率的85%~90%，其强度和密实度与良好的级配碎石相同。填隙碎石的主要缺点是，潮湿的填料实际上不可能靠振动压路机将孔隙填满，如用过多遍数的振动碾压使潮湿填隙料下移，往往可能使主骨料浮到填隙料上层，并可能导致基层（底基层）的稳定性丧失。

（1）一般规定 填隙碎石的单层铺筑厚度宜为10~12cm，碎石最大粒径宜为厚度的0.5~0.7倍。缺乏石屑时，填隙料也可用细砂砾或粗砂等细集料代替，但其技术性能不如石屑。填隙碎石施工时，细集料应干燥，应采用振动压路机（振动轮每米宽的质量至少为1.8t）碾压。碾压后，基层表面粗碎石间的孔隙既要填满，又不可形成填隙料自成一层，比较理想的状况是粗碎石棱角外露3~5mm，这对填隙碎石层上铺薄沥青面层非常重要，它可保证薄沥青面层与基层粘接良好，避免薄沥青面层在基层顶面发生推移破坏。

填隙碎石碾压后，作为基层的固体体积率应不小于85%，作为底基层应不小于83%。填隙碎石基层未洒透层沥青或未铺封层时，禁止开放交通。

（2）材料 填隙碎石用作基层时，碎石最大粒径不应超过60mm；用作底基层时，不应超过80mm。粗碎石可以用具有一定强度的各种岩石或漂石轧制，也可以用稳定的矿渣轧制（渣的干密度和质量应比较均匀，干密度不小于960kg/m³），材料中扁平、长条和软弱颗粒不应超过15%。

粗碎石的集料压碎值，粗碎石用作基层时，不大于26%；粗碎石用作底基层时，不大于30%。轧制碎石得到的5mm以下的细筛余料（即石屑）是最好的填隙料。

(3) 施工　填隙碎石施工的工艺流程为：准备下承层→施工放样→备料→摊铺粗集料→初压→撒布石屑→振动压实→第二次撒布石屑→振动压实→局部补撒石屑及扫匀→振动压实填满孔隙。然后：如为干法施工，洒少量水→终压；如为湿法施工，洒水饱和→碾压滚浆→终压。

1) 准备下承层及放样。下承层的平整度和压实度应符合规定，土基不论路堤或路堑，必须用12~15t三轮压路机或等效的碾压机械进行碾压检验，如发现土过干、表层松散，应适当洒水；如土过湿，出现"弹簧"现象，应采用挖开晾晒、换土、掺石灰或集料等措施进行处理。

在槽式断面的路段，两侧路肩上每隔一定距离（如5~10m）应交错开挖排水沟（即路基盲沟）。

下承层准备好后，恢复中线，直线段每15~20m设一桩，平曲线段每10~15m设一桩，并在两侧路肩外设指示桩，标出基层或底基层边缘的设计高程。

2) 备料。根据各路段基层或底基层的宽度、厚度及松铺系数（1.2~1.3，碎石最大粒径与压实厚度之比为0.5左右时，松铺系数1.3；比值较大时，系数接近1.2），计算各段需要的粗碎石数量，按需要逐段堆放。

填隙料的用量为粗碎石质量的30%~40%。

粗碎石用平地机或其他合适的机具均匀地摊铺在预定的宽度上，表面应力求平整，并有规定的路拱。摊铺过程中，应随时检验松铺材料层的厚度是否符合预计要求，必要时，应进行减料或补料工作。

3) 干法施工。粗碎石摊铺后用8t两轮压路机初压3~4遍，使粗碎石稳定就位。随后用石屑撒布机或类似设备将干填隙料均匀地撒铺在已压稳的粗碎石层上，松铺厚度为2.5~3.0cm。填隙料撒铺后，用振动压路机慢速碾压，将全部填隙料振入粗碎石间的孔隙中。然后再次撒布松铺厚度为2.0~2.5cm的填隙料，再次碾压。碾压过程中，对局部填隙料不足之处，人工进行找补；将局部多余填隙料用竹帚扫到路外或填隙料不足之处。

振动压路机碾压后，填隙料不应在粗碎石表面局部地自成一层，表面必须能见粗碎石。

设计厚度超过一层铺筑厚度，需要再铺一层时，应将已压成的填隙碎石层表面填隙料扫除一些，使粗碎石外露5~10mm，然后再在上面铺筑第二层。

填隙碎石的终压采用12~15t三轮压路机，碾压1~2遍。终压过程中，不应有任何蠕动现象。终压前，宜在表面少量洒水，洒水量为3kg/m²以上。

4) 湿法施工。湿法施工与干法施工的区别在于，终压前的洒水量应达到饱和（但应注意勿使多余水浸泡下承层），用 12～15t 三轮压路机跟在洒水车后进行碾压。在碾压过程中，将湿填隙料继续扫入所出现的孔隙中。

湿法施工时，洒水和碾压应一直进行到细集料和水形成粉砂浆为止。粉砂浆应有足够的数量可以填塞全部孔隙，并在压路机机轮前形成微波纹状。

碾压完成后的路段应留一段时间让水分蒸发。结构层干燥后，表面多余的细料以及任何自成一薄层的细料覆盖层都应扫除干净。

设计厚度超过一层铺筑厚度，需要再铺筑一层填隙碎石层时，应待结构层干燥后，将已压成的表面填隙料扫除到使粗碎石外露 5～10mm，然后再在其上铺筑第二层。

2. 级配碎石

粗、细碎石集料和石屑各占一定比例的混合料，当其颗粒组成符合密实级配要求时，称为级配碎石。级配碎石可适用于公路的基层或底基层；级配较好的优质碎石可用作较薄沥青面层与半刚性基层之间的中间层。在二级和二级以下公路上，将级配碎石用作基层时，其最大粒径应控制在 40mm 以内；在高速和一级公路上，将级配碎石用作基层以及半刚性路面的中间层时，其最大粒径宜控制在 30mm 以下。

级配碎石用作半刚性路面的中间层时，应采用集中厂拌法拌制混合料，并宜用摊铺机摊铺混合料。

（1）材料 轧制碎石的材料可以是各种类型的坚硬岩石、圆石或矿渣。其干密度和质量应比较均匀，干密度不小于 960kg/m³。碎石机轧制出来的碎石经过一个与规定最大粒径相符的筛子，筛分出来的碎石即为筛分碎石。

单一尺寸碎石是碎石机轧制出来的碎石通过几个不同筛孔的筛，得出不同粒径的碎石，如 40～20mm、20～10mm、10～5mm 碎石等。

石屑或其他细集料，可以使用一般碎石场的细筛余料，也可以利用轧制沥青路面用石料的细筛余料，或专门轧制的细碎石集料。利用天然砂砾或粗砂代替石屑，颗粒尺寸应该合适。必要时应筛除其中的超尺寸颗粒。天然砂砾或粗砂应有较好的级配。

级配碎石或级配碎砾石基层的颗粒组成和塑性指数应满足规范规定。同时，级配曲线应接近圆滑，某种尺寸的颗粒不应过多或过少。

级配碎石或级配碎砾石所用石料的压碎值：用作高速公路和一级公路的基层时，应不大于 26%；用作高速公路和一级公路的底基层及二级公路的基层时，应不大于 30%；用作二级公路的底基层和二级以下公路的基层时，应不大于 35%；用作二级以下公路的底基层时，应不大于 40%。

碎石中的扁平、长条颗粒的总含量不应超过 20%。碎石中不应有粘土块、植物等有害物质。当级配碎石中细料塑性指数偏大时，塑性指数与 0.5mm 以下细土含量的乘积;年降雨量小于 600mm 的中干和干旱地区,地下水对土基没有影响时,应不大于 120;在潮湿多雨地区,应不大于 100。

（2）路拌法施工 级配碎石路拌法施工的工艺流程为:准备下承层→施工放样→运输和摊铺未筛分碎石,洒水使碎石湿润→运输和撒布石屑、拌合并补充洒水→整形→碾压。

其中,未筛分碎石和石屑可在碎石场加水湿拌→运到现场摊铺→补充洒水与拌合→整形→碾压。

1）准备下承层及施工放样的工作内容与填隙碎石基本相同。

2）备料。根据各路段基层或底基层的宽度、厚度及预定的干压密实度,并按确定的未筛分碎石和石屑配合比或不同粒径碎石和石屑配合比,分别计算出各路段所需碎石及石屑数量,并计算每车料的堆放距离。

未筛分碎石和石屑可按预定比例在料场混合,以减轻施工现场的拌合工作量。运输未筛分碎石或未筛分碎石与石屑的混合料前,应在料场洒水,使其含水量较最佳含水量大 1% 左右,以减少运输过程中的集料离析现象。未筛分碎石的最佳含水量约为 4%,级配碎石的最佳含水量约为 5%。

3）摊铺。集料在下承层上的堆置时间不应过长,运送宜在摊铺前数天进行,摊铺前通过试验确定集料的松铺系数。人工摊铺混合料时,松铺系数为 1.4 ~ 1.5;平地机摊铺时,松铺系数为 1.25 ~ 1.35。

级配碎石的未筛分碎石摊铺平整后,在其较潮湿的情况下,向其上运送石屑,用平地机并辅以人工将石屑均匀摊铺在碎石层上,或用石屑撒布机撒布石屑。采用不同粒级的碎石和石屑时,应依次将大、中、小碎石分层摊铺,洒水使碎石湿润后再摊铺石屑。

4）拌合及整形、碾压。拌合工序应采用稳定土拌合机;在无此机具的情况下,也可采用平地机或多铧犁与缺口圆盘耙配合进行拌合,一般需要拌合 5 ~ 6 遍。拌合过程中,洒足所需水分;拌合结束时,混合料的含水量应该均匀,并较最佳含水量大 1% 左右;不出现粗细颗粒离析现象。

如级配碎石混合料在料场已经过混合,可视摊铺后有无粗细颗粒离析现象,用平地机进行补充拌合。

级配碎石基层的整形用平地机按规定的路拱进行。初步整平后,用拖拉机、平地机或轮胎压路机快速碾压一遍,以暴露潜在的不平整。

整形后,当混合料的含水量等于或略大于最佳含水量时,立即用 12t 以上三轮压路机、振动压路或轮胎式压路机进行碾压。一般需碾压 6 ~ 8 遍,以使密实度达到要求和表面已无明显轮迹为止。

（3）厂拌法施工。级配碎石混合料可以在中心站用多种机械进行集中拌合,拌合设备同无机结合料稳定粒料类。宜采用不同粒级的单一尺寸碎石和石屑,按预定配合比在拌合机内拌制成级配碎石混合料。采用未筛分碎石和石屑拌合时，若其颗粒组成发生明显变化，应注意及时调整，以使混合料的颗粒组成和含水量达到规定的要求。

厂拌混合料宜采用沥青混凝土摊铺机、水泥混凝土摊铺机或稳定土摊铺机摊铺，并应设专人跟随机后，注意消除粗细集料离析现象。一般公路施工无摊铺机时，也可用自动平地机摊铺混合料。摊铺后的整形及碾压与路拌法施工相同。

4.4 沥青路面施工

沥青路面具有行车舒适、噪声低、施工期短、养护维修简便等优点，因而得到了广泛应用。根据沥青路面的技术特性，沥青面层可分为：沥青混凝土、沥青稳定碎石、沥青玛琋脂碎石 SMA、排水式沥青磨耗层 OGFC、乳化沥青碎石、沥青贯入式、沥青表面处治等。沥青路面应具有坚实、平整、抗滑、耐久的品质；同时，还应具有高温抗车辙、低温抗开裂以及抗水损害的功能。

4.4.1 一般规定

1. 沥青面层的适用范围

沥青路面应根据公路的等级、使用要求、交通条件、结构层功能等因素，并结合沥青层的厚度和当地的经验，合理选择各结构层的沥青混合料类型。抗滑面层宜选用沥青玛琋脂碎石 SMA、密级配粗型沥青混合料 AC-C，有条件时可用开级配的排水式沥青磨耗层 OGFC，但在各沥青层中至少有一层应为密级配的沥青混合料；贯入式沥青碎石和上拌下贯式沥青碎石适用于二级及二级以下公路的沥青面层，也可用作高等级公路沥青路面的下面层；表面处治适用于三级、四级公路的面层，旧沥青面层上加铺罩面或抗滑层、磨耗层等；稀浆封层一般用于二级及二级以下公路的预防性养护，也适用于新建公路的下封层；冷拌沥青混合料可用于交通量小的三级、四级公路面层。

2. 沥青层的厚度

各沥青层的厚度应与混合料的公称最大粒径相匹配，沥青混合料的一层压实最小厚度不宜小于混合料公称最大粒径的 2.5~3 倍；OGFC 或 SMA 的一层压实最小厚度不宜小于混合料公称最大粒径的 2~2.5 倍。

各结构层的设计厚度应根据级配类型、结构组合及施工条件等确定。沥青混合料的压实最小厚度与适宜厚度见表 4-8。贯入式沥青碎石、沥青表面处治的压实最小厚度与适宜厚度见表 4-9。

表4-8 沥青混合料的压实最小厚度与适宜厚度

沥青混合料类型		最大粒径/mm	工程最大粒径/mm	符号	压实最小厚度/mm	适宜厚度/mm
密级配沥青混凝土（AC）	砂粒式	9.5	4.75	AC-5	15	15~30
	细粒式	13.2	9.5	AC-10	20	25~40
		16	13.2	AC-13	35	40~60
	中粒式	19	16	AC-16	40	50~80
		26.5	19	AC-20	50	60~100
	粗粒式	31.5	26.5	AC-25	70	80~120
密级配沥青碎石（ATB）	粗粒式	31.5	26.5	ATB-25	70	80~120
		37.5	31.5	ATB-30	90	90~150
	特粗式	53	37.5	ATB-40	120	120~150
开级配沥青碎石（ATPB）	粗粒式	31.5	26.5	ATPB-25	80	80~120
		37.5	31.5	ATPB-30	90	90~150
	特粗式	53	37.5	ATPB-40	120	120~150
半开级配沥青碎石（AM）	细粒式	16	13.2	AM-13	35	40~60
	中粒式	19	16	AM-16	40	50~70
		26.5	19	AM-20	50	60~80
	粗粒式	31.5	26.5	AM-25	80	80~120
	特粗式	53	37.5	AM-40	120	120~150
沥青玛琋脂碎石混合料（SMA）	细粒式	13.2	9.5	SMA-10	25	25~50
		16	13.2	SMA-13	30	35~60
	中粒式	19	16	SMA-16	40	40~70
		26.5	19	SMA-20	50	50~80
开级配沥青磨耗层（OGFC）	细粒式	13.2	9.5	OGFC-10	20	20~30
		16	13.2	OGFC-13	30	30~40

表4-9 贯入式沥青碎石、沥青表面处治压实最小厚度与适宜厚度

结构层类型	压实最小厚度/mm	适宜厚度/mm
贯入式沥青碎石	40	40~80
上拌下贯沥青碎石	60	60~80
沥青表面处治	10	10~30

3. 结构组合

设计时，应根据公路所在区域的水文地质、气候特点，公路等级与使用要

求,交通量及其交通组成等因素,结合当地实践经验,选择适宜的路面结构组合,拟定沥青层厚度。对半刚性基层沥青路面的结构层组合设计,基层与沥青面层的模量比宜在1.5~3之间;基层与底基层的模量比不宜大于3.0;底基层与土基模量比宜在2.5~12.5之间。刚性基层沥青路面应采取措施加强沥青层与刚性基层的结合,并提高沥青混合料的抗剪强度。应选用密级配沥青混合料,防止雨、雪水渗入路面结构层。应采取技术措施,加强路面各结构层之间的结合,提高路面结构的整体性,避免产生层间滑移。例如:在沥青层之间设粘层;各种基层上设置透层沥青;在半刚性基层上设下封层;新、旧沥青层之间与旧水泥混凝土板之间洒布粘层沥青,宜用热沥青或改性乳化沥青、改性沥青;拓宽路面时,新、旧路面接茬处喷涂粘结沥青;双层式半刚性材料基层宜采用连续摊铺、碾压工艺,增强层间结合,以形成整体。

4.4.2 沥青路面对材料的基本要求

1. 沥青

(1) 沥青的品种 沥青路面使用的沥青材料有:道路石油沥青、改性沥青、乳化沥青、煤沥青、液体石油沥青等。

1) 石油沥青是由石油经蒸馏、吹氧、调和等工艺加工得到的,主要为可溶于二硫化碳的碳氢化合物的固体粘稠状物质。

2) 改性沥青是指掺加橡胶、树脂、高分子聚合物、磨细的橡胶粉或其他填料等外掺剂(改性剂),或采取对沥青轻度氧化加工等措施,使沥青或沥青混合料的性能得以改善而制成的沥青结合料。

改性剂是指在沥青或沥青混合料中加入天然的或人工的有机或无机材料,可熔融、分散在沥青中,改善或提高沥青路面性能(与沥青发生反应或裹覆在集料表面上)的材料。

目前常用的改性沥青主要是用高分子聚合物改性剂进行改性的沥青。常用的改性剂有三类:第一类是热塑性橡胶类(热塑性弹性体),代表性品种有苯乙烯-丁二烯-苯乙烯嵌段共聚物(SBS),具有良好的弹性(变形的自恢复性及裂缝的自愈性),同时兼有高温稳定性和低温抗裂性的优点;第二类是橡胶类,代表品种有丁苯橡胶(SBR)及其乳液,具有低温敏感性小、低温抗裂性能好的优点,主要用于改善低温性能;第三类是热塑性树脂类,代表性品种有乙烯-醋酸乙烯共聚物(EVA)、低密度聚乙烯(LDPE)、聚烯烃等,主要是增加动稳定度和劲度模量,提高抵抗永久变形的能力。

改性沥青可采用现场加工或采购成品。现场制备改性沥青可以采用一次掺配法,运用高速剪切设备或胶体磨进行加工。对于成品改性沥青,应有产品名称、代号、标号、运输与存放条件、使用方法、生产工艺、安全须知等说明。

在使用前，应取样熔化检验其是否有离析现象和各项技术指标。

3) 乳化沥青是石油沥青（或煤沥青）与水在乳化剂、稳定剂作用下经乳化加工制得的沥青产品，也称沥青乳液。乳化沥青可利用胶体磨或匀油机等乳化机械在沥青拌合厂现场制备，乳化剂用量（按有效含量计）宜为沥青质量的 0.3%~0.8%。制备现场乳化沥青的温度应通过试验确定，乳化剂水溶液的温度宜为 40~70℃，石油沥青宜加热至 120~160℃。乳化沥青制成后应及时使用，存放期以不离析、不冻结、不破乳为限度。

用阳离子乳化剂制得带正电荷的称阳离子乳化沥青；用阴离子乳化剂制得带负电荷的称阴离子乳化沥青。

4) 煤沥青系由煤干馏得到的煤焦油再经蒸馏加工制成。

5) 液体石油沥青系用汽油、煤油、柴油等溶剂将石油沥青稀释而成的沥青产品，也称轻制沥青或稀释沥青。液体石油沥青使用前应由试验确定掺配比例。

(2) 沥青的选择　根据当前的沥青使用和生产水平，道路石油沥青按技术性能分为 A、B、C 三个等级。各个沥青等级的适用范围应符合表 4-10 的规定。道路石油沥青的质量应符合《公路沥青路面施工技术规范》（JTG F40—2004）的有关要求。

表 4-10　道路石油沥青的适用范围

沥青等级	适 用 范 围
A	各个等级的公路，适用于任何场合和层次
B	①高速公路、一级公路沥青下面层及以下的层次，二级及二级以下公路的各个层次；②用作改性沥青、乳化沥青、改性乳化沥青、稀释沥青的基质沥青
C	三级及三级以下公路的各个层次

沥青路面采用的沥青标号，宜按照公路等级、气候条件、交通条件、路面类型及在结构层中的层位及受力特点、施工方法等，结合当地的使用经验，经技术论证后确定。高速公路、一级公路，夏季温度高、高温持续时间长、重载交通、山区及丘陵区上坡路段，服务区、停车场等行车速度慢的路段，尤其是汽车荷载剪应力大的层次，宜采用稠度大、60℃粘度大的沥青，也可提高高温气候分区的温度水平选用沥青等级；冬季寒冷地区或交通量小的公路、旅游公路，宜选用稠度小、低温延度大的沥青；日温差、年温差大的地区，宜注意选用针入度指数大的沥青。当高温要求与低温要求发生矛盾时，应优先考虑满足高温性能的要求。当缺乏所需标号的沥青时，可采用不同标号掺配的调和沥青，其掺配比例由试验决定。掺配后的沥青质量应符合《公路沥青路面施工技术规范》的要求。

乳化沥青适用于沥青表面处治路面、沥青贯入式路面、冷拌沥青混合料路面及修补裂缝，喷洒透层、粘层与封层等。乳化沥青类型根据集料品种及使用条件选择。阳离子乳化沥青可适用于各种集料品种，阴离子乳化沥青适用于碱性石料。乳化沥青的破乳速度、粘度宜根据用途与施工方法选择。

液体石油沥青适用于透层、粘层及拌制冷拌沥青混合料。根据使用目的与场所，可选用快凝、中凝、慢凝的液体石油沥青。

2. 粗集料

用于沥青面层的粗集料包括碎石、破碎砾石、筛选砾石、矿渣等。粗集料的粒径规格应符合技术规范规定。

粗集料不仅应洁净、干燥，无风化、无杂质，而且应具有足够的强度、耐磨性以及良好的颗粒形状。用于沥青面层的碎石不宜用颚式破碎机加工。沥青面层用粗集料的质量技术要求应符合表 4-11 的规定。

表 4-11 沥青混合料用粗集料质量技术要求

技术指标		高速公路及一级公路		其他等级公路	
		表面层	其他层次	表面层	其他层次
石料压碎值（%）	≤	26	28	30	
洛杉矶磨耗损失（%）	≤	28	30	35	
表观相对密度/（t/m³）	≥	2.60	2.50	2.45	
吸水率（%）	≤	2.0	3.0	3.0	
坚固性（%）	≤	12	12	—	
针片状颗粒含量（混合料）（%）	≤	15	18	20	
其中粒径大于 9.5mm（%）	≤	12	15		
其中粒径小于 9.5mm（%）	≤	18	20		
水洗法 <0.075mm 颗粒含量（%）	≤	1	1	1	
软石含量（%）	≤	3	5	5	
破碎砾石的破碎面（%） 1 个破碎面	≥	100	90	80	70
破碎砾石的破碎面（%） 2 个破碎面	≥	90	80	60	50

注：1. 坚固性试验应根据需要进行。
　　2. 用于高速公路、一级公路时，多孔玄武岩的视密度可放宽至 2.45t/m³，吸水率可放宽至 3%，但必须得到建设单位的批准，且不得用于 SMA 路面。

路面抗滑表层粗集料应选用坚硬、耐磨、抗冲击性好的碎石或破碎砾石，不得使用筛选砾石、矿渣及软质集料。用于高速公路、一级公路沥青路面表面层及各级公路抗滑表层的粗集料，应符合规范中关于石料磨光值的要求，但允许掺加粗集料比例总量不超过 40% 的普通集料作为中等或较小粒径的粗集料。

筛选砾石仅适用于三级及三级以下公路的沥青表面处治或拌合法施工的沥

青面层的下面层，不得用于沥青贯入式路面及拌合法施工的沥青面层的中、上面层。三级及三级以下公路可采用钢渣作为粗集料。钢渣沥青混合料的沥青用量，必须经配合比设计确定。

酸性岩石的粗集料（花岗岩、石英岩）用于高速公路、一级公路时，宜使用针入度较小的沥青。为保证与沥青的粘附性，应采用下列抗剥离措施：

1）用干燥的磨细消石灰或生石灰粉、水泥作为填料的一部分，其用量宜为矿料总量的1%~2%。

2）在沥青中掺加抗剥离剂。

3）将粗集料用石灰浆处理后使用。

3. 细集料

沥青面层的细集料可采用天然砂、机制砂及石屑，其规格应符合规范要求。细集料应洁净、干燥、无风化、无杂质，并由适当的颗粒组成。其质量技术要求应符合表4-12的规定。

表4-12 沥青混合料用细集料质量要求

项 目		高速公路、一级公路	其他等级公路
表观相对密度/（t/m³）	≥	2.50	2.45
坚固性（大于0.3mm部分）（%）	≤	12	—
含泥量（小于0.07mm的含量,%）	≤	3	5
砂当量（%）	≥	60	50
亚甲蓝值/（g/kg）	≤	25	—
棱角性（流动时间）/s	≥	30	—

注：1. 坚固性试验应根据需要进行。
　　2. 当进行砂当量试验有困难时，也可用水洗法测定小于0.075mm部分含量（仅适用于天然砂），对高速公路、一级公路要求不大于3%，其他等级公路要求不大于5%。

热拌沥青混合料的细集料宜采用优质的天然砂或机制砂。在缺砂地区，也可使用石屑，但用于高速公路、一级公路沥青混凝土面层及抗滑表层的石屑用量不宜超过天然砂及机制砂的用量。细集料应与沥青有良好的粘结能力。粘结能力差的天然砂及用花岗岩、石英岩等酸性石料破碎的机制砂或石屑，不宜用于高速公路及一般公路的面层。必须使用时，应采取与粗集料相同的抗剥离措施。

4. 填料

沥青混合料的填料宜采用石灰岩或岩浆岩中的强基性岩石等憎水性石料经磨细得到的矿粉。矿粉要求洁净、干燥，其质量技术要求应符合表4-13的规定。

表 4-13 沥青混合料用矿粉质量要求

指标		高速公路、一级公路	其他等级公路
表观密度/（t/m³） ≥		2.50	2.45
含水量（%） ≤		1	1
粒度范围	<0.6mm	100	100
	<0.15mm	90~100	90~100
	<0.075mm	75~100	70~100
外观		无团粒结块	
亲水系数		<1	
塑性指数		<4	
加热安定性		实测记录	

当采用水泥、石灰、粉煤灰作填料时，其用量不宜超过矿料总量的2%。作为填料使用的粉煤灰，烧失量应小于12%，塑性指数应小于4%。粉煤灰的用量不宜超过填料总量的50%，并经试验确认与沥青有良好粘结力，沥青混合料的水稳性能得到满足。高速公路、一级公路的混凝土面层不宜采用粉煤灰作为填料。

拌合机采用干法除尘的粉尘可作为矿粉的一部分回收使用。湿法除尘回收使用的粉尘应经干燥及粉碎处理，且不得含有杂质。回收粉尘的用量不得超过填料总量的50%，掺有粉尘的填料塑性指数不得大于4%。

4.4.3 沥青混合料分类

沥青混合料是由矿料与沥青结合料拌合而成的混合料的总称。按材料组成及结构分为连续级配、间断级配混合料；按矿料级配组成及空隙率大小分为密级配（空隙率3%~6%）、半开级配（空隙率6%~12%）、开级配混合料（排水式、空隙率18%以上）；按公称最大粒径的大小可分为特粗式（公称最大粒径等于或大于37.5mm）、粗粒式（公称最大粒径31.5mm或26.5mm）、中粒式（公称最大粒径16mm或19mm）、细粒式（公称最大粒径9.5mm或13.2mm）、砂粒式（公称最大粒径小于4.75mm）沥青混合料；按制造工艺分为热拌沥青混合料、冷拌沥青混合料、再生沥青混合料等。

密级配沥青混合料主要有密实式沥青混凝土混合料（AC）和密实式沥青稳定碎石混合料（ATB）两种。密级配沥青混合料按关键性筛孔通过率的不同又可分为细型、粗型密级配沥青混合料等。

沥青稳定碎石混合料简称沥青碎石，按空隙率、集料最大粒径、添加矿粉数量的多少，分为密级配沥青碎石（ATB）、开级配沥青碎石（OGFC 表面层及 ATPB 基层）、半开级配沥青碎石（AM）。

沥青玛琋脂碎石混合料，是由沥青结合料与少量的纤维稳定剂、细集料以及较多量的填料（矿粉）组成的沥青玛琋脂，填充于间断级配的粗集料骨架的间隙，组成一体形成的沥青混合料，简称 SMA。

4.4.4 沥青表面处治路面施工

沥青表面处治是用沥青裹覆矿料、铺筑厚度小于 3cm 的一种薄层路面面层。其主要作用是保护下层路面结构层，使它不直接遭受行车和自然因素的破坏作用，延长路面使用寿命，并改善行车条件。计算路面厚度时，不作为单独受力结构层。

1. 特点及分类

沥青表面处治路面是按嵌挤原则修筑而成的，为了保证矿料间有良好的嵌挤作用，同一层的矿料颗粒尺寸应力求均匀。

沥青表面处治路面可采用拌合法或层铺法施工。比较普遍采用的是层铺法，即将沥青材料与矿质材料分层洒布与铺撒，分层碾压成型。拌合法可热拌热铺或冷拌冷铺，热拌热铺的施工工艺按热拌沥青混合料路面的规定执行，冷拌冷铺的施工工艺按乳化沥青碎石混合料路面的有关规定执行。

层铺法施工沥青表面处治路面，按浇洒沥青及撒铺矿料的层次多少，可分为单层式、双层式和三层式，厚度宜为 1.0~3.0cm。单层表面处治的厚度为 1.0~1.5cm；双层表面处治的厚度为 1.5~2.5cm；三层表面处治的厚度为 2.5~3.0cm。

拌合法沥青表面处治路面厚度宜为 3.0~4.0cm。采用拌合法施工时，基层顶面应洒透层沥青或粘层沥青或做下封层。

2. 材料要求

沥青表面处治采用的集料最大粒径应与处治层的厚度相等，其规格和用量可按规范的规定选用。当采用乳化沥青时，为减少乳液流失，可在主层集料中掺加 20% 以上的较小粒径集料。沥青表面处治施工后，应另准备粒径 5~10mm 的碎石或粒径 3~5mm 的石屑、粗砂或小砾石 2~3m³/1000m² 作为初期养护用料。

采用道路石油沥青时，沥青用量应按规范中规定的材料用量选定；采用煤沥青时，可按规范规定的石油沥青用量增加 15%~20%；采用乳化沥青时，乳液用量按其中的沥青含量折算，规范中所列乳液用量适用于沥青含量为 60% 的乳化沥青。在高寒地区及干旱、风沙大的地区，沥青用量可超出规范规定的高限，再增加 5%~10%。

在旧沥青路面、清扫干净的碎（砾）石路面、水泥混凝土路面、块石路面上铺筑沥青表面处治层时，可在第一层沥青用量中增加 10%~20%，不再另外洒布透层沥青。

3. 施工机械

沥青表面处治施工应采用沥青洒布车喷洒沥青。小规模施工沥青表面处治可采用机动或手摇的手工沥青洒布机洒布沥青，乳化沥青也可用齿轮泵或气压或洒布机洒布。手工喷洒必须由熟练工人操作，力求洒布均匀。

沥青表面处治压实机械的吨位以能使集料嵌挤紧密又不致使石料有较多的压碎为度，宜采用 6~8t、8~10t 压路机进行碾压。乳化沥青表面处治宜采用较轻的压实机械进行碾压。

4. 层铺法施工

层铺法表面处治施工分为先油后料和先料后油两种方法。一般多采用先油后料法施工，只有当堆放集料地点受限制或临近低温施工为使路面加速反油成型，才采用先料后油法施工。如图 4-16 所示。

图 4-16 层铺法表面处治施工

三层式沥青表面处治的施工工艺按下述步骤进行：

1）透层沥青充分渗透后，或在已做透层或封层并且开放交通的基层清扫后，即可浇洒第一层沥青。沥青的浇洒温度根据施工气温及沥青标号选择：石油沥青 130~170℃，煤沥青 80~120℃。乳化沥青在常温下洒布，当气温偏低，破乳及成型过慢时，可将乳液加温后洒布，乳液加温不超过 60℃。当浇洒出现空白、缺边时，应立即用人工补洒，有积聚时应予刮除。沥青浇洒的长度应与集料撒布机能力相配合，应避免沥青浇洒后等待时间过长。除阳离子乳化沥青外，不得在潮湿的基层（或旧路）或集料上浇洒沥青。

2）浇洒沥青后（不必等全段洒完）应立即撒布第一层集料。当使用乳化沥青时，集料撒布必须在乳液破乳之前完成。撒布集料后应及时扫匀，达到全面覆盖一层、厚度一致、集料不重叠、沥青不外露的要求。局部缺料处应适时找补，局部积料过多处应扫除多余料。

3）撒布一段集料后（不必等全段铺完）应立即开始用 6~8t 钢筒双轮压路

机碾压，碾压时每次轮迹重叠约 30cm，从路边逐渐移至路中心，然后再从另一边开始移向路中心，以此作为一遍，宜碾压 3~4 遍。碾压速度开始不宜超过 2km/h，以后可适当增加。

4) 第二、三层施工方法和要求与第一层相同，但可采用 8~10t 压路机。当使用乳化沥青时，第二层除撒布 5~10mm 碎石作嵌料后尚应增加一层封层料，其规格为 3~5mm，用量为 $3.5~5.5m^3/1000m^2$。

双层或单层式沥青表面处治浇洒沥青及撒布集料的次数分别为二次或一次，施工程序及要求与三层式相同。

除乳化沥青表面处治应待破乳后水分蒸发并基本成型后方可通车外，沥青表面处治路面在碾压结束后即可开放交通，通车初期应设专人指挥交通，使路面全部宽度内都能够比较均匀地受到车轮的碾压。

沥青表面处治应进行初期养护。发现泛油时，应在泛油处补撒与最后一层石料规格相同的嵌缝料并扫匀。出现其他破坏现象时，也应及时补修。

4.4.5 沥青贯入式路面施工

沥青贯入式路面是在初步压实的碎石层上浇灌沥青，再分层撒铺嵌缝料和浇洒沥青，并通过分层压实而形成的一种较厚的路面结构层，其厚度通常为 4~8cm，但乳化沥青贯入式路面的厚度不宜超过 5cm。贯入式路面的强度和稳定性主要是由矿料的相互嵌挤和锁结作用而形成的，属于嵌挤式一类的路面。

1. 特点及分类

沥青贯入式路面具有强度较高、稳定性好、施工简便和不易产生裂缝等优点。由于沥青贯入式路面主要取决于矿料间的嵌挤作用，受温度变化影响小，故温度稳定性较好。其缺点是沥青不易均匀洒布在矿料中，在矿料密实处沥青不易贯入，而在矿料空隙较大处，沥青又容易结成块，因而强度不够均匀。

当需要在贯入式路面结构的上部加铺拌合的沥青混合料面层时，总厚度宜为 6~10cm，其中拌合层厚度宜为 2~4cm。此种结构一般称为沥青上拌下贯式路面。

沥青贯入式路面是一种多孔隙结构，为了防止表面水的透入，增强路面的水稳性，使路面面层坚固密实，沥青贯入式面层之下应做下封层。

2. 材料要求

集料应选择有棱角、嵌挤性好的坚硬石料，当使用破碎砾石时，其破碎面应符合规范规定。贯入层主层集料中大于粒径范围中值的数量不得少于 50%。细粒料含量偏多时，嵌缝料用量宜采用低限。贯入层的主层集料最大粒径宜与贯入层厚度相同，当采用乳化沥青时，主层集料最大粒径可为厚度的 0.80~0.85 倍，数量按压实系数 1.25~1.30 计算。表面不加铺拌合层的贯入式路面，在施工结束后,应另备 (2~3) m³/1000m² 与最后一层嵌缝料规格相同的石屑或粗砂等,以供初期养护使用。

采用道路石油沥青及乳化沥青的材料用量应按规范规定的选用。当采用煤沥青时,可较表列石油沥青用量增加 15%~20%。采用乳化沥青时,乳液用量按其中的沥青含量折算,规范中所列乳液用量适用于沥青含量为 60% 的乳化沥青。在高寒地区及干旱、风沙大的地区,沥青用量可超出规范规定的高限,再增加 5%~10%。

表面加铺拌合层的路面结构,其拌合层部分的材料规格及沥青用量按热拌沥青混合料的有关规定执行。

3. 施工机械

沥青贯入式路面的主层集料可采用碎石摊铺机或人工摊铺。嵌缝料宜采用集料撒布机撒布。应采用沥青洒布车喷洒沥青。

沥青贯入式路面压实机械的吨位以能使集料嵌挤紧密又不致使石料被压碎较多为度,宜采用 6~8t、8~10t 压路机进行碾压,其主层集料宜用钢筒式压路机碾压。

4. 施工

1) 沥青贯入式路面施工前,基层必须清扫干净。当贯入式路面使用乳化沥青时,必须洒透层或粘层沥青;当贯入式路面厚度≤5cm 时,也应洒透层或粘层沥青。

2) 撒料。撒主层集料时,应注意撒铺均匀,避免颗粒大小不均,且不断检查松铺厚度和校验路拱。撒布集料后,严禁车辆通行。

3) 碾压。主层集料撒布后,先用 6~8t 的钢筒式压路机以 2km/h 的初压速度碾压,使集料基本稳定,至集料无显著推移为止。碾压时每次轮迹重叠约 30cm,应自路边缘逐渐移至路中心,再从另一边开始移向路中心,然后再用 10~12t 压路机进行碾压,每次轮迹重叠 1/2 左右,宜碾压 4~6 遍,直到主层集料嵌挤稳定,无显著轮迹为止。

4) 浇洒第一层沥青。主层集料碾压完毕后,应立即浇洒第一层沥青。当采用乳化沥青时,为防止乳液下漏过多,可在主层集料碾压稳定后,先撒布一部分上一层嵌缝料,再浇洒主层沥青。

5) 撒布第一层嵌缝料。主层沥青浇洒后应立即均匀撒布第一层嵌缝料。当使用乳化沥青时,嵌缝料的撒布必须在乳液破乳前完成。

6) 再碾压。嵌缝料扫匀后立即用 8~12t 钢筒式压路机碾压 4~6 遍,轮迹重叠 1/2 左右,直至稳定为止。碾压时随压随扫,使嵌缝料均匀嵌入。

7) 浇洒第二层沥青,撒布第二层嵌缝料,碾压,浇洒第三层沥青,撒布封层料,最后碾压(宜采用 6~8t 压路机碾压 2~4 遍)。

沥青贯入式路面若为加铺沥青混合料拌合层时，应紧跟贯入层施工，使其上下成为一整体。贯入部分若采用乳化沥青时，应待其破乳、水分蒸发且成型稳定后方可铺筑拌合层，当拌合层与贯入层不能同步连续施工，且需开放交通时，贯入层的第二层嵌缝料应增加用量（2~3）$m^3/1000m^2$，在摊铺拌合层沥青混合料前，应清除贯入层表面的杂物、尘土以及浮动石料，再补充碾压一遍，并应浇洒粘层沥青。拌合层的施工方法与热拌沥青混合料路面相同。

4.4.6 热拌沥青混合料路面施工

沥青混凝土的强度是按密实原则构成的，掺加一定数量的矿粉是其一个显著特点。矿粉的掺入，使沥青混凝土中的粘稠沥青以薄膜形式分布，从而产生很大的粘结力，其粘结力比单纯沥青要大数十倍。因此，粘结力是沥青混凝土强度构成的重要因素，而骨架的摩阻力和嵌挤作用占次要地位。

1. 混合料类型选择

沥青面层可由单层或双层或三层沥青混合料组成，各层混合料的组成设计应根据其层厚和层位、气温和降雨量等气候条件、交通量和交通组成等因素，选用适当的最大粒径及级配类型，并遵循以下原则：

1）应综合考虑满足耐久性、抗车辙、抗裂、抗水损害能力、抗滑性等多方面的要求，根据施工机械、工程造价等实际情况按规范规定选用合适的类型。

2）沥青面层的集料最大粒径宜从上至下逐渐增大，中粒式及细粒式用于上层，粗粒式只能用于中下层。砂粒式仅适用于通行非机动车及行人的路面工程。

3）表面层沥青混合料的集料最大粒径不宜超过层厚的1/2，中下面层的集料最大粒径不宜超过层厚的2/3。热拌热铺沥青混合料路面应采用机械化连续施工，以确保路面铺筑质量。

2. 配合比设计

沥青混合料组成设计的主要任务是，选择合格的材料、确定各种粒径矿料和沥青的配合比。高等级公路沥青混凝土混合料配合比设计以马歇尔试验为主，并通过车辙试验对抗车辙能力进行辅助性检验，沥青混合料60℃、轮压0.7MPa时车辙试验的动稳定度，高速公路应不小于800次/mm，一级公路应不小于600次/mm。沥青碎石混合料的配合比设计应根据实践经验和马歇尔试验结果，经试拌试铺论证确定。

高速公路和一级公路热拌沥青混合料的配合比设计应遵照下列步骤进行：

（1）目标配合比设计阶段 用工程实际使用的材料进行矿料配合比设计，通过马歇尔试验，确定最佳沥青用量，此目标配合比供拌合机确定各冷料仓的供料比例、进料速度及试拌使用。

（2）生产配合比设计阶段 对间歇式拌合机，必须从二次筛分后进入各热料仓的材料取样进行筛分，以确定各热料仓的材料比例，并取目标配合比设计的最佳沥青用量、最佳沥青用量±0.3%等沥青用量进行马歇尔试验，确定生产配合比的最佳沥青用量。

（3）生产配合比验证阶段 采用生产配合比进行试拌并铺筑试验段，并用拌合的沥青混合料和路上钻取的芯样进行马歇尔试验检验，确定标准配合比。

经设计确定的标准配合比，在施工过程中不得随意变更。但生产过程中如进场材料发生变化、矿料级配及马歇尔技术指标不符合规定时，应及时调整配合比，确保沥青混合料质量，必要时需重新进行配合比设计。

3. 混合料拌制

沥青混合料必须在拌合厂（场、站）采用拌合机械拌制，拌合机械设备的选型应根据工程量和工期综合考虑，而且拌合设备的生产能力应与摊铺能力相匹配，最好高于摊铺能力5%左右。

拌制作业要点：

1）沥青混合料可采用间歇式拌合机或连续式拌合机拌制。高速公路和一级公路宜采用间歇式拌合机拌合，间歇式拌合机的总拌合能力应满足施工进度要求，而且要求拌合机的除尘设备完好，冷料仓的数量应满足配合比的需要。

2）集料进场宜在料堆顶部平台卸料，经推土机推平后，铲运机从底部按顺序竖直装料，减小集料离析。

3）高速公路和一级公路施工用的间歇式拌合机必须配备计算机设备，拌合过程中逐盘采集，并打印各个传感器测定的材料用量和沥青混合料拌合量、拌合温度等各种参数，每个台班结束时打印出一个台班的统计量，按规定的方法进行沥青混合料生产质量及铺筑厚度的总量检验。

4）沥青混合料的生产温度应符合相应的要求。烘干集料的残余含水量不得大于1%。每天开始时的几盘集料应提高加热温度，并干拌几锅集料废弃，然后才正式加沥青拌合混合料。

5）拌合机的矿粉仓应配备振动装置，以防止矿粉起拱。添加消石灰、水泥等外掺剂时，宜增加粉料仓，也可由专用管线和螺旋升送器直接加入拌合锅；若与矿粉混合使用时，应注意防止两者因密度不同发生离析。

6）拌合机必须有二级除尘装置，经一级除尘部分可直接回收使用，二级除尘部分可进入回收粉仓或废弃。

7）沥青混合料的拌合时间应根据具体情况经试拌确定，以沥青均匀裹覆集料为度。间歇式拌合机每盘的生产周期不宜少于45s（其中干拌时间不少于10s）。改性沥青和SMA混合料的拌合时间应适当延长。

8）间歇式拌合机的振动筛规格应与矿料规格相匹配，最大筛孔宜略大于混合料的最大粒径，其余筛的设置应考虑使混合料的级配稳定，并尽量使热料仓大体均衡，不同级配混合料必须配置不同的筛孔组合。

9) 间歇式拌合机宜备有保温性能好的成品储料仓，储存过程中混合料温降不得大于10℃，且不能有沥青滴漏。普通沥青混合料的储存时间不得超过72h；改性沥青混合料的储存时间不宜超过24h；SMA混合料只限当天使用；OGFC混合料宜随拌随用。

10) 生产添加纤维的沥青混合料时，纤维必须在混合料中充分分散，拌合均匀。拌合机应配备同步添加投料装置，松散的絮状纤维可在喷入沥青的同时或稍后采用风送设备喷入拌合锅，拌合时间宜延长5s以上。颗粒纤维可在粗集料投入的同时自动加入，经5~10s的干拌后，再投入矿粉。

4. 混合料运输

拌制好的沥青混合料宜采用较大吨位的运料车运输，在运输中应注意以下事项：

1) 运料车不得超载运输，不得急刹车、急弯掉头，使透层、封层造成损伤。运料车的运力应稍有富余，施工过程中摊铺机前方应有运料车等候。对高速公路、一级公路，宜待等候的运料车多于5辆后开始摊铺。

2) 运料车每次使用前后必须清扫干净，在车箱板上涂一薄层防止沥青粘结的隔离剂或防粘剂，但不得有余液积聚在车箱底部。从拌合机向运料车上装料时，应多次挪动汽车位置，平衡装料，以减少混合料离析。运料车运输混合料宜用苫布覆盖保温、防雨、防污染。

3) 运料车进入摊铺现场时，轮胎上不得沾有泥土等可能污染路面的脏物。到达摊铺地点的沥青混合料的料温若不符合施工温度的要求，以及已经结成团块或遭雨淋，均不得铺筑。

4) 摊铺过程中运料车应在摊铺机前100~300mm外停住，空挡等候，由摊铺机推动前进开始缓缓卸料，避免撞击摊铺机。有条件时，运料车可将混合料卸入转运车经二次拌合后向摊铺机连续均匀地供料。运料车每次卸料必须倒净，尤其是对改性沥青或SMA混合料，如有剩余，应及时清除，防止硬结。

5. 混合料摊铺

铺筑沥青混合料前，应检查确认下承层的质量。当下层质量不符合要求或未按规定洒布透层、粘层及铺筑下封层时，不得铺筑沥青混合料。摊铺施工的要点如下：

1) 热拌沥青混合料应采用沥青摊铺机摊铺，在喷洒有粘层油的路面上铺筑改性沥青混合料或SMA时，宜使用履带式摊铺机。摊铺机的受料斗应涂刷薄层隔离剂或防粘结剂。

2) 铺筑高速公路、一级公路沥青混合料时，一台摊铺机的铺筑宽度不宜超过6m，通常宜采用两台或更多台数的摊铺机前后错开10~20m成梯队方式同步摊铺，两幅之间应有 30~60mm 宽度的搭接，并避开车道轮迹带，上下层的搭接位置宜错开 200mm 以上。

3）摊铺机开工前应提前 0.5~1h 预热熨平板不低于 100℃。铺筑过程中选择的熨平板的振捣或夯锤压实装置应具有适宜的振动频率和振幅，以提高路面的初始压实度。熨平板加宽连接应仔细调节至摊铺的混合料没有明显的离析痕迹。

4）摊铺机必须缓慢、均匀、连续不间断地摊铺，不得随意变换速度或中途停顿，以提高平整度，减少混合料的离析。摊铺速度宜控制在 2~6m/min 的范围内；对改性沥青混合料及 SMA 混合料宜放慢至 1~3m/min。摊铺的混合料不得出现明显的离析、波浪、裂缝、拖痕。

5）摊铺机应采用自动找平方式，下面层或基层宜采用钢丝绳引导的高程控制方式，上面层宜采用平衡梁或雪橇式（见图 4-17）摊铺厚度控制方式，中面层根据情况选用找平方式。直接接触式平衡梁的轮子不得粘附沥青。铺筑改性沥青或 SMA 路面时宜采用非接触式平衡梁。

图 4-17 沥青混合料摊铺

6）沥青路面不得在气温 10℃（高速公路和一级公路）或 5℃（其他等级公路），以及雨天、路面潮湿的情况下施工。寒冷季节遇大风降温，不能保证迅速压实时，不得铺筑沥青混合料。热拌沥青混合料的最低摊铺温度应根据铺筑层厚度、气温、风速及下卧层表面温度确定，且符合规范的要求。每天施工开始阶段宜采用较高温度的混合料。

7）沥青混合料的松铺系数应根据混合料类型由试铺试压确定。摊铺过程中应随时检查摊铺层厚度及路拱、横坡，并根据使用的混合料总量与面积进行平均厚度校验。一般参照表 4-14 及成型后的平均厚度校验，根据铺筑情况进行调整。

表 4-14 沥青混合料松铺系数

类 型	机 械 摊 铺	人 工 摊 铺
沥青混凝土	1.15~1.35	1.25~1.50
沥青碎石	1.15~1.30	1.20~1.45

摊铺压实成型后的平均厚度 T 的计算公式为:

$$T = \frac{100M}{DLM}$$

式中 T——平均厚度（cm）；
　　D——压实成型后沥青混合料的密度（t/m³）；
　　L——摊铺长度（m）；
　　M——摊铺的沥青混合料总质量（t）；
　　W——摊铺宽度（m）。

8) 摊铺机的螺旋布料器应对应于摊铺速度调整并保持到一个稳定的速度，均衡地转动，两侧应保持有不少于送料器 2/3 高度的混合料，以减少在摊铺过程中混合料的离析。

9) 用机械摊铺的混合料，不宜用人工反复修整，对于特别严重的缺陷应整层铲除。

10) 摊铺作业不得中途停顿，并应加快碾压速度。如因故不能及时碾压时，应立即停止摊铺，并对已卸下的沥青混合料覆盖苫布保温。

11) 在雨期铺筑沥青路面时，应加强与气象台（站）的联系；已摊铺的沥青层因遇雨未进行压实的应予铲除。

6. 沥青路面的压实

压实是最后一道工序，良好的路面质量最终要通过碾压来实现。碾压中出现质量缺陷，会导致前功尽弃，因此，必须十分重视压实工作。作业中应注意以下要点：

1) 沥青混凝土压实层的最大厚度不宜大于 100mm，沥青稳定碎石混合料的压实层厚度不宜大于 120mm，但采用大功率压路机且经试验证明能达到压实度时允许增大到 150mm。

2) 沥青路面施工应配备足够数量的压路机，选择合理的压路机组合方式及初压、复压、终压（包括成型）的碾压步骤，以达到最佳碾压效果。高速公路铺筑双车道沥青路面的压路机数量不宜少于 5 台。气温低、风大、碾压层薄时，压路机数量应适当增加。

3) 压路机应以慢而均匀的速度碾压，压路机的碾压速度应符合表 4-15 的规定。压路机的碾压路线及碾压方向不应突然改变，否则会导致混合料推移。碾压区的长度应大体稳定，两端的折返位置应随摊铺机前进而推进，横向不得在相同的断面上。

4) 压路机的碾压温度应符合相应的要求，并根据混合料种类、压路机、气温、层厚等情况经试压确定。在不产生严重推移和裂缝的前提下，初压、复压、终压都应在尽可能高的温度下进行。同时，不得在低温状况下反复碾压，使石料棱角磨损、压碎,破坏集料的嵌挤。

表 4-15　压路机碾压速度　　　　　　　　(单位:km/h)

压路机类型	初 压		复 压		终 压	
	适宜	最大	适宜	最大	适宜	最大
钢筒式压路机	2~3	4	3~5	6	3~6	6
轮胎式压路机	2~3	4	3~5	6	4~6	8
振动式压路机	2~3 (静压或振动)	3 (静压或振动)	3~4.5 (振动)	5 (振动)	3~6 (静压)	6 (静压)

注:静压是指关闭振动装置的无振动碾压。

　　初压应在紧跟摊铺机后进行,并保持较短的初压区长度,以尽快使表面压实,减少热量散失。通常宜采用钢轮压路机静压1~2遍。碾压时应将压路机的驱动轮面向摊铺机,从外侧向中心碾压,在超高路段则由低向高碾压,在坡道上应让驱动轮从低处向高处碾压。

　　复压应紧跟在初压后进行,且不得随意停顿。压路机碾压段的总长度应尽量缩短,通常不超过60~80m。采用不同型号的压路机组合碾压时宜安排每一台压路机作全幅碾压,以防止不同部位的压实度不均匀。

　　密级配沥青混凝土的复压宜优先采用重型的轮胎压路机进行搓揉碾压,以增加泌水性,其总质量不宜小于25t,吨位不足时宜附加重物,且各个轮胎的气压大体相同,相邻碾压带应重叠1/3~1/2的碾压轮宽度,碾压至要求的压实度为止;对以粗集料为主的较大粒径的混合料,尤其是大粒径沥青稳定碎石基层,宜优先采用振动压路机复压;厚度小于30mm的薄沥青层不宜采用振动压路机碾压。

　　终压应紧接在复压后进行,如经复压后已无明显轮迹时可免去终压。终压可选用双轮钢筒式压路机或关闭振动的振动压路机,碾压不宜少于2遍,至无明显轮迹为止。

　　除沥青用量较低,经试验证明采用轮胎压路机碾压有良好效果外,SMA路面的压实不宜采用轮胎压路机碾压,以防将沥青结合料搓揉挤压上浮。SMA路面宜采用振动压路机或钢筒式压路机碾压。振动压路机应遵循"紧跟、慢压、高频、低幅"的原则,即紧跟在摊铺机后面,采取高频率、低振幅的方式慢速碾压。如发现SMA混合料高温碾压有推移现象,应复查其级配是否合适。

　　5)碾压轮在碾压过程中应保持清洁,有混合料沾轮应立即清除。对钢轮可涂刷隔离剂或防粘结剂,但严禁刷柴油。当采用向碾压轮喷水(可添加少量表面活性剂)的方式时,必须严格控制喷水量,且应成雾状,不得漫流,以防混合料降温过快。轮胎压路机开始碾压阶段,可适当烘烤、涂刷少量隔离剂或防粘结剂,也可少量喷水,并先到高温区碾压,使轮胎尽快升温,之后停止洒水。

轮胎压路机的轮胎外围宜加设围裙保温。

6) 压路机不得在未碾压成型路段上转向、调头、加水或停留。在当天成型的路面上,不得停放各种机械设备或车辆,不得散落矿料、油料等杂物。

7. 开放交通

热拌沥青混合料路面应待摊铺层完全自然冷却,混合料表面温度低于50℃后,方可开放交通。需要提早开放交通时,可洒水冷却降低混合料温度。铺筑好的沥青层应严格控制交通,做好保护,保持整洁,不得造成污染。严禁在沥青层上堆放施工产生的土或杂物。严禁在已铺好的沥青层上制作水泥砂浆。

4.4.7 乳化沥青碎石混合料路面施工

乳化沥青碎石混合料路面的面层宜采用双层式:下层采用粗粒式沥青碎石混合料,上层采用中粒式或细粒式沥青碎石混合料。单层式只宜在少雨干燥地区或半刚性基层上使用。在多雨潮湿地区必须做上封层或下封层。

1. 乳化沥青碎石混合料的配合比

乳化沥青碎石混合料的配合比,目前还难以采用配合比设计的方法确定,实际施工时,应根据已建道路的成功经验确定。其矿料级配可采用热拌沥青碎石的级配,其乳液用量应根据交通量、气候、石料情况,参照当地经验确定,也可按热拌沥青碎石混合料的沥青用量折算。实际的沥青用量宜较同规格热拌沥青混合料的沥青用量减少15%~20%。

2. 施工要求

乳化沥青碎石混合料宜采用拌合厂机械拌合。在条件限制时也可以现场用人工拌制。其施工顺序类同于热拌沥青混合料,但因乳化沥青中含有较多水分,粘度较低,破乳过程要经历一定时间,因而又有某些不同之处,主要有:

1) 对拌合法施工,应选择慢裂或中裂乳化沥青,并应使用表面干净的石料。当采用阳离子乳液时,还应在干燥石料中加入2%左右的水,使石料表面湿润后再加乳液进行拌合,要求拌合迅速,在1~2min内即将混合料拌匀。

2) 使用乳化沥青施工时,要求暂时中断交通。当不能中断交通时,应在路面混合料摊铺碾压后做一薄层罩面,以保护主层乳液混合料。对于阳离子乳液施工的路面,控制车速不超过15km/h的时间至少2~5h;对于阴离子乳液施工,则需1~2天。在气温高、湿度小的天气,控制车速的时间可短些,反之,则要长一些。

3) 乳化沥青粘度低、渗透快,用于洒铺路面时,浇洒不宜过于集中,以免因一次用量太大,形成流失浪费。

3. 碾压

乳化沥青碎石混合料的碾压与热拌沥青混合料相同,但应注意以下问题:

1) 混合料摊铺后，初压应采用6t左右的轻型压路机压1~2遍，使混合料初步稳定，再用轮胎式压路机或轻型钢筒式压路机压1~2遍。初压应匀速进退，不得在碾压路段紧急制动或快速启动。

2) 当乳化沥青开始破乳，混合料由褐色变成黑色时，用12~15t轮胎式压路机或10~12t钢筒式压路机复压，复压2~3遍后立即停止，待晾晒一段时间水分蒸发后，再补充复压至密实。

3) 碾压时，发现局部混合料有松散或开裂时，应立即挖除，补换新料，整平后继续碾压密实。

4) 上封层应在压实成型、路面水分蒸发后加铺。

4.4.8 透层、粘层、封层施工

1. 透层

沥青路面的级配砂砾、级配碎石基层及水泥、石灰、粉煤灰等无机结合料稳定土或粒料的半刚性基层上，必须浇洒透层沥青。

1) 可根据基层的类型选择渗透性好的液体沥青、乳化沥青、煤沥青等作透层沥青。透层沥青渗透入基层的深度不宜小于5mm（无机结合料稳定集料基层）或10mm（无结合料基层），并能与基层连成一体。

2) 用于半刚性基层的透层沥青，宜紧接在基层碾压成型后，在表面稍干但尚未硬化的情况下喷洒；当基层完工后时间较长，表面过分干燥时，在基层表面少量洒水。在无结合料的粒料基层上洒布透层油时，宜在铺筑沥青层前1~2d洒布。

3) 高速公路、一级公路应采用沥青洒布车喷洒透层沥青，如图4-18所示。二级及二级以下公路也可采用手摇沥青洒布机喷洒透层沥青。喷嘴应配置适当，以保证沥青喷洒均匀。

4) 喷洒透层沥青前应清扫路面；对路缘石及人工构造物应进行遮挡防护，以防污染。透层沥青洒布后应不致流淌，不得在表面形成油膜；铺筑面层前，应清除多余的透层沥青堆积层。

图4-18 透层沥青的洒布

5) 在无机结合料稳定半刚性基层上浇洒透层沥青后，宜立即撒布用量为(2~3)m³/1000m² 的石屑或粗砂。

6) 透层沥青洒布后应尽早铺筑面层。当采用乳化沥青作透层时，洒布后待其充分渗透、水分蒸发后方可铺筑沥青面层，时间不宜少于24h。透层沥青的规格与用量见表4-16。

表4-16 沥青路面透层材料的规格与用量

用　　途	乳化沥青		液体沥青		煤沥青	
	规格	用量/（L/m²）	规格	用量/（L/m²）	规格	用量/（L/m²）
无结合料粒料基层	PC-2 PA-2	1.0～2.0	AL（M）-1、2或3 AL（S）-1、2或3	1.0～2.3	T-1 T-2	1.0～1.5
半刚性基层	PC-2 PA-2	0.7～1.5	AL（M）-1或2 AL（S）-1或2	0.6～1.5	T-1 T-2	0.7～1.0

注：表中用量是指包括稀释剂和水分等在内的液体沥青、乳化沥青的总量。乳化沥青中的残留物含量以50%为基准。

2. 粘层

粘层的作用在于使上下沥青层或沥青层与构造物完全粘结成一整体。因此，符合下列情况时应浇洒粘层沥青：

1) 双层或三层式热拌热铺沥青混合料路面，在浇筑上层前，其下面的沥青层已被污染。

2) 水泥混凝土路面、沥青稳定碎石基层或旧沥青路面层上加铺沥青层。

3) 与新铺沥青混合料接触的的路缘石、雨水口、检查井等构造物与新铺沥青混合料接触的侧面。

粘层沥青宜采用快裂或中裂的乳化沥青、改性乳化沥青，也可采用快、中凝液体石油沥青。粘层沥青所使用的基质沥青标号宜与主层沥青混合料相同。

粘层沥青宜用沥青洒布车喷洒，喷嘴应配置适当，以保证沥青喷洒均匀。在路缘石、雨水进水口、检查井等局部，应用刷子人工涂刷。粘层沥青应均匀洒布或涂刷，浇洒过量时应予刮除。浇洒表面有脏物、尘土时应清除干净，当沾有土块时，应用水刷净，待刷净面干燥后再浇洒粘层沥青。气温低于10℃或路面潮湿时，不应浇洒粘层沥青。严禁行人及其他车辆在浇洒粘层后通行。

粘层沥青浇洒后应紧接着铺筑其上层。但乳化沥青应待破乳、水分蒸发完后再铺筑其上层。粘层沥青的规格与用量见表4-17。

表4-17 沥青路面粘层材料的规格与用量

下卧层类型	液体沥青		乳化沥青	
	规格	用量/（L/m²）	规格	用量/（L/m²）
新建沥青层或旧沥青面层	AL（R）-3～AL（R）-6 AL（M）-3～AL（M）-6	0.3～0.5	PC-3 PA-3	0.3～0.6
水泥混凝土	AL（R）-3～AL（R）-6 AL（S）-3～AL（S）-6	0.2～0.4	PC-3 PA-3	0.3～0.5

3. 封层

符合下列情况之一时，应在沥青面层上铺筑上封层：

1) 沥青面层的空隙较大，透水严重。
2) 有裂缝或已修的旧沥青路面。
3) 需加铺磨耗层改善抗滑性能的旧沥青路面。
4) 需铺筑磨耗层或保护层的新建沥青路面。

符合下列情况之一时，应在沥青面层下铺筑下封层：

1) 位于多雨地区且沥青面层空隙率较大，渗水严重。
2) 在铺筑基层后，不能及时铺筑沥青面层，且须开放交通。

上封层及下封层可采用拌合法或层铺法施工的单层式沥青表面处治（见图4-19），也可采用乳化沥青稀浆封层。稀浆封层的厚度宜为3～6mm。乳化沥青稀浆封层的矿料级配及沥青用量应符合规范规定。

图4-19 下封层施工

4.5 水泥混凝土路面施工

水泥混凝土路面刚度大、强度高、经久耐用，近年来在我国有了长足的发展。水泥混凝土路面可分为普通混凝土、钢筋混凝土、碾压混凝土、钢纤维混凝土及连续配筋混凝土路面等。

4.5.1 水泥混凝土路面构造

水泥混凝土路面构造由下而上依次包括垫层、基层和水泥混凝土面板等。

1. 水泥混凝土路面对路基的要求

尽管通过水泥混凝土路面的面层和基层传到土基的压力很小（一般不超过0.05MPa）。但是，如果土基不够密实、稳定，在行车荷载和水位变化的影响下，容易导致不均匀沉陷，难以形成均匀支承。因此，要求水泥混凝土路面下的路基必须密实、稳定和均质；同时，对影响路基强度和稳定的地面水和地下水，必须采取相应的拦截和疏导措施，使路基处于干燥或中湿状态。

2. 水泥混凝土路面的基层与垫层

为保证水泥混凝土路面的整体强度及耐久性，防止唧泥和错台，基层应具有足够的强度和稳定性。特重和重交通量的公路，基层宜采用水泥稳定砂砾、水硬性工业废渣稳定类材料或沥青混合料类材料等；中等和轻交通量的公路，除上述类型外，也可采用石灰土、泥灰结碎石等，其技术要求见 4.2 节。

基层宽度应比混凝土面板每侧宽出 30cm（采用小型机具或轨道式摊铺机施工）或 50cm（采用轨道式摊铺机施工）或 65cm（采用滑模式摊铺机施工）。新建公路的水泥混凝土路面基层的最小厚度一般为 15cm。岩石路基上铺筑水泥混凝土面板时，应根据需要设置整平层，其厚度一般为 6~10cm。填石路基上铺筑水泥混凝土面板时，填石路基必须稳定、密实、表面平

图 4-20 水泥混凝土路面基层施工

整，并满足水泥混凝土面板对基层强度的要求，如图 4-20 所示。

原有公路上铺筑水泥混凝土面板时，原有路面应平整密实，符合路拱要求，其顶面的当量回弹模量与新建公路基层顶面的要求相同。若原有路面当量回弹模量达不到要求时，应设置补强层。补强层的厚度应经过计算确定，但不得小于结构层最小厚度的规定。

3. 水泥混凝土面板

（1）板的平面尺寸　普通混凝土面板一般采用矩形，纵向和横向接缝应垂直相交，其纵缝两侧的横缝不得互相错位。纵向缩缝间距（即板宽）可按路面宽度和每个车道宽度而定，其最大间距不得大于 4.5m。横向缩缝间距（即板长）应根据当地气候条件、板厚和实践经验确定，一般为 4~6m，最大不得超过 6m，且板宽与板长之比不宜超过 1:1.3，平面尺寸不宜大于 25m^2。

（2）板厚　板的横断面一般采用等厚，其厚度采用设计文件的规定值。

4. 面板接缝

（1）纵缝　混凝土面板的纵缝必须与路线中线平行，纵缝一般分为纵向缩缝和纵向施工缝。一次铺筑宽度大于 4.5m 时，应增设纵向缩缝。纵向缩缝采用假缝，并应设置拉杆，其构造如图 4-21 所示。一次铺筑宽度小于路面宽度时，应设置纵向施工缝。纵向施工缝采用平缝，并应设置拉杆，其构造如图 4-22 所示。

（2）横缝　横缝一般分为横向缩缝、胀缝和横向施工缝。横向缩缝采用假缝，其构造如图 4-23a 所示。在特重交通的公路上，横向缩缝宜加设传力杆；其他各级交通的公路上，在邻近胀缝或路面自由端部的 3 条缩缝内，均宜加设传

力杆，其构造如图 4-23b 所示。

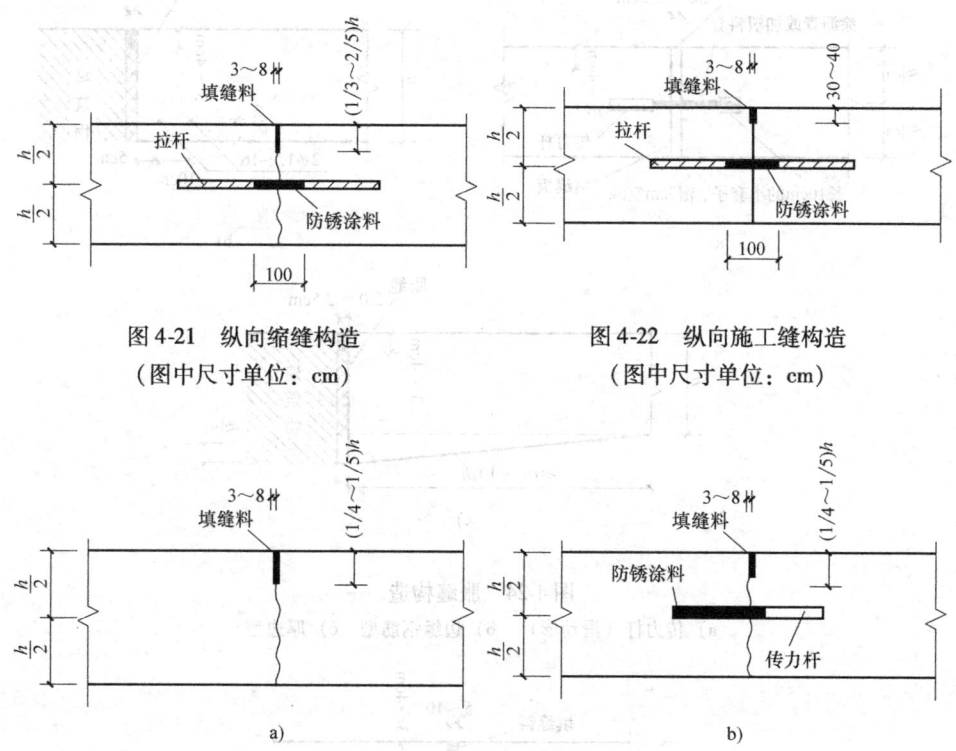

图 4-21　纵向缩缝构造
（图中尺寸单位：cm）

图 4-22　纵向施工缝构造
（图中尺寸单位：cm）

图 4-23　横向缩缝构造
（图中尺寸单位：cm）

在邻近桥梁或其他固定构筑物处、与柔性路面相接处、板厚改变处、隧道口、小半径平曲线和凹形竖曲线纵坡变换处，均应设置胀缝。在邻近构造物处的胀缝，应根据施工温度至少设置两条。除此之外的胀缝宜尽量不设或少设。其间距可根据施工温度、混凝土集料的膨胀性并结合当地经验确定。

胀缝应采用滑动传力杆，并设置支架或采用其他方法予以固定，其构造如图 4-24a 所示。与构筑物衔接处或其他公路交叉的胀缝无法设传力杆时，可采用边缘钢筋型或厚边型，其构造如图 4-24b、c 所示。

每日施工结束时，或因故中断混凝土浇筑时，必须设置横向施工缝，其位置宜设在胀缝或缩缝处。设在胀缝处的施工缝，其构造与图 4-24a 相同；设在缩缝处的施工缝应采用平缝加传力杆，其构造如图 4-25 所示。

（3）拉杆与传力杆　拉杆应采用螺纹钢筋，设在板厚中央，并应对拉杆中部 10cm 范围内进行防锈处理。拉杆直径、长度和间距可按表 4-18 选用，其最外边的拉杆距接缝或自由边的距离一般为 25~35cm。

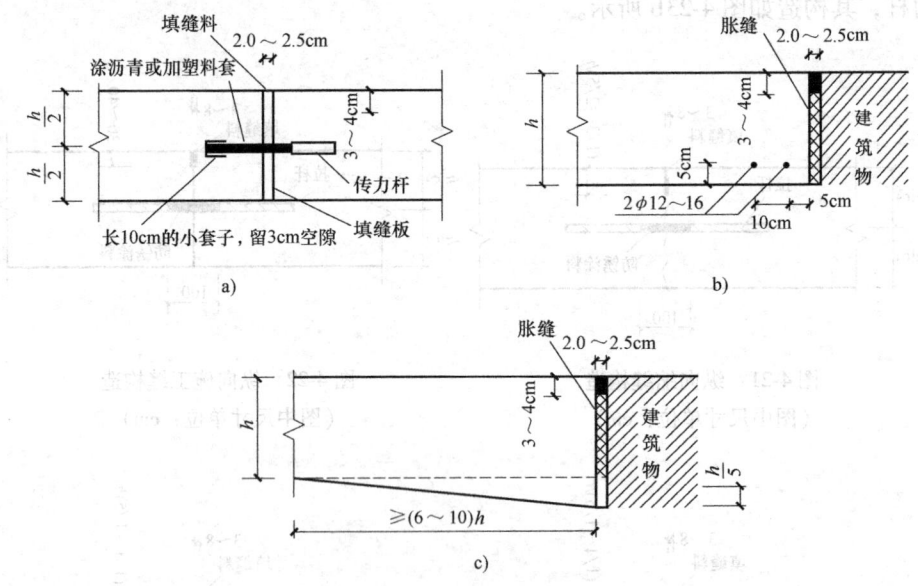

图 4-24 胀缝构造
a) 传力杆（滑动形） b) 边缘钢筋型 c) 厚边型

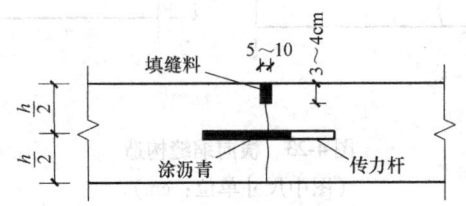

图 4-25 横向施工缝构造

表 4-18 拉杆的直径、长度和间距　　　　　（单位：mm）

面层厚度 /mm	到自由边或未设拉杆纵缝的距离/m					
	3.00	3.50	3.75	4.50	6.00	7.50
200~250	14×700×900	14×700×800	14×700×700	14×700×600	14×700×500	14×700×400
260~300	16×800×900	16×800×800	16×800×700	16×800×600	16×800×500	16×800×400

传力杆应采用光面钢筋，其长度的一半再加 5cm，应涂以沥青或加塑料套。胀缝处的传力杆，尚应在涂沥青一端加一套子，内留 3cm 的空隙，填以纱头或泡沫塑料。套子端宜在相邻板中交错布置。传力杆尺寸及间距可按表 4-19 选用，其最外边的传力杆距接缝或自由边的距离一般为 15~25cm。

图 4-19 传力杆尺寸及间距

面层厚度/cm	传力杆直径/mm	传力杆最小长度/cm	传力杆最大间距/cm
22	28	40	30
24	30	40	30
26	32	45	30
28	35	45	30
30	38	50	30

(4) 补强钢筋　混凝土面板纵、横向自由边边缘下的基础，当有可能产生较大的塑性变形时，宜在板边缘加设补强钢筋，角隅处加设发针形钢筋或钢筋网。

混凝土面板边缘部分的补强，一般选用2根直径为12~16mm的螺纹钢筋，布置在板的下部，距底板一般为板厚的四分之一，且应不小于5cm，间距一般为10cm，钢筋两端应向上弯起。钢筋保护层最小厚度应不小于5cm。

混凝土板的角隅补强，可选用2根直径为12~16mm的螺纹钢筋，布置在板的上部，距板顶应不小于5cm，距板边一般为10cm。板角小于90°时，亦可采用双层直径为6cm的钢筋网补强，布置在板的上、下部，以距板顶和板底5~10cm为宜。钢筋保护层最小厚度应不小于5cm。

4.5.2　施工材料

1. 混凝土混合料

混凝土混合料由水泥、粗集料、细集料、水与外加剂组成。

水泥可采用硅酸盐水泥、普通硅酸盐水泥和道路硅酸盐水泥。中等及轻交通的路面，也可采用矿渣硅酸盐水泥。各级交通适用的水泥强度等级不宜低于表4-20的规定。水泥的物理性能及化学成分应符合现行国家标准《硅酸盐水泥、普通硅酸盐水泥》（GB 175—1999）、《矿渣火山灰、粉煤灰硅酸盐水泥》（GB 134—1999）和《道路硅酸盐水泥》（GB 13693—2005）的规定。

表4-20　各级交通路面适用的水泥强度等级

交 通 等 级	水泥强度等级
特重	52.5
重、中等、轻	42.5

粗集料（碎石或砾石）应质地坚硬、耐久、洁净，符合各交通路面适用的水泥强度等级规定级配，最大粒径不应超过37.5mm。细集料（天然砂或石屑）应质地坚硬、耐久、洁净，符合规定级配，细度模数宜在2.5以上。

清洗集料、拌合混凝土及养护所用的水，不应含有影响混凝土质量的油、酸、碱、盐类、有机物等。饮用水一般均可使用。

为了改善混凝土的技术性质,有时在混凝土制备过程中加入一定量的外加剂。常用的外加剂有流变剂、调凝剂和引气剂三类。外加剂的质量应符合《混凝土外加剂》(GB 8076—2008)的技术规定,其用量应通过试验确定。

2. 接缝材料

接缝材料按使用性能分为接缝板和填缝料两类。接缝板应选用能适应混凝土面板膨胀收缩、施工时不变形、耐久性良好的材料。填缝料应选用与混凝土面板缝壁粘结力强、回弹性好,能适应混凝土面板收缩、不溶于水和不渗水,以及高温时不溢出、低温时不脆裂和耐久性好的材料。

接缝板可采用杉木板、纤维板、泡沫橡胶板、泡沫树脂板等。接缝板的技术要求应符合规范的相关规定。

填缝料按施工温度分为加热施工式和常温施工式两种。加热施工式填缝料主要有沥青橡胶类、聚氯乙烯胶泥类和沥青玛琋脂类等;常温施工式填缝料有聚氨酯焦油类、氯丁橡胶类、乳化沥青橡胶类等。填缝料的技术要求应符合规范的规定。

3. 配合比设计

混凝土的配合比应根据设计弯拉强度、耐久性、耐磨性、和易性等要求和经济合理的原则确定。选用原材料,通过计算、试验和必要的调整确定混凝土单位体积中各种组成材料的用量。混凝土的配合比设计强度f_c,应按下式确定:

$$f_c = k_i f_{cm}$$

式中　f_{cm}——混凝土设计弯拉强度(MPa);

　　　k_i——提高系数,其值为 1.10~1.15,可根据施工的技术水平和工程的重要程度确定。

4.5.3　施工准备

1. 材料准备及其性能检验

根据施工进度计划,在施工前分批备好所需要的水泥、砂石料及必要的外加剂,并在实际使用时核对调整。砂料应抽样检测含泥量、级配、有害物质含量、坚固性;对碎石还应抽检其强度、软弱度及针片状颗粒含量和磨耗率等。如含泥量超过允许值,应提前2天冲洗或过筛至符合规定为止;其他技术指标不符合规定时,应另选材料或采取有效的补救措施。

水泥除查验其出厂质量报告单外,还应逐批抽验其细度、凝结时间、安定性及3天、7天、28天的抗压强度等是否符合要求。受潮结块的水泥禁止使用;新出厂水泥至少要存放1周后方可使用。

外加剂应按其性能指标检验,并须通过试验判定其是否适用。

2. 混凝土配合比的检验与调整

施工前必须检验混凝土配合比设计是否合适。

(1) 工作性的检验与调整 按设计配合比取样试拌，测定其工作度，必要时还应通过试铺检验。

(2) 强度检验 按工作性符合要求的配合比，成型混凝土抗弯拉及抗压试件养生28天后测定其强度。强度较低时，可采用提高水泥强度等级、降低水灰比或改善集料级配等措施。

(3) 其他检验 除上述检验外，还可以选择不同用水量、不同水灰比、不同砂率或不同集料级配等配制混凝土，通过比较，从中选出经济合理的方案。施工现场砂石料的含水量会经常发生变化，必须及时进行测定，并调整砂石料的实际用量。

3. 基层检验与整修

(1) 基层质量检验 基层强度应以基层顶面的当量回弹模量值或以黄河牌标准汽车测定的计算回弹弯沉值作为检验指标，检查结果不得小于设计要求。

基层完工后，应加强养护，控制行车，不使其出现车槽。如有损坏，应在浇筑混凝土板前采用相同材料修补压实，严禁用松散粒料填补。对原有公路加宽的部分，新旧部分的强度应一致。

(2) 测量放样 测量放样是水泥混凝土路面施工前的一项重要工作。应先放出路中心线及路边缘线，将设胀缩缝、曲线起迄点、纵坡变化点等的中心点及一对边桩在实地标明。放样时，基层宽度应比混凝土板每侧宽出25~35cm。主要中心桩应分别固定在路边稳固位置。临时水准点每隔100m左右设置一个，以便施工时就近复核路面高程。

根据放好的中心线及边缘线，在现场核对施工图的混凝土分块线，要求分块线距离窨井盖及其他公用事业检查井井盖的边线至少1m，否则，应适当调整、移动分块线位置。

4. 安装模板及布设钢筋

摊铺混凝土之前，应先将路面边部模板安装完毕。采用半幅路面施工时，还应安装纵缝处模板。边模高度应与路面厚度相同。模板底面与基层若有空隙，应用石子或木片垫衬，以免振捣时模板下沉。垫衬后的剩余空隙，可用砂填满补实，以免漏浆而使混凝土侧面形成蜂窝。模板安装后应检查其高程是否正确，然后在内侧涂刷肥皂水、废机油等润滑剂，以利拆模。

浇筑混凝土前，应按设计要求布设钢筋。钢筋应绑扎好，边缘钢筋可在底部垫放预制的混凝土垫块，或用钢钎插入基层固定，混凝土浇筑捣固后钢钎不再取出；角隅钢筋或全面网状钢筋，可先在下面浇一层混凝土后再予安放，然后再浇筑上面的混凝土。

4.5.4 水泥混凝土路面施工

1. 混凝土拌制及运送

拌制混凝土时,要准确掌握配合比,特别要严格掌握用水量。每天开始拌合前,应根据天气变化情况测定砂石含水量,据以调整实际用水量。每盘拌料均应过磅,保证用料精确度控制在规范规定的范围内。

每一工班应检查材料配合比至少两次,每半天检查坍落度两次。拌合机每盘拌合时间为 1.5~2.0min,相当于拌鼓转动 18~24 转。

采用移动式拌合机时,通常用推车或小翻斗车运送混凝土。因振动易使混合料产生离析现象,故运距不宜太长,一般以不超过 100m 为宜。采用拌合站(厂)集中拌合时,通常用自卸汽车或专用的混凝土罐车运送混凝土。自卸汽车车箱应密封,以免漏浆,装载不可过满,天热时需防水分蒸发,通常不宜覆盖。运距则根据运载容许时间确定,通常夏季不宜超过 30~40min,冬季不宜超过 60~90min。

2. 混凝土铺摊及捣实

水泥混凝土路面施工常分为小型机具、轨道式摊铺机、滑模式摊铺机三种方法。

铺摊混凝土混合料之前,应再检查模板、传力杆、接缝板、各种钢筋的安装位置是否正确,尺寸是否符合规定,绑扎是否牢固。

(1) 小型机具施工 混凝土混合料运送到达工地后应卸在钢板上,以免扰动下承层(尤其在砂质整平层更应注意)。混合料有离析现象时应用铁铲翻拌均匀。摊铺时不宜撒扬抛掷,以免混凝土发生离析。在模板附近,必须用方铲以扣铲法撒铺,并进行振捣,使浆水捣出,以免发生孔洞蜂窝。摊铺后的松散混凝土表面应略高于模板顶面,使捣实后的路面高程及厚度符合设计要求。

混凝土摊铺到一半厚度时应予刮平,用 2.2kW 平板振捣器振捣一遍后再加铺至路面顶面,整平后换用 1.2~1.5kW 平板振捣器再振捣一遍。

平板振捣器振捣后,对低洼处应予找补,然后用振捣梁振实。振捣梁的长度较一块路面板宽度略短,梁上装两三个 1.1~1.7kW 振捣器。振捣梁(夯实)两边各由一人扶着来回振捣,一般来回振捣一次,多余混凝土随振捣梁走动而刮去,低陷处应补足混凝土混合料后振捣密实,如图 4-26 所示。为提高混凝土强度,可采用重复振动来捣实路面混凝土。即在混凝土初凝前先振捣一遍使其密实,3~5h 后再振捣一遍,然后整平收浆。两次振捣均用 2.2kW 平板振捣器。此法可提高混凝土强度 20%~25%。

(2) 轨道式摊铺机施工 轨道式摊铺机施工的整套机械系在轨道上推进,也以轨道为基准控制路面高程。轨道和模板同步安装,统一调整定位,将轨道

图 4-26　小型机具水泥混凝土路面施工

固定在模板上,既作路面的侧模,也是每节轨道的固定基座。轨道固定在路基上,其高程是否准确、轨道是否平直、接头是否平顺,将直接影响路面摊铺质量。模板要能承受从轨道传下来的机组质量,横向要保证模板的刚度。设置纵缝时,应按要求的间距,在模板上设置拉杆插入孔,如图4-27所示。

图 4-27　水泥混凝土摊铺机施工作业

将倾卸在基层上或摊铺机箱内的混凝土按摊铺厚度均匀地充满在模板范围之内。刮板式摊铺机本身能在模板上自由地前后移动,在前面的导管上左右移动。并且由于刮板本身也旋转,所以可将卸在基层上的混凝土混合料向任意方向摊铺。这类摊铺机质量轻、容易操作、易于掌握,使用较为普遍,但其摊铺能力较小。

箱式摊铺机通过卸料机(纵向或横向)将混凝土混合料卸在钢制箱内,箱体在机械前进行驶时横向移动,同时箱子的下端按松铺厚度刮平混凝土。此类摊铺机混凝土混合料一次全部卸在箱内,质量较大,但摊铺均匀而准确,摊铺能力大,故障较少。

螺旋式摊铺机由可以正反方向旋转的螺旋杆(直径均为50cm)将混凝土混

合料摊开。螺旋杆后面有刮板,可准确调整高度。这种摊铺机的摊铺能力大,其松铺系数一般在1.15~1.30之间。它与混凝土的配合比、集料粒径和坍落度有关,施工阶段主要取决于坍落度。

混凝土振捣机是跟在摊铺机后面对混凝土进行一次整平和捣实的机械。振捣梁前方设置的与铺筑宽度同宽的复平梁,一方面是补充摊铺机初平的缺陷,更重要的是使松铺混凝土混合料在全宽范围内达到正确高度,它与振捣密度和路面平整度直接相关。复平梁后是一道全宽的弧面振捣梁,以表面平板式振动把振动力传至全厚度。弹性振捣梁通过后,混凝土已全部振实,其后部混凝土应控制有2~5mm的回弹高度,并提浆整平。

(3) 滑模式摊铺机施工 滑模式摊铺机的施工工艺过程与轨道式摊铺机基本相同。滑模式摊铺机是将各作业装置装在同一机架上,通过位于模板外侧的行走装置随机移动滑动模板,就能按照要求使路面挤压成型,并可实现多种功能的摊铺,如路肩、路牙等。滑模式摊铺机的特点是不需轨模,整个摊铺机的机架支承在液压缸上,可以通过控制系统上下移动以调整上下厚度,一次完成摊铺、振捣、整平等多道工序。

3. 表面修整与拆模

混凝土振实后还应进行整平、精光、纹理制作等工序的施工。

(1) 人工施工 整平可用长45cm、宽20cm的木抹板反复抹平,见图4-28;然后用相同尺寸的铁抹板至少拖抹3次;再用拖光带沿左右方向轻轻拖拉几次;最后,将表面拉毛,并除去波纹和水迹。为使混凝土路面具有粗糙抗滑的表面,可在整面后用棕刷顺横坡方向轻轻刷毛,也可用金属梳或尼龙梳梳成深1~2mm的横槽,如图4-29所示。

图4-28 混凝土整平与精光　　　　图4-29 混凝土纹理制作

(2) 机械施工 表面整修机有斜向移动和纵向移动两种。斜向表面修整机通过一对与机械行走轴线成10°~13°的整平梁作相对运动来完成修整工作,其中一根整平梁为振动整平梁。纵向表面修整机为整平梁在混凝土表面沿纵向往返移动，由于机体前进而将混凝土表面整平。整平中，要随时注意清除因修光梁往复运行而摊到边沿的粗集料，确保整平效果和机械正常行驶，如图4-30所示。

图4-30 纵向修平刻槽机

精光工序是对混凝土表面进行最后的精细修整，使混凝土表面更加致密、平整、美观，这是保证混凝土路面外观质量的关键工序。

纹理制作是提高水泥混凝土路面行车安全的重要措施。施工时，用纹理制作机对混凝土路面进行拉槽式压槽，在不影响平整度的前提下，使混凝土路面具有一定粗糙度。适宜的纹理制作时间以混凝土表面无波纹水迹比较合适，过早或过晚都会影响纹理的质量。

混凝土达到一定强度即可拆除模板，拆模时间根据气温而定，一般在浇筑混凝土60h以后拆除。

4. 接缝施工

当胀缝与结构物相接，混凝土板无法设置传力杆时，可做成厚边式，即接近结构物一端适当加厚。此时可将木制嵌缝板设在胀缝位置，为便于事后取出嵌缝条，可在临浇筑混凝土一侧贴一层油毛毡。为减少填缝工作，可用沥青玛瑞脂与软木屑混合压制成板放在胀缝位置，不再取出。

当胀缝设置传力杆时，可用软木（或油浸甘蔗板）做成整体式嵌缝板，中部预留穿放传力杆圆孔，混凝土浇筑后嵌缝板不再取出。也可用两截式嵌缝板，下截用软木制成，不再取出；上截用钢材或木材制成，也叫压缝板，混凝土初凝后取出，然后填缝。

缩缝有压缝及切缝两种做法。压缝法是在混凝土经过振捣后，在缩缝位置先用湿切缝刀切出一条细缝，再将压缝板压入混凝土中。压缝板为钢制，高度较假缝深度略大，宽度与缝隙宽度相等，使用前应先涂抹废机油等润滑剂。如压入困难，可用锤击或振动梁压入。切缝法是在混凝土强度达到50%~70%时，使用切缝机切割成缝。切缝法便于连续施工，效率高，切缝整齐平直、宽度一致、美观大方。施工中，应尽可能采用切缝机切缝，如图4-31所示。

平头式纵缝应在其下部已凝固的混凝土侧壁涂以沥青，上部设置压缝板，然后再浇筑另一侧混凝土。

5. 养生与填缝

养生的目的是防止混凝土中水分蒸发过快而产生缩裂，保证水泥水化的顺利进行。养生工作应在抹

图4-31 切割机切缝

面2h后，混凝土表面已有相当硬度，用手指轻轻压上没有痕迹时开始进行。养生一般采用麻袋、草席覆盖及铺2~3mm厚砂子，每天均匀洒水2~3次，时间一般为14~21天，具体时间应视气温而定。养生应注意保持接缝内的清洁，以免增加填缝困难。

混凝土路面养生期满后即可进行填缝，填缝也可在混凝土初步硬结后进行。填缝时，缝内必须清理干净，必要时应用水冲洗，待其干燥后在侧壁涂一薄层沥青，待沥青干燥后再行填缝。

理想的填缝料应能长期保持弹性和韧性，热天缝隙缩窄时不软化挤出，冷天缩缝增宽时能胀大而不脆裂。此外，还要耐磨、耐疲劳，不易老化。冬期施工填缝应与混凝土路面齐平，夏季施工可稍许高出路面，但不应溢出或污染边缘。

第 5 章
桥梁工程施工

5.1 桥梁工程概述

在公路、铁路、城市和农村道路以及水利建设中,桥梁不仅是一种功能性的结构物,也是一个国家文化的象征,更是生产力发展和科学进步的写照。我国改革开放 30 年来,随着科学技术的快速进步、工业化水平的迅速提高、社会生产力的高速发展,桥梁建筑无论在规模上还是在科学技术水平上,均已跻身于世界先进行列。各种功能齐全、造型美观的城市立交桥、高架桥及跨越各种障碍物的大跨径公路桥、铁路桥相继建成。随着我国公路 2020 年远景规划的实施,跨越渤海湾、杭州湾、琼州海峡及舟山群岛工程等大型工程已进入规划建设阶段。其中,2003 年 11 月开工建设的杭州湾跨海大桥是国道主干线——同三线跨越杭州湾的便捷通道,大桥北起嘉兴市海盐郑家埭,跨越宽阔的杭州湾海域后止于宁波市慈溪水路湾,全长 36km,杭州湾跨海大桥已于 2008 年 5 月 1 日运营通车,大桥建成后宁波至上海间的陆路距离缩短 120 余 km。2005 年底建成的连接上海南汇芦潮港与洋山岛深水港的东海大桥长达 31km,它使上海港的集装箱吞吐能力大大增加,并从根本上解决枯水期 5~10 万 t 以上巨轮经长江进出上海港的困难。

桥梁由上部结构、下部结构、支座和附属设施四个基本部分组成。图 5-1 为一座公路梁式桥的概貌。

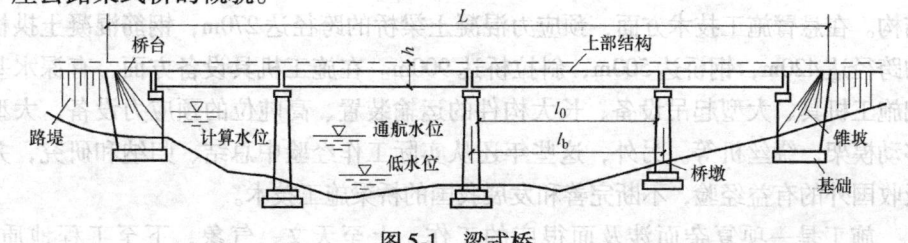

图 5-1 梁式桥

涉及一般桥梁工程的几个主要名词解释如下：

上部结构（或称桥跨结构），是在线路中断时跨越障碍的主要承重结构，是桥梁支座以上（无铰拱起拱线或刚架主梁底线以上）桥跨结构的总称。

下部结构（桥墩、桥台和基础的统称），是支承桥跨结构并将其永久荷载作用和车辆荷载作用传至地基的结构物。

桥墩和桥台是支承上部结构并将其传来的永久作用和车辆等荷载作用传至基础的结构物。桥台设在桥梁两端，桥墩则在两桥台之间。桥墩的作用是支承桥跨结构，而桥台除了起支承桥跨结构的作用外，还要与路堤衔接，并防止路堤滑塌。

桥墩和桥台底部的部分称为基础，基础承担了从桥墩和桥台传来的全部荷载，并将荷载传至地基。这些荷载包括竖向荷载以及地震、船舶撞击墩身等引起的水平荷载。基础往往深埋于地下或水下地基中。深水基础是桥墩施工中难度较大的一个部分，也是确保桥梁安全的关键之一。

支座是设在墩（台）顶，用于支承上部结构的传力装置，以确保结构的受力明确。故支座不仅要传递很大的荷载，并且要保证上部结构按设计要求能产生一定的变位。

桥梁的基本附属设施包括桥面系、伸缩缝、桥梁与路堤衔接处的桥头搭板、锥形护坡和调治构造物等。

5.2 桥梁施工方法的选择

在桥梁工程中，施工是非常重要的一环，它决定着工程的工期、质量和整个工程的造价等问题。因此，合理地选择施工方法，正确地组织施工和进行科学管理，具有十分重要的意义。

建国以来，我国在桥梁建设方面取得了丰富的经验。在桥梁基础方面，完成了深水基础、高桥墩等的施工，如南京长江大桥的基础在施工水位以下深达 70 余 m，南昆铁路清水河桥最高桥墩达 100m。在梁式桥梁的施工中，选用了预制装配施工方法，建立了专业化的桥梁预制工厂和与之对应的架桥机械。在弯桥、斜桥、异形梁中，一般采用就地浇筑施工，模板、支架设备广泛采用钢结构和常备式钢结构。在悬臂施工技术方面，预应力混凝土梁桥的跨径达 270m，钢筋混凝土拱桥的跨径达 420m，钢桥达 500m，斜拉桥达 900m。在施工机具设备方面，有深水基础施工机具、大型起吊设备、长大构件的运输装置、高吨位的预应力设备、大型移动模架、绕丝机等。另外，这些年还从实际工作经验中总结、归纳和研究，并吸收国外的有益经验，不断完善和发展我国的桥梁施工技术。

施工是一项复杂而涉及面很广的工作，上至天文、气象，下至工程地质、水文、地貌、机械、电器、电子、管理等各领域，同时与人的因素、与地方政府的关系密切。因此，现代的大型工程施工，应由多种行业的技术人员和工人协力完成。

桥梁施工应包括施工技术和施工组织管理。桥梁施工技术着重研究桥梁施工技术方案和保证技术方案实施所必须采取的技术措施，即选择施工方法，确定各施工阶段所需的机具、设备、材料和劳动力等事项。施工组织管理需要制定施工计划表，合理地组织施工，保证各阶段施工所需的机具设备、材料和劳动力的合理调配，安排好场地布置，进行施工经济管理、经济分析和全面质量管理，组织好生产与生活等。

5.2.1 桥梁基础工程施工方法

在桥梁工程中，通常采用的基础有扩大基础、桩基础、沉井基础等。基础的施工方法大致可分类如下。

1. 扩大基础

所谓扩大基础，是将墩（台）及上部结构传来的荷载通过其直接传递至较浅的支承地基的一种基础形式，一般采用明挖基坑的方法进行施工，故又称之为明挖扩大基础或浅基础。其主要特点是：

1) 由于能在现场直观确认支承地基的情况下进行施工，因而施工质量可靠。
2) 施工时的噪声、振动和对地下污染等建设公害较少。
3) 与其他类型的基础相比，施工所需的操作空间较小。
4) 在多数情况下，比其他类型的基础造价省、工期短。
5) 易受冻胀和冲刷影响。

扩大基础施工的顺序是开挖基坑，对基坑进行处理（当地基的承载力不满足设计要求时，需对地基进行加固）。然后，砌筑圬工或立模、绑扎钢筋、浇筑混凝土。其中，开挖基坑是施工中的一项主要工作，而在开挖过程中，必须解决挡土与止水、排水的问题。

当土质坚硬时，对基坑的坑壁可不进行支护，仅按一定坡度进行开挖。在采用土、石围堰或土质疏松的情况下，一般应对开挖后的基坑坑壁进行支护加固，以防止坑壁坍塌。支护的方法有挡板支护加固、混凝土及喷射混凝土加固等。

扩大基础施工的难易程度与地下水处理的难易有关。当地下水位高于基础的设计底面高程时，施工时则须采取止水排水措施。如打钢板桩或采用集水坑用水泵排水、深井排水及井点降水等方法使地下水位降低至开挖面以下，以使开挖工作能在干燥的状态下进行。还可采用化学灌浆法及围幕法（冻结法、硅化法、水泥灌浆法和沥青灌浆法等）进行止水。但扩大基础的各种施工方法都有各自的制约条件，因此在选择时应特别注意。

2. 桩基础

桩是深入土层的柱形构件，其作用是将作用于桩顶以上的荷载传递到土体中的较深处，以承受较大的荷载。

根据不同情况，桩可以有不同的分类方法。现按成桩方法对桩进行分类，并分别叙述其施工方法和工艺。

(1) 沉入桩　沉入桩是将预制桩用锤击法或振动法沉入地层至设计要求高程。预制桩包括木桩、混凝土桩和钢桩，一般有如下特点：

1) 因在预制场内制造，故桩身质量易于控制，质量可靠。

2) 沉入施工工序简单，工效高，能保证质量。

3) 易于水上施工。

4) 多数情况下施工噪声和振动的公害大，污染环境。

5) 受运输、起吊设备能力等条件的限制，其单节预制桩的长度不能过长；沉入长桩时要在现场接桩；桩的接头施工复杂、麻烦，且易出现构造上的弱点；接桩后如果不能保证全桩长的垂直度，则将降低桩的承载能力，甚至在沉入时造成断桩。

6) 不易穿透较厚的坚硬地层，当坚硬地层下仍存在较弱层，设计要求桩必须穿过时，则需辅以其他施工措施，如射水或预钻孔等。

7) 当沉入地基的桩超长时，需截除其超长部分，不经济。

沉入桩的施工方法主要有：锤击沉桩法、振动沉桩法、静力压桩法、辅助沉桩法、沉管灌注法以及锤底沉管法等。

(2) 灌注桩　灌注桩是在现场采用钻孔机械（或人工）将地层钻挖成预定孔径和深度的孔后，将制作成一定形状的钢筋骨架放入孔内，然后在孔内灌入流动性的水下混凝土而形成桩基。水下混凝土多采用垂直导管法灌注。灌注桩的特点是：

1) 与沉入桩的锤击法和振动法相比，施工噪声和振动要小得多。

2) 能修建比预制桩的直径大、入土深度大、承载力大得多的桩。

3) 与地基土质无关，在各种地基上均可使用。

4) 在粉砂中施工时应特别注意孔壁坍塌形成的流沙，以及孔底沉淀等的处理，施工质量的好坏，对桩的承载力影响很大。

5) 因混凝土是在泥水中灌注的，因此混凝土质量较难控制。

灌注桩因成孔的机械不同，通常采用旋转锥钻孔法、潜水钻机成孔法、冲击钻机成孔法、正循环回转法、反循环回转法、冲抓锥成孔法、人工挖孔法等。

(3) 大直径桩　一般认为，直径2.5m以上的桩称为大直径桩。目前最大桩径已达6m。近年来，大直径桩在桥梁基础中得到广泛应用，结构形式也越来多样化，除实心桩外，还发展了空心桩；施工方法上不仅有钻孔灌注法，还有预制桩壳钻孔埋置法等。根据桩的受力特点，大直径桩多做成变截面的形式。大直径桩与普通桩在施工上的区别主要反映在钻机选型、钻孔泥浆及施工工艺等方面。

3. 沉井基础

沉井基础是一种断面和刚度均比桩大得多的筒状结构，施工时在现场重复交替进行构筑和开挖井内土方，使之沉落到预定的地基上。在岸滩或浅水中建造沉井时，可采用"筑岛法"施工；在深水中建造时，则可采用浮式沉井，即先将沉井浮运至预定位置，再进行下沉施工。按材料、形状和用途不同，可将沉井分成很多类型，但各种沉井基础有如下的共同特点：

1）沉井基础的适宜下沉深度一般为 10~40m。

2）与其他基础形式相比，沉井基础的抗水平力作用的能力及竖直支承力均较大。

3）由于刚度大，其变形较小，故沉井基础一般适用于对基础变位要求较高的拱桥、斜拉桥和吊桥等桥型。

沉井基础施工的难点在于沉井的下沉，沉井下沉主要是要求通过从井孔内除土，减小刃脚正面阻力及沉井内壁摩阻力后，依靠其自重下沉。沉井下沉的方法可分为排水开挖下沉和不排水开挖下沉，但其基本施工方法应为不排水开挖下沉。只有在稳定的土层中，而且渗水量不大时，才采用排水开挖法下沉。另外，还有压重、高压射水、炮振（必要时），降低井内水位，减小浮力，以增加沉井的有效自重，采用泥浆润滑套或空气幕等一些沉井下沉的辅助施工方法。

4. 管柱基础

管柱基础因其施工的方法和工艺相对较复杂，所需的机械设备也较多，一般的桥梁极少采用这种形式的基础，仅当桥址处的水文地质条件十分复杂，应用通常的基础施工方法不能奏效时，才采用这种基础形式。因此，对于大型的深水或海中基础，特别是深水岩面不平、水流速度大的地方采用管柱基础是比较适宜的。

管柱基础的施工一般包括管柱预制、围笼拼装、浮运和下沉定位、下沉管柱、在管柱底基岩上钻孔、在管柱内安放钢筋笼并灌注水下混凝土等内容。管柱有钢筋混凝土、预应力钢筋混凝土和钢管三种。其下沉与前述的沉入桩类似，大多采用振动并辅以射水、吸泥等措施。管柱的下沉必须要有导向装置，浅水时可用导向架，深水时则用整体围笼。

5.2.2 桥梁下部结构施工方法

1. 承台

承台一般设置在旱地或浅河水面的桥梁基础中,以加强各桩基础的共同受力。承台的施工方法与扩大基础的施工方法相类似,可采取明挖基坑、挡板围堰后开挖基坑等方法进行施工。

对深水中的承台,可供选择的施工方法通常有：钢板桩围堰、钢管桩围堰、双壁钢围堰及套箱围堰等。不论何种围堰,其作用都是止水,以实现承台的干施工。钢板桩和钢管桩围堰实际上是同一类型的围堰形式,只不过所用材料不同；双壁钢围堰通常是将桩基和承台的施工一并考虑,在桩顶设钻孔平台,桩基施工结束后拆除平台,在围堰内进行承台施工；套箱多采用钢材制作,分有底和无底两种类型,根据受力情况不同又可设计成单壁或双壁。

2. 墩（台）身

墩（台）身的施工方法根据其结构形式的不同各异。对结构形式较简单、高度不大的中、小桥墩（台）身,通常采取传统的方法,立模（一次或几次）现浇施工。但对高墩及斜拉桥、悬索桥的索塔,则有较多可供选择的方法,其施工方法的多样化主要反映在模板结构形式的不同。近年来,滑升模板、爬升模板和翻升模板等在高墩及索塔上应用较多,其共同的特点是：将墩身分成若干节段,从下至上逐段进行施工。

采用滑升模板（简称滑模）施工,对结构物外形尺寸的控制较准确,施工进度平衡、安全,机械化程度较高,但因多采用液压装置实现滑升,故成本较高、所需的机具设备亦较多；爬升模板（简称爬模）一般要在模板外侧设置爬架,因此这种模板相对而言需耗用较多的材料,但不需设专门用于提升模板的起吊设备。

高墩的施工,应根据现场的实际情况,进行综合比较后选择适宜的施工方案。在中、小桥中,设计单位从就地取材方面考虑有时采用石砌墩（台）身,石砌墩（台）身施工工艺虽较简单,但必须严格控制砌石工程的质量。

5.2.3 桥梁上部结构施工方法

桥梁上部结构的形式虽然多种多样,施工方法的种类也较多,但除一些比较特殊的施工方法之外,大致可分为整体施工法和节段施工法两大类。现将常用的一些施工方法的特点及适用性分述如下。

1. 整体施工法

整体施工法包括在支架上就地浇筑施工法、预制装配施工法和整孔架设施工法。整体施工法的主要特点是可以按照桥梁结构设计的体系,在结构的伸缩缝之间整体施工,当起重能力受到限制时,可在桥的横向按照原结构图式分割为预制梁,架设后装配成整体。因此,对于整体施工的桥梁,在施工中无体系转换的问题。

(1) 就地浇筑法 这种方法是在桥跨间设置支架、安装模板、绑扎钢筋、现场浇筑混凝土的施工方法，适用于旱地上的钢筋混凝土和预应力混凝土中小跨径连续梁桥的施工，特别适用于变宽度的异形桥、斜桥、弯桥等复杂桥梁的施工。支架按其构造的不同可分为满布式、柱式、梁式和梁柱式等几种类型，所用材料有门式支架、扣件式支架、碗扣式支架、贝雷桁片、万能杆件及各种型钢组合构件等。在这种施工法中，支架虽为临时结构，但施工中需承受梁体的大部分恒重，因此必须有足够的强度和刚度，同时支架的地基要可靠，必要时需对地基进行加固处理。固定支架法施工的特点是：梁的整体性好；施工平稳、可靠，不需大型起吊设备；施工中无体系转换的问题；但需要大量施工支架，并需要有较大的施工场地。

(2) 预制装配法 预制构件安装的方法很多，各需不同的架设机具设备，应依据施工实际情况合理选择。不论哪一种安装方法，都是在工厂或运输方便的桥址附近设置预制场，预制梁板后采用一定的架设方法进行安装，最后横桥向连成整体。一般用于钢筋混凝土和预应力混凝土简支板、梁桥的施工，且跨径不超过50m。预制装配法施工的共同特点是：构件预制质量和尺寸易控制；上下部结构平行作业，缩短施工工期；有效利用劳动力，降低工程造价；安装时构件已有存放一段时间的混凝土龄期，可减小混凝土收缩、徐变引起的变形，使得施工中预应力损失较小；不需大量模板，无需支架，不影响桥下交通；但需要大型起吊运输设备。

(3) 整孔架设法 使用超大型的起吊、运输设备，将一孔预制梁整体架设安装。目前只有利用驳船和浮吊，在深水的大江、湖泊和海湾上建桥时才采用整孔架设法。此法代表中小跨径梁桥施工发展方向，随着桥梁施工技术的发展和施工设备的更新，将会不断地扩大它的应用范围。

2. 节段施工法

节段施工法是近40年在预应力混凝土梁桥中发展起来的施工方法。其中发展最早、应用较广，也为人们所熟知的是悬臂施工法。它不需在河中搭设支架，可以采用对称悬臂施工方法建造大跨径预应力混凝土梁式桥；可以使用一套机具设备，选用逐孔架设法和移动模架法，做到简便、迅速地连续施工；也可采用分段预制、分段顶推的顶推法施工。因此，节段施工具有各种不同的方法，在预应力混凝土梁桥施工中得到了广泛应用。

采用节段施工的共同特点是，梁体分节段进行，经过若干施工过程后，形成设计的结构体系，故一般施工过程中有体系转换问题，使得施工阶段的受力状态与运营状态不一致。同时，不同的施工方法也会影响到结构的构造和内力，施工中需要的机具、设备、劳动力和施工组织与管理、工期也不相同，应根据桥梁的设计、施工要求选择安全、可靠、经济合理的施工方法。

(1) 悬臂施工法　悬臂施工是从桥墩上的0号块主梁开始,沿墩两侧对称、均衡地浇筑梁段的悬浇施工或将预制节段对称悬拼施工。其主要施工特点和适用条件为:梁在施工中承受负弯矩,桥墩也承受施工中不对称弯矩,因此宜在T形刚构、连续梁、斜拉桥等运营状态与施工内力状态相接近的桥中采用;非墩梁固结的预应力混凝土悬臂梁、连续梁桥,施工中应采取墩、梁临时固结措施,相邻悬臂对接后解除固结进行施工中的体系转换;可采用的机具、设备种类很多,就挂篮而言,有桁架式、斜拉式、后支点锚固无平衡重及前支点等多种形式,应根据实际情况选用;悬臂施工法不用或少用支架,施工时不影响通航或桥下陆路交通,宜在高墩、深谷、深水、大跨径桥中采用。悬浇施工简便,结构整体性好,可不断调整施工位置,常在跨径大于100m的大桥或特大桥上应用。悬拼施工进度快,上、下部结构平行作业,施工精度要求较高,也可在跨径小于100m的大中桥中选用。故悬臂施工是大跨度预应力混凝土梁桥节段施工法首先考虑的方案。

(2) 逐孔施工法　逐孔施工使用一套支架、模板设备从桥的一端逐孔施工,直到对岸。其施工方法可以归结为三类:第一类预制梁的逐孔安装,它相当于预制装配施工;第二类用临时支撑组拼预制节段逐孔施工,此类施工安全、可靠,施工速度快;第三类逐孔现浇施工,它仅用一孔梁的支架、模板周转使用,施工费用低,但工期较长。

(3) 移动模架施工法　移动模架施工是逐孔施工中的浇筑施工法,它相当于一个现场的桥梁预制工厂。其施工的主要特点为:施工时地面不需搭支架,不影响通航或桥下陆路交通,施工安全可靠;施工环境好,质量易保证,模架可重复使用;机械化、自动化程度高,上、下部结构平行作业,缩短工期;施工中接头可根据施工条件设在桥梁受力较小的部位;一次性设备投资较大,施工技术操作较复杂;宜在跨径小于50m的长桥上应用。

(4) 顶推施工法　顶推施工是在桥纵向桥台后设预制场,分节段预制梁体,并用纵向预应力筋将预制节段与施工完的梁体连为整体,然后通过水平和竖向千斤顶的交替能力,将梁体向前推出预制场地,尔后继续在预制场预制下一节段,循环作业直到施工完成。其主要特点是,施工阶段内力与运营阶段相差较大,施工中应相应采取临时措施减小施工内力;由于采用顶推作业,故宜在等截面的连续桥梁上使用;顶推施工的常用跨径为60~80m,且有预制条件的场地为最优的施工方案。

5.2.4　其他施工方案

1. 转体施工法

转体法多用于拱桥的施工,亦可用于斜拉桥和刚构桥。这种施工法是在岸边或桥塔两侧设立支架（或利用地形），预制半跨桥梁的上部结构，然后借助上、下转轴和施加适当的扭转力使两岸半跨桥梁上部结构向桥跨转动，同时用风缆控制其转速，最后就位合龙。该法最适用于峡谷、水深流急、通航河道和跨线桥等特殊地形的桥梁施工，具有工艺简单、操作安全、所需设备少、成本低、速度快等特点。转体法分平转和竖转两种施工方法，施工中又分为有平衡重和无平衡重两种方式。

2. 劲性骨架法

以钢骨架作为拱圈的劲性拱架，采用现浇混凝土包裹骨架，最后形成钢筋混凝土拱桥。这种埋入式拱架法国内有施工实例，国外称为"米兰拱"，骨架可采用型钢或钢管等材料制作。

5.2.5 混凝土梁桥施工方法的选择

混凝土梁桥中包括钢筋混凝土梁桥和预应力混凝土梁桥，从结构体系上来讲，又可分为简支梁桥、悬臂梁桥、T形刚构和连续梁桥。不同类型的梁桥可选择的施工方法也不同，为了便于选择合理的方法，本书列出不同类型混凝土梁桥一般所选用的施工方法见表5-1，表5-2列出各种施工方法所适用的桥梁跨径。

选择混凝土梁桥的施工方法时，可根据下列条件综合考虑：

（1）使用条件 桥梁的类型，使用跨径、墩高，桥下净空的限制，平面施工场地的限制，桥墩台的形状等。

（2）施工条件 工期要求，起重和运输能力及机具设备要求，架设时是否封闭交通，架设所需的临时设施，材料供应情况，施工技术与组织管理水平，施工经济性等。

表 5-1 混凝土梁桥一般选用的施工方法

梁桥类型	整体施工法			节段施工法			
	就地浇筑	预制装配	整孔架设	悬臂施工	逐孔施工	移动模架	顶推法
钢筋混凝土简支板梁桥		√	√				
钢筋混凝土悬臂梁桥	√	√	√				
钢筋混凝土T形刚构桥	√	√					
钢筋混凝土连续梁桥	√						
预应力混凝土简支板梁桥	√	√	√				
预应力混凝土悬臂梁桥		√		√			
预应力混凝土T形刚构桥				√			
预应力混凝土连续梁桥	√			√	√	√	√

(3) 自然环境条件 平原或山区地质和地形条件及软弱层状况，对河道的影响，运输线路的限制等。

(4) 社会环境条件 施工现场对环境的影响，如公害、景观、污染、架设孔下的障碍、阻塞交通、公共道路的使用及建筑限界等。

表 5-2 各种施工方法所适用的桥梁跨径

施工方法	跨径	常用跨径/m	可达到的跨径/m
整体施工法	就地浇筑	20~70	70~170
	预制装配	20~50	50~100
	整孔架设	20~50	50~100
节段施工法	悬臂施工	70~210	210~310
	逐孔施工	20~80	80~150
	移动模架	20~80	80~100
	顶推施工	60~80	80~220

5.3 桥梁墩台的施工

桥梁墩台施工是桥梁施工中的一个重要部分，其施工质量的优劣，不仅关系到桥梁上部结构的制作与安装质量，而且对桥梁的使用功能也关系重大。桥梁墩台施工方法通常分为两大类：一类是现场就地浇筑与砌筑；一类是拼装预制的混凝土砌块、钢筋混凝土或预应力混凝土构件。多数工程采用前者，优点是工序简便，机具较少，技术操作难度较小，但是施工期限较长，需耗费较多的人力与物力。近年来，交通建设迅速发展，施工机械（起重机械、混凝土泵送机械及运输机械）也随之有了很大进步，采用预制装配构件建造桥梁墩台的施工方法有新的进展，其特点是既可确保施工质量、减轻工人劳动强度，又可加快工程进度、提高工程效益，对施工场地狭窄，尤其对缺少砂石地区或干旱缺水地区等建造墩台更有着重要意义。

5.3.1 混凝土墩台、石砌墩台施工

1. 混凝土墩台施工

就地浇筑的混凝土墩台施工有两个主要工序：一是制作与安装墩台模板；二是浇筑混凝土。

（1）墩台模板 模板一般用木材、钢材或其他符合设计要求的材料制成。木模质量轻，便于加工成结构物所需要的尺寸和形状，但装拆时易损坏，重复

使用次数少。对于大量或定型的混凝土结构物,则多采用钢模板。钢模板造价较高,但可重复多次使用,且拼装拆卸方便。

常用的模板类型有:拼装式模板、整体吊装模板(见图5-2)、组合型钢模板、滑动钢模板。各种模板在工程上的应用,可根据墩台高度、墩台形式、机具设备、施工期限等条件,因地制宜地合理选用。

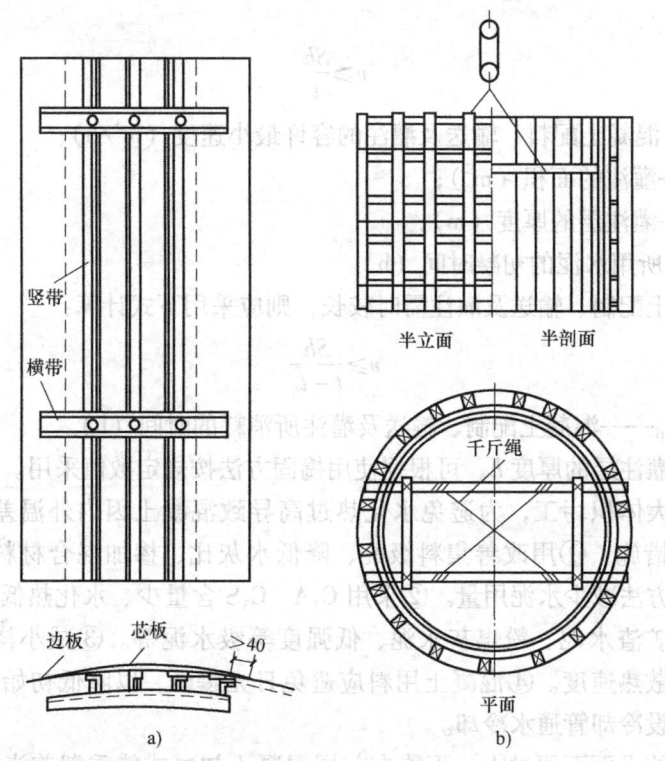

图 5-2 圆形桥墩整体模板(图中尺寸单位:cm)
a)拼装式钢模板 b)整体式吊装模板

模板的设计可参照交通部标准《公路桥涵钢结构及木结构设计规范》(JTJ 025—1986)的有关规定。

模板安装前应对模板尺寸进行检查;安装时要坚实牢固,以免振捣混凝土时引起跑模漏浆;安装位置要符合结构设计要求。

(2)混凝土浇筑施工要点 墩台身混凝土施工前,应将基础顶面冲洗干净,凿除表面浮浆,整修连接钢筋。灌注混凝土时,应经常检查模板、钢筋及预埋件的位置和保护层的尺寸,确保位置正确,不发生变形。混凝土施工中,应切实保证混凝土的配合比、水灰比和坍落度等技术性能指标满足规范要求。

1)混凝土的运送。墩台混凝土的水平与垂直运输相互配合选用;如混凝土数量大，浇筑振捣速度快时，可采用混凝土带式运输机或混凝土输送泵。运输带速度应不大于 1.0~1.2m/s，其最大倾斜角：当混凝土坍落度小于 40mm 时，向上传送为 18°，向下传送为 12°；当坍落度为 40~80mm 时，则向上和向下传送分别为 15°和 10°。

2）混凝土的灌注速度。为保证灌注质量，混凝土的配制、输送及灌注的速度应满足：

$$v \geqslant \frac{Sh}{t}$$

式中　v——混凝土配料、输送及灌注的容许最小速度（m³/h）；
　　　S——灌注的面积（m²）；
　　　h——灌注层的厚度（m）；
　　　t——所用水泥的初凝时间（h）。

如混凝土配制、输送及灌注需时较长，则应采用下式计算：

$$v \geqslant \frac{Sh}{t - t_0}$$

式中　t_0——混凝土配制、输送及灌注所消耗的时间（h）。

混凝土灌注层的厚度 h，可根据使用捣固方法按规定数值采用。

墩台是大体积圬工，为避免水化热过高导致混凝土因内外温差引起裂缝，可采取如下措施：①用改善集料级配、降低水灰比、掺加混合材料与外加剂、掺入片石等方法减少水泥用量。②采用 C_3A、C_3S 含量少、水化热低的水泥，如大坝水泥、矿渣水泥、粉煤灰水泥、低强度等级水泥等。③减小浇筑层厚度，加快混凝土散热速度。④混凝土用料应避免日光曝晒，以降低初始温度。⑤在混凝土内埋设冷却管通水冷却。

当浇筑的平面面积过大，不能在前层混凝土初凝或能重塑前浇筑完成次层混凝土时，为保证结构的整体性，宜分块浇筑。分块时应注意：各分块面积不得小于 50m²；每块高度不宜超过 2m；块与块间的竖向接缝面应与墩台身或基础平截面短边平行，与平截面长边垂直；上下邻层间的竖向接缝应错开位置做成企口，并应按施工接缝处理。

3）混凝土浇筑。为防止墩台基础第一层混凝土中的水分被基底吸收或基底水分渗入混凝土，对墩台基底处理除应符合天然地基的有关规定外，尚应符合以下规定：①基底为非粘性土或干土时，应将其润湿。②如为过湿土时，应在基底设计高程下夯填一层 100~150mm 厚片石或碎（卵）石层。③基底面为岩石时，应加以润湿，铺一层厚 20~30mm 水泥砂浆，然后于水泥砂浆凝结前浇筑第一层混凝土。

墩台身钢筋的绑扎应和混凝土的浇筑配合进行。在配置第一层垂直钢筋时，应有不同的长度,同一断面的钢筋接头应符合施工规范的规定。水平钢筋的接头,也应内外、上下互相错开。钢筋保护层的净厚度,应符合设计要求;如无设计要求时,则可取墩台身受力钢筋的净保护层不小于30mm,承台基础受力钢筋的净保护层不小于35mm。墩台身混凝土宜一次连续浇筑,否则,应按桥涵施工规范的要求处理好接缝。墩台身混凝土未达到终凝不得泡水。

2. 石砌墩台施工

石砌墩台具有就地取材、经久耐用等优点,在石料丰富地区建造墩台时,在施工期限许可的条件下,为节约水泥,应优先考虑采用石砌墩台方案。

(1)石料、砂浆和脚手架 石砌墩台系用片石、块石及粗料石以水泥砂浆砌筑的,石料与砂浆的规格要符合有关规定。

将石料吊运并安砌到正确位置是砌石工程中比较困难的工序。当重量小或距离地面不高时,可用简单的马凳跳板直接运送;当重量较大或距地面较高时,可采用固定式动臂起重机或桅杆式起重机或井式起重机,将材料运到墩台上,然后再分别运到安砌地点。脚手架一般常用固定式轻型脚手架(适用于6m 以上的墩台)、简易活动脚手架(适用于25m 以下的墩台)以及悬吊式脚手架(适用于较高的墩台)。

(2)墩台砌筑施工要点 在砌筑前应按设计图放出实样,挂线砌筑。砌筑基础的第一层砌块时,如基底为土质,只在已砌石块的侧面铺上砂浆即可,不需坐浆;如基底为石质,应将其表面清洗、润湿后,先坐浆再砌筑。砌筑斜面墩台时,斜面应逐层放坡,以保证规定的坡度。砌块间用砂浆粘结并保持一定的缝厚,所有砌缝要求砂浆饱满。形状比较复杂的工程,应先编制出配料设计图(如图5-3),注明块石尺寸;形状比较简单的,也要根据砌体高度、尺寸、错缝等,先行放样配好石料再砌。砌筑方法:同一层石料及水平缝的厚度要均匀一致,每层按水平砌筑,丁顺相间,砌石灰缝互相垂直。砌石顺序为先角石、再镶面、后填腹。填腹石的分层厚度应与镶面相同;圆端、尖端及转角形砌体的砌石作业,应自顶点开始,按丁顺排列接砌镶面石。

3. 墩台顶帽施工

墩台顶帽是用来支承桥跨结构的,其位置、高程及垫石表面平整度等,均应符合设计要求,以避免桥跨结构安装困难,或使顶帽、垫石等出现碎裂或裂缝,影响墩台的正常使用功能与耐久性。墩台顶帽施工的主要工序为:

1)墩台帽放样。

2)墩台帽模板。墩台帽系支承上部结构的重要部分,其尺寸位置和高程的准确度要求较严,浇筑混凝土应从墩台帽下300~500mm处至墩台帽顶面一次浇筑,以保证墩台帽底有足够厚度的紧密混凝土。墩台帽模板下面的一根拉杆可利用墩帽下层的分布钢筋,以节省铁件。台帽背墙模板应特别注意纵向支撑或

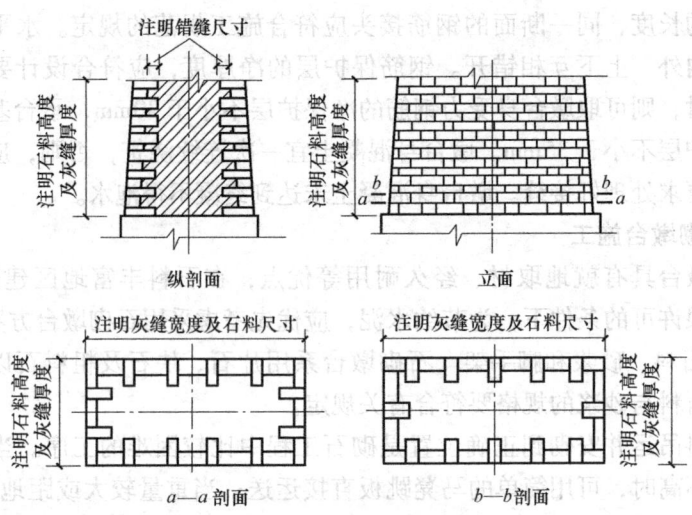

图 5-3 桥墩配料大样图

拉条的刚度,防止灌注混凝土时发生鼓肚,侵占梁端空间。

3) 钢筋和支座垫板的安设。墩台帽钢筋绑扎应遵照《公路桥涵施工技术规范》(JTJ 041—2000) 有关钢筋工程的规定。墩台帽上支座垫板的安设一般采用预埋支座垫板和预留锚栓孔的方法。

5.3.2 装配式墩台施工

装配式墩台适用于山谷架桥、跨越平缓无漂流物的河沟、河滩等的桥梁,特别是在工地干扰多、施工场地狭窄、缺水与砂石供应困难地区,其效果更为显著。装配式墩台的优点是:结构形式轻便,建桥速度快,圬工省,预制构件质量有保证等。目前经常采用的有砌块式、柱式和管节式或环圈式墩台等。

1. 砌块式墩台施工

砌块式墩台的施工大体上与石砌墩台相同,只是预制砌块的形式因墩台形状不同而有很多变化。例如 1975 年建成的浙江兰溪大桥,主桥墩身系采用预制的素混凝土砌块分层砌筑而成。砌块按平面形状分为Π形和工形两大类,再按砌筑位置和具体尺寸分为 5 种型号,每种块件等高,均为 350mm,块件单元重力为 900~1200N,每砌 3 层为一段落。该桥采用预制砌块建造桥墩,不仅节约混凝土约 26%,节省木材 50m³ 和大量铁件,而且砌缝整齐,外貌美观,更主要的是加快了施工速度,避免了洪水对施工的威胁。图 5-4 为预制块件与空腹墩施工示意。

2. 柱式墩施工

装配式柱式墩系将桥墩分解成若干轻型部件,在工厂或工地集中预制,再运送到现场装配成桥墩。其形式有双柱式、排架式、板凳式和刚架式等。图 5-5

为双柱式墩构造示意。施工工序为预制构件、安装连接与混凝土填缝养护等。其中拼装接头是关键工序，既要牢固、安全，又要结构简单、便于施工。常用的拼装接头有：承插式接头、钢筋锚固接头、焊接接头、扣环式接头、法兰盘接头。

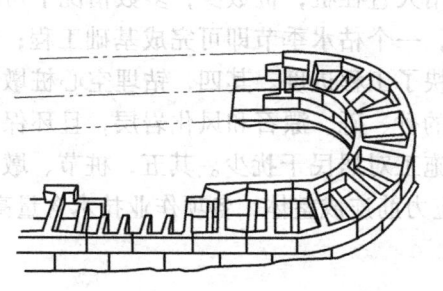

图 5-4　浙江兰溪大桥预制砌块
墩身施工示意

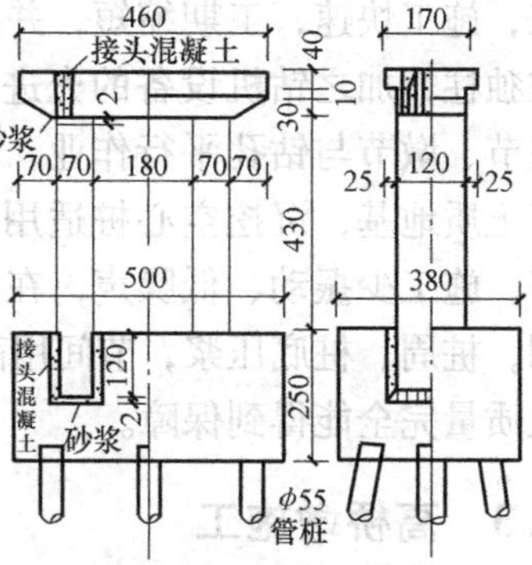

图 5-5　双柱式拼装墩
（图中尺寸单位：cm）

3. 后张法预应力混凝土装配墩施工

装配式预应力钢筋混凝土墩分为基础、实体墩身和装配墩身三大部分。装配墩身由基本构件、隔板、顶板及顶帽 4 种不同形式的构件组成，用高强钢丝穿入预留的上下贯通的孔道内，张拉锚固而成。实体墩身是装配墩身与基础的连接段，其作用是锚固预应力钢筋，调节装配墩身高度及抵御洪水时漂流物的冲击等。

4. 无承台大直径钻孔埋入空心桩墩施工

无承台大直径钻孔埋入空心桩墩系由预钻孔、预制大直径钢筋混凝土桩墩节、吊拼桩墩节并用预应力后张连成整体、桩周填石压浆、桩底高压压浆、吊拼墩节、浇筑或组装盖梁等工序组成，如图 5-6 所示。它综合了预制桩质量的可靠性、钻孔成桩的工艺较简便、成本低、适应性强等优越性，摒弃了管柱桩技术设备复杂、成本高、不易穿透砂砾层、桩易偏位及钻孔灌注桩身质量难以保证等缺陷。

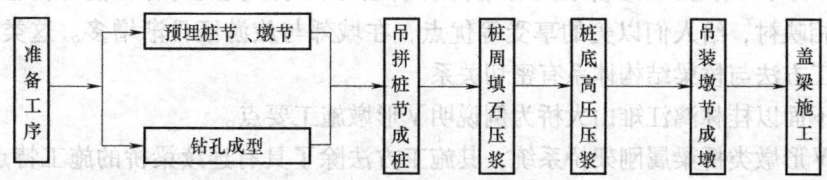

图 5-6　钻埋桩墩工序流程示意

钻埋预应力空心桩墩的技术特点是：其一，直径大，承载力高。桩径一般大于2.5m，有的桥梁桩墩已达5.0m，沉挖空心桩直径已达6.0~8.0m。其二，无承台，空心截面，节省了围堰工程，减少了桩身混凝土体积，不仅简化了施工工序，而且可将大桥下部结构费用从占全桥费用50%以上降至30%~40%。其三，施工快速，工期缩短，并由于采用大直径桩，桩数少，多数情况下可以单桩独柱，加之钻机设备的先进与完善，一个枯水季节即可完成基础工程；预制桩节、墩节与钻孔平行作业，大大加快了工程进度。其四，钻埋空心桩墩适用于土质地基，沉挖空心桩适用于松散的砂、砾、漂石和风化岩层，且环保效果好，施工少振动、低噪声，在城镇区施工对居民干扰少。其五，桩节、墩节预制，桩周、桩底压浆，节间用高强预应力筋连成整体，各项作业技术含量高，桩墩质量完全能得到保障。

5.3.3 高桥墩施工

公路或铁路通过深沟宽谷或大型水库，采用高桥墩，能使桥梁更为经济合理，不仅可以提高纵断面线形标准、缩短线路、降低造价，而且可以提高营运效益、减少日常维护工作。高桥墩可分为实体墩、空心墩与刚架薄壁墩。自20世纪70年代以后，较高的桥墩一般均采用空心墩。

高桥墩的施工设备与一般桥墩所用设备大体相同，但其模板却另有特色。一般有滑动模板、爬升模板、翻升模板等几种，这些模板都是依附于已浇筑的混凝土墩壁上，随着墩身的逐步加高而向上升高。目前应用滑动模板建造的桥墩高度已达百米。滑动模板施工的主要优点：施工进度快，在一般气温下，每昼夜平均进度可达5~6m；混凝土质量好，采用干硬性混凝土，机械振捣，连续作业，可提高墩台质量；节约木材和劳力，有资料统计表明，可节省劳动力30%，节约木材70%；滑动模板可用于直坡墩身，也可用于斜坡墩身，模板本身附带有内外吊篮、平台与拉杆等，以墩身为支架，墩身混凝土的浇筑随模板缓慢滑升连续不断地进行，所以安全可靠。

5.3.4 V形墩施工

V形、Y形及X形桥墩具有结构新颖轻巧、外形美观匀称，能与桥址处水环境相映衬，给人们以美的享受等优点，在城郊与旅游区日渐增多。这类桥墩的施工方法与桥梁结构体系有密切关系。

下面以桂林漓江雉山大桥为例说明V形墩施工要点。

V形墩类桥梁属刚架桥系统，其施工方法除了具有连续梁桥的施工特点外，还有着自身结构的施工特点。通常对这类桥梁可分为V形墩结构、锚跨结构和挂孔部分三个施工阶段，其中V形墩结构是全桥的施工重点。V形墩结构的施工方法与斜腿刚构相类似,它由2个斜腿和其顶部主梁组成倒三角形结构。V形墩可做成劲性预应力混凝土结构。根据该类型桥梁的结构特点,可将墩座和斜腿合为一部分,斜腿间的主梁为另一部分,先后分别施工。其施工顺序如图5-7所示。

1) 将斜腿内的高强钢丝束、锚具与高频焊管联成一体,并和第一节劲性骨架一起安装在墩座及斜腿位置处,浇筑墩座混凝土,如图5-7a所示。

2) 安装平衡架、角钢拉杆及第二节劲性骨架,如图5-7b所示。

3) 分两段对称浇筑斜腿混凝土,如图5-7c所示。

4) 张拉临时斜腿预应力拉杆,并拆除角钢拉杆及部分平衡架构件,如图5-7d所示。

5) 拼装V形腿间墩旁膺架,浇筑主梁0号节段混凝土,张拉斜腿及主梁钢丝束或粗钢筋,最后拆除临时预应力拉杆与墩旁膺架,使其形成V形墩结构,如图5-7e所示。

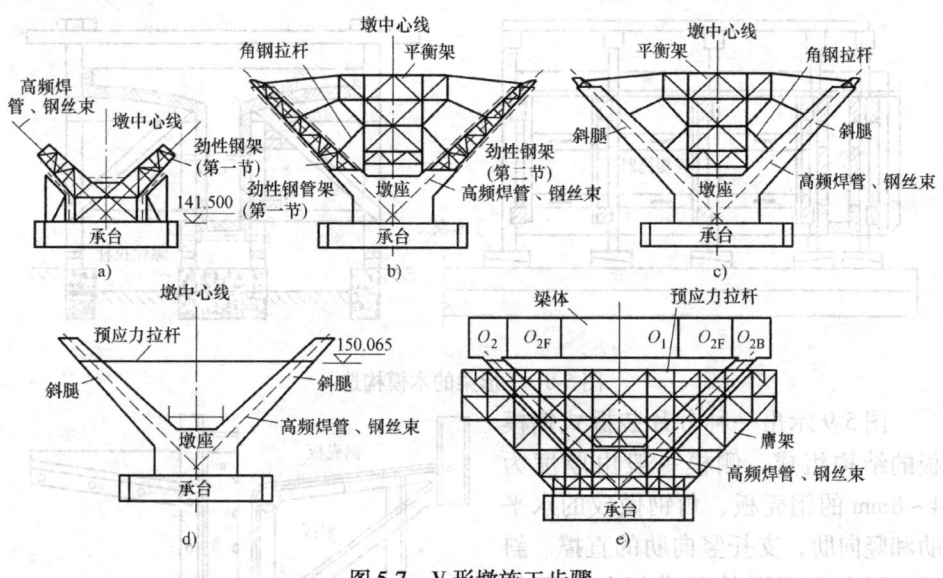

图5-7 V形墩施工步骤

5.4 梁式桥的施工

5.4.1 钢筋混凝土简支梁桥的制造工艺

1. 模板

按制作材料分类,桥梁施工常用的模板有木模板、钢模板、钢木组合模板。有时为了节省钢木材料,也可因地制宜利用土模或砖模来制梁。按模板的装拆方法分类，可分为零拼式模板、分片装拆式模板、整体装拆式模板等。以前我国公路桥梁上用得最多的还是木模板。随着国家工业的发展，既能节约木材又可提高预制质量而且经久耐用的钢模板逐步得到使用和推广。

木模板由紧贴于混凝土表面的壳板（又称面板）、支承壳板的肋木和立柱或横挡组成。壳板可以竖直拼装或水平拼装。壳板的接缝可做成平缝、搭接缝或企口缝。当采用平缝拼接时，应在拼缝处衬压塑料薄膜或水泥袋纸以防漏浆。为了增加木模板的周转次数并方便脱模，往往在壳板面上加钉一层薄铁皮。壳板的厚度一般为 20~50mm；宽 150~180mm，不宜超过 200mm，过薄与过宽的板容易变形。肋木、立柱或横挡的尺寸可根据经验或计算确定。肋木的间距一般为 0.7~1.5m。

图 5-8 所示为常用 T 形梁的分片装拆式木制模板结构。相邻横隔板之间的模板形成一个柜箱，每一对柜箱用顶部横木和穿通梁肋的螺栓拉杆来固定，并借柱底的木楔进行装、拆调整。

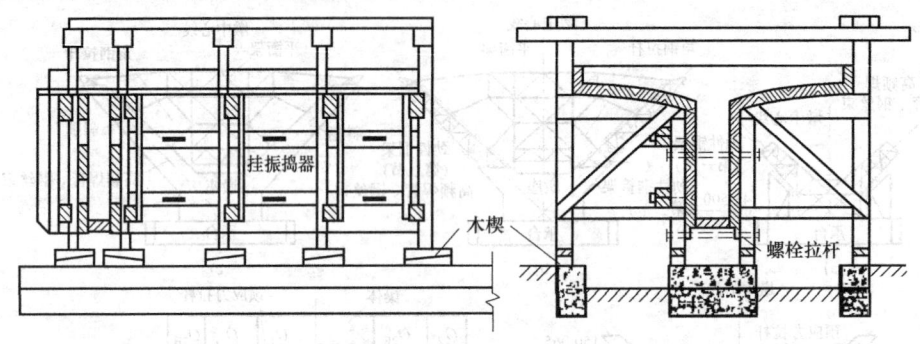

图 5-8 T 形梁的木模构造

图 5-9 示出一种分片装拆式钢模板的结构组成。侧模一般由厚度为 4~8mm 的钢壳板、角钢做成的水平肋和竖向肋，支托竖向肋的直撑、斜撑，固定侧模用的顶横杆和底部拉杆，以及安装在壳板上的振捣架等构成。底模通常用 6~12mm 的钢板制成，它通过垫木支承在底部钢横梁上。在拼装钢模板时，所有紧贴混凝土的接缝内都用止浆垫使接缝密闭不漏浆，止浆垫一般采用较软、耐用和弹性大的 5~8mm 厚橡胶板或厚 10mm 左右的泡沫塑料。

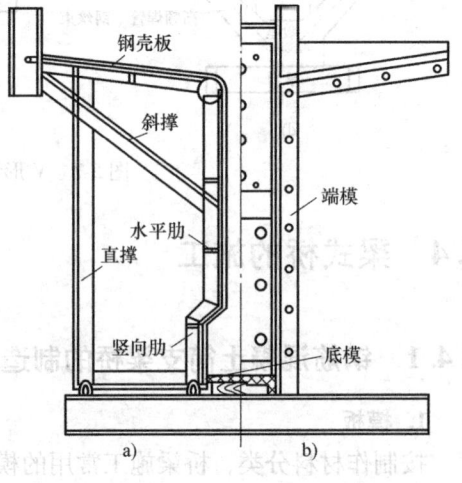

图 5-9 钢模板的组成

如果将钢模板中的钢制壳板换成水平拼装的木壳板，用埋头螺栓连接在角钢竖肋上，在木壳板上再钉一层薄铁皮，这样就做成钢木结合模板。这种模板不仅节约木材、成本低，而且具有较大的刚度和紧密稳固性，也是一种较好的模板结构。

图 5-10 所示是桥梁工程中目前常用于空心板梁施工的木制芯模的构造。芯模是形成空心所必需的特殊模板，其结构形式直接影响模板制作是否简便经济、装拆是否方便、周转率是否高的问题。为了便于搬运装拆，每根梁的模板分成两节。木壳板的侧面装置铰链，使壳板可以转动。芯模的骨架和活动撑板，每隔 70cm 一道。撑板下端的半边朝梁端一侧用铰链与壳板连接，安装时借助榫头顶紧壳板纵面的上、下斜缝，并在撑板上部设 φ20 的拉杆。撑板将壳板撑实后，在模壳外用铁丝捆扎以防散开或变形。拆模时只需用拉杆将撑板从顶部拉脱，并借铰链先松开左半模板并取出，再脱右半模板。

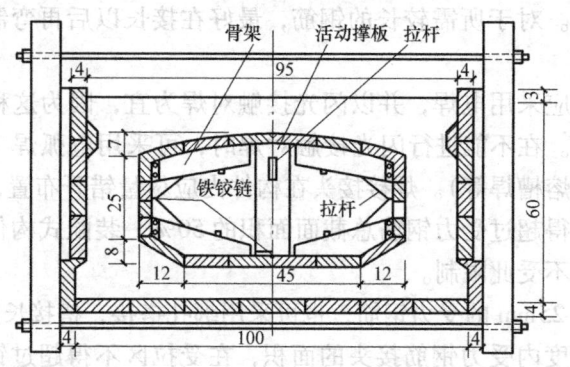

图 5-10 空心板梁芯模构造（图中尺寸单位：cm）

上述芯模亦可改用特制的充气橡胶管来完成。在国外，还采用混凝土管、纸管等做成不抽拔的芯模。

不管使用何种模板，为了避免壳板与混凝土粘连，通常均需在壳板面上涂以隔离剂，如石灰乳浆、肥皂水和脱模油等。

2. 钢筋加工

钢筋工作的特点是：加工工序多，包括钢筋整直、切断、除锈、弯制、焊接或绑扎成型等，而且钢筋的规格和型号尺寸也比较多。鉴于钢筋的加工质量和布置在浇筑混凝土中后再也无法检查，故必须严格控制钢筋的施工质量。

（1）钢筋加工的准备工作　首先应对进场的钢筋通过抽样试验进行质量鉴定，检验合格后才能使用。抽样试验主要作抗拉强度、屈服点和冷弯试验。

钢筋的整直工作根据钢筋直径的大小采用不同的方法。对于直径在 10mm 以上的钢筋一般用锤打整直；对于直径不到 10mm 钢筋的常用手摇或电动绞车通过冷拉整直（伸长率不大于1%），这样还能提高钢筋的强度和清除铁锈。

经整直的钢筋可用钢丝刷或喷砂枪喷砂除锈去污，也可将钢筋在砂堆中来回抽动除去锈污。

钢筋经整直、除锈后，即可按设计图要求进行画线下料。为了使成型的钢筋比较精确地符合设计要求，在下料前应计算图中所标明的折线尺寸与弯折处实际弧线尺寸之差值（通常可查阅现成的计算表格），同时还应计入钢筋在冷作弯折过程中的伸长量。

钢筋弯制前准备工作的最后一道工序为下料，即截断钢筋，通常视钢筋直径的大小，用錾子、手动剪切机和电动剪切机来进行。

（2）钢筋的弯制成型和接头 下料后的钢筋可在工作平台上用手工或电动弯筋器按规定的弯曲半径及角度弯制成型，钢筋的两端亦应按设计图要求弯成所需的标准弯钩。如钢筋图中对弯曲半径未作规定时，则宜以钢筋直径的15倍为半径进行弯制。对于所需较长的钢筋，最好在接长以后再弯制，这样较易控制尺寸。

钢筋的接头应采用电焊，并以闪光接触对焊为宜，因为这种接头的传力性能好，且省钢料。在不能进行闪光接触对焊时，可采用电弧焊（如搭接焊、帮条焊、坡口焊、熔槽焊等）。焊接接头在构件内应尽量错开布置，且受拉主钢筋的接头截面积不得超过受力钢筋总截面面积的50%。装配式构件连接处受力钢筋的焊接接头可不受此限制。

直径不大于25mm的受力钢筋，也可采用绑扎搭接，搭接长度应满足有关的规定。且搭接长度内受力钢筋接头的面积，在受拉区不得超过钢筋总截面积的25%，在受压区不得超过50%。

（3）钢筋骨架的组成与安装 装配式T梁钢筋骨架的焊接应在坚固的工作平台上进行。骨架的焊接一般采用电弧焊，先焊成单片平面骨架，再将它组拼成立体骨架。组拼后的骨架须有足够的刚性，焊缝须有足够的强度，以便在搬运、安装和灌注混凝土过程中不致变形、松散。

在焊接过程中，由于焊缝填充金属及被焊金属的温度变化，骨架将会产生翘曲变形，同时在焊缝内将引起甚至会导致焊缝开裂的收缩应力。为了防止或减小这种变形和应力，一般以采用双面焊缝为好，即先焊好一面的焊缝，尔后把骨架翻身，再焊另一面的焊缝。当大跨径骨架翻身困难而不得不采用单面焊时，则须在垂直骨架平面的方向做成预拱度（其大小可由实地测验而定）。同时，在焊接操作上应采用分层跳焊法，即从骨架中心向两端对称地、错开地焊接，先焊骨架下部，后焊骨架上部；在同一断面处，如钢筋层次多，各道焊缝也应互相交错跳焊；同时，每道焊缝可分两层焊足高度，即先按跳焊顺序焊好焊缝的下层，经冷却后，再按跳焊顺序焊完上层。当多层钢筋直径不同时，则可先焊两直径相同的钢筋，再焊直径不同的钢筋。焊缝在焊成后应将药皮全部敲掉。

焊接成型的钢筋骨架，安装比较简单，用一般起重设备吊入模板即可。

对于绑扎钢筋的安装，应事先拟定安装顺序。一般的梁肋钢筋，先放箍筋，再安下排主筋，后装上排钢筋。在钢筋安装工作中为了保证达到设计及构造要求，应注意下列几点：

1) 钢筋的接头应按规定要求错开布置。
2) 钢筋的交叉点应用铁丝绑扎结实，必要时，亦可用电焊焊接。
3) 除设计有特殊规定之外，梁中箍筋应与主筋垂直。箍筋弯钩的叠合处，在梁中应沿纵向置于上面并交错布置。
4) 为了保证混凝土保护层的必须厚度，应在钢筋与模板间设置水泥浆块、混凝土垫块或钢筋头垫块。垫块应错开设置，不应贯通截面的全宽。
5) 为保证及固定钢筋相互间的横向净距，两排钢筋之间可用混凝土分隔块或短钢筋扎结固定。
6) 为保证钢筋骨架有足够的刚度，必要时可以增加装配钢筋。

3. 混凝土施工

混凝土施工包括拌制、运输、灌注和振捣、养护以及拆模等工序。

（1）混凝土的拌制　混凝土一般应采用机械拌合，上料的顺序一般是先石子，次水泥，后砂子。人工拌合只许用于少量混凝土工程的塑性混凝土或半干硬性混凝土。无论是机械还是人工搅拌，都应使石子表面包满砂浆，拌合料混合均匀、颜色一致。人工拌合应在铁板或其他不渗水的平板上进行，先将水泥和细骨料拌匀，再加入石子和水，拌至材料均匀、颜色一致为止。如需掺附加剂，应先将附加剂调成溶液（指可溶性附加剂），再加入拌合水中，与其他材料拌匀。在整个施工过程中，要注意随时检查和校正混凝土的流动性或坍落度，严格控制水灰比，不得任意增加用水量。保证混凝土拌合均匀的重要条件是有足够的拌合时间，但要注意拌合时间也不能过长，否则会造成混凝土拌合物的分离现象。

为了提高干硬或半干硬性混凝土的和易性、减小混凝土的单位用水量，以提高其强度并且达到节约水泥用量的目的，还可在混凝土中掺加减水剂。掺加减水剂的种类、数量和方法都必须通过试验确定。

（2）混凝土的运输　混凝土应以最少的转运次数、最短的距离迅速从搅拌地点运往浇筑位置。运输道路要平整，防止混凝土因颠簸振动而发生离析、泌水和灰浆流失现象，否则，必须在浇筑前再次进行拌合。

若混凝土自高处倾落时，为防止离析，其自由倾落高度不宜超过2m；超过2m时，应采用溜管、溜槽或串筒输送；倾落高度大于10m时，串筒内应附设减速叶片。

(3) 混凝土的浇筑　浇筑混凝土前一定要检查施工时的混凝土坍落度，同时仔细检查模板和钢筋的尺寸、预埋件的位置等是否正确，并要查看模板的清洁、润滑和紧密程度。

混凝土的浇筑方法直接影响到混凝土的密实度和整体性，这对混凝土的质量关系很大。因此，必须根据混凝土的拌制能力、运距与浇筑速度、气温及振捣能力等因素，认真制定混凝土的浇筑方法。

当构件的高度（或厚度）较大时，为了保证混凝土能振捣密实，就应采用分层浇筑法，即混凝土应按一定厚度、顺序和方向分层浇筑，应在下层混凝土初凝或能重塑前浇筑完成上层混凝土。上下层同时浇筑时，上层与下层前后浇筑距离应保持在1.5m以上。

(4) 混凝土的振捣　混凝土拌合料具有受振时产生暂时流动的特性，此时其中的粗骨料靠重力向下沉落并互相滑动挤紧，骨料间的空隙被流动性大的水泥砂浆所充满，而空气则形成小气泡浮到混凝土表面被排出。这样会增加混凝土的密实度，从而大大提高混凝土的强度和耐久性，并使之达到内实外光的要求。

混凝土的振捣可分人工振捣和机械振捣两种。人工振捣适用于坍落度大、混凝土数量少或钢筋过密部位的场合。大规模的混凝土浇筑必须使用机械振捣。

混凝土振捣设备有插入式振捣器、附着式振捣器、平板式振捣器和振动台等。

平板式振捣器用于大面积混凝土施工，如桥面、基础等；附着式振捣器是挂在模板外部振捣，通过振动模板来振捣混凝土，对模板要求较高，且振动的效果不是太好，常用于薄壁混凝土构件，如梁肋部分等；插入式振捣器常用的是软管式的，只要构件断面有足够的位置插入振捣器，而钢筋又不太密时可以采用，它的效果比平板式及附着式要好。

在选用振捣器时应注意，对于石料粒径较大的混凝土，选用频率较低、振幅较大的振捣器效果较好，反之则宜选用频率高、振幅小的，因为振幅太大容易使较小骨料作无规则的翻动，反而造成混凝土离析。

混凝土每次振捣的时间要很好掌握，振捣时间过短或过长均有弊病，一般以振捣至混凝土不再下沉、无显著气泡上升、混凝土表面出现薄层水泥浆、表面达到平整为适度。当用附着式振捣器时，因振捣效率较差，一般需2min左右；当用插入式振捣器时，效果较好，一般只要15~30s；当用平板式振捣器时，在每个位置上的振捣时间为25~40s。

(5) 混凝土的养护及模板拆除　混凝土中水泥的水化作用过程，就是混凝土凝结、硬化和强度发育的过程。它与周围环境的温度、湿度有着密切的关系。

当温度低于15℃时，混凝土的硬化速度减慢，而当温度降至-2℃时，硬化基本上停止。在干燥的气候下，混凝土中的水分迅速蒸发，一方面使混凝土表面剧烈收缩而导致裂缝，另一方面当游离水分全部蒸发后，水泥水化作用也就停止了，混凝土即停止硬化。因此，混凝土浇筑后即需进行适当的养护，以保持混凝土硬化发育所需要的温度和湿度。

目前在桥梁施工中采用最多的是在自然气温条件下（5℃以上）的自然养护方法。此法是在混凝土终凝后，在构件上覆盖草袋、麻袋、稻草、塑料薄膜或砂子，经常洒水，以保持构件经常处于湿润状态。自然养护法的养护时间与水泥品种和是否掺用塑化剂有关。一般情况下，用普通硅酸盐水泥的混凝土为7昼夜以上；用矿渣水泥、火山灰质水泥或掺用塑化剂的为14昼夜以上。每天浇水的次数，以能使混凝土保持充分潮湿为度。在一般气候条件下，当温度高于15℃时，前3天内白天每隔1~2h浇水1次，夜间至少浇水2~4次，在以后的养护期间内可酌情减少。在干燥的气候条件下，或在大风天气中，应适当增加浇水的次数。覆盖塑料薄膜能阻断水分蒸发，不需浇水。

自然养护法比较经济，但混凝土强度增长较慢、模板占用时间也长，特别在低温下（5℃以下）不能采用。为了加快模板周转和施工进度，可采用蒸气法养护混凝土。

混凝土经过养护，当强度达到设计强度的25%~50%时，即可拆除梁的侧模；达到设计吊装强度且不低于设计强度等级的70%，就可起吊主梁。

(6) 混凝土的冬期施工要点　冬期施工是指根据当地多年气温资料，室外日平均气温连续5天稳定低于5℃时，混凝土、钢筋混凝土、预应力混凝土及砌体工程的施工。

冬期施工的技术措施主要有以下几方面：

1）在保证混凝土必要和易性的同时，尽量减少用水量，采用较小的水灰比，这样可以大大促进混凝土的凝固速度，有利于抵抗混凝土的早期冻结。

2）增加拌合时间，比正常情况下增加50%~100%，使水泥的水化作用加快，并使水泥的发热量增加以加速凝固。

3）适当采用活性较大、发热量较高的快硬水泥、高强度等级水泥拌制混凝土。

4）将拌合水甚至骨料加热，提高混凝土的初始温度，使混凝土在养护措施开始前不致冰冻。

5）掺用早强剂，加速混凝土强度的发展，并降低混凝土内水溶液的冰点，防止混凝土早期冻结。目前常用的早强剂有含三乙醇胺的硫酸钠复合剂和亚硝酸钠复合剂两种。

6）用蒸气养护、暖棚法、蓄热法和电热法等提高养护温度。

以上各项措施,各有特点和利弊,可根据施工期间的气温和预制场(厂)的具体条件来选定。

5.4.2 预应力混凝土简支梁桥的制造工艺

1. 先张法预制工艺

先张法生产可采用台座法或机组流水法。采用台座法时,构件施工的各道工序全部在固定台座上进行。采用机组流水法时,构件在移动式的钢模中生产,钢模按流水方式通过张拉、浇筑、养护等各个固定机组完成每道工序。机组流水法可加快生产速度,但需要大量钢模和较高的机械化程度,且需以蒸汽养护配合,因此适用于工厂内预制定型构件。

(1) 台座法预制　台座是先张法生产中的主要设备之一,要求有足够的强度和稳定性。台座按构造形式不同,可分为墩式和槽式两类。墩式台座是靠自重和土压力来平衡张拉力所产生的倾覆力矩,并靠土壤的反力和摩擦力抵抗水平位移。在地质条件良好、台座张拉线较长的情况,采用墩式台座可节约大量混凝土。当现场地质条件较差、台座又不很长时,可采用槽式台座。槽式台座与墩式台座的不同之处在于预应力筋张拉力是由承力框架承受而得到平衡,此承力框架可以是钢筋混凝土的,也可以是由横梁和压杆组成的钢结构。

(2) 预应力筋的种类　先张法预应力混凝土梁可用精轧螺纹钢筋、消除应力光面钢丝和螺旋肋钢丝、消除应力刻痕钢丝及钢绞线作为预应力筋。

(3) 预应力筋的张拉和放松　先张法梁的预应力筋,是在底模整理好后在台座上进行张拉的。先张法梁通常采用一端张拉,另一端在张拉前要设置好固定装置或安放好预应力筋的放松装置。但也有采用两端张拉的方法。

先张法张拉钢筋,可以单根分别张拉或多根整批张拉。单根张拉设备比较简单,吨位要求小,但张拉速度慢。张拉的顺序应不致使台座承受过大的偏心力。多根同时张拉一般需有两个大吨位千斤顶,张拉速度快。

数根钢筋同时张拉时,必须使它们的初始长度一致,以便使每根钢筋张拉后的应力均匀。预应力筋张拉的程序依预应力筋的类型而异。

采用钢筋时,其张拉程序为:

$0 \to$ 初应力(取张拉力的10%) $\to$ (105%) $\sigma_{con} \xrightarrow{\text{持荷2min}}$ (90%) $\sigma_{con} \to \sigma_{con}$ (锚固)

采用钢丝或钢绞线自锚性能锚具时,其张拉程序为:

普通松弛力筋　$0 \to$ 初应力 $\to 1.03\sigma_{con}$ (锚固)

低松弛力筋　$0 \to$ 初应力 $\to \sigma_{con}$ (持荷2min锚固)

采用钢丝或钢绞线其他锚具时,张拉程序为:

$0 \to 初应力 \to 1.05\sigma_{con} \xrightarrow{持荷 2min} 0 \to \sigma_{con}$（锚固）

σ_{con} 为张拉时的控制应力值，包括预应力损失值；初应力应采用同一数值，施工时采用油压表应力值与预应力束（筋）的延伸量量测进行双控。目前广泛采用钢绞线的 OVM 锚具，一旦张拉至 $105\% \sigma_{con}$ 后回油就自行锚固，所以施工中一般采用张拉至 $103\% \sigma_{con}$ 锚固。

钢筋在超张拉时，其张拉值不得大于钢筋的屈服强度，或钢丝、钢绞线抗拉强度的 75%。为施工安全，应在超张拉后放松至 90% 的控制应力，进行安装预埋件、模板和钢筋等工作。

当混凝土强度达到设计要求后，可在台座上放松受拉预应力筋（称为"放张"），对预制梁施加预应力。当设计无规定时，一般应在混凝土强度大于设计强度等级的 70% 时进行。放松之后，切割梁外钢筋，即可移位准备再生产。放松预应力钢筋的办法有：用千斤顶先拉后松、砂箱放松、滑楔放松和螺杆放松等方法。

2. 后张法预制工艺

后张法工序较先张法复杂，需要预留孔道、穿筋、灌浆等工序，以及耗用大量的锚具和埋设件等，增加了用钢量和投资成本。但后张法不需要强大的张拉台座，便于在现场施工，而且又适宜于配置曲线形预应力束（筋）的大型和重型构件的制作，因此目前在铁路、公路桥梁上得到广泛的应用。

后张法预应力混凝土桥梁常用高强碳素钢丝束、钢绞线作为预应力筋。

（1）高强钢丝束的制备 钢丝束的制作包括下料和编束工作。高强碳素钢丝都是圆盘，若盘径小于 1.5m，则下料前应先在钢丝调直机上调直。对于在厂内先经矫直回火处理且盘径为 1.7m 的高强钢丝，则一般不必调直即可下料。如发现局部存在波弯现象，可先在木制台座上用木锤整直后下料。下料前除应抽样进行钢丝的力学性能试验外，还要测量钢丝的圆度，对于直径为 5mm 的钢丝，其正负容许偏差为 +0.8mm 和 -0.4mm。

（2）钢绞线的制备 国产钢绞线分 I 级松弛（普通松弛）和 II 级松弛（低松弛）钢绞线两种。在破坏荷载 70% 的荷载作用下，温度为 20℃ ±2℃，1000h 后普通松弛钢绞线应力松弛值为 8%，而低松弛钢绞线 ≤2.5%。

国产低松弛高强度预应力钢绞线原料采用上海宝钢生产的日本钢号 SWRH82b，限制含碳量为 0.80% ~0.85%，含锰量为 0.60% ~0.90%，磷、硫含量分别不大于 0.03%，并在钢中加入铬、钒、硅等合金元素，以提高强度，改善品质。

钢绞线从原料到成品生产工艺流程如下：

原料→原料检验→酸洗→涂润滑层→中和→烘干→拉丝打轴→半成品检验→绞线捻制→稳定化处理→重卷→成品检验→包装入库。

钢绞线运到现场后，下料长度由孔道长度和工作长度决定。钢绞线切割宜采用机械切割法。

(3) 孔道成型 后张法施工的预应力梁，在浇筑梁体混凝土前，需在预应力筋的设计位置预先安放制孔器，以便梁体制成后在梁内形成孔道，将预应力筋穿入孔道，然后进行张拉和锚固。孔道成型包括制孔器的选择、安装和抽拔以及通孔检查等工作。

(4) 穿钢丝束 当梁体混凝土的强度达到设计强度的85%以上时，方可进行穿束张拉。穿束前，可用空压机吹风等方法清理孔道内的污物和积水，以确保孔道畅通。一般采用人工直接穿束，工地上也有借助一根$\phi5$钢丝作为引线，用卷扬机牵引较长的束筋进行穿束。穿束时钢丝束从一端穿入孔道。钢丝束在孔道两头伸出的长度要大致相等。

目前新的穿钢绞线束的方法是，用专门的穿束机，将钢绞线从盘架上拉出，然后从孔道一端快速地（速度为3~5m/s）推送入孔道，当戴有护头的束前端穿出孔道另一端时，按规定伸出长度截断（用电动切线轮），再将新的端头戴上护头穿第二根，直到穿够一束规定的根数。

(5) 预应力锚具 常用后张法预应力锚具，有钢质锥形锚具、螺丝端杆锚具、JM12型锚具、墩头锚具、星形锚具、群锚体系（OVM锚具、YM锚具）。

(6) 锚垫板 锚垫板是后张法体系中的一个部件，其作用是将锚具传来的集中力分布到较大的混凝土承压面积上去。为便于加工和安装，锚垫板一般为矩形。通常情况下，一块锚垫板上锚固一根钢丝束。当预应力筋束相距很近时，亦可将多根钢丝束锚固于同一块锚板上。锚固垫板的厚度应不小于12mm，不宜太薄。太薄则受压后锚板将变成锅底形，影响应力扩散，使混凝土局部挤压剧增，可能发生混凝土劈裂事故。锚固垫板的后方应进行局部加强，加强的办法是设置螺旋式钢筋或附加横向钢筋网。施工时应严格控制锚垫板与管道中心线垂直，否则，张拉时垫板将对混凝土产生侧向分力，也易使锚下混凝土劈裂。若发生锚垫板与管道中心线不垂直时，应衬垫楔形垫校正。

(7) 张拉设备 张拉设备包括张拉千斤顶、高压油泵和压力表。

(8) 张拉工艺 张拉前需做好千斤顶和压力表的校验、与张拉吨位相应的油压表读数和钢丝伸长量的计算、张拉顺序的确定和清孔、穿束等工作。应对千斤顶和油泵进行仔细检查，以保证各部分不漏油并能正常工作。应画出油压表读数和实际拉力的标定曲线，确定预应力筋（束）中应力值和油表读数间的直接关系。

后张法构件，长度等于或大于25m时及曲线预应力束宜用两端同时张拉的工艺。只有短的构件可用单端张拉，非张拉端采用死锚头。

张拉程序随预应力筋（束）种类和锚具形式不同而不同。

采用钢筋或钢筋束时的张拉程序为：
0→初应力（取张拉力的10%）→$1.05\sigma_{con}$（持荷2min）→σ_{con}（锚固）
采用钢丝或钢绞线自锚性能锚具时，其张拉程序为：
普通松弛力筋　0→初应力→$1.03\sigma_{con}$；
低松弛力筋　0→初应力→σ_{con}（持荷2min）。
采用钢丝或钢绞线其他锚具时，张拉程序为：
0→（初应力）→$1.05\sigma_{con}$（持荷2min）→σ_{con}（锚固）。
精轧螺纹钢筋（直线配筋）时：
0→（初应力）→σ_{con}（持荷2min锚固）。
精轧螺纹钢筋（曲线配筋）时：0→σ_{con}（持荷2min锚固）→0（上述程序可反复几次）→（初应力）→σ_{con}（持荷2min锚固）。

各钢丝束的张拉顺序，应对称于构件截面的竖直轴线，同时考虑不使构件的上、下缘混凝土应力超过容许值。张拉时钢筋或钢丝应力用油压表读数来控制，同时用伸长量作校核。根据应力与伸长的比例关系，实测的伸长量与计算的伸长量相差不应大于5%。为使油压表读数正确反映千斤顶拉力，应规定千斤顶、油压表标定制度。

（9）孔道压浆和封锚　压浆的目的是防护构件内的预应力筋（束）免于锈蚀，并使它们与构件相粘结而形成整体。压浆是用压浆机（拌合机加水泥泵）将水泥浆压入孔道，务使孔道从一端到另一端充满水泥浆，并且不使水泥浆在凝结前漏掉，为此需在两端锚头上或锚头附近的构件上设置连接带阀压浆嘴的接口和排气孔。

水泥浆内往往使用塑化剂（或掺铝粉），以增加水泥浆的流动性。使用铝粉能使水泥浆凝固时的膨胀稍大于体积收缩，因而使孔道能充分填满。

压浆前先压水冲洗孔道，然后从压浆嘴慢慢压入水泥浆，这时另一端的排气孔有空气排出，直至有水泥浆流出为止，关闭压浆和出浆口的阀门。

施锚后压浆前需将预应力筋（束）露于锚头外的部分（张拉时的工作长度）截除。压浆后将所有锚头用混凝土封闭，最后完成梁的预制工作。

5.4.3　装配式梁桥的安装

1. 预制梁的出坑和运输

（1）出坑　预制构件从预制场的底座上移出来，称为"出坑"。钢筋混凝土构件在混凝土强度达到设计强度75%以上，预应力混凝土构件在预应力张拉以后才可出坑。构件出坑方法，一般采用龙门起重机将预制梁起吊出坑后移到存梁处或转运至现场，如简易预制场无龙门起重机时，可采用起重机起吊出坑，也可用横向滚移出坑。

(2) 运输　预制梁从预制场至施工现场的运输，常用大型平板车、驳船或火车运至桥位现场。

预制梁在施工现场内运输称为场内运输，常用龙门轨道运输、平车轨道运输、平板汽车运输，也可采用纵向滚移法运输。

2. 预制梁的安装

在岸上或浅水区预制梁的安装可采用龙门起重机、汽车起重机及履带起重机安装；水中梁跨常采用穿巷起重机安装、浮吊安装及架桥机安装等方法。

(1) 跨墩龙门起重机安装　跨墩龙门起重机安装适用于岸上和浅水滩以及不通航浅水区域安装预制梁。

两台跨墩龙门起重机分别设于待安装孔的前、后墩位置，预制梁由平车顺桥向运至安装孔的一侧，移动跨墩龙门起重机上的吊梁平车，对准梁的吊点放下吊架，将梁吊起。当梁底超过桥墩顶面后，停止提升，用卷扬机牵引吊梁平车慢慢横移，使梁对准桥墩上的支座，然后落梁就位。接着准备架设下一片梁。

在水深不超过5m、水流平缓、不通航的中小河流上的小桥孔，也可采用跨墩龙门起重机架梁。这时必须在水上桥墩的两侧架设龙门起重机轨道便桥，便桥基础可用木桩或钢筋混凝土桩。在水浅缓流而无冲刷的河上，也可用木笼或草袋筑岛作为便桥的基础。便桥的梁可用贝雷组拼。

(2) 穿巷起重机安装　穿巷起重机可支承在桥墩和已架设的桥面上，不需要在岸滩或水中另搭脚手架与铺设轨道，因此，它适用于在水深流急的大河上架设水上桥孔。

根据穿巷起重机的导梁主桁架间净距的大小，可分为宽、窄两种。宽穿巷起重机可以进行边梁的吊起和横移就位；窄穿巷起重机的导梁主桁净距小于两边T梁梁肋之间的距离，因此，边梁要先吊放在墩顶托板上，然后再横移就位。

穿巷起重机可以进行梁体的垂直提升、顺桥向移动、横桥向移动和起重机纵向移动等四种作业。起重机构造虽然较复杂，但工效却较高，且横移就位也较安全。

(3) 自行式起重机安装　陆地桥梁、城市高架桥预制梁安装常采用自行起重机安装。一般先将梁运到桥位处，采用1台或2台自行式汽车起重机或履带起重机直接将梁片吊起就位，方法便捷。履带起重机的最大起吊能力达3MN。

(4) 浮吊安装　预制梁由码头或预制厂直接由运梁驳船运到桥位，浮吊船宜逆流而上，先远后近安装。浮吊船吊装前应先下锚定，航道要临时封锁。

采用浮吊安装预制梁，施工速度快，高空作业较少，是航运河道上架梁常用的办法。广东省在使用浮吊安装时，其最大起重能力达5MN。

(5) 架桥机安装　架桥机架设桥梁一般在长大河道上采用，公路上采用贝雷梁构件拼装架桥机；铁路上采用800kN、1300kN、1600kN架桥机。20世纪50

年代采用悬臂式架桥机，需设桥头岔线，桥头路基引道要求较高，危险性较大。20世纪60年代开始试制单梁式架桥机及双梁式架桥机，既可使架梁作业比较安全，也可不设桥头岔线，解决了山区桥头地形狭窄、架梁困难的难题。公路斜拉式双导梁架桥机，50/150 型可架设跨径 50m 的 T 形梁，40/100 形可架设 40m 的 T 形梁，XMQ 型架桥机可架设 30m 的 T 形梁，BX-25 型号为贝雷轻型架桥机。目前国内架桥机最大起吊能力为 3MN。

5.4.4 就地浇筑施工法

1. 概述

就地浇筑施工是一种古老的施工方法，它是在桥孔位置搭设支架，并在支架上安装模板，绑扎及安装钢筋骨架，预留孔道，并在现场浇筑混凝土与施加预应力的施工方法。由于施工需用大量的模板支架，一般仅在小跨径桥或交通不便的边远地区采用。随着桥跨结构形式的发展，出现了一些变宽的异形桥、弯桥等复杂的混凝土结构，加之近年来临时钢构件和万能杆件系统的大量应用，在采用其他施工方法都比较困难时，或经过比较，施工方便、费用较低时，也常在中、大跨径桥梁中采用就地浇筑的施工方法。

就地浇筑施工法的特点：

1) 桥梁的整体性好，施工平稳、可靠，不需大型起重设备。
2) 施工中无体系转换。
3) 预应力混凝土连续梁桥可以采用强大预应力体系，使结构构造简化，方便施工。
4) 需要使用大量施工支架，跨河桥梁搭设支架影响河道的通航与排洪，施工期间支架可能受到洪水和漂浮物的威胁。
5) 施工工期长、费用高，需要有较大的施工场地，施工管理复杂。

2. 施工支架

就地浇筑混凝土梁桥的上部结构，首先应在桥孔位置搭设支架，以支承模板、浇筑的钢筋混凝土及其他施工荷载。支架有满布式木支架、钢管脚手架，钢木混合的梁式支架、梁柱式支架，万能杆件拼装支架与装配式公路钢桥桁节拼装支架等形式。

5.4.5 悬臂施工法

悬臂施工法建造预应力混凝土梁桥时，不需要在河中搭设支架，而直接从已建墩台顶部逐段向跨径方向延伸施工，每延伸一段就施加预应力使其与已建部分联结成整体（见图5-11）。如果将悬伸的梁体与墩柱体做成刚性固结，这样构成了能最大限度发挥悬臂施工优越性的预应力混凝土T形刚架桥。鉴于悬臂施工时梁体的受力状态与桥梁建成后使用荷载下的受力状态基本一致，即施工中所施加的预应力也是使用荷载下所需预应力的一部分，这就既节省了施工中的额外耗费，又简化了工序，使得这类桥型在设计与施工上达到完满的协调和统一。

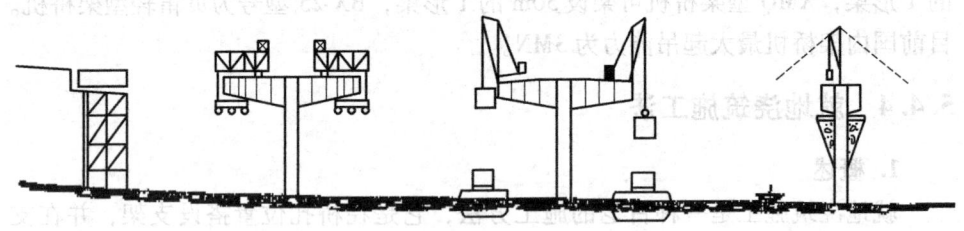

图 5-11 悬臂施工法

用悬臂施工法来建造悬臂梁桥，要比建造 T 形刚架桥复杂一些。因为在施工中需要采取临时措施使梁体与墩柱保持固结，而待梁体自身达到稳定状态时，又要恢复梁体与墩柱的铰接性质，对此尚需调整所施加的预应力以适应这种体系的转换。

鉴于悬臂施工法不受桥高、河深等影响，适应性强，目前不仅用于悬臂体系桥梁，而且还广泛应用于大跨径预应力混凝土连续梁桥、连续刚架桥、混凝土斜拉桥以及钢筋混凝土拱桥的施工中。

按照梁体的制作方式，悬臂施工法又可分为悬臂浇筑和悬臂拼装两类。下面分别介绍这两种方法和施工中的临时固结措施。

1. 悬臂浇筑法

悬臂浇筑施工系利用悬吊式的活动脚手架（或称挂篮）在墩柱两侧对称平衡地浇筑梁段混凝土（每段长 2~5m），每浇筑完一对梁段，待达到规定强度后就张拉预应力筋并锚固，然后向前移动挂篮，进行一下梁段的施工，直到悬臂端为止。

图 5-12 为挂篮结构简图。挂篮由底模架、悬吊系统、承重结构、行走系统、平衡重及锚固系统、工作平台等部分组成。挂篮的承重结构可用万能杆件或贝雷钢架拼成，或采取专门设计的结构。它除了要能承受梁段自重和施工荷载外，还要求自重轻、刚度大、变形小、稳定性好、行走方便等。

用挂篮浇筑墩侧第一对梁段时，由于墩顶位置受限，往往需要将两侧挂篮的承重结构连在一起（见图 5-13a）所示。待浇筑到一定长度后再将两侧承重结构分开。如果墩顶位置过小，开始用挂篮浇筑发生困难时，可以设立局部支架来浇筑墩侧的头几对梁段（见图 5-13b），然后再安装挂篮。

每个箱梁段的施工流程为：移挂篮→装底模、侧模→装底板、肋板钢筋和

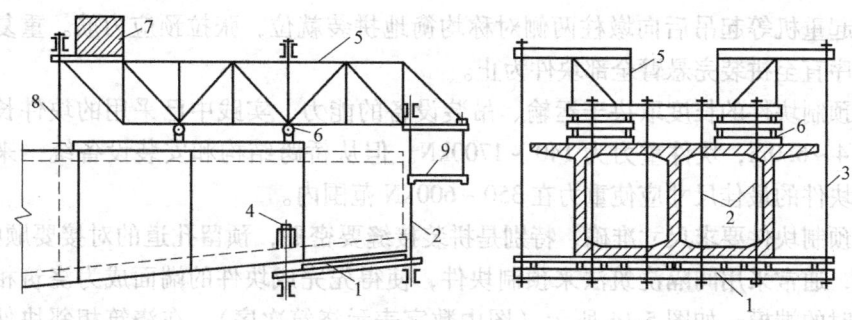

图 5-12 挂篮结构图
1—底模架 2、3、4—悬吊系统 5—承重结构
6—行走系统 7—平衡重 8—锚固系统 9—工作平台

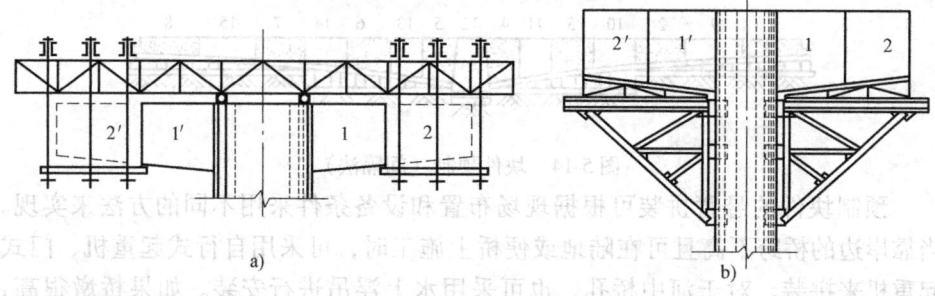

图 5-13 墩侧几对梁段的浇筑

预留管道→装内模→装顶板钢筋和预留管道→浇筑混凝土→养生→穿预应力筋、张拉和锚固→管道压浆。

悬臂浇筑一般采用由快凝水泥配制的 C40~C60 混凝土。在自然条件下，浇筑后 30~36h，混凝土强度就可达到 30MPa 左右（接近标准强度的 70%），这样可以加快挂篮的移位。目前每段施工周期为 7~10 天，视工作量、设备、气温等条件而异。

悬臂浇筑法施工的主要优点是：不需要占用很大的预制场地；逐段浇筑，易于调整和控制梁段的位置，且整体性好；不需要大型机械设备；主要作业在设有顶棚、养生设备等的挂篮内进行，可以做到施工不受气候条件影响；各段施工属严密的重复作业，需要施工人员少，掌握技术快，工作效率高等。主要缺点是：梁体部分不能与墩柱平行施工，施工周期较长，而且悬臂浇筑的混凝土加载龄期短，混凝土收缩和徐变影响较大。最常采用悬臂浇筑法施工的跨径为 50~120m。

2. 悬臂拼装法

悬臂拼装法施工是在工厂或桥位附近将梁体沿轴线划分成适当长度的块件进行预制，然后用船或平板车从水上或从已建成部分桥上运至架设地点，并用活动起重机等起吊后向墩柱两侧对称均衡地拼装就位，张拉预应力筋。重复这些工序直至拼装完悬臂全部块件为止。

预制块件的长度取决于运输、吊装设备的能力，实践中已采用的块件长度为 1.4~6.0m，块件重力为 140~1700kN。但从桥跨结构和安装设备统一来考虑，块件的最佳尺寸应使重力在 350~600kN 范围内。

预制块件要求尺寸准确，特别是拼装接缝要密贴，预留孔道的对接要顺畅。为此，通常采用间隔浇筑法来预制块件，使得先完成块件的端面成为浇筑相邻块件时的端模，如图 5-14 所示（图中数字表示浇筑次序）。在浇筑相邻块件之前，应在先浇块件端面上涂刷隔离剂，以便分离出块。在预制好的块件上应精确测量各块件相对高程，在接缝处作出对准标志，以便拼装时易于控制块件位置，保证接缝密贴，外形准确。

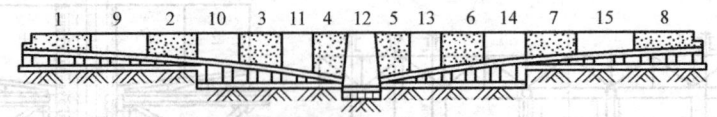

图 5-14　块件预制（间隔法）

预制块件的悬臂拼装可根据现场布置和设备条件采用不同的方法来实现。当靠岸边的桥跨不高且可在陆地或便桥上施工时，可采用自行式起重机、门式起重机来拼装。对于河中桥孔，也可采用水上浮吊进行安装。如果桥墩很高，或水流湍急而不便在陆上、水上施工时，就可利用各种起重机进行高空悬拼施工。

图 5-15a 表示用沿轨道移动的伸臂起重机进行悬臂拼装，预制块件用运梁船运至桥下。国外用此法曾拼装了长 6m、重 1700kN 的箱形块件。

图 5-15b 表示用拼拆式活动起重机进行悬拼。起重机的承重结构与悬臂浇筑法中挂篮的相仿，不过在起重机就位固定后，起重平车沿承重梁顶面的轨道纵向移动，以便拼装时调整位置。

图 5-15c 表示用缆索起重机吊运和拼装块件的简图，此法适用于起重机跨度不太大，块件重力也较轻的场合。

在无法用浮运设备运送块件至桥下而需要从桥的一岸出发修建多孔大跨径预应力混凝土桥梁时，还可以采用特制的自行式的悬臂——闸门式起重机进行悬臂拼装施工。图 5-16 为这种起重机在施工过程中两种主要位置的图式。

悬臂拼装时，预制块件间接缝的处理分湿接缝、干接缝和半干接缝等几种形式（见图 5-17）。

需将伸出钢筋焊接后灌湿接缝的混凝土，（见图 5-17a）。通常仅用于拼装与墩柱连接的第一对块件和在支架上拼装岸边孔桥跨结构。在满足抗剪强度要求的情况下，也可采用无伸出钢筋而仅填筑水泥砂浆的平面湿接缝。湿接缝的施

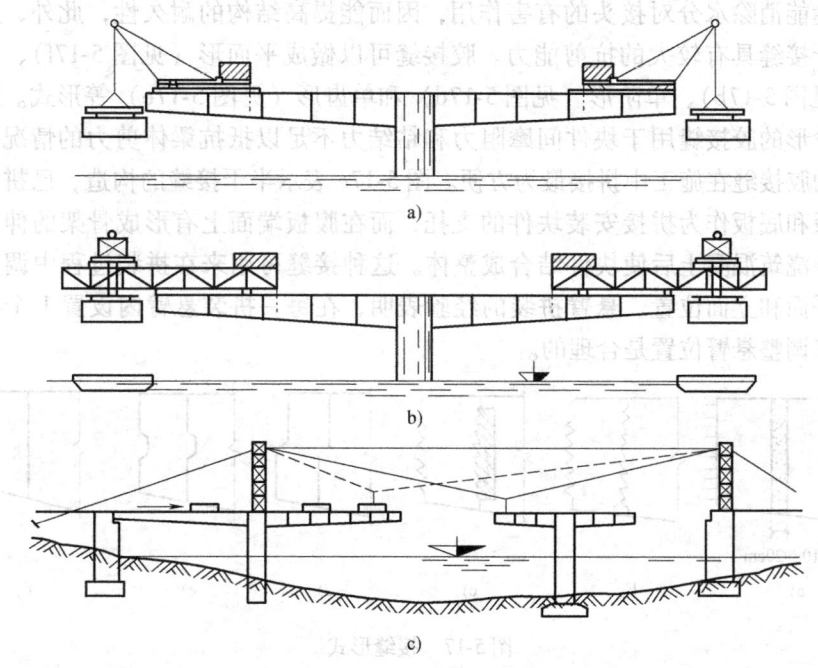

图 5-15 高空悬臂拼装

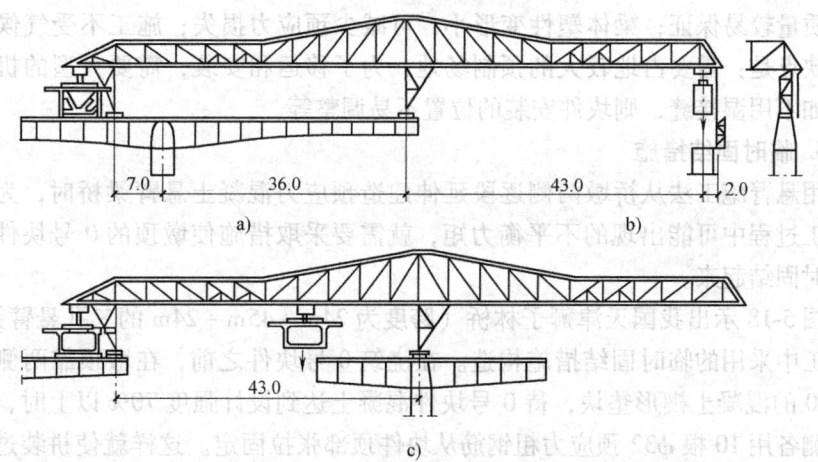

图 5-16 用悬臂—闸门式起重机拼装桥跨结构简图（图中尺寸单位：m）

工费时，但它有利于调整块件的拼装位置和增强接头的整体性。密贴的平面或齿形干接缝可以简化拼装工作，早期曾有采用，但由于接缝渗水会降低装配结构的运营质量和耐久性，故目前已很少应用。在悬臂拼装中采用最为广泛的是应用环氧树脂等胶结材料使相邻块件粘结的胶接缝，如图 5-17b、d、e、f 所示。

胶接缝能消除水分对接头的有害作用，因而能提高结构的耐久性，此外，胶接缝比干接缝具有较大的抗剪能力。胶接缝可以做成平面形（见图 5-17f）、多齿形（见图 5-17b）、单阶形（见图 5-17d）和单齿形（见图 5-17e）等形式。齿形和单阶形的胶接缝用于块件间摩阻力和粘结力不足以抵抗梁体剪力的情况。单阶形的胶接缝在施工中拼接最为方便。图 5-17c 表示半干接缝的构造，已拼块件的顶板和底板作为拼接安装块件的支托，而在腹板端面上有形成骨架的伸出钢筋，待浇筑混凝土后使块件结合成整体。这种接缝可用来在拼装过程中调整悬臂的平面和立面位置。悬臂拼装的经验表明，在每一拼装悬臂内设置 1 个半干接缝来调整悬臂位置是合理的。

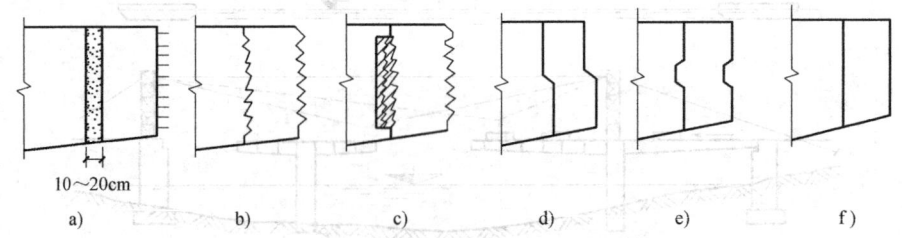

图 5-17　接缝形式

悬臂拼装法施工的主要优点是：梁体块件的预制和下部结构的施工可同时进行，拼装成桥的速度较现浇的快，可显著缩短工期；块件在预制场内集中制作，质量较易保证；梁体塑性变形小，可减少预应力损失；施工不受气候影响等。缺点是：需要占地较大的预制场地；为了移运和安装，需要大型的机械设备；如不用湿接缝，则块件安装的位置不易调整等。

3. 临时固结措施

用悬臂施工法从桥墩两侧逐段延伸建造预应力混凝土悬臂梁桥时，为了承受施工过程中可能出现的不平衡力矩，就需要采取措施使墩顶的 0 号块件与桥墩临时固结起来。

图 5-18 示出我国天津狮子林桥（跨度为 24m + 45m + 24m 的三孔悬臂梁桥）在施工中采用的临时固结措施构造。在浇筑 0 号块件之前，在墩顶靠两侧先浇筑 C50 的混凝土楔形垫块，待 0 号块件混凝土达到设计强度 70% 以上时，在桥墩两侧各用 10 根 $\phi 32$ 预应力粗钢筋从块件顶部张拉固定。这样就使拼装过程中出现的不平衡力矩完全由临时的混凝土垫块和预应力筋共同承受。张拉力的大小以悬拼时梁墩间不出现拉应力为度（每根钢筋的张拉力为 210kN）。待全部块件拼装完毕后，即可拆卸临时固结构件，使悬臂梁的永久支座发生作用，这样就使施工过程中的 T 形刚架受力图式转化为悬臂梁的受力图式。这种体系转换是施工中的重要环节，在拟定预应力筋张拉顺序时必须满足各阶段内力变化的需要，应该通过计算事先加以确定。

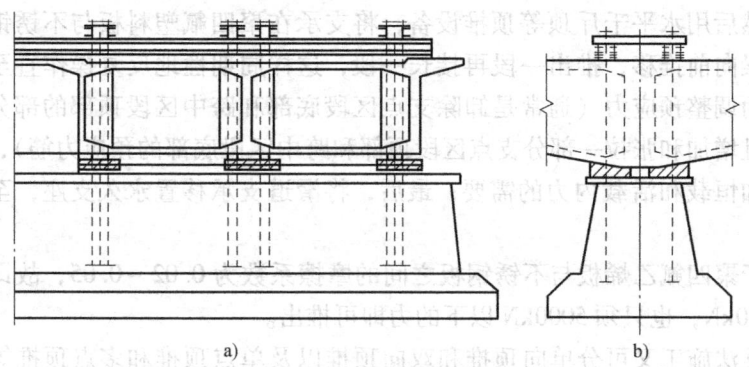

图 5-18　0号块件与桥墩的临时固结构造

图 5-19 示出另外几种临时固结的做法。图 5-19a 是当桥不高，水又不深而易于搭设临时支架时的支架式固结做法，在此情况下，为抵抗拼装中的不平衡力矩完全靠梁段的自重来保持稳定。图 5-19b 是利用临时立柱和预应力筋来锚固上、下部结构的构造。预应力筋的下端锚固在基础承台内，上端在箱梁底板上张拉并锚固，以使立柱在施工过程中始终受压，维持稳定。在桥高水深的情况下，也可采用围建在墩身上部的三角形撑架来敷设梁段的临时支承，并可使用砂筒作为悬臂拼装完毕后转换体系的卸架设备，如图 5-19c 所示。

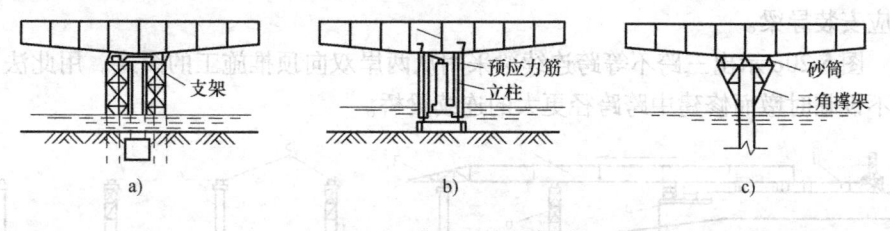

图 5-19　临时固结示意图

5.4.6　顶推施工法

预应力混凝土连续梁顶推法施工的构思，源于钢桥架设中普遍采用的纵向拖拉法。但由于混凝土结构自重大，滑道设备过于庞大，而且配置承受施工中变号内力的预应力筋也比较复杂，因而这种方法未能很早实现。随着预应力混凝土技术的发展和高强低摩阻滑道材料（聚四氟乙烯塑料）的问世，至 20 世纪 60 年代初，原联邦德国首创用此法架设预应力混凝土桥梁获得成功。目前，顶推法施工已作为架设连续梁桥的先进工艺，在世界各国得到了广泛的应用。

顶推法施工的基本工序为：在桥台后面的引道上或在刚性好的临时支架上设置制梁场，集中制作（现浇或预制装配），一般为等高度的箱形梁段（10 ~ 30m 一段），待有 2 ~ 3 段后，在上顶和底板内施加能承受施工中变号内力的预应力；然后用水平千斤顶等顶推设备，将支承在聚四氟塑料板与不锈钢板滑道上的箱梁向前推移，推出一段再接长一段，这样周期性地反复操作直至最终位置，进而调整预应力（通常是卸除支点区段底部和跨中区段顶部的部分预应力筋，并且增加和张拉一部分支点区段顶部和跨中区段底部的预应力筋），以满足承受后加恒载和活载内力的需要；最后，将滑道支承移置永久支座，至此施工完毕。

由于聚四氟乙烯板与不锈钢板之间的摩擦系数为 0.02~0.05，故即使梁重达 100000kN，也只须 5000kN 以下的力即可推出。

顶推法施工又可分单向顶推和双向顶推以及单点顶推和多点顶推等。图 5-20a 表示一般单向单点顶推的情况。顶推设备只设在一岸桥台处。在顶推中为了减少悬臂负弯矩，一般要在梁的前端安装一节长度为顶推跨径 0.6~0.7 倍的钢导梁，导梁应自重轻且刚度大。单向顶推最适宜于建造跨度为 40~60m 的多跨连续梁桥。当跨度更大时，则需在桥墩间设置临时支墩，国外已用顶推法修建了跨度达 168m 的桥梁。至于顶推速度，当水平千斤顶行程为 1m 时，一个顶推循环需 10~15min。国外最大速度已达到 16m/h。

对于特别长的多联多跨桥梁也可以应用多点顶推的方式使每联单独顶推就位，如图 5-20b 所示。在此情况下，在墩顶上均可设置顶推装置，且梁的前后端都应安装导梁。

图 5-20c 示出三跨不等跨连续梁采用从两岸双向顶推施工的图式。用此法可以不设临时墩而修建中跨跨径更大的连续梁桥。

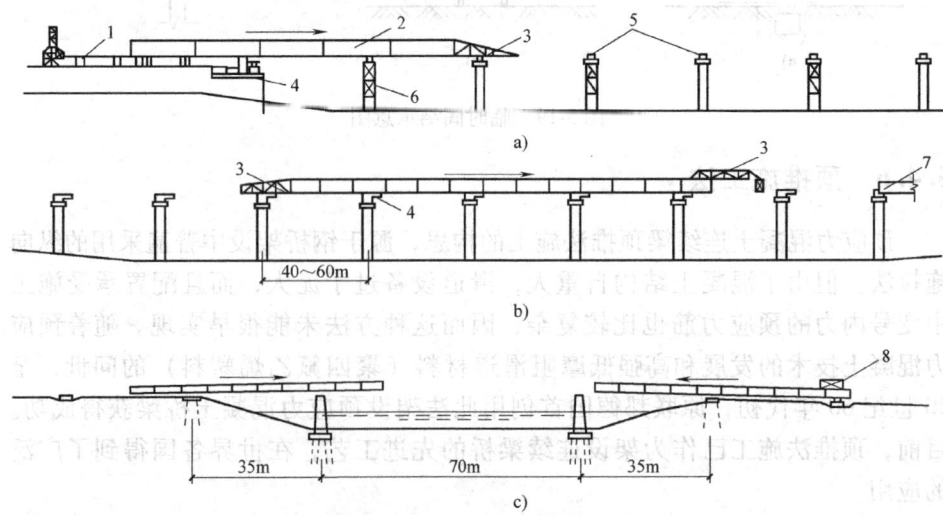

图 5-20 连续梁顶推法施工示意图
a) 单向单点顶推　b) 按每联多点顶推　c) 双向顶推
1—制梁场　2—梁段　3—导梁　4—千斤顶装置　5—支座　6—临时墩　7—建成梁段　8—平衡重

顶推施工中采用的主要设备是千斤顶和滑道。根据不同的传力方式,顶推工艺又有推头式或拉杆式两种。

图 5-21 表示推头式顶推装置。图 5-21a 是设置在桥台上进行顶推的布置,利用竖向千斤顶将梁顶起后,就启动水平千斤顶推动竖向千斤顶(推头),由于推头与梁底间橡胶垫板(或粗齿垫板)的摩擦力明显大于推头与桥台间滑板的摩擦力,这样就能将梁向前移动。推完一个行程后,降下竖向千斤顶使梁落在支承垫板上,水平千斤顶退回,然后又重复上述步骤循环将梁推进。图 5-21b 为多点顶推时安装在桥墩上的顶推装置。顶推时梁体压紧在推头上,水平千斤顶拉动推头使其沿钢板滑移,这样就可推动梁前进了。水平千斤顶走完一个行程后,用竖向千斤顶将梁顶起,水平千斤顶活塞杆带动推头退回原处,再落梁并重复将梁推进。推头式顶推工艺的主要特点是,在顶推循环中必须有竖向千斤顶顶起和放落的工序。

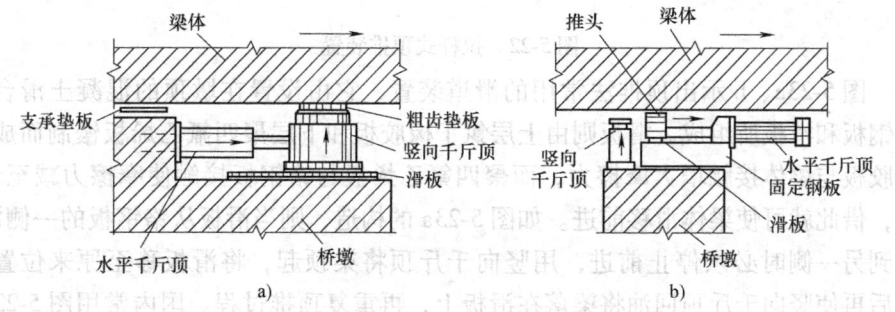

图 5-21 推头式顶推装置

图 5-22 示出拉杆式顶推装置的布置。图 5-22a 的顶推工艺为:水平千斤顶通过传力架固定在桥墩(台)顶部靠近主梁的外侧,装配式的拉杆用连接器接长后与埋固在箱梁腹板上的锚固器相连接,驱动水平千斤顶后活塞杆拉动拉杆,使梁借助梁底滑板装置向前滑移,水平千斤顶每走完一个行程,就卸下一节拉杆,然后水平千斤顶回油使活塞杆退回,再连接拉杆并进行下一顶推循环。也可以用图 5-22b 所示穿心式水平千斤顶来拉梁前进,在此情况下,拉杆的一端固定在梁的锚固器上,另一端穿过水平千斤顶后用夹具锚固在活塞杆尾端,水平千斤顶每走完一个行程,活塞杆退回,夹具自动放松,然后重新用夹具锚固拉杆并进行下一顶推循环。采用拉杆式顶推装置的主要优点是,在顶推过程中不需要采用竖向千斤顶作反复顶梁和落梁的工序,这就简化了操作并加快了推进速度。

必须注意,在顶推过程中要严格控制梁体两侧千斤顶同步运行。为了防止梁体在平面内发生偏移(特别是在单点顶推的场合中),通常可在墩顶梁体旁边设置横向导向装置。

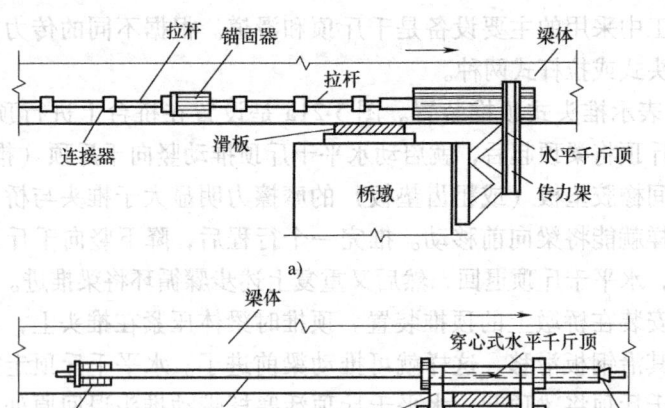

图 5-22　拉杆式顶推装置

图 5-23a、b 示出顶推法常用的滑道装置，它由设置在墩顶的混凝土滑台、铬钢板和滑板所组成。滑板则由上层氯丁橡胶板和下层聚四氟乙烯板镶制而成，橡胶板与梁体接触增大摩擦力，而聚四氟乙烯板与铬钢板接触使摩擦力减至最小，借此就可使梁体滑移前进。如图 5-23a 的构造，则当滑板从铬钢板的一侧滑移到另一侧时必须停止前进，用竖向千斤顶将梁顶起，将滑板移至原来位置，然后再使竖向千斤顶回油将梁落在滑板上，再重复顶推过程。国内常用图 5-23b 所示利用接下和喂入滑板的方式使梁连续滑移，这样可节省竖向千斤顶的操作工序，加快顶进速度，但应注意滑板进出口处要做成顺畅的弧面，否则容易损坏昂贵的滑板。图 5-23c 示出利用封闭形铬钢带进行自动连续滑移的滑道装置，在此情况下，聚四氟乙烯滑板的位置固定，而 3 层封闭形铬钢带（每层厚 1mm）则不断沿聚四氟乙烯板面滑移，最外层铬钢带的外表面上有 4mm 厚的硫化橡胶，这种装置构思新颖，效果好，但结构较复杂。

采用顶推法施工，每一节段从制梁开始到顶推完毕，一个循环需 6~8 天；全梁顶推完毕后，即可调整、张拉和锚固部分预应力筋，进行灌浆、封端、安装永久支座，主体工程即告完成。

综上所述，预应力混凝土连续梁顶推法施工具有如下特点：

1) 梁段集中在桥台后机械化程度较高的小型预制场内制作，占用场地小，不受气候影响，施工质量易保证。

2) 用现浇法制作梁段时，非预应力钢筋连续通过接缝，结构整体性好。

3) 顶推设备简单，不需要大型起重机械就能无支架建造大跨径连续梁桥，桥越长经济效益越好。

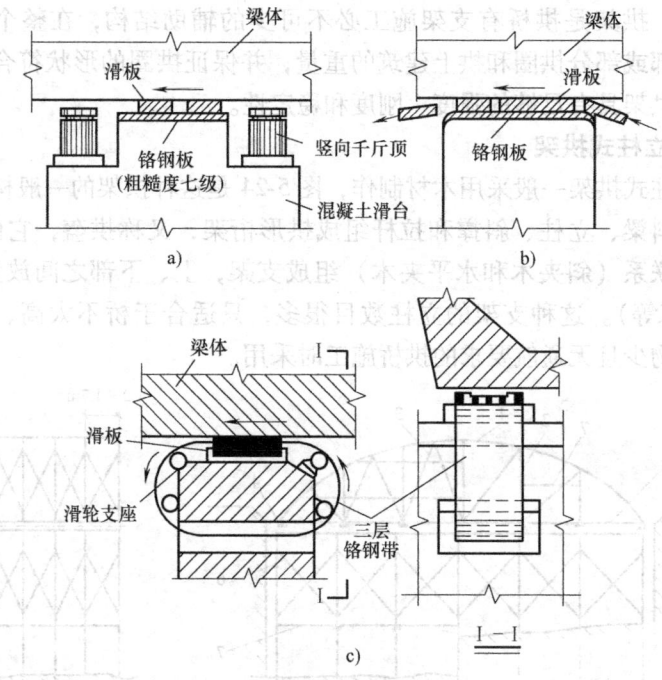

图 5-23 滑道构造

4）施工平稳、安全、无噪声，需用劳动力少，劳动强度也低。

5）施工是周期性重复作业，操作技术易熟练掌握，施工管理方便，工程进度易控制。

采用顶推法施工的不足之处是：采用等高度连续梁，一般会增加结构耗用材料的数量、梁高较大，导致增加桥头引道土方量，且不美观。顶推过程受力和梁体使用阶段受力不同，梁体顶推就位后，要调整各截面预应力筋的数量。此外，顶推法施工的连续梁跨度也受到一定的限制。

5.5 拱桥的施工

拱桥的施工方法与拱桥的结构形式密切相关，一般可分为有支架施工、少支架施工和无支架施工。其中无支架施工拱桥包括缆索吊装、转体施工、劲性骨架、悬臂浇筑和悬臂安装，以及由以上一种或几种施工方法组合施工的拱桥。

5.5.1 拱桥的有支架就地浇筑、砌筑施工

5.5.1.1 拱架

拱架的种类很多，按其使用材料可分为木拱架、钢拱架、竹拱架、钢木组合拱架以及土牛胎拱架等；按其结构形式可分为立柱式、撑架式、桁架式、组

合式等形式。拱架是拱桥有支架施工必不可少的辅助结构，在整个施工期间，用以支承全部或部分拱圈和拱上建筑的重量，并保证拱圈的形状符合设计要求。因此，要求拱架具有足够的强度、刚度和稳定性。

1. 满布立柱式拱架

满布立柱式拱架一般采用木材制作，图 5-24 是这种拱架的一般构造示意图。它的上部由斜梁、立柱、斜撑和拉杆组成拱形桁架，又称拱盔，它的下部是由立柱和横向联系（斜夹木和水平夹木）组成支架，上、下部之间放置卸架设备（木楔或砂筒等）。这种支架的立柱数目很多，只适合于桥不太高、跨度不大、洪水期漂浮物少且无通航要求的拱桥施工时采用。

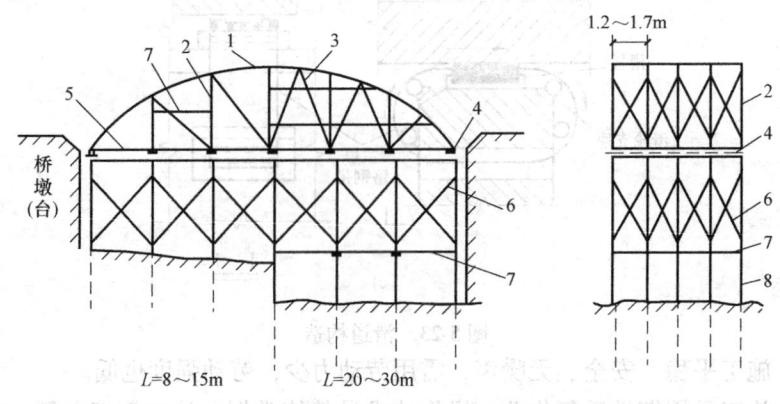

图 5-24　满布立柱式木拱架
1—弓形木　2—立柱　3—斜撑　4—卸架设备　5—水平拉杆　6—斜夹木　7—水平夹木　8—桩木

2. 撑架式拱架

这种拱架的上部与满布立柱式拱架相同，其下部是用少数框架式支架加斜撑木代替数目众多的立柱，因此木材用量相对较少，如图 5-25 所示。这种拱架构造上并不复杂，而且能在桥孔下留出适当的空间，减小洪水及漂流物的威胁，并在一定程度上满足通航的要求。因此，它是实际中采用较多的一种拱架形式。

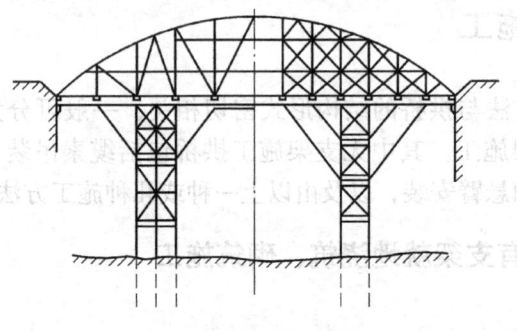

图 5-25　撑架式拱架

3. 三铰桁式木拱架

三铰桁式木拱架是由两片对称弓形桁架在拱顶处拼装而成,其两端直接支承在墩台所挑出的牛腿上或者紧贴墩台的临时排架上,跨中一般不另设支架,如图 5-26 所示。这种拱架不受洪水、漂流物的影响,在施工期间能维持通航。适用于墩高、水深、流急或要求通航的河流。与满布立柱式拱架相比,木材用量少,可重复使用,损耗率低。但对木材规格和质量要求较高,同时要求有较高的制作水平和架设能力。由于在拱铰处结合较弱,因此,除在结构构造上须加强纵横向联系外,还需设置抗风缆索,以加强拱架的整体稳定性。在施工中应注意对称、均匀地浇筑混凝土,并加强观测。

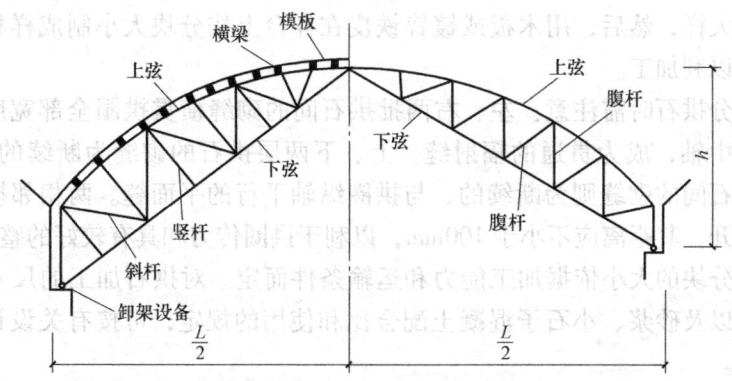

图 5-26 三铰桁式木拱架

4. 钢拱架

钢拱架一般采用桁架式,由单片拱形桁架构成。拱片之间的距离可为 0.4m 或 1.9m。它们可以被拼接成三铰、两铰或无铰拱架。当跨径小于 80m 时多用三铰拱架,跨径小于 100m 时多用两铰拱架,跨径大于 100m 时多用无铰拱架。图 5-27a 是两铰钢拱架构造示意图。由于钢拱架多用在大跨径拱桥的建造上,它本身具有很大的重力,因此在安装时,还需借助临时墩和起吊设备,将它分为若干节段后再拼装而成。施工时再拆除临时墩与钢拱架的联系;施工完毕后,又借助临时墩逐段将其拆除。图 5-27b 是这类拱架的安装示意图。

图 5-27 钢拱架构造

5.5.1.2 主拱圈的施工

1. 拱圈的砌筑施工

在支架上砌筑或就地浇筑施工上承式拱桥。一般分三个阶段进行，第一阶段施工拱圈或拱肋混凝土，第二阶段施工拱上建筑，第三阶段施工桥面系。

在拱架上砌筑的拱桥主要有石拱桥和混凝土预制块拱桥。石拱桥按其材料规格分为粗料石拱、块石拱和浆砌片石拱等。

（1）拱圈放样与备料　粗料石拱圈的拱石要按照拱圈的设计尺寸进行加工。为了能合理划分拱石，保证结构尺寸准确，通常需要在样台上将拱圈按1∶1的比例放出大样，然后，用木板或镀锌铁皮在样台上按分块大小制成样板，并进行编号，以利加工。

在划分拱石时需注意：左、右两批拱石间的砌缝横贯拱圈全部宽度，并垂直于拱圈中轴，成为贯通的辐射缝。上、下两层拱石的砌缝为断续的弧形缝，其前后拱石间的砌缝则为断续的、与拱圈纵轴平行的平面缝。两相邻拱石的砌缝必须错开，其距离应不小于100mm，以利于拱圈传力和具有较好的整体性。

拱石分块的大小依据加工能力和运输条件而定。对拱石加工的尺寸规格与误差要求以及砂浆、小石子混凝土配合比和使用的规定，可按有关设计、施工规范办理。

（2）拱圈的砌筑　具体如下：

1）连续砌筑。跨径小于16m的拱桥，当采用满布式拱架施工时，可以从两拱脚同时向拱顶一次按顺序砌筑，在拱顶合龙；跨径小于10m的拱桥，当采用拱式拱架时，应在砌筑拱脚的同时，预压拱顶以及拱跨$l/4$部位。预加压力砌筑是在砌筑前在拱架上预压一定重力，以防止或减少拱架弹性和非弹性下沉的砌筑方法。它可以有效地预防拱圈产生不正常的变形和开裂。预压物可采用拱石，随撤随砌，也可采用砂袋等其他材料。砌筑拱圈时，常须在拱顶留一龙口，最后在拱顶合龙。为防止拱圈因温度变化而产生过大的附加应力，拱圈合龙应在设计要求的温度范围内进行。设计无规定时，拱圈的合龙温度宜选在气温为5~15℃时进行。

2）分段砌筑。当跨径大于或等于16m时，应分段砌筑。分段长度应以能使拱架受力对称、均匀和变形小为原则，拱式拱架宜设置在拱架受力反弯点、拱架节点、拱顶及拱脚处；满堂式拱架宜设置在拱顶、$l/4$、拱脚及拱架节点等处。各段的接缝面应与拱轴线垂直，如图5-28所示。分段砌筑时，各段间可留空缝，空缝宽3~4cm。在空缝处砌拱要规则，为保证砌筑过程中不改变空缝形状和尺寸，同时也为拱石传力，空缝可用铁条或水泥砂浆预制块作为垫块，待各段拱石砌完后填塞空缝。填塞空缝应在两半跨对称进行，各空缝同时填塞，或从拱脚依次向拱顶填塞。因用力夯填空缝砂浆可使拱圈拱起，故此法宜在小跨径拱中使用。当采用填塞空缝砂浆使拱合龙时,应注意选择最后填塞空缝的合龙温度。为加快施工,并使拱架受力均匀,各段亦可交叉、平行砌筑。砌筑大跨径拱圈时,在拱脚至 l/4 段,当其倾斜角大于拱石与模板间的摩擦角时,拱段下端必须设置端模板并用撑木支撑(称为闭合楔)。闭合楔应设置在拱架挠度转折点处,宽约 1.0m。

3) 分环分段砌筑。对于较大跨径的拱桥,当拱圈较厚、由 3 层以上拱石组成时,可将拱圈分成几环砌筑,砌一环合龙一环。当下环砌筑完并养护数日后,砌缝砂浆达到一定强度时,再砌筑上环。上、下环间拱石应犬牙交错,每环可分段砌筑。当跨径大于 25m 时,每段长度一般不超过 8m,段间可设置空缝或闭合楔。在分段较多和分环砌筑的拱圈,为使拱架受力对称、均匀,可在拱跨的 l/4、3l/4 处或在几处同时砌筑合龙。

4) 多跨连拱的砌筑。多跨连拱的拱圈砌筑时,应考虑与邻孔施工的对称均匀,以免桥墩承受过大的单向推力。因此,当为拱式拱架时,应适当安排各孔的砌筑程序;当采用满布式支架时,应适当安排各孔拱架的卸落程序。

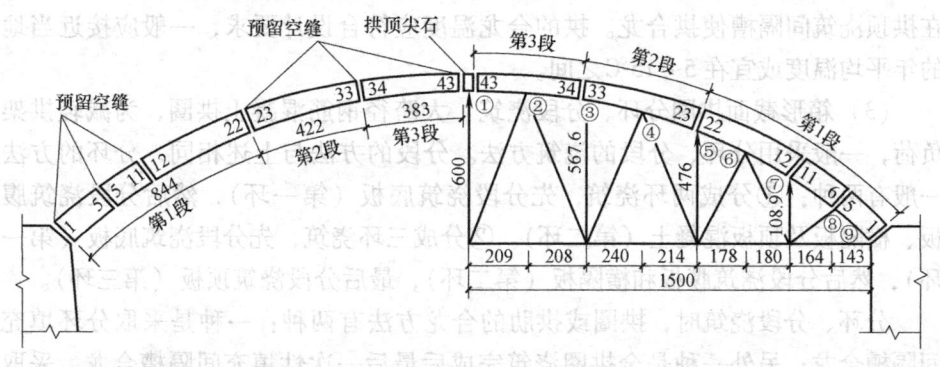

图 5-28 拱圈的分段砌筑(图中尺寸单位:cm)

2. 主拱圈的就地浇筑施工

在支架上就地浇筑拱桥的施工同拱桥的砌筑施工基本相同,即浇筑主拱圈或拱肋混凝土,浇筑拱上立柱、联系梁及横梁等,浇筑桥面系。在施工时还需注意的是,后一阶段混凝土浇筑应在前一阶段混凝土强度达到设计要求后进行。拱圈或拱肋的施工拱架,可在拱圈混凝土强度达到设计强度的 70% 以上时,在拱上建筑施工前拆除,但应对拆架后的拱圈进行稳定性验算。

在浇筑主拱圈混凝土时,立柱的底座应与拱圈或拱肋同时浇筑,钢筋混凝土拱桥应预留与立柱的联系钢筋。

主拱圈混凝土的浇筑方法同砌筑施工,也分为连续浇筑法、分段浇筑法和分环、分段浇筑法。施工方案的选定主要根据桥梁跨径来选择。

(1) 连续浇筑 跨径在 16m 以下的混凝土拱圈或拱肋,主拱高度比较小,全桥的混凝土数量也较少，因此，主拱可以从两拱脚开始向拱顶方向对称连续浇筑，在拱架混凝土初凝前全部浇筑完。如预计不能在限定时间内完成，则应在拱脚预留一个隔缝并最后浇筑隔缝混凝土。

(2) 分段浇筑　当跨径大于或等于16m时，为避免先浇筑的混凝土因拱架下沉而开裂，并为减小混凝土的收缩力，应沿拱跨方向分段浇筑，各段之间留有间隔槽。这样，在拱架下沉时，拱圈各节段有相对活动的余地，从而避免拱圈开裂。

拱段分段长度一般为6~15m，分段点应适当预留间隔槽。如预计时间间隔较小且采取分段间隔浇筑时，也可减少或不设间隔槽。间隔槽的位置应避开横撑、隔板、吊杆（起重臂，下同）及刚架节点等处。间隔槽的宽度一般为50~100mm，以便于施工操作和钢筋连接。为缩短拱圈合龙和拱架拆除的时间，间隔槽内的混凝土可采用比拱圈高一等级的半干硬性混凝土。各段的接缝面应与拱轴线垂直。拱段的浇筑程序应符合设计规定，在拱顶两侧对称进行，以便拱架变形保持均匀和最小。间隔槽混凝土应在拱圈各段混凝土浇筑完成，且强度达到设计强度的75%以上时方可进行浇筑，浇筑顺序可从拱脚向拱顶对称进行，在拱顶浇筑间隔槽使拱合龙。拱的合龙温度应符合设计要求，一般应接近当地的年平均温度或宜在5~15℃之间。

(3) 箱形截面拱圈分环、分段浇筑　大跨径钢筋混凝土拱圈，为减轻拱架负荷，一般采用分环、分段的浇筑方法。分段的方法与上述相同，分环的方法一般有两种：①分成两环浇筑，先分段浇筑底板（第一环），然后分段浇筑腹板、横隔板及顶板混凝土（第二环）。②分成三环浇筑，先分段浇筑底板（第一环），然后分段浇筑腹板和横隔板（第二环），最后分段浇筑顶板（第三环）。

分环、分段浇筑时，拱圈或拱肋的合龙方法有两种：一种是采取分环填充间隔槽合龙；另外一种是全拱圈浇筑完成后最后一次性填充间隔槽合龙。采取分环填充间隔槽时，已合龙的环层可与拱架共同作用，承担后浇混凝土的重量。采用最后一次合龙时，拱圈必须一环一环地分段浇筑，待最后一环混凝土浇筑完成后，一次填充各环间隔槽完成拱圈的合龙。采用这种合龙方法的上、下环间隔槽位置应该互相对应和贯通，其宽度一般为2m左右，有钢筋接头的间隔槽一般在4m左右。

分环浇筑，由于各环混凝土龄期不同，混凝土的收缩和温差影响在环面间产生剪力和结构的内应力，容易造成环间裂缝。因此，其浇筑程序、养护时间和各环间的结合必须按计算确定。

(4) 钢管混凝土的浇筑　钢管混凝土的浇筑一般采用泵送顶升浇筑法。

输送泵设于两岸拱脚，对称泵送混凝土。在钢管上可每隔一定距离开设气孔，以减少管内的空气压力。浇筑前应先用压力水冲洗钢管内壁，灌注混凝土前应先泵入水泥浆，然后连续泵送混凝土。采用泵送顶升浇筑管内混凝土，一一般应按先管后腹的浇筑顺序进行；如设计中没有规定，应以有利于拱肋受力和稳定性为原则进行，并在浇筑过程中严格控制拱肋变位。

（5）拱肋联结系的浇筑　各拱肋同时浇筑时，拱肋间横向联结系与浇筑拱肋同时施工，并同时卸落拱架；各拱肋不是同时浇筑和卸架时，应在各拱肋卸架后再浇筑肋间横向联结系。拱上立柱的底座应与拱圈（或拱肋）同时浇筑，柱脚接头钢筋，肋间横向联结系接头钢筋以及中承、下承式拱桥拉杆的接头钢筋（或钢丝束的穿孔等），应在浇筑拱肋混凝土时设计预留位。

（6）拱圈（或拱肋）钢筋的绑扎　具体如下：

1）拱脚接头钢筋预埋，钢筋混凝土无铰拱拱圈（或拱肋）的主钢筋一般需要伸入墩台内，因此在浇筑墩台混凝土时，应按设计要求的位置和深度将钢筋头埋入混凝土中。为便于埋入，主钢筋端部可断开，但应按有关规定使各钢筋接头错开。

2）钢筋接头布置，为适应拱圈（或拱肋）在浇筑过程中的变形，拱圈（或拱肋）的主钢筋或钢筋骨架一般不使用通长钢筋，而在适当位置的间隔缝中设置钢筋接头，且最后浇筑的间隔缝处必须设置钢筋接头。

3）钢筋绑扎顺序，分环浇筑拱圈（或拱肋）时，钢筋可分环绑扎。分环绑扎时，各种预埋筋应予以临时固定，并在混凝土浇筑前进行检查和校正。

5.5.1.3　拱上建筑施工

当主拱圈达到一定强度后，即可进行拱上建筑的施工。拱上建筑的施工，应对称均衡地进行，避免使主拱圈产生过大的不均匀变形。

实腹式拱上建筑施工，应从拱脚向拱顶对称地进行，当侧墙砌完后，再填筑拱腹填料。空腹式拱一般是在腹拱墩或立柱完成后，卸落主拱圈的拱架，然后，对称均衡地进行腹拱或横梁、联系梁以及桥面的施工。较大跨径拱桥的拱上建筑砌筑程序，应按设计文件规定程序进行。

5.5.2　拱桥的无支架就地浇筑施工

当拱桥位于深水、深谷、通航河道或限于工期必须在汛期进行拱肋施工时，宜采用无支架施工的施工方法。

在拱桥的无支架就地浇筑施工中，常用的方法主要有劲性骨架施工法和悬臂施工法两种。

1. 劲性骨架施工法

劲性骨架成拱施工分为劲性钢骨架法和钢管混凝土劲性骨架浇筑拱圈法。

（1）劲性钢骨架法　采用劲性钢骨架施工的拱桥，一般选用角钢、槽钢、工字钢和钢管等制作成空间桁架，同时作为拱圈的受力劲性钢骨架，在施工时先将节段骨架按设计尺寸制作、安装就位并合龙，然后在骨架内、外立模板逐段浇筑混凝土,当骨架全部被混凝土包裹后,就形成了钢筋混凝土拱圈(或拱肋)。施工中浇筑混凝土前应按设计的混凝土重对劲性骨架进行预压,以防止钢筋骨架浇筑混凝土时产生变形,破坏已浇筑的混凝土和钢骨架的结合。

为确保施工的安全、质量及进行预拱度、混凝土应力的控制,事先应进行加载程序设计并准确计算和分析结构的稳定安全度,施工中可采用监控系统,及时进行变形和应力监控,实现现场全过程结构分析,使拱圈(或拱肋)的应力和拱轴线的变形、稳定安全度等都在允许范围内。混凝土浇筑应在拱圈两侧对称进行。

(2)钢管混凝土劲性骨架浇筑拱圈法 利用钢管混凝土拱桥的施工方法,先分段制作钢骨架,然后经安装形成钢管拱,再浇筑管内混凝土,待钢管内的混凝土达到一定强度后形成钢管混凝土劲性骨架,然后在其上悬挂模板,按一定浇筑程序分环浇筑拱圈混凝土直至形成设计拱圈截面。先浇筑的混凝土凝结后又可作为承重结构的一部分与劲性骨架共同承受后浇筑各部分混凝土的重力,从而降低了钢材的用量,减小了骨架的变形。因此是一种比劲性钢骨架法更优越的方法。

用钢管混凝土劲性骨架浇筑拱圈,施工过程中结构的稳定性是工程安全的关键所在。在施工前应对混凝土浇筑各阶段钢管混凝土劲性骨架及分环浇筑的拱圈面内、面外稳定性进行详细分析,提出改善和提高结构稳定安全度的措施。

2. 塔架斜拉索法

这是国外采用最早、最多的大跨径钢筋混凝土拱桥无支架施工的方法。在拱脚墩台处安装临时的钢或钢筋混凝土塔架,用斜拉索(或斜拉粗钢筋)一端扣住拱圈节段,另一端锚固在台后的锚碇上。用设在已浇筑完的拱段上的悬臂挂篮逐段悬臂浇筑拱圈(或拱肋)混凝土,整个拱圈混凝土的浇筑应从两拱脚开始对称地进行,逐节向跨中悬臂推进,直至拱顶合龙。塔架的高度和受力应由拱的跨径和矢跨比等确定。斜拉索可采用预应力钢绞线或钢丝束,其断面和长度由拱段的长度和位置确定。图 5-29 所示施工方案计划是对 45m 拱脚段拱圈采用钢支架上现浇混凝土,其余 242m 拱圈则用悬臂拼装。

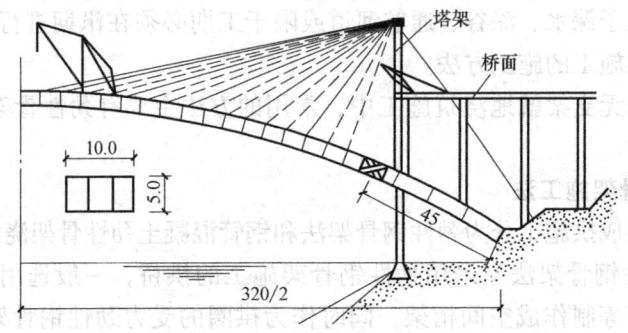

图 5-29 前南斯拉夫 Dubrovnik 桥施工方案(图中尺寸单位:m)

塔架斜拉索法，一般多采用悬臂浇筑施工，也可采用悬拼法施工。

在拱圈混凝土灌注完毕以后，即在拱顶安装调整应力的液压千斤顶，然后放松拉杆，灌注拱上立柱和桥面系混凝土。

3. 斜吊式悬浇法

1974年，日本首先在跨径170m的外津桥上采用了斜吊式悬浇法。该方法使用专用挂篮，结合斜吊钢筋将拱圈、拱上立柱和预应力混凝土桥面板等一起向前同时浇筑，使之边浇筑边形成桁架，并利用已浇筑段的上部作为拱圈的斜吊点将其固定。斜吊杆的力通过布置在桥面上的明索传至岸边地锚上（也可利用岸边桥台作地锚），其施工顺序如图5-30所示。

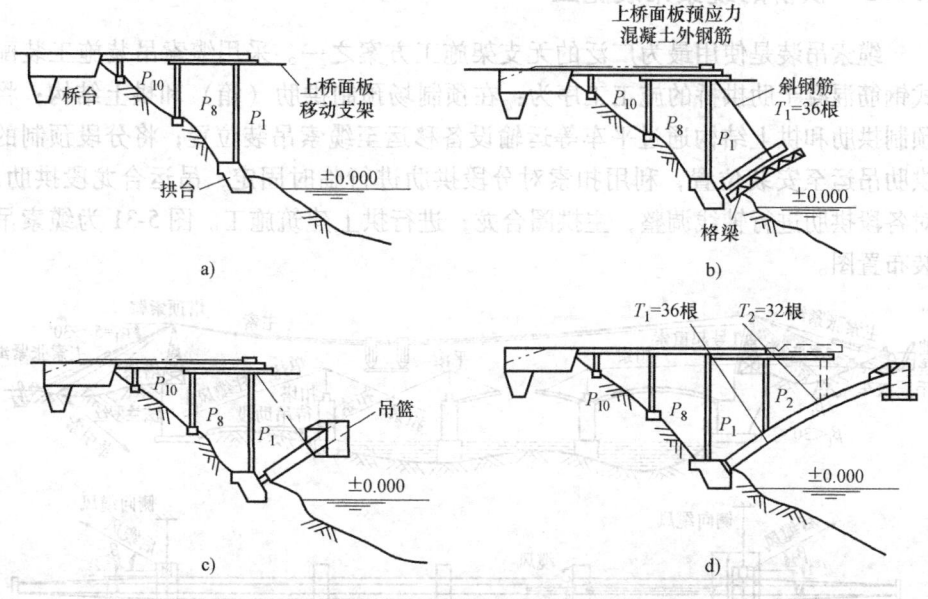

图5-30 斜吊式悬浇法主要施工步骤示意图

1) 在引孔完成之后，在桥面板上设置临时明索，在吊架上浇筑第一段拱圈，待这段混凝土达到要求强度之后，在其上设置预应力明索，并撤去吊架，直接系吊于斜吊杆上，然后在其前端安装悬臂挂篮。

2) 用挂篮逐段悬臂浇筑拱圈，在挂篮通过拱上立柱位置后立刻浇筑拱上立柱及立柱间的桥面板，然后用挂篮继续向前浇筑，直至通过下一个立柱的位置，再安装前两个立柱之间桥面板上的临时明索及斜吊杆，并浇筑新的桥面板。如此往复，每当挂篮前移一步，都要将桥面临时明索收紧一次。这样一边用斜吊钢筋形成桁架，一边向前悬臂浇筑，直至拱顶附近，撤去挂篮，再用吊架浇筑拱顶合龙混凝土。当拱圈为箱形截面时，每段拱圈施工应按箱形截面拱圈的施工顺序进行浇筑。

为了加快施工进度，拱上桥面板混凝土宜采用活动支架逐孔浇筑。采用斜吊杆式浇筑大跨径拱桥时，个别施工误差对整体工程的影响很大。对施工测量、材料规格和强度及混凝土的浇筑等必须进行严格的检查和控制。尤其应重视斜吊杆预应力钢筋的拉力控制、斜吊杆的锚固和地锚地基力的稳定、预拱度以及混凝土应力的控制等。

拱肋除第一段用斜吊支架现浇混凝土外，其余各段均用挂篮现浇施工。斜吊杆可以用钢丝束或预应力粗钢筋，架设过程中作用于斜吊杆的力是通过布置在桥面板上的临时拉杆传至岸边的地锚上的（也可利用岸边桥墩作地锚）。

5.5.3 拱桥的缆索吊装施工

缆索吊装是使用最为广泛的无支架施工方案之一。采用缆索吊装施工装配式钢筋混凝土肋拱桥的施工工序为：在预制场预制拱肋（箱）和拱上结构；将预制拱肋和拱上结构通过平车等运输设备移运至缆索吊装位置；将分段预制的拱肋吊运至安装位置，利用扣索对分段拱肋进行临时固定；吊运合龙段拱肋，对各段拱肋进行轴线调整，主拱圈合龙；进行拱上建筑施工。图 5-31 为缆索吊装布置图。

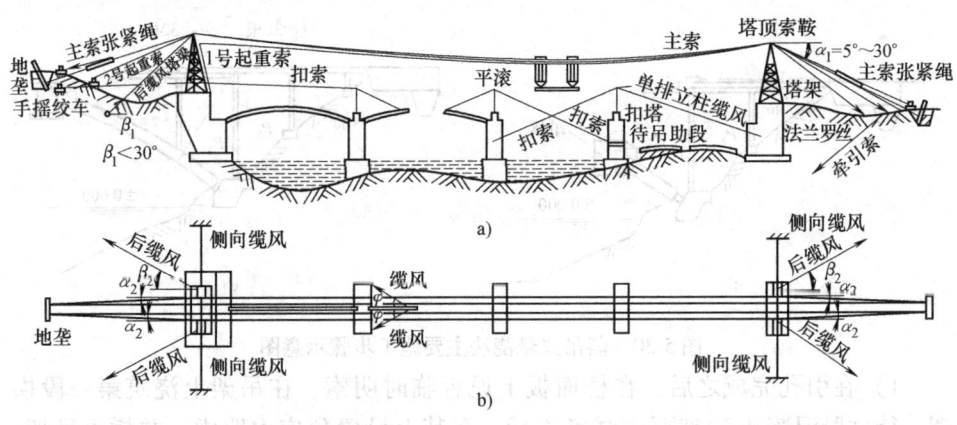

图 5-31 缆索吊装布置示意

1. 拱肋的分段预制

拱肋的预制方法分立式预制和卧式预制两种。立式预制的特点是：起吊安全、方便；底模可采用土牛拱胎，节省木料；当采用密排浇筑时，占用场地也较少。卧式预制的特点是：可节省木料，拱肋的形状及尺寸较易控制，浇筑混凝土时操作也方便，但拱肋起吊时要经历由卧式转为立式的阶段，容易损坏。卧式预制又可分为单片预制和多片叠制两种。

2. 拱肋的安装

在合理安排拱肋的吊装顺序方面，需考虑按下列原则进行：

1）单孔桥跨常由拱肋合龙的横向稳定方案决定吊装拱肋顺序。

2）多孔桥跨，应尽可能在每孔内多合龙几片拱肋后再推进，一般不少于两片拱肋。但合龙的拱肋片数不能超过桥墩强度和稳定性所允许的单向推力。

3）对于高桥墩，还应以桥墩的墩顶位移值控制单向推力，位移值应小于 $(1/400\sim1/600)L$。

4）在设有制动墩的桥跨，可以以制动墩为界分孔吊装，先合龙的拱肋可提前进行拱肋接头、横系梁等的安装工作。

5）采用缆索吊装时，为便于拱肋的起吊，对拱肋起吊位置的桥孔，一般安排在最后吊装；必要时，该孔最后几根拱肋可在两肋之间用"穿孔"的方法起吊。用缆索吊装时，为减少主索的横向移动次数，可将每个主索位置下的拱肋全部吊装完毕后再移动主索。

6）为减少扣索往返拖拉次数，可按吊装推进方向，按顺序进行吊装。拱肋安装的一般顺序为：边段拱肋吊装及悬挂；次边段拱肋吊装及悬挂；中段拱肋吊装及拱肋合龙。在边段、次边段拱肋吊运就位后，需施加扣索进行临时固定。

3. 拱肋的合龙

拱肋的合龙方式有单基肋合龙、悬挂多段边段或次边段拱肋后单基肋合龙、双基肋合龙、留索单肋合龙等。当拱肋跨度大于80 m或横向稳定安全系数小于4时，应采用双基肋合龙松索成拱的方式，即当第一根拱肋合龙并校正拱轴线，揿紧拱肋接头缝后，稍松扣索和起重索，压紧接头缝，但不卸掉扣索，待第二根拱肋合龙并将两根拱肋横向连接、固定和拉好风缆后，再同时松卸两根拱肋的扣索和起重索。

拱肋合龙后的松索过程必须注意下列事项：

1）松索前应校正拱轴线及各接头高程，使之符合要求。

2）每次松索均应采用仪器观测，控制各接头高程，防止拱肋各接头高程发生非对称变形而导致拱肋失稳或开裂。

3）松索应按照拱脚段扣索、次段扣索、起重索的先后顺序进行，并按比例定长、对称、均匀松卸。

4）每次松索量宜小，各接头高程变化不宜超过1cm。松索至扣索和起重索基本不受力时，用钢板嵌塞接头缝隙，压紧接头缝，拧紧接头螺栓，同时，用缆风调整拱肋轴线。调整拱肋轴线时，除应观测各接头高程外，还应兼测拱顶及1/8跨点处的高程，使其在允许偏差之内。

5）接头处部件电焊后方可松索成拱。

4. 拱肋稳定措施

在缆索吊装施工的过程中，为保证拱肋有足够的纵、横向稳定性，除要满足计算要求外，在构造、施工上都必须采取一些措施。

一般的横向稳定措施为设置缆风和在拱肋之间设置横向联系装置。

在边段拱肋就位时，横向稳定缆风可用以调整和固定拱肋中线；在拱肋合龙时可用以约束接头的横向偏移；在拱肋成拱以后相当于一个弹性支承，可减小拱肋自由长度，增大拱肋的横向稳定性；当拱肋在外力作用下产生位移时，也可起到约束作用。

当设计选择的拱肋宽度小于单肋合龙所需要的最小宽度时，为满足拱肋横向稳定的要求，可采用双基肋合龙或多肋合龙的形式。对较大跨径的拱桥，尤宜采用双基肋或多基肋合龙，基肋与基肋之间必须紧随拱肋的拼装予以及时联系（或临时连接）。拱肋横向联系方式通常有木夹板、木剪刀撑和钢筋拉杆等。

在拱轴系数过大、拱肋截面尺寸太小、刚度不足等个别情况下，有时需采用加强拱肋纵向稳定的施工措施。如当拱肋接头处发生上冒变形时，可在其下方设置下拉索以控制变形；当拱肋截面尺寸太小、刚度不足时，可在拱肋底弧等分点上用钢丝绳进行多点张拉。

5.5.4 转体施工

桥梁转体施工是20世纪40年代以后发展起来的一种架桥工艺。它是在河流的两岸或适当的位置，利用地形或使用简便的支架先将半桥预制完成之后，以桥梁结构的桥墩（台）本身为转动体，用一些机具设备，分别将两个半桥转体到桥位轴线位置或再浇筑合龙段成桥。转体的方法可分成平面转体、竖向转体或平竖结合转体三种，其中平面转体又可分为有平衡重转体和无平衡重转体两种。

1. 有平衡重的平面转体施工

其特点是转体重量大，施工关键是转体。要把数百吨重的转动体系顺利、稳妥地转到设计位置主要靠正确的转体设计、制作灵活可靠的转体装置、布设牵引驱动系统等几项措施来实现。有平衡重平面转体拱桥的主要施工程序如下：

（1）制作底盘（以钢球缺铰为例）　底盘设有轴心（磨心）和环形轨道板，轴心起定位和承重作用。磨心顶面上的球缺形钢铰及上盖要加工精细，使接触面达70%以上。钢铰与钢管焊接时，焊缝交错间断并辅以降温，防止变形。轴心定位要反复核对，轨道板要求高差为±1mm。注意板底与混凝土接触应密实。

（2）制作上转盘　在轨道板上按设计位置放好承重滚轮，滚轮下面垫有2~3mm厚的小薄铁片，当上盘一旦转动后此铁片即可取出，这样便可在滚轮与轨道板间形成一个2~3mm的间隙。这个间隙是保证转动体系的重量压在磨心上而不压在滚轮上的一个重要措施。它还可用来判断滚轮与轨道板接触的松紧程度，以调整重心。

滚轮通过小木盒保护定位后，可用砂模或木模作底模，在滚轮支架顶板面涂以黄油，在钢球铰上涂以二硫化钼作润滑剂，盖好上铰盖并焊上锚筋，绑扎上盘钢筋，预留灌封盘混凝土的孔洞，即可浇筑上盘混凝土。

（3）试转上转盘到预定轴线位置　布置牵引系统的锚碇及滑轮，试转上盘要求主牵引索基本在一个平面内。上转盘混凝土强度达到设计要求后，在上转盘前方或后方配临时平衡重，把上盘重心调到轴心处，最后牵引上转盘到预制拼装上部构造的轴线位置。试转一方面可以检查、试验整个转动牵引系统，另一方面也是正式开始上部结构施工前的一道工序。为了使牵引系统能够供正式转体时使用，布置转向轮时应使其连线通过轴心且与轴心距离相等，使正式转体时的牵引力也是一对平行力偶。

（4）浇筑背墙　上转盘试转到上部构造预制轴线位置后即可准备浇筑背墙。背墙往往是一个重量很大的实体，为了使新浇筑的背墙与原来的上转盘形成一个整体，必须有一个坚固的背墙模板支架。为了保证墙上部截面的抗剪强度（主要指台帽处背墙的横截面），应尽量避免在此处留施工缝；如一定要留，也应使所留斜面往外倾斜。也可另用竖向预应力来确保该截面的抗剪要求。

（5）浇筑主拱圈上部结构　可利用两岸地形作支架土模，也可采用扣件式钢管作为满堂支架，以求节约木材。为防止混凝土收缩和支架不均匀沉降产生的裂缝，浇半跨主拱圈时应按规范留施工缝。主拱圈也可采用简易支架，用预制构件组装的方法形成。

（6）张拉脱架　当主拱圈混凝土达到设计强度后，即可安装拉杆钢筋、张拉脱架。为了确定拉杆的安全可靠，要求每根拉杆钢筋都应进行超荷载10%的试拉。正式张拉前应先张拉背墙的竖向预应力筋，再张拉拉杆。在实际操作中，应反复张拉2~3次，使各根钢筋受力均匀。为了防止横向失稳，要求两台千斤顶的张拉合力应在拱桥轴线位置，不得有偏心。

通过张拉，要求把支承在支架、滚轮、支墩上的上部结构与上转盘、背墙全部连接成一个转动体系，最后脱离其支承，形成一个悬空的平衡体系支承在轴心铰上。这是一个十分重要的工序，它将检验转体阶段的设计和施工质量。

当拱圈全部脱离支架悬空后，上转盘背墙下的支承钢木楔也陆续松脱，根据楔子与滚轮的松紧程度加片石调整重心，或以千斤顶辅助拆除全部支承楔子，让转动体系悬空静置一天，观测各部位的变形有无异常，并检查牵引体系等，均确认无误后，即可开始转体。

（7）转体合龙　把第一次试转时的牵引绳按相反的方向重新穿索、收紧，即可开始正式转体。为使其平稳转体，控制角速度为0.5°/min。当快合龙时，为防止转体超过轴线位置，采用简易的反向收紧绳索系统，用手拉葫芦拉紧后慢慢放松，并在滚轮前以微量松动木楔的方法徐徐就位。

轴线对中以后，接着进行拱顶高程调整，在上、下转盘之间用千斤顶能很方便地实现拱顶升降，只是应把前后方向的滚轮先拆除，并在上、下转盘四周用混凝土预制块揳紧、揳稳，以保证轴线位置不再变化。拱顶最后的合龙高程应该考虑桥面荷载以及混凝土收缩、徐变等因素产生的挠度，留够预拱度。

（8）封上下盘、封拱顶、松拉杆 封盘混凝土的坍落度宜选用 17～20cm，且各边应宽出 20mm，要求灌注的混凝土应从四周溢流，上、下盘间密实。封盘后接着浇筑桥台后座，当后座达到设计要求强度后即可选择夜间气温较低时浇筑封拱顶接头混凝土，待其达到设计要求后，拆除拉杆，实现桥梁体系的转化，完成主拱圈的施工。主拱圈完成后，即是常规的拱上建筑施工和桥面铺装。

2. 无平衡重的转体施工

无平衡重转体施工是把有平衡重转体施工中的拱圈扣索拉力锚在两岸的岩体中或利用边跨的自重构成平衡体，从而节省了庞大的平衡重。但由于锚碇的要求，此施工方法宜在山区地质条件好或跨越深谷急流处建造大跨桥梁时选用。其转体构造布置如图 5-32 所示，无平衡重转体施工程序如下：

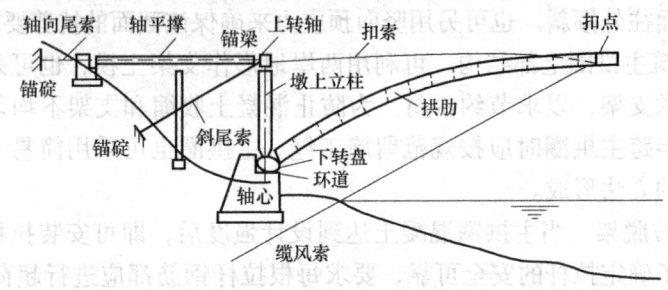

图 5-32 无平衡重转体施工构造图

（1）转动体系施工 主要包括以下内容：

1）设置下转轴、转盘及环道。

2）设置拱座及预制拱箱（或拱肋），预制前需搭设必要的支架、模板。

3）设置立柱。

4）安装锚梁、上转轴、轴套、环套。

5）安装扣索。

这一部分的施工主要保证转轴、转盘、轴套、环套的制作安装精度及环道水平高差的精度，并要做好安装完毕到转体前的防护工作。

（2）锚碇系统施工 主要包括以下内容：

1）制作桥轴线上的开口地锚。

2）设置斜向洞锚。

3）安装轴向、斜向平撑。

4）尾索张拉。

5) 扣索张拉。

其中，锚碇部分的施工应绝对可靠，以确保安全。尾索张拉在锚块端进行，扣索张拉在拱顶段拱箱内进行。张拉时，要按设计张拉力分级、对称、均衡地加力，要密切注意锚碇和拱箱的变形、位移和裂缝，发现异常现象应仔细分析研究，处理后再进行下一工序施工，直至拱箱张拉脱架。

(3) 转体施工　正式转体前应再次对桥体各部分进行系统的全面检查，检查合格后方可转体。拱箱的转体是靠上、下转轴事先预留偏心值形成的转动力矩来实现的，起动时放松外缆风索，转到距桥轴线约60°时开始收紧内缆风索，索力逐渐增大，但应控制在20kN以下，再转不动则应以千斤顶在桥台上顶推马蹄形下转盘。为了使缆风索受力角度合理，可设置2个转向滑轮。缆风索走速在启动时宜选用0.5~0.6m/min；一般行走时宜选用0.8~1.0 m/min。

(4) 合龙卸扣施工　转体就位时，如拱顶合龙端存在高差，可通过张紧扣索提升拱顶、放松扣索降低拱顶调整到设计位置。封拱宜选在低温时进行。先用8对钢楔揳紧拱顶，焊接主筋，顶埋铁件，然后先封桥台拱座混凝土，再浇封拱顶接头混凝土。当混凝土达到70%的设计强度后，即可卸扣索；卸索应对称、分级进行。

3. 拱桥竖向转体施工

当桥位处无水或水很少时，可以将拱肋在桥位拼装成半跨，然后用扒杆起吊安装。当桥位处水较深时，可以在桥位附近拼装成半跨，浮运至桥轴线位置。再用扒杆起吊安装。三峡莲沱大桥属基本无水安装，浙江新安江大桥和江西瓷都大桥均采用船舶浮运至拱轴线位置起吊安装。以下简要介绍莲沱大桥竖向转体的施工方法。

莲沱大桥全长341.9m，桥面宽18.5m，主桥跨径为48.3m + 114m + 48.3m的三跨钢管混凝土系杆拱桥。中跨为中承式无铰拱，两边跨为上承式，一端固定，另一端铰支拱。拱肋断面为哑铃形，由直径为1.2m的上、下钢管和腹板构成，拱肋高为3m。两拱肋之间设有钢管混凝土横斜撑联系。半跨拱肋的拼装就在桥轴线位置立架安装。

(1) 钢管拱肋竖转扒杆吊装　钢管拱肋竖转扒杆吊装的工作内容为，将中拱分成两个半拱在地面胎架上焊接完成，经过对焊接质量、几何尺寸、拱轴线形等验收合格后，由竖在两个主墩顶部的两副扒杆分别将半拱拉起，在空中对接合龙，如图5-33所示。

由于两边拱处地形较高，故边拱拱肋直接由起重机在胎架上就位拼装。扒杆吊装系统设计的主要工作为：起吊及平衡系统的计算；扒杆的计算；扒杆背索及主地锚的计算；设置拱脚旋转装置等。拱肋在竖转吊装过程中，拱肋需绕拱脚旋转。旋转装置采用厚度为36mm的钢板在工厂进行配对冲压而成，这样使

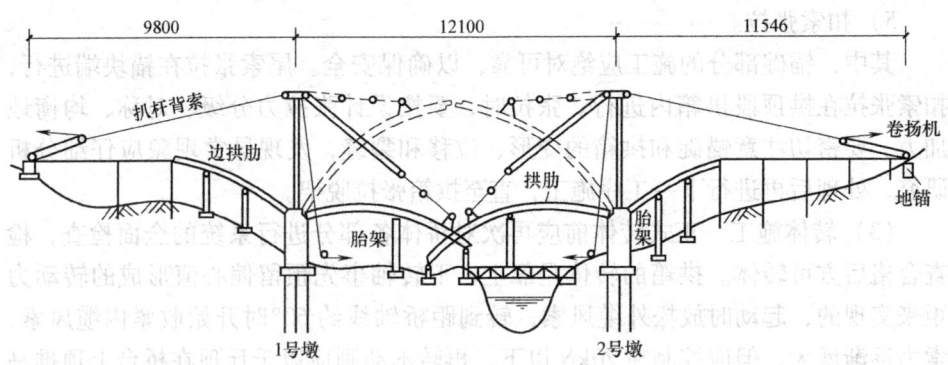

图5-33 扒杆吊装系统布置图（图中尺寸单位：cm）

两个弧形钢板较密贴。在两弧形钢板之间涂上黄油，以减小摩擦力。

（2）钢管拱肋竖转吊装 主要工作内容包括：

1）竖转吊装的工作顺序，安装拱肋胎架，安装拱脚旋转装置，安装地锚，安装扒杆及背索，拼装钢管拱肋，安装起吊及平衡系统，起吊三斗坪侧半拱，起吊宜昌侧半拱，拱肋合龙，拱肋高程调整，焊接合龙接头，拆除扒杆，封固拱脚。

2）扒杆安装，为便于安装，扒杆分段接长，立柱钢管以9m左右为一节，两节之间用法兰连接。安装时先在地面将两根立柱拼装好，用起重机将其底部吊于墩顶扒杆底座上，并用临时轴销锁定，待另一端安装完扒杆顶部横梁后，由起重机抬起扒杆头至一定高度，再改用扒杆背索的卷扬机收紧钢丝绳将扒杆竖起。

3）拱肋吊装，起吊采用2台200kN同步慢速卷扬机，待拱肋脱离胎架10cm左右，停机检查各部分运转是否正常，并根据对扒杆的受力与变形、钢丝绳的行走、卷扬机的电流变化等情况的观测结果，判断能否正常起吊。当一切正常时，即进行拱肋竖向转体吊装。拱肋吊装完成后，进行拱肋轴线调整和跨中拱肋接头的焊接，完成主拱肋吊装合龙。

5.5.5 桁架拱桥与刚架拱桥的安装简介

1. 桁架拱桥安装

（1）施工安装要点 桁架拱桥的施工吊装过程包括：吊运桁架拱片的预制段构件至桥孔，使之就位合龙，处理接头，与此同时适时安装桁架拱片之间的横向联结系构件，使各片桁架拱片联成整体。然后在其上铺设预制的微弯板或桥面板，安装人行道悬臂梁和人行道板。

桁架拱片的桁架段预制构件一般采用卧式预制，实腹段构件采用立式预制，故桁架段构件在脱离预制底座出坑之后和安装之前，需在某一阶段由平卧状态转换到竖立状态，这个转换是由起重机的操作来完成的。其基本步骤是先将桁架段构件平吊离地，然后制动下弦杆吊索，继续收紧上弦杆吊索，或者制动上弦杆吊索，缓慢放松下弦杆吊索，这样构件就在空中翻身。

安装工作分为有支架安装和无支架安装。前者适用于桥梁跨径较小和河床较平坦、安装时桥下水浅等有利条件的情况；后者适用于跨越深水和山谷或多跨、大跨的桥梁。

（2）有支架安装　有支架安装时，需在桥孔下设置临时排架。桁架拱片的预制构件由运输工具运到桥孔后，用浮吊或龙门起重机等安装就位，然后进行接头和横向联结。无支架安装，是指桁架拱片预制段在用起重机悬吊着的状态下进行接头和合龙的安装过程。常采用的有塔架斜线安装、多机安装、缆索起重机安装和悬臂拼装等。

吊装时，构件上吊点的位置和数目与吊装的操作步骤应合理地确定和正确地规定，以保证安装工作安全和顺利地进行。

排架的位置根据桁架拱片的接头位置确定。每处的排架一般为双排架，以便分别支承两个相连接构件的相邻两端，并在其上进行接头混凝土的浇筑或接头钢板的焊接等。

第一片就位的预制段常采用斜撑加以临时固定，如图 5-34 所示。以后就位的各片平行构件则用横撑与前片临时联系，直到安上横向联结系构件后拆除。斜撑系支承于墩台和排架上，如斜撑能兼作压杆和拉杆，则仅用单边斜撑即可。横撑可采用木夹板的形式，如图 5-35 所示。

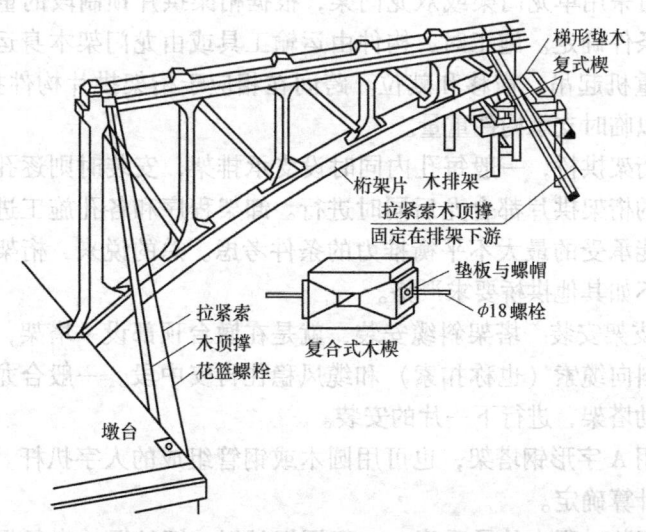

图 5-34　第一片桁架段构件临时稳定措施

当桁架拱片和横向联结系构件的接头均完成后，即可进行卸架。卸架设备

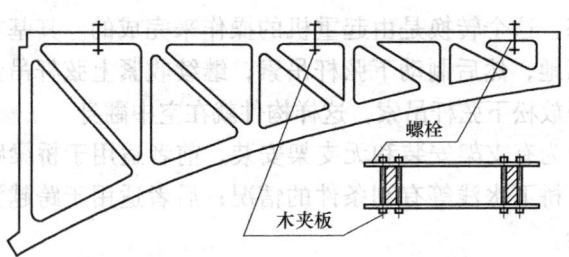

图 5-35　桁架拱片间的木夹板固定形式

有木楔、木马或砂筒等。卸架按一定顺序对称均匀地进行。卸架的时间宜安排在气温较高时进行，这样较易卸落。

在施工单孔桥且跨径不大、桁架拱片分段数少的情况下，可用固定龙门架安装。这时在桁架拱片预制段的每个支承端设一龙门架。河中的龙门架就设在排架上。龙门架可为木结构或钢木混合结构，配以倒链葫芦。龙门架的高度和跨度，应能满足桁架拱片运输和吊装的净空要求。

安装时，桁架拱片构件由运输工具运至固定龙门架下，然后由固定龙门架起吊、横移和下落就位。其他操作与浮吊安装相同。

当桥的孔数较多，河床上又便于沿桥纵向铺设跨墩的轨道时，可采用轨道龙门架安装。龙门架的跨度和高度，应按桁架拱片运输和吊装的要求确定。桁架拱片构件在运输时如从墩、台一侧通过，或从墩顶通过，则龙门架的跨度或高度就要相应增大。

龙门架可采用单龙门架或双龙门架，根据桁架拱片预制段的重量和起吊设备的能力等条件确定。施工时，构件由运输工具或由龙门架本身运至桥孔，然后由龙门起重机起吊、横移和就位。跨间在相应于桁架拱片构件接头的部位，设有排架，以临时支承构件重量。

对多孔桁架拱桥，一般每孔内同时设支承排架，安装时则逐孔进行。但卸架须在各孔的桁架拱片都合龙后同时进行。卸架程序和各孔施工进度安排必须根据桥墩所能承受的最大不平衡推力的条件考虑。总的说来，桁架拱桥的加载和卸架程序不如其他拱桥要求严格。

(3) 无支架安装　塔架斜缆安装，就是在墩台顶部设一塔架，桁架拱片边段吊起后用斜向缆索（也称扣索）和缆风稳住再安中段。一般合龙后即松去斜缆，接着移动塔架，进行下一片的安装。

塔架可用 A 字形钢塔架，也可用圆木或钢管组成的人字扒杆。塔架的结构尺寸，应由计算确定。

斜缆是安装过程中的承重索，一般用钢丝绳。钢丝绳的直径根据受力大小选定。斜缆的数量和与桁架拱片联结的部位，应根据桁架拱片的长度和重量来确定。一般来说，长度和重量不大的桁架拱片，只需一道斜缆在一个结点部位联结即可;如果长度和重量比较大,可用两道斜缆在两个结点部位联结。联结斜缆时,须注意不要左右偏位,以保证桁架拱片悬吊的竖直。

可利用斜缆和风缆调整桁架预制段的高程和平面位置,待两个桁架预制段都如法吊装就位并稳住后,再用浮吊等设备吊装实腹段合龙。待接头完成、横向稳住后,松去斜缆。用此法安装,所用吊装设备较少,并无需设置排架。

多机安装就是一片桁架拱片的各个预制段各用一台起重机吊装,一起就位合龙。待接头完成后,起重机再松索离去,进行下一片的安装。这种安装方法,工序少、进度快,当起重机较多时可以采用。

采用上述两种无支架安装方法时,须特别注意桁架拱片在施工过程中的稳定性。为此,应采取比有支架安装更可靠的临时固定措施,并及时安装横向联结系构件。第一片临时固定,拱脚端可与有支架安装时一样用木斜撑固定,跨中端则用缆风固定。其余几片也可采用木夹板固定。木夹板除了在上弦杆之间布置外,下弦杆之间也应适当地设置几道。对于多孔桁架拱桥,安装时须注意邻孔间施工的均衡性。每孔桁架拱片合龙后起重机松索时,桁架拱片对桥墩即产生推力,应避免桥墩承受过大的单向推力。

当起重吊装能力有限,桁架拱片的预制构件重量不能太大时,可将桁架拱片分成下弦杆构件和一些三角形构件预制,并采用先使拱肋合龙后在其上安装三角形构件的方法(见图5-36),这就是拱肋式安装。

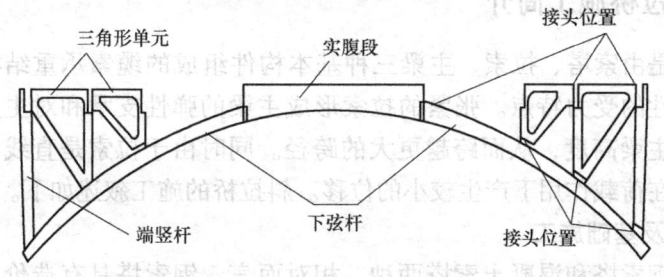

图5-36 拱肋式安装图

下弦杆构件和实腹段构件先作为"拱肋"吊装合龙。吊装过程可用支架或不用支架,接头形式可为湿接头或干接头。一跨内各桁架拱片的"拱肋"应及时进行相互间的横向联系。三角形构件之间及它们与"拱肋"之间的连接,一般采用混凝土现浇接头。但在安装的过程中,先利用专门夹子暂时将各节点处的预留接头钢筋夹住,使三角形构件均竖立于"拱肋"上。待全跨的三角形构件位置校正准确后,再将接头钢筋焊牢,取去夹子,浇筑各处的接头混凝土。

如桁架拱片的竖杆内布置有预应力筋,则可在安装时利用此竖杆预应力筋使每个三角形构件竖立于"拱肋"上,为此三角形构件下顶点与下弦杆顶面之间需设置水平的拼接面。待三角形构件均安上后,再进行相邻三角形构件之间的连接，即上弦节点的联结。一般也采用混凝土现浇接头。

2. 刚架拱桥安装简介

刚架拱桥上部构造由刚架拱片、横系梁和桥面系组成。施工方法分为有支架施工、少支架施工和无支架施工三种。

(1) 有支架施工　有支架施工操作方便，不需要特殊设备，常用的有满堂式拱架和纵梁式拱架，其支架设计及混凝土的浇筑与现浇混凝土拱桥相同。

(2) 少支架施工　少支架施工顺序为：首先在墩顶设置支架，随后立模现浇立柱及部分主拱腿和次梁、次拱腿混凝土，然后再立模现浇剩余主拱腿和次梁混凝土，最后吊装主梁。

这种施工方法用于不便在桥下设置支架的情况，但该方法工序多，设备投入大，操作复杂，因而采用较少。

(3) 无支架施工　采用无支架施工，不影响桥下通航，特别是桥下水深流急的情况，更显示出其经济性和优越性。根据桥下水文情况和设备能力，无支架施工又分为浮吊安装和缆索吊装，此法，还可以采用转体施工。

5.6　斜拉桥和悬索桥施工简介

5.6.1　斜拉桥施工简介

斜拉桥是由索塔、拉索、主梁三种基本构件组成的缆索承重结构体系，一般表现为柔性的受力特点。张紧的拉索形成主梁的弹性支承和对主梁产生轴向力可以减小主梁高度，从而跨越更大的跨径。同时由于拉索是直线拉索，与悬索桥相比，在荷载作用下产生较小的位移。斜拉桥的施工叙述如下。

1. 索塔及基础施工

索塔有钢索塔和混凝土索塔两种。相对而言，钢索塔具有造价昂贵、施工精度要求高、抗震性好、维护要求高等特点；混凝土索塔则有价格低廉、整体刚度大、施工简便、成桥后一般无需养护和维修的特点。现代斜拉桥中，一般采用混凝土索塔。我国已修建的斜拉桥，均为混凝土索塔。

(1) 钢主塔施工　钢索塔一般采用预制拼装的施工办法，分为工厂分段预制加工和现场吊装安装两个大的施工阶段。钢索塔施工，应对垂直运输、吊装高度、起吊吨位等施工方法进行充分考虑。钢索塔应在工厂分段焊接加工，事先进行多段立体试拼装合格后方可出厂。主塔在现场安装，常常采用现场焊接头，高强度螺栓联接，焊接和螺栓混合连接的方式。经过工厂加工制造和立体试拼装的钢塔，在正式安装时应予以施工测量控制，并及时用填板或对螺栓孔进行扩孔来调整轴线和方位，防止加工误差、受力误差、安装误差、温度误差和测量误差的积累。

钢主塔的防锈蚀措施，可以采用耐候钢材，也可采用喷锌层。但国内外绝大部分钢塔仍采用油漆涂料，一般可使用保持的年限为10年。油漆涂料常采用两层底漆、两层面漆，其中三层由加工厂涂装，最后一道面漆由施工安装单位最终完成。

（2）混凝土主塔施工　混凝土索塔通常由基础、承台、下塔柱、下横梁、中塔柱、上横梁、上塔柱拉索锚固区段及塔顶建筑等几部分组成。

混凝土索塔的塔柱分为下塔柱、中塔柱和上塔柱，一般可采用支架法、滑模法、爬模法分节段施工，常用的施工节段大小划分为1~6m不等。在塔柱内，常常设有劲性骨架，劲性骨架在加工厂加工，在现场分段超前拼接，精确定位。劲性骨架安装定位后，可供测量放样，立模，钢筋绑扎，拉索钢套管定位用，也可供施工受力用。劲性骨架在倾斜塔柱中的功能和作用很大，设计者应结合构件受力需要设置。当塔柱为倾斜的内倾或外倾布置时，应考虑每隔一定的高度设置受压支架（塔柱内倾）或受拉拉杆（塔柱外倾）来保证斜塔柱的受力、变形和稳定性。

混凝土索塔的下横梁、上横梁一般采用支架法现浇，一般为预应力混凝土结构。在高空中进行大跨度、大断面现浇高强度等级预应力混凝土横梁施工的难度很大。施工时要考虑到模板支撑系统和防止支撑系统的连接间隙变形、弹性变形、支承不均匀沉降变形，混凝土梁、柱与钢支撑不同的线膨胀系数影响，日照温差对混凝土、钢的不同时间差效应等产生的不均匀变形的影响，以及相应的变形调节措施。

索塔混凝土浇筑时可采用提升法输送混凝土，有条件时应采用商品泵送混凝土工艺，一次泵送混凝土高度可达200m以上。

（3）索塔拉索锚固区塔柱施工　拉索在塔顶部的锚固形式主要有：交叉锚固、钢梁锚固和箱形锚固等。箱形锚固的施工程序为：先架立劲性骨架，绑扎钢筋，再安装套筒，套筒定位，再安装预应力管道及钢束，之后，进行模板安装，混凝土浇筑养护，最后施加预应力，压浆。

（4）索塔施工测量控制　索塔在施工过程中，受施工偏差，混凝土收缩，徐变，基础沉降，风荷载和温度变化等因素影响，其几何尺寸及平面位置可能发生变化，对结构受力产生不利影响。因此，在施工的全过程中，应采取严格的施工测量控制措施对索塔施工进行定位指导和监控。除了应保证各部位的几何尺寸正确之外，还应该进行主塔局部测量系统与全桥总体测量系统接轨。

索塔局部测量常采用全站仪三维坐标法或天顶法进行。测量控制的时间一般应选择夜晚22点至早上7点日照之前的时段内，以减少日照对主塔造成的变形影响。此外，随着主塔高度不断地升高，也应选择在风力较小的时机进行测量,并对日照和风力影响予以修正。

(5) 索塔基础施工 斜拉桥索塔基础常采用的形式有:扩大基础、沉井或沉箱基础、管柱基础和桩基础。

2. 主梁的施工方法

斜拉桥主梁施工方法与梁式桥大致相同,一般有以下四种。

(1) 顶推法 顶推法的特点是施工时需在跨间设置若干临时支墩,顶推过程中主梁要反复承受正、负弯矩。该法较多用于桥下净空较低、修建临时支墩造价不大、支墩不影响桥下交通、抗压与抗拉能力相同、能承受正负弯矩的钢斜拉桥主梁的施工。对混凝土斜拉桥主梁而言,一般在拉索张拉前顶推主梁,临时支墩间距超过主梁负担自重弯矩能力时,为满足施工需要,要设置临时预应力束,在经济上不合算。

(2) 平转法 分别在两岸或一岸顺河流方向的矮支架上现浇主梁,并在岸上完成所有的安装工序(落架、张拉、调索等),然后以墩、塔为圆心,整体旋转到桥位合龙。平转法适用于桥址地形平坦、墩身较矮和结构体系适合整体转动的中小跨径斜拉桥。我国四川马尔康地区的金川桥是一座跨径为68m+37m,采用塔、梁、墩固结体系的钢筋混凝土独塔斜拉桥。塔高25m,中跨为空心箱梁,边跨为实心箱梁。该桥是采用平转法施工的。

(3) 支架法 在支架上现浇、在临时支墩间设托梁或劲性骨架现浇、在临时支墩上架设预制梁段等几种施工方法。其优点是施工最简单方便,能确保结构满足设计线形,但仅适用于桥下净空低、搭设支架不影响桥下交通的情况。我国的天津永和桥是在临时支墩上拼装主梁;昆明市圆通大桥是一座跨径为70.5m+70.5m、全宽24m(2×7.5m+3m(拉索区)+2×3m)的独塔单索面斜拉桥,采用支架法现浇。

(4) 悬臂法 可以在支架上修建边跨,然后中跨采用悬臂施工的单悬臂法;也可以是对称平衡施工的双悬臂法。悬臂施工法一般分为悬臂拼装法和悬臂浇筑法两种。

悬臂拼装法,一般是先在塔柱区现浇一段放置起吊设备的起始梁段,然后用各种起吊设备从塔柱两侧依次对称安装节段,使悬臂不断伸长直至合龙,如图5-37所示。

悬臂浇筑法是从塔柱两侧用挂篮对称逐段就地浇筑混凝土。我国大部分混凝土斜拉桥主梁都是采用悬臂浇筑法施工的。

斜拉桥与其他梁桥相比,主梁高跨比很小,梁体十分纤细,抗弯能力差。当采用悬臂法施工时,如果仍采用应用于梁式桥的传统的挂篮施工方法,由于挂篮重量大,梁、塔和拉索将由施工内力控制设计,很不经济,有时还很难过关。所以考虑施工方法,必须充分利用斜拉桥结构本身特点,在施工阶段就充分发挥斜拉索的效用,尽量减轻施工荷载,使结构在施工阶段和运营阶段的受力状态基本一致。

斜拉桥主梁在施工过程中要求采取临时固结措施,以抵抗两侧梁体的荷载不同产生的倾覆力矩,一般临时固结分为加临时支座并锚固主梁和设临时支承两种方式。

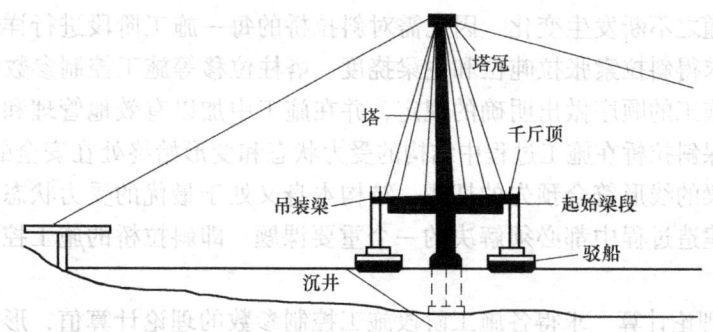

图 5-37 悬臂拼装法示意图

3. 拉索施工

(1) 拉索的制作和防护 为保证拉索的质量,斜拉索的制作不宜在现场施工制作,要走工厂化和半工厂化的道路,并对拉索进行跟踪检验。斜拉索的防护分为临时防护和永久防护。临时防护为从出厂到开始永久防护的一段时间。永久防护为拉索钢材下料到桥梁建成的长期使用期间,分为内防护和外防护。内防护是直接防止拉索锈蚀,外防护是保护内防护材料不致流出、老化等。

(2) 拉索安装 放索是根据拉索的不同卷盘方式,分为立式转盘放索和水平转盘放索。挂索是将拉索的两端分别穿入梁上和塔上预留的索孔,并初步固定在索孔端面的锚板上。不同的拉索、不同的锚具、不同的斜拉桥设计,要求采用不同的挂索和张拉方式。对斜拉索塔部安装方法分为吊点法、起重机安装法和分步牵引法。对斜拉索梁部安装分为吊点法和拉杆接长法。

配装拉锚式锚具的拉索,可以借助卷扬机,直接将锚具拉出索孔后用螺母固定。

当拉索长度超过百米,质量超过 5t,直接用卷扬机将锚具拉出洞口就有困难。这时,可以将张拉用的连接杆先接装在拉索锚具上,用卷扬机拉至连接杆露出洞口,即可完成挂索。对于更长更重的拉索,由于卷扬机的牵引力有限,连接杆的长度就要相应加大。

对于大跨和特大跨的斜拉桥,拉索的制作宜和挂索协调进行。要时刻注意上一阶段挂索的情况,根据反馈的信息,对下一阶段拉索的长度做出是否需要调整的决定。

(3) 拉索张拉与索力测定 张拉是用千斤顶对拉索的索力进行调整。索力的大小,由设计根据各个不同的工况经计算后给定。要在施工中准确控制索力,首先必须掌握测定索力的技术。索力测定方法有压力表测定千斤顶液压、压力传感器直接测定和根据拉索振动频率计算索力。

4. 施工控制

在桥梁施工阶段,随着斜拉桥结构体系和荷载状态的不断变化,结构内力和变形也随之不断发生变化,因此需对斜拉桥的每一施工阶段进行详细的分析和计算,求得斜拉索张拉吨位和主梁挠度、塔柱位移等施工控制参数的理论计算值,对施工的顺序做出明确的规定,并在施工中加以有效地管理和控制。如此方能确保斜拉桥在施工过程中结构的受力状态和变形始终处在安全的范围内,成桥后主梁的线形符合预先的期望,结构本身又处于最优的受力状态。这就是斜拉桥在建造过程中都必须解决的一个重要课题,即斜拉桥的施工控制。包括两个方面:

(1) 理论计算 求得各施工阶段施工控制参数的理论计算值,形成施工控制文件。理论计算要考虑以下问题:施工方案,计算图式,结构分析方法,非线性影响,混凝土收缩徐变的影响,地震和风力、温度。计算方法为倒拆法和正算法两种。

(2) 施工过程中的理论计算值与实测值不一致的问题 应采用一定的方法在施工中加以控制、调整。一般来说,在主梁架设阶段确保线形和顺、正确是第一位的,施工中以高程控制为主。二期恒载施工时为保证结构的整体内力和变形处于理想状态,拉索张拉时以索力控制为主。

5.6.2 悬索桥施工简介

悬索桥是由主缆、加劲梁、主塔、鞍座、锚碇、吊索等构件构成的柔性悬吊组合体系。成桥时,主要由主缆和主塔承受结构自重,加劲梁受力情况由施工方法决定。成桥后,结构共同承受外荷载作用,受力按刚度分配。悬索桥施工顺序为:锚碇及基础,悬索桥塔及基础,主缆和吊索的架设,加劲梁的工厂制作与工地安装架设,桥面及附属工程等。

1. 锚碇和桥塔的施工

(1) 锚碇的施工 锚碇是支承主缆的重要结构部分。大跨悬索桥的锚碇由索鞍墩、锚块、锚块基础、锚室、主缆的锚碇架及锚盖等组成。锚碇一般分为重力式锚和隧道式锚两大类。

1) 重力式锚碇。一般为大体积混凝土浇筑施工,必须注意解决混凝土的水化热及分块浇筑的施工问题。水化热引起内外温差和最高温升会导致锚体混凝土开裂。

2) 隧道式锚碇。在岩体开挖过程中应注意爆破的药量,尽量保护岩石的整体性,使隧道锚坚固可靠。

3)锚碇架的制作和架设安装。锚碇钢构架是主缆的锚固结构,由锚杆、锚梁及锚支架三部分组成。锚支架在施工中起支承锚杆和锚梁的重量和定位的作用,主缆索股直接与锚杆连接,锚杆分为单束和双束两种,可采用 Q235 号或 Q345 号钢板焊接而成。制造时对焊接质量、变形、制造精度都应严格要求和控制。锚碇的安装精度主要应控制锚梁,然后安装锚杆,调整其轴线顺直和锚固点的高程。

(2)桥塔的施工 悬索桥桥塔的施工与斜拉桥有些类似。悬索桥桥塔分为钢桥塔和混凝土桥塔两种形式。

1)悬索桥钢桥塔的施工。依据其规模、类型、施工地点的地形条件并考虑经济适用性,主要有以下几种方法:浮式起重机施工法,塔式起重机施工法,爬升式起重机施工法。

2)混凝土桥塔的施工。塔身和立柱常采用的施工方法为:翻模法、滑模法、爬模法和提升支架法等。如英国 Humber 悬索桥桥塔为混凝土塔,采用滑模施工;厦门海沧大桥东桥塔采用翻模施工。

(3)锚碇和桥塔基础的施工 悬索桥的桥塔基础和锚碇基础为沉井、沉箱、明挖扩大基础或桩基础。

2. 主缆架设

(1)主缆架设的准备工作 主缆架设前,应先安装索鞍(包括主、副索鞍、展束锚固索鞍等),安装塔顶起重机或吊架以及各种牵引设施和配套设备,然后依次进行导索、拽拉索、猫道的架设,为主缆架设做好准备。

(2)导索及牵引索(拽拉索)架设 具体如下:

1)海底拽拉法。较早时期的导索架设用的办法是将导索在一岸塔底临时锚固,然后将装有导索索盘的船只驶往彼塔,并随时将导索放入水底,然后封闭航道,用两端塔顶的提升设备将导索提升至塔顶,置入导轮组中,并引至两端锚碇,再将导索的一端引入卷扬机筒上,另一端与拽拉索(主或副牵引索或无端牵引绳)相连,接着开动卷扬机,通过导索将拽拉索牵引过河。

2)浮子法。具体做法是将导索每隔一定距离装一个浮子,在将导索拽拉过河时,导索不会沉入水底,其他方面与"海底拽拉法"无大差别。

3)空中渡海法。当水流较急时,一般采用"空中渡海法",即在一端锚碇附近连续松放导索,经塔顶后固定于拽拉船上,随着拽拉船前行,导索相应放松,因此一般不会使导索落入水中。导索至另一岸索塔处时,往往从另一端锚碇附近将牵引索引出,并吊上索塔后沿另一侧放下,再与拽拉船上的导索头相连接,即可开动卷扬机收紧导索,从而带动牵引索过河,如图 5-38 所示。

(3)猫道架设 猫道相当于临时轻型索桥,其作用是在主缆架设期间提供

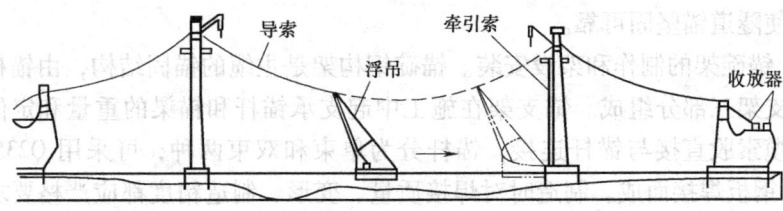

图 5-38 导索架设示意图

一个空中工作平台。它由猫道承重索、猫道面板系统及横向天桥和抗风索等组成，一般 3~5m 宽，每主缆下设一个，为方便工人操作，猫道面层距主缆中心线的高度一般为 1.3~1.5m，且一般沿主缆中心线对称布置。

猫道索的架设在初期也有用与先期的导索架设相类似的方法架设的，与前述同样的理由，现多用在一端塔顶（或锚碇）起吊猫道索一端，与拽拉器相连后牵引至另一端，然后将其一端入锚，另一端用卷扬机或手动葫芦等设施牵拉入锚并调整猫道索的垂度，最后将其两端的锚头锁定。猫道索适度调整就绪后即可铺设猫道面板，一般是先将横木和面材分段预制，成卷提升至塔顶，沿猫道索逐节释放，并随之把各段相连，然后将横木固定在承重索上，并在横木端部安装栏杆立柱以及扶手索等。横向天桥可在猫道架完后铺设，也可随其一起铺设。

此外，若架设主缆的拽拉系统用门架支承和导向时，还必须在猫道上每隔一定距离架设猫道门架。

（4）主缆架设 主缆的架设方法一般有两种，即空中编缆法（AS 法）和预制丝股法（PS 法）。

1）空中编缆法（AS 法）。所谓 AS 法，就是先在猫道上将单根钢丝编制成主缆丝股，多束丝股再组成主缆。其施工程序如下：

将待架的钢丝卷入专用卷筒运至悬索桥一端锚碇旁，并将其一头抽出，暂时固定在一梨形蹄铁上，此头称为"死头"，然后将钢丝继续外抽，套于送丝轮的槽路中，而送丝轮则连接于牵引索上，当卷扬机开动时，牵引索带动送丝轮将钢丝引送至对岸，同样套于设在锚碇处的一个梨形蹄铁上，再让送丝轮带动其返回始端，如此循环多次则可按要求数量将一束丝股捆扎成束，如图 5-39 所示。这里，不断从卷筒中放钢丝的一头称"活头"，其中一束丝股牵引完成后，就将钢丝

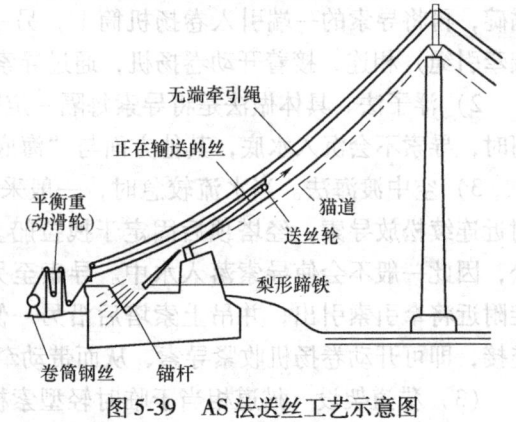

图 5-39 AS 法送丝工艺示意图

"活头"剪断,并与先前临时固定的"死头"用特制的钢丝连接器相互连接。在环形牵引索上,可同时固定2个送丝轮,每个送丝轮的槽路可是1条,也可是2条或更多,目前已有4条槽路的。对每一束丝股,按每次送丝根数为一组,不足一组的再单独牵引一次。需要指出的是,每次送丝轮上的槽路多,每次送丝数量就大,但牵引索及送丝轮等的受力相应增大,所需牵引动力也就增大。

此外,编缆前,应先放一根基准丝来确定第一批丝股的高程,基准丝在自由悬挂状态,其仅承受自重荷载,所呈线形为悬链线,基准丝应在下半夜温度稳定的情况下测量设定。此后牵引的每根钢线均需调整成与基准线相同的跨度和垂度,则其所受拉力、线形及总长应与基准丝一样。成股钢丝束梳理调整后,应用手动液压千斤顶将其挤成圆形,并每隔2～5m用薄钢带捆扎。

调股:为使每束丝股符合设计要求,在调丝后依靠在梨形蹄铁处所设的千斤顶调整整束丝股的垂度,并随即在梨形蹄铁处填塞销片,将丝股整束落于索鞍,使千斤顶回油。调股同样应在温度稳定的夜间进行。

2) 预制丝股法 (PS法)。所谓预制丝股法,就是在工厂或桥址旁的预制场事先将钢丝预制成平行丝股,然后利用拽拉设施将其通过猫道拽拉架设。其主要工序为:丝股牵引架设,测调垂度,锚跨拉力调整。与AS法比较,由于其每次牵拉上猫道的是丝股而不是单根钢丝,故重力要大数倍,所需牵引能力也要大得多,一般采用全液压无级调速卷扬机,牵引方式则有门架支承的拽拉器和轨道小车两种。

3) 锚跨内钢丝束拉力调整。不管是AS法,还是PS法,在主边跨丝股垂度调整后,都必须调整锚跨内丝股的拉力,具体方法为:用液压千斤顶拉紧丝股,并在锚梁与锚具支承面间插入支承垫板,即可通过丝股的伸长导入拉力。实际控制时是采用位移(伸长量)和拉力"双控"。

4) 紧缆挤圆。在各丝股调整好垂度并置入索鞍后,即用紧缆机将大缆挤压成圆形。紧缆机一般是用一可开闭的环形刚性钢架构成的,其内部沿径向设置多台千斤顶和辅助设施。为使两侧主缆从两端能对称作业,每桥一般配置4台紧缆机同时对称紧缆。紧缆一般是从主跨跨中向两侧进行,边挤边用木锤敲打密实,再用钢带或钢丝捆扎,紧缆和捆扎的距离一般为1m左右。

5) 缠丝。紧缆挤圆之后,在索夹、吊索及加劲梁等大部分恒载都已加于主缆之时即可缠丝。缠丝之前先在主缆表面涂铅丹膏,然后用缠丝机缠丝,并随时刮去挤出表面的铅丹膏。缠丝之后在大缆表面涂漆防护。

3. 加劲梁的架设

在加劲梁架设之前,应进行索夹和吊索的安装。悬索桥加劲梁的架设方法一般分为两种:一种架设方法是先从主塔附近的节段吊装架设开始,逐渐向跨中及桥台推进;另一种方法是先从跨中节段开始向两侧桥塔方向推进。具体施工中应注意主缆变形对加劲梁线形的影响。

4. 施工控制

主缆和加劲梁的架设是悬索桥施工的关键环节。在主缆和加劲梁的架设过程中，桥塔和缆上的荷载不断变化着，主缆的线形也随着变化。为使悬索桥建成后其加劲梁和主缆都能达到设计线形，就需要在整个施工中进行严格的监测和控制。大跨度悬索桥的施工按照理论计算值进行施工，在施工测量精度范围内，确保实际线形与设计要求的线形相符合。大跨度悬索桥结构的线形主要受主缆线形与吊索长度控制，主缆一旦架设完成，其线形不能进行调整。

施工监控主要有：对主缆的施工控制，要求主缆内各钢丝均匀受力的控制；主缆调股的控制，即股缆在主跨和边跨的矢度调到要求的位置；主缆架设中长度的控制；对塔上主鞍座位置的控制，主缆架设时，就应该让主鞍座的空间位置具有一个靠岸的偏移量；对加劲梁段架设中的施工控制。

以厦门海沧大桥悬索桥上部结构的线形施工控制为例，大跨度悬索桥施工监控主要考虑以下几个方面的问题：

1）初始参数的收集与整理分析，这些参数包括跨度、高程、猫道影响等。
2）鞍座预偏量与基准丝股线形的计算和架设监测。
3）索夹位置的计算与索夹放样的控制。
4）吊索长度的修正。
5）加劲梁架设过程的计算分析与测量。
6）桥面合理线形的形成。

第6章 涵洞施工

涵洞通常是为了公路排水或跨越相交道路、管线以及其他障碍物而修建的结构物。在各条公路上都拥有相当数量的涵洞，一般情况下，平原区每公里有涵洞1~3个，山区3~5个，涵洞工程的投资占公路工程总投资的15%~20%。涵洞设计与施工的合理性，对于整条公路的造价和使用质量有很大的影响。与此同时，涵洞还与农田水利建设有着密切的关系。

6.1 涵洞的构造

涵洞通常由洞身和洞口两大部分组成，如图6-1所示。

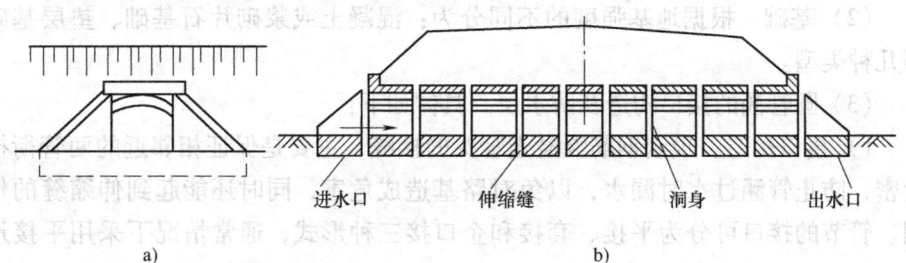

图6-1 涵洞的组成
a) 洞口 b) 纵断面

6.1.1 洞身

洞身是涵洞的主体，其作用一方面保证水流通过，另一方面也直接承受车辆荷载的压力和上部填土的重量，并将其传递给地基。既要求它具有保证设计流量通过的必要孔径，同时又要求其本身坚固和稳定。洞身通常由承重结构（如拱圈、盖板等）、涵台基础以及防水层和伸缩缝等部分组成。为了便于排水，涵洞洞身应有适当的纵坡，最小排水纵坡一般要求为0.3%。

1. 圆管涵

圆管涵主要由管身、基础、接缝及防水层组成,如图6-2所示。

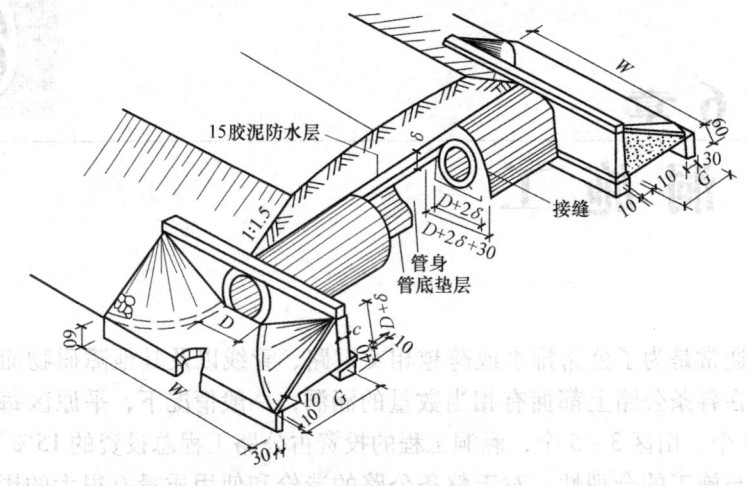

图6-2 圆管涵(图中尺寸单位:cm)

(1) 管身 作为管涵的主要组成部分,管身通常由钢筋混凝土制作而成。管身多采用预制安装的方式,其预制长度通常有0.5m和1.0m两类;管径有0.50m、0.75m、1.00m、1.25m、1.50m、2.00m六种。管身的壁厚随管径大小和填土高度而异。

(2) 基础 根据地基强度的不同分为:混凝土或浆砌片石基础、垫层基础等几种类型。

(3) 圆管涵的接口构造及防水层 具体如下:

1) 接口构造。预制钢筋混凝土管头的接缝,主要是保证相邻近的两管衔接紧密,防止管涵过水时漏水,以免对路基造成危害,同时还能起到伸缩缝的作用。管节的接口可分为平接、套接和企口接三种形式,通常情况下采用平接形式。

2) 防水层。在圆管涵的四周应设置防水层,以防渗水的侵蚀,防水层一般以塑性粘土为材料,厚度为15~20cm。

2. 盖板涵

盖板涵主要由盖板、涵台、基础、洞身铺底、沉降缝及防水层等部分组成,如图6-3所示。

(1) 盖板 盖板是涵洞的承重结构部分,可分为石盖板或钢筋混凝土盖板。跨径在2m以下,并且石料丰富时,可采用石盖板。当跨径大于2m或在石料贫乏地区时,宜采用钢筋混凝土盖板。

(2) 涵台、基础及洞身铺底 这些部位多采用浆砌块、片石构成,砂浆强度等级可为 M2.5 或 M5.0。一般情况下，基础厚度 60cm，铺底厚度 30cm。

（3）沉降缝　一般沿洞身方向每隔 3～6m 设置一道沉降缝，具体位置需结合地质的变化情况及路堤的高度而定；同时在涵洞与急流槽、端墙、翼墙等结构分段处也应设置沉降缝，以免洞口的沉降影响洞身。沉降缝应当贯穿整个断面（包括基础），缝宽 2～3cm。

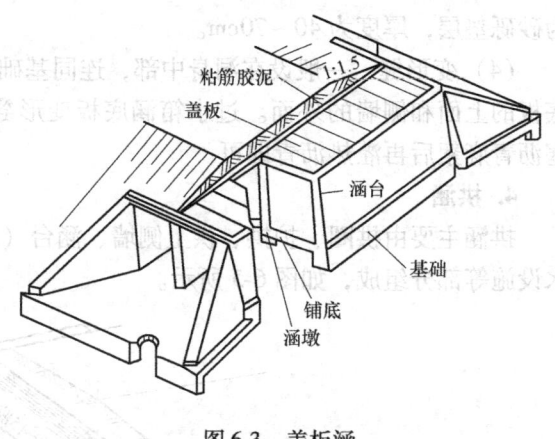

图 6-3　盖板涵

3. 箱涵

箱涵作为整体闭合式钢筋混凝土框架结构，具有良好的整体性和抗震性，在软土地基及高等级公路上应用广泛。主要组成部分有钢筋混凝土涵身、翼墙、基础、变形缝等，如图 6-4 所示。

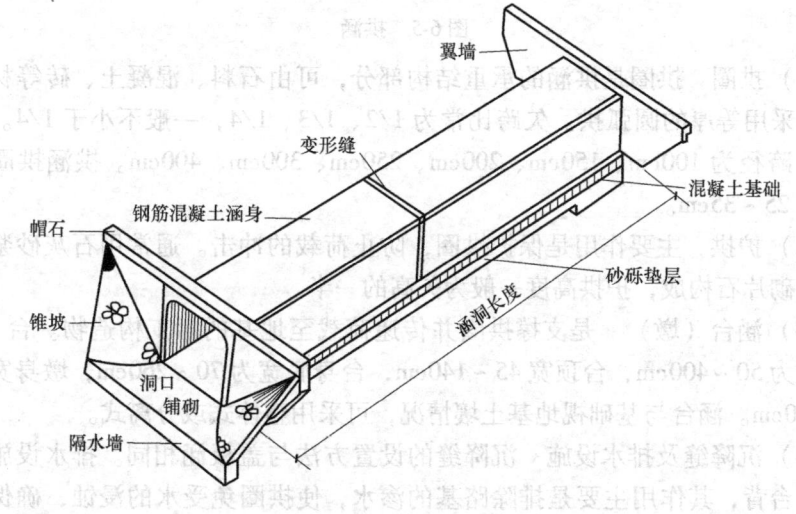

图 6-4　箱涵

（1）涵身　由钢筋混凝土构成，洞口断面一般为长方形或正方形。箱涵常用的跨径有 200cm、250cm、300cm、400cm、500cm 等，壁厚一般为 22～35cm。

（2）翼墙　在涵身靠洞口侧的两端修建的钢筋混凝土薄壁结构，与洞身连成一个整体。壁厚一般为 31～41cm。翼墙主要用于洞身与进出口锥坡的连接，起支挡路基填土的作用。

（3）基础　箱涵基础一般为双层结构。上层为混凝土结构，厚 10cm；下层为砂砾垫层,厚度为40~70cm。

(4) 变形缝　一般设在洞身中部,连同基础变形缝设置一道通缝。设于顶、底板的上面和侧墙的外面。过水箱涵底板变形缝的顶面可不设油毛毡,而在填塞沥青麻絮后再灌热沥青即可。

4. 拱涵

拱涵主要由拱圈、护拱、拱上侧墙、涵台(墩)、基础、铺底、沉降缝及排水设施等部分组成,如图6-5所示。

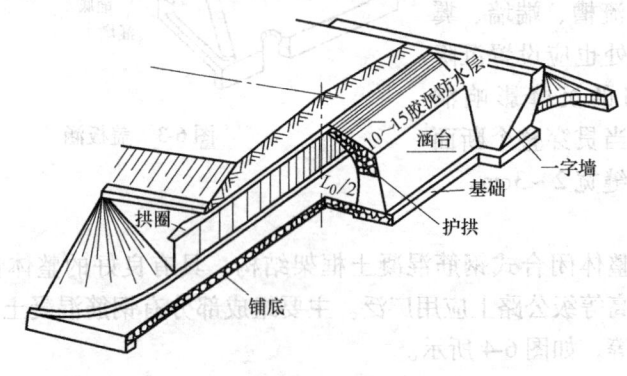

图6-5　拱涵

(1) 拱圈　拱圈是拱涵的承重结构部分,可由石料、混凝土、砖等材料构成。常采用等厚的圆弧拱。矢跨比常为1/2、1/3、1/4,一般不小于1/4。拱涵的常用跨径为100cm、150cm、200cm、250cm、300cm、400cm。拱涵拱圈厚度一般为25~35cm。

(2) 护拱　主要作用是保护拱圈,防止荷载的冲击。通常用石灰砂浆或水泥砂浆砌片石构成,护拱高度一般为矢高的一半。

(3) 涵台(墩)　是支撑拱圈并传递荷载至地基的圬工构造物。台(墩)高一般为50~400cm,台顶宽45~140cm,台身底宽为70~260cm,墩身宽度为50~140cm。涵台与基础视地基土壤情况,可采用整体式或分离式。

(4) 沉降缝及排水设施　沉降缝的设置方法与盖板涵相同。排水设施设于拱背及台背,其作用主要是排除路基的渗水,使拱圈免受水的浸蚀,确保路基稳定。

5. 倒虹吸管涵

倒虹吸管涵是一种中段埋在地下的有压力管道(见图6-6),主要由进口段、水平段和出口段三部分组成。进口段主要由进水口沟渠、沉淀池、进水井等部分组成;水平段是倒虹吸管的主体,由基础、管身、接缝等部分组成;出口段主要由出水井及出水沟渠组成。

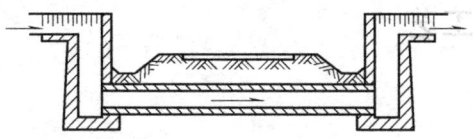

图6-6 倒虹吸

6.1.2 洞口建筑

洞口是洞身、路基、河道三者的连接构造物。洞口建筑一般由进水口、出水口和沟床加固三部分组成。其作用是平顺连接涵洞与河道，使水流进出顺畅，还起着保护路基边坡免受水流冲刷的作用。涵洞洞口的类型很多，有八字式、端墙式、跌水井、扭坡式、平头式、走廊式、流线形等。其中的八字式、端墙式是常用形式，如图6-7所示。

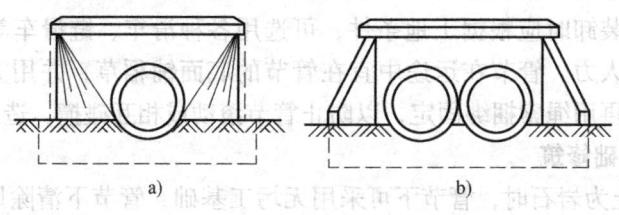

图6-7 涵洞洞口
a) 端墙式 b) 八字式

6.2 涵洞施工准备

1. 现场考察与设计图核对

涵洞开工前，认真学习、分析和研究设计文件和设计图，领会设计意图，利用设计资料、结合工程现场的地形与地质情况，对涵洞的位置、方向、孔径、长度、出入口的高程，以及与灌溉系统的连接等进行核对。核对时，要重视涵洞与农田排水灌溉的关系，如果需要增加涵洞数量、变更涵洞类型和孔径时，应及时向监理和业主反映情况。

2. 施工测量与放样

在具体放样中，涵洞施工设计图是施工放样的依据，根据设计中线的里程，在地面上标定涵洞位置，并设置涵洞纵向轴线。当涵洞位于路线的直线部分时，其中心应根据路线控制桩的方向和附近百米桩里程来测定；位于曲线部分时，应按曲线测设的方法测定。

6.3 涵洞施工工艺

6.3.1 管涵施工

公路工程中的管涵多为钢筋混凝土圆管涵，一般采用在工厂预制管节，然后运往现场安装的施工方法。其施工工艺一般为：管节预制、管节运输和管涵的安装等。

1. 管节的预制和运输

圆管涵管节预制时可采用振动制管器法、离心法、悬辊法、立式制管法等。成品圆管涵的尺寸应满足设计要求，管节的端面与其轴线应满足相应的角度关系，管节的端面和管壁内侧等部位应平滑、直顺，管节的强度应符合设计要求。

管节混凝土的强度达到设计强度等级的70%，经检查符合质量标准规定时即可装运。运输时根据道路情况和设备条件可以选用汽车、拖拉机拖车或马车等运输工具；装卸时应根据工地条件，可选用各种滑车、链滑车等小型起重工具，也可采用人力。管节在运途中宜在管节的底面铺稻草，并用方块、圆木等将管节契紧，再用绳索捆绑固定，以防止管节滚动或相互碰撞，造成管节破坏。

2. 管涵基础修筑

1) 地基土为岩石时，管节下可采用无圬工基础，管节下清除风化层或挖除软土层后，填筑0.4m厚的砂垫层；出入口两端的端墙、翼墙下，在岩石层上用C15混凝土作基础，其深度应埋置在风化层以下0.15~0.25m，并且最小等于管壁厚加5cm。当风化层过深时，可改用片石圬工基础，最深不大于1m。管节下为硬岩时，可用混凝土抹成与管节密贴的垫层。

2) 地基土为砾石土、卵石土或砂砾、粗砂、中砂、细砂或匀质粘性土时，管节下一般采用无圬工基础。

3) 地基土为粘土时，管节下应采用0.5m厚的圬工基础，出入口两端的端墙、翼墙基础埋置深度为1.0~1.5m；当地下水的冻结深度较浅时，埋深应不少于冻结深度；当冻结深度大于1.5m时，可在圬工基础下用卵石和砂换填至冻结深度。

4) 管涵地基土为软土时，应根据软土层的厚度进行相应的处理。

3. 管节安装

管节安装应从下游开始，使接头面向上游；每节涵管应紧贴在垫层或基座上，使涵管受力均匀；所有管节应准确地按设计坡度敷设。如管壁厚度不一致，应使内壁齐平。在敷设过程中，要保持管内清洁，无多余的砂浆及其他杂物。

管节安装可根据地形及设备条件，采用滚动安装法（见图6-8）、滚木安装法、压绳下管法（见图6-9）、龙门架安装法和起重机安装法等。

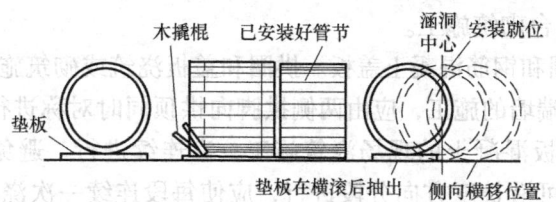

图6-8　涵洞管节滚动安装法

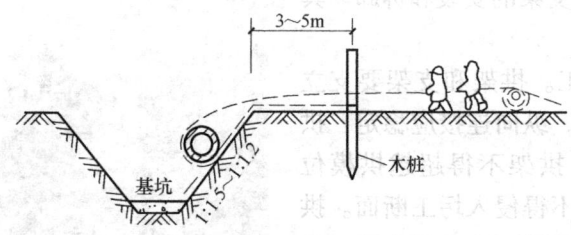

图6-9　涵洞管节压绳下管法

管节安装的施工要点如下：

1) 管座混凝土应与管身紧密相贴，使圆管受力均匀。无基圆管的基底应夯填密实，并做好弧形管座。

2) 管座接头采用对头拼接，接缝不应大于1cm，并用沥青麻絮或其他具有弹性的不透水材料填塞。

3) 管节沉降必须与基础沉降一致。沉降缝宽一般为2～3cm，采用沥青麻絮或其他具有弹性的不透水材料填塞。

4) 各管节应顺流水坡度安装平顺，当管壁的厚度不一致时，应调整高度使内壁齐平，将管节垫稳坐实，清除管道内部的遗留泥土等杂物。

6.3.2　拱涵、盖板涵和箱涵施工

混凝土和钢筋混凝土拱涵、盖板涵的施工，可分成就地浇筑和在工地预制安装两大类。

1. 就地浇筑（或砌筑）的拱涵、盖板涵

(1) 拱涵与盖板涵基础、涵台、拱圈、盖板的施工　具体如下：

1) 涵洞基础。拱涵与盖板涵的基础以圬工和砂垫层基础形式为主。在施工前，必须先对下卧层地基进行检查与验收，地基土的承载力或密实度符合设计要求后，才可以进行基础施工。对软土地基应按照设计规定进行加固处理。

圬工基础的施工工艺和技术要求可参照桥梁基础施工；砂垫层基础的施工工艺和技术要求可参照本章管涵基础施工。

2）涵洞墩、台。涵洞墩、台的施工工艺和技术要求可参照桥梁墩台进行，图6-10所示为涵台砌筑施工。

3）涵洞拱圈和钢筋混凝土盖板。拱圈和盖板浇筑或砌筑施工要点如下：拱圈和出入口拱上端墙的施工，应由两侧拱脚向拱顶同时对称进行；钢筋混凝土、混凝土拱圈和盖板混凝土的现场浇筑施工，宜连续进行，避免出现施工接缝；当涵身较长时，可沿长度方向分段进行，应使每段连续一次浇筑完成，并将接缝设于涵身沉降缝处。

(2) 拱架和支架的安装和拆卸　具体如下：

1）安装施工。拱架和支架要支立牢固，拆卸方便，纵向连接应稳定，拱架外弧应平顺。拱架不得超越拱模位置，同样拱模也不得侵入圬工断面。拱架和支架安装完毕后，应对其位置、顶部标高、节点联系纵横向稳定性进行检查，不符合要求者，立即进行纠正。

图6-10　涵台砌筑

2）拆卸施工。拱圈砌筑砂浆或混凝土强度达到设计强度的75%时，方可拆除拱架，达到设计强度后，方可回填土。在拱架未拆除的情况下，拱圈砌筑砂浆或混凝土强度达到设计强度的75%时，可进行拱顶填土，但等到拱圈强度达到设计强度的100%后，方能拆除拱架。拆除拱架时应沿拱涵整个宽度上将拱架同时均匀降落，并从跨径中点开始向两边拆除。

2. 就地浇筑箱涵

箱涵又称矩形涵，它与盖板涵的区别是，盖板涵的台身与盖板是分开浇筑的（台身也可以采用砌石圬工），构成的是简支结构；而箱涵的上顶板、下底板与左、右两侧的墙身是连续浇筑的，构成了刚性结构（见图6-11）。

3. 装配式拱涵、盖板涵和箱涵

(1) 预制构件的模板　预制构件的模板可分为土模、木模、钢丝网水泥模板、翻转模板、拼装式模板等。

(2) 构件运输　构件必须达到设计强度后，经过检查质量和大小符合要求，才能进行搬运。搬运时应注意吊点或支撑点的设置，务必使构件在搬运过程中保持平衡、受力合理，确保搬运过程中的安全。常用的运输方法分为：

1）近距离搬运。可在成品下面垫放托木及滚轴，沿着地面滚移，用A形架运输和用摇头扒杆起吊。

2）远距离运输。可用扒杆或起重机将构件装上汽车、拖车或平板挂车运输。

(3) 施工和安装　具体如下：

1) 基础。根据地基土类别和基础类型确定基础施工方法，与就地浇筑的涵洞相同。

2) 拱涵和盖板涵的涵台身。涵台身一般采用砌筑结构；也可按照就地浇筑的涵台身施工方法施工；当采用装配式结构时，可按照装配式墩台相关的要求施工。

3) 上部构件的安装。可用扒杆或起重机对构件进行吊装。

图 6-11　就地浇筑箱涵

6.3.3　涵洞附属工程的施工

涵洞主要附属工程施工主要是指防水层与沉降缝的设置、进出水口处理和涵洞缺口填土等。

1. 防水层施工要点

1) 各式钢筋混凝土涵洞（不包括圆管涵）的洞身及端墙，在基础以上凡被土掩埋部分，均须涂以热沥青两道，每道厚 1~1.5mm，不用再抹砂浆。

2) 在钢筋混凝土圆管涵的管节对头接缝中，应用麻絮浸以热沥青塞满，管节上半部从外往内填塞，下半部从管内向外填塞。管外靠近接缝处裹以热沥青浸透的防水纸 2 层，宽度 15~20cm（见图 6-12）。

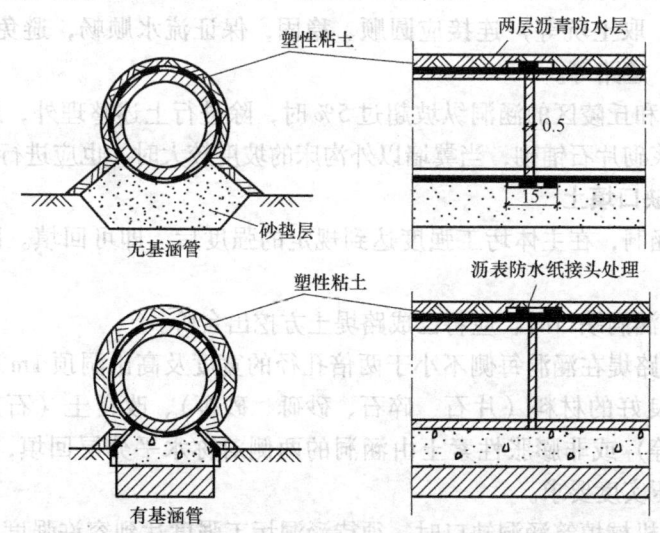

图 6-12　钢筋混凝土圆管涵防水层（图中尺寸单位：cm）

3) 在钢筋混凝土盖板明涵的盖板部分表面可先涂 2 层沥青，再于其上设

2cm 厚的防水水泥砂浆或 4~6cm 厚的防水混凝土。

2. 沉降缝施工

(1) 设置位置 在涵洞的洞身与端墙、进出水口急流槽交接处必须设置沉降缝,但无圬工基础的圆管涵仅于交接处设置沉降缝,洞身范围具体设置位置根据结构物和地基土的情况而定。洞身沉降缝一般每隔 4~6m 设置 1 处,但无基础涵洞仅在洞身涵节与出入口涵节间设置。两端与附属工程连接处也各设置 1 处。另外,凡地基土质变化、基础埋深不一、基础对地基的荷载发生较大变化处、基础填挖交界处、采用填石垫高基础交界处等,均应设置沉降缝。

(2) 沉降缝的施工方法 具体如下:

1) 基础部分。可将原基础施工时嵌入的沥青木板或沥青砂板留下,作为防水之用。

2) 涵身部分。在缝的外侧以热沥青浸制的麻筋填塞,深度约 5cm,内侧以 1:3 水泥砂浆填塞,深度约 15cm,根据沉降缝处圬工的厚薄而定。

3) 保护层。对于有圬工基础的涵洞,在其基础襟边以上,均顺沉降缝周围设置粘土保护层,厚约 20cm,顶宽约 20cm。对于无圬工基础的涵洞,保护层宜使用沥青混凝土或沥青砂胶,厚度 10~20cm。

3. 涵洞进出水口

涵洞进出水口是指涵洞端墙、翼墙以外的部分,如沟底铺砌和其他进出水口处理等。其施工要点如下:

1) 平原区的涵洞出入口的沟床应整理顺直,与上、下系统(天沟、路基边沟、排水沟、取土坑等)连接应圆顺、稳固,保证流水顺畅,避免损害路堤、村舍、农田、道路等。

2) 山岭和丘陵区的涵洞纵坡超过 5% 时,除进行上述整理外,还应对沟床使用干砌或浆砌片石铺砌,当翼墙以外沟床的坡度较大时,也应进行铺砌防护。

4. 涵洞缺口填土

建成的涵洞,在主体圬工强度达到规定的强度后,即可回填。回填施工要点如下:

1) 回填涵洞缺口时,应将已成路堤土方挖出台阶。

2) 填土路堤在涵洞每侧不小于两倍孔径的宽度及高出洞顶 1m 范围内,应采用透水性良好的材料(片石、碎石、砂砾、砂等)、改良土(石灰土、水泥土、二灰土等)或非膨胀性素土由涵洞的两侧对称水平分层回填,仔细夯实,达到规定的压实度要求。

3) 使用机械填筑涵洞缺口时,须待涵洞圬工强度达到容许强度,才可在涵身的两侧及涵顶运用人工或小型机具对称夯填,高出涵顶至少 0.5m,然后再用机械填筑。

第7章 隧道工程施工

7.1 公路隧道结构构造

公路隧道结构构造由主体构造物和附属构造物两大部分组成。主体构造物是为了保持岩体的稳定和保证行车安全而修建的永久性人工建筑物，通常指洞身衬砌和洞口构造物。洞身衬砌的平纵线形与横断面形状通过道路隧道的几何设计确定，衬砌断面的轴线形状和厚度由衬砌计算决定。当山坡坡面有发生崩塌和落石可能时，往往需要接长洞身或修筑明洞。洞门的构造形式由多方面的因素决定，如岩体的稳定性、通风方式、照明状况、地形地貌以及环境条件等。附属构造物是指主体构造物以外的其他建筑物，是为了运营管理、维修养护、给水排水、供蓄发电、通风、照明、通信、安全等而修建的构造物。

7.1.1 洞身衬砌

公路隧道的衬砌结构形式，主要是根据隧道所处的地形地质条件，再结合其结构受力的合理性、施工方法和施工技术水平等因素来确定的。常见的衬砌类型主要有以下几种：

1. 直墙式衬砌

直墙式衬砌形式主要用于以岩石地层垂直围岩压力为主要计算荷载，而水平围岩压力很小的情况。一般适用于Ⅴ～Ⅳ类围岩，有时也可用于Ⅲ类围岩，如图7-1所示。

2. 曲墙式衬砌

通常用于Ⅲ类以下围岩中，水平压力较大，为了抵抗较大的水平压力而把边墙也做成曲线形状。当地基条件较差时，为防止衬砌沉陷，抵御底鼓压力，使衬砌形成环状封闭构造，可以设置仰拱。如图7-2所示。

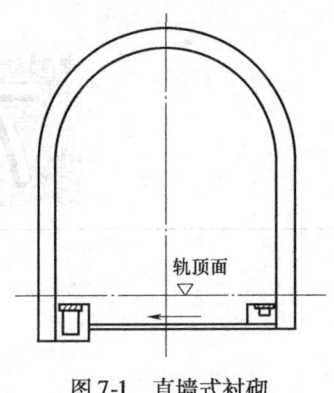
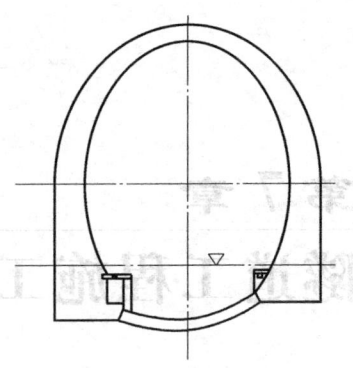

图 7-1　直墙式衬砌　　　　　　　图 7-2　曲墙式衬砌

3. 喷混凝土衬砌、喷锚衬砌及复合式衬砌

喷混凝土衬砌为了使喷混凝土结构的受力状态趋于合理化，要求采用光面爆破开挖，使洞室周边平顺光滑，成型准确，减少超挖或欠挖。在适当的时间喷混凝土，即为喷混凝土衬砌。如果先装设锚杆，再喷混凝土，即为喷锚衬砌。如果以喷混凝土、锚杆或钢拱支架的一种或几种组合作为初次支护对围岩进行加固，其作用是维护围岩稳定和防止有害松动。待初次支护的变形稳定后，进行现浇混凝土二次衬砌，即为复合式衬砌。

4. 偏压衬砌

当山体地面坡陡于 1∶2.5，线路外侧山体覆盖较薄或由于地质构造造成的偏压，需要由衬砌来承受这种不对称围岩压力时，应采用偏压衬砌。

为抵御膨胀性围岩压力，山岭隧道也可以采用圆形或者近似圆形的断面形状，因为衬砌的厚度大，所以在施工时一般需要进行二次衬砌。对于水底隧道，由于水压较大，在采用矿山法施工时，也多采用二次衬砌，或者采用铸铁制造的方形节段。水底隧道广泛使用盾构法施工，其断面为全圆形。岩石隧道掘进机是开挖岩石隧道的一种机械化切削机械，其开挖断面通常为圆形，开挖后可以采用喷混凝土衬砌、喷锚衬砌或拼装预制构件衬砌等多种形式。

7.1.2　洞门

洞门是隧道两端的外露部分，也是联系洞内衬砌与洞口外路堑的支护结构，其作用是保证洞口边坡的安全和仰坡的稳定，引离地表流水，减少洞口土石方开挖。洞门也是隧道的标志建筑物，因此，洞口应与隧道规模、使用特性以及周围建筑物、地形条件相协调。

山岭隧道常用的洞门形式有端墙式、翼墙式和环框式。水底隧道的洞门通常与附属建筑物，如通风站、供、蓄、发电站间以及管理所等结合在一起修建，城市隧道既可能是山岭隧道，也可能是水底隧道，不过，一般情况下交通量较大，对建筑艺术上的要求也比较高。

1. 洞门类型

（1）端墙式洞门　端墙式门洞适用于岩质稳定的Ⅳ类以上围岩和开阔的地区，是最常用的洞门形式，如图7-3所示。

（2）翼墙式洞门　翼墙式洞门适用于地质较差的Ⅲ类以下围岩，以及需要开挖路堑的地方。其中，翼墙式洞门由端墙及翼墙组成。翼墙是为了增加墙的稳定性而设置的，同时对路堑边坡也起到支撑作用。其顶面通常与仰坡面一致，顶面上一般要设置

图7-3　端墙式洞门

排水沟，将端墙背面排水沟汇集的地表水排至路堑边沟内，如图7-4所示。

（3）环框式洞门　若洞口岩层坚硬、整体性好，且不易风化，路堑开挖后仰坡极为稳定，并且没有较大的排水要求时，可利用混凝土整体灌注成环框式洞门，如图7-5所示。

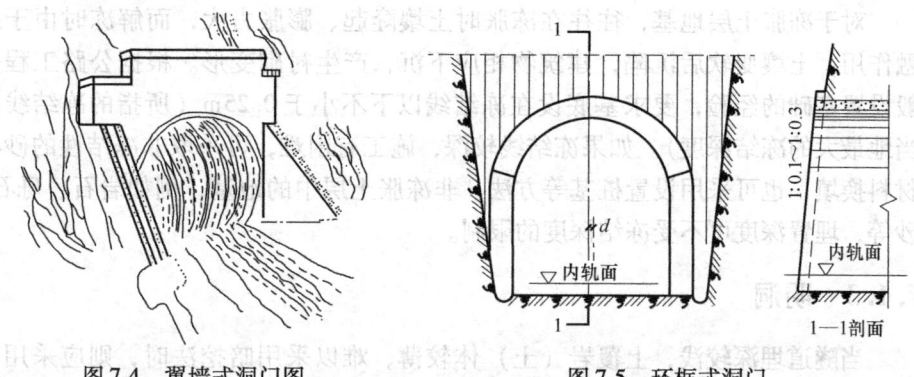

图7-4　翼墙式洞门图　　　　　图7-5　环框式洞门

（4）遮光棚式洞门　当洞外需要设置遮光棚时，其入口通常外伸很远。遮光构造物有开放式和封闭式之分，前者遮光板之间是透空的；后者则用透光材料将前者透空部分封闭，由于封闭式遮光棚透光材料的上面容易沾染尘垢油污，给养护带来一定的困难，目前较少使用。

除了上述基本形式外，还有一些变化形式。如端墙式，用于傍山隧道时，端墙可为台阶式。根据需要还可以用柱式、直立式等。又如翼墙式的翼墙开度可随地形变化，也可因地制宜设置一侧翼墙等。道路隧道应少设或不设斜洞门，不得已设置成斜洞门时，对诱导标志应有较高的要求，以保证行车安全。

2. 洞门构造

洞门仰坡坡脚至洞门墙背应有不小于1.5m的水平距离，以防仰坡土石掉落到路面上，危及行车安全。洞门端墙与仰坡之间水沟的沟底与衬砌拱顶外缘的

高度不应小于 1.0m，以免落石破坏拱圈。洞门墙顶应高出仰坡脚 0.5m 以上，以防水流溢出墙顶，也可防止掉落土石弹出。水沟底以下填土应夯实，否则会使水沟变形，产生漏水，从而影响衬砌的强度。

洞门墙应根据情况设置伸缩缝、沉降缝和泄水孔，以防止洞门变形。洞门墙的厚度可按计算或结合其他工程类比确定，但墙身厚度不得小于 0.5m。

洞门墙的基础必须置于稳固地基上，这是因为洞口位置的地形、地质条件通常比较复杂，为了保证建筑物的稳定，应视地形及地质条件，将洞门墙基础埋置一定深度。一般地，基底埋入土质地基的深度不应小于 1m，嵌入岩石地基的深度不应小于 0.5m。

当基础设置在岩石上时，应清除表面的强风化层；当风化层较厚，难以全部清除时，可以根据地基的风化程度及其相应的容许承载力，将基底埋在风化层中；斜坡岩基上应挖台阶，以防墙体滑动，岩基的废渣均应清除干净，这样才能确保洞门稳定；在松软地基上，当地基强度偏小时，可根据情况采用扩大基础、换土、做桩基、压浆加固地基等措施。

对于冻胀土层地基，往往在冻胀时土壤隆起、膨胀力大，而解冻时由于水融作用，土壤变软后沉陷，建筑物相应下沉，产生衬砌变形。根据公路工程一般设置基础的经验，要求基底设在冻结线以下不小于 0.25m（所指的冻结线为当地最大的冻结深度）。如果冻结线较深，施工有困难，可采取非冻结性的砂石材料换填，也可采用设置桩基等方法。非冻胀土层中的地基，例如岩石、砾石、砂等，埋置深度可不受冻结深度的限制。

7.1.3 明洞

当隧道埋深较浅，上覆岩（土）体较薄，难以采用暗挖法时，则应采用明挖法来开挖隧道。用这种明挖法修筑的隧道结构，通常称作明洞。

明洞具有地面、地下建筑物的双重特点，既可作为地面建筑物用以抵御边坡、仰坡的塌坍方、落石、滑坡、泥石流等病害，又可作为地下建筑物用于在深路堑、浅埋地段不适宜暗挖隧道时，取代隧道的作用。另外，它还可以用在公路与灌溉渠立交处。明洞净空必须满足隧道建筑限界要求，洞门一般做成直立端墙式洞门。

1. 明洞的结构形式

明洞的结构形式应根据地形、地质、经济、运营安全及施工难易等条件进行选择，采用最多的是拱形明洞和棚式明洞。

（1）拱形明洞　隧道进出口两端接长明洞或在路堑边坡不稳定地段修建独立明洞等，多采用拱形明洞的形式。拱形明洞整体性好，能承受较大的垂直压力和侧压力。

拱形明洞的边墙,一般采用直墙。当半路堑型单压明洞外墙尺寸较厚时,为节省圬工量,通常在浆砌片石的外墙上每隔 3~4m 开设一个洞口。

采用偏压拱形明洞时,要特别注意处理好外墙基础,以防止因外墙下沉而引起拱圈开裂。故外墙必须设置在稳固地基上,如有困难,则可用桩基(或加深基础)及加固地基等方法进行处理。

(2) 棚式明洞 当山坡坍方、落石数量较少,山体侧压力不大,或因受地质、地形条件的限制难以修建拱形明洞时,可采用棚式明洞。

棚式明洞顶为梁式结构。内侧边墙一般采用重力式挡墙,当岩层完整、山体坡面较陡、采用重力式挡墙开挖量较大时,也可采用钢筋混凝土锚杆挡墙。但在地下水发育地段不宜采用。

棚式明洞的类型主要取决于外侧边墙的结构形式,通常可分为墙式、刚架式、柱式和悬臂式(不修建外墙时)等。

2. 明洞施工注意事项

(1) 明洞基础 明洞基础应置于稳固的地基上。当基岩埋深较浅时,基础可设置在基岩上;当基础位于软弱地基上时,基础可采用仰拱、整体式钢筋混凝土底板等结构。外墙基础的趾部,应有一定的嵌入深度,并设在冻结线以下 0.25m,而且需要有一定的护基宽度。

明洞基础应遵循隧道基础衬砌的有关规定:

1) 当两侧边墙地基软硬不均时,应采取措施加以处理,以免引起过大的沉降和不均匀沉陷,使明洞结构产生裂缝或破坏。主要措施有:①基岩不深时可加深基础,设置于基岩上;②采用钢筋混凝土或混凝土仰拱;③采用钢筋混凝土底板,修筑整体式基础;④必要时可采用桩基或加固地层等措施。

2) 当地基为完整坚固的岩体时,基础可切割成台阶。台阶平均坡度不陡于 1:0.5,坡度线与水平线的夹角不得大于岩层的内摩擦角,台阶宽度不小于 0.5m,最低一层基础台阶宽度不小于 2m。

3) 当基础外侧受水流冲刷影响时,为了使基础外侧护基部分岩土稳定或为防止河岸冲刷的影响,应另采取挡墙、护岸、边坡加固等防护、防冲刷措施。

明洞外边墙、棚洞立柱基础埋置在路面 3m 以下时(一般指半路堑单压式明洞的外侧边墙及立柱),应在路基处设置钢筋混凝土横向水平拉杆或锚杆或给立柱加设横撑和纵撑,以减少墙底转角,改善结构受力条件,增加墙柱约束,减少其长细比的影响,确保整个结构的整体性、外侧边墙及立柱的整体及局部稳定性。

(2) 明洞填土 主要工作内容及注意事项如下:

1) 明洞顶部的设计填土厚度,应根据山坡病害的情况,预测明洞顶可能出现的坍塌量及将来明洞所要起的作用来确定。

在1975年以前，我国铁路隧道相关规范曾将明洞顶部填土厚度规定为3.0m，根据大量的实践经验，新规范将此值确定为1.50m。公路隧道跨度一般比铁路单线隧道跨度大，而且公路系统设计与施工经验少，养护力量弱，故规定不小于2.0m。

2) 明洞顶填土横坡，以能顺畅排除坡面水为原则，不小于2%。但山坡崩落的石块、边坡冲刷的泥石，坡面坍塌多堆积于坡脚附近，为此，设计填土坡应较实际填土坡适当加大，作为安全储备。明洞顶设计填土坡度一般为1:5~1:3。但是考虑到1:5是对称式明洞边坡基本稳定的情况，实际填土坡度可取1:10~1:5，以增加安全储备。

当边坡有病害，未来可能发生较大的坍塌，而该隧道又处于地震烈度8度以上地区，地震时增加了坍塌的数量，应酌情增加填土厚度。如洞顶设计填土厚度可采用2.5~3.0m，设计填土坡度可为1:3~1:2，实际填土坡可为1:3~1:5。

当洞顶填土的主要目的是为了支挡边坡的滑坍和为了防护山坡可能发生的大量坍方、泥石流时，则应将边坡的稳定情况、边坡的刷坡情况相结合确定设计回填坡度。一般设计回填坡度为1:3~1:1.5，实际填土坡度可采用1:5~1:3。

当明洞是为保护洞口自然环境，则应将明洞完全伸出自然山坡坡面，以不破坏自然地面及其景观为原则。开挖部分回填至原自然地面坡度，必要时可在其上采取植物保护。

3) 明洞应重视拱背和墙背的回填，重视拱背的回填是为了保护拱背及拱脚，增强拱脚的固结，增加其稳定性，起加强作用。墙背回填质量的好坏，直接影响到墙背岩土的稳定，侧压力的大小，也影响到墙背抗力的大小。实际采用的回填措施，应根据明洞的类型、山坡岩土的类别、设计要求与施工方法确定。一般Ⅲ、Ⅳ、Ⅴ类围岩其回填要求用片石混凝土或浆砌片石回填密实，并与围岩面良好接合；对Ⅱ类及Ⅰ类围岩，墙背回填料的内摩擦角也应高于围岩的内摩擦角，如浆砌片石、干砌片石回填。

7.1.4 竖井与斜井

一般隧道开挖是从两洞口或从其中一个方向的洞口进行。但在长大隧道因工期、经济、施工、地形、环境等条件限制，有必要分成几个工程区段进行施工，多数情况下要设工作坑道。

工作坑道按坡度区分为横洞、斜井、竖井和平行导坑。选择哪种形式，决定于地形、地质、工期、运输能力，以及设置地点的当地条件。

横洞是为了主体坑道导坑的分叉和延长。它比斜井、竖井在作业与安全方面都优越。一般不必采取特殊的机械设备。因此，除地形等条件和长度很大外，应尽量采用横洞作为工作坑道。

竖井与斜井比较,当高差相同时,长度约为斜井的1/4,对于遭遇不良地质和涌水几率低的情况是有利的。但比起斜井,从运输效率方面考虑,则需要加大断面,而且大型机械进入施工现场也较困难。另外,开挖中处理涌水也困难,开挖能力受地质和涌水状况变化影响大。除作业中落石等外,在隧道主坑道开挖时万一出现大涌水、停电等事故时,安全度均较低。因此,应综合考虑这些因素来决定到底应采取竖井或是斜井。除在覆盖层不厚的地点设置30m左右的辅助竖井有特别理由的情况外,为保证工程的可靠性,多数情况下采用斜井。

竖井、斜井除作为施工作业坑道外,常用于公路隧道的通风井、水底隧道的扬排水和维修保养通道,以及扬排水式发电站的调压水槽和压力管道闸门等,近来还应用于石油和液化气的地下储藏的永久性洞库。

7.1.5 隧道的防排水设施

在公路隧道中,防排水是保持正常运营的极为重要的因素之一。隧道漏水,将损坏顶棚、内装、通风、照明、安全以及其他各种附属设施,使之霉烂、锈蚀、变质、失效。路面积水后将恶化路面的行车条件,引起眩光、车辆打滑等,影响车辆的正常行驶。在严寒地区,隧道渗水后将产生侵入限界的"挂冰",路面结冰会导致路面凸起和车辆打滑,结冰冻胀还会破坏衬砌。

隧道的防排水工作是从地质调查时开始的。为了保证地下水发育地区的隧道正常施工,可以使用导水法、注浆法、冻结法及混合法等,例如采用钻孔抽水、导坑排水、井点降水等方法进行导水,用水泥、粘土、水玻璃系、树脂注浆法等来堵水。施工中的防排水属于临时性措施。

隧道的永久性防排水,是通过防排水工程措施实现的。可概括为"截、堵、排"综合治理办法。

1)"截"是切断涌向隧道的水流。即把可能流入隧道的地表水和地下水的通道截断。

常用的截水措施有:在地表水上游设截水导流沟;在地下水上游设泄水洞或洞外井点降水。截水导流沟和泄水洞完成后即可自行永久发挥作用;而洞外井点降水,则需用水泵抽水,因此,它只能解决浅埋隧道在施工期间的降水问题。当隧道埋深较大时,可在洞内设井点降水,以解决洞内局部区段的降水问题。此外辅助坑道中的平行导坑、横洞、斜井、竖井均可以作为泄水洞。

2)"堵"是在隧道内设置防水层,使地下水不能涌入隧道。

常用的堵水措施有:喷射混凝土堵水、塑料板堵水、混凝土衬砌堵水。当水量大、压力大时,则可采取注浆堵水,注浆既可以堵水也可以起到加固围岩的作用。应当注意的是,完全堵死地下水是很困难的,因此,要求在设计和施工中，要充分考虑到排水的组织，做到堵排结合，边排边堵。

3）"排"水是利用盲沟、泄水管、渡槽、中心排水沟或排水侧沟等，将水排出洞外。

盲沟是在衬砌背后用片石或卵石干砌而成的厚30～40cm、宽100～150cm的排水通道，盲沟可以根据需要砌至拱脚或砌至边墙底部，然后用泄水管将水引入隧道的排水沟内。盲沟间距应因地制宜地设置。渡槽是在衬砌内表面设置的环向槽，其尺寸按水量大小确定，其间距应与筑拱环节的长度相配合，施工缝往往是漏水最多的位置。

隧道内的排水一般采用排水沟方式，类型主要有中心排水沟和路侧排水沟，在严寒地区应设置防冻水沟，排水沟断面可为矩形和圆形，为了便于清理和检查，矩形应用较为普遍；过水面积应根据水量大小确定。沿纵向在适当间隔处应设置检查坑和汇水坑。

7.1.6 附属设施工程

1. 安全避让设施——避车洞

当公路隧道内不设人行道时，应根据隧道的长短及车流量考虑是否在隧道内设置避车洞。避车洞的尺寸为：高×宽×深＝2.2m×2.0m×1.0m，每隔50m到60m设置一处，两边交错排列。

2. 设备洞、横通道及其他类洞室

这类洞的位置应设置在地质条件良好路段内。公路隧道边墙内的各类洞室、设备洞、消防洞、人行横通道出入口5m范围、行车横通道出入口10m范围内，一般应在正洞开挖至该处时一次挖好。为防止该处围岩松动，可采用弱爆破的方式进行开挖，如有条件也可采用掘进机施工。

3. 隧道洞门及洞身的装饰

隧道洞门及洞身内采用的装修材料，常用的有瓷砖镶面，块状混凝土、油漆及喷涂、镶面板等。与之相应的有贴瓷砖或贴马赛克法、安装砌块法、喷涂法及镶板法等。

7.1.7 隧道内的路面工程

公路隧道内的路面，要求使用周期长，养护费用低，故常选用高等级路面，宜采用水泥混凝土路面，路面与墙部连接处应设置变形缝，路面中也应相应地设置变形缝。

公路隧道行车道路路面修补较为困难，因此要求施工时必须重视施工质量。隧道内路面的抗磨耗性、抗滑性、平整度都将影响营运后的车辆通行能力，故施工时需要严格控制质量。高寒地区隧道路面上易形成薄溜冰，为了行车安全，路面应具有足够的粗糙度。

隧道通过软围岩交界处的衬砌中设有沉降缝。为了不因衬砌下沉而拉裂路面，当路面的横向伸缩缝、施工缝靠近衬砌的沉降缝时，应与衬砌沉降缝设在同一断面上。

隧道洞内光线较暗，应尽可能提高路面亮度，如采用白水泥、白色碎石等材料。沥青混凝土为黑色，对洞内照明不利，采用时应慎重考虑；若洞内不是干燥无水时，也不宜采用沥青混凝土路面。

7.2 公路隧道施工准备和施工测量

隧道施工包括修建隧道的施工方法、施工技术和现场管理。在隧道施工前，应做好施工准备和施工测量放样工作，即应做好现场调查研究，核对设计文件和编制隧道施工组织设计等工作。

公路隧道施工测量放样，应包括洞内施工控制测量、隧道贯通误差的定测及调整、辅助坑道测量及隧道工程竣工测量。

7.2.1 隧道施工现场调查事项

1. 隧道施工前的现场调查研究

1）预测隧道施工对地表和地下已设构造物的影响。
2）对交通运输条件和施工运输便道进行方案比选。
3）隧道施工场地布置与洞口相邻工程、弃渣利用、农田水利、征田等的关系。
4）建筑物、道路工程、水利工程和电信、电力线等设施的拆迁范围与数量。
5）调查与测试水源、水质、水量和供水方案（包括施工用水和生活用水）。
6）天然筑路材料（粘土、砂砾、石料）的产地、数量、质量鉴定及其供应方案。
7）可利用的电源、动力、通信、机具车辆维修、物资、消防、劳动力、生活供应及医疗卫生条件。
8）当地气候、气象、水文资料及居民点的分布情况。
9）隧道施工中和营运后对自然环境、生活环境的影响及需要采取的保护措施。
10）地质调查，包括：洞口、浅埋地段、隧道洞身可能穿过或通过的严重风化层、堆积层、台地、滑坡、沟谷、断层、褶皱、破碎带、岩溶地区、洞穴、黄土层、盐地层、泥石流、含煤地层及有害气体瓦斯地带，地下水发育地区的范围及其对隧道施工的影响情况等。

11）施工条件调查：施工设备及场地条件调查，施工设备的具体内容包括：符合布局条件、环境条件、给排水条件、动力输入条件等。施工场地主要包括房屋、设备安装、库房、材料场、加工场、混凝土拌合场、施工道路、弃渣场等。

12）其他方面的调查：主要包括经济调查、生活方面的调查以及当地风俗习惯调查。

2. 施工单位全面熟悉和核对设计文件

（1）现场核对设计文件　会同设计单位现场核对设计文件，做好以下工作：

1）掌握隧道工程的重点和难点，了解隧道方案的选定及设计经过。

2）重点复查对隧道施工和环境保护影响较大的地形、地貌、工程地质及水文地质条件是否符合实际，环境保护措施是否恰当。

3）核对隧道与所在区段的位置，是否与线路总平面图和纵断面图一致；了解公路隧道平面、纵断面设计图表资料，并全面核对。

4）核对隧道进出口和辅助坑道的位置、洞门位置、式样、衬砌类型是否与洞口周围环境相适应，洞口仰坡和边坡是否稳定与安全。

5）校对设计文件中确定的施工方法、技术措施与施工实际条件是否相符合，有无变更的必要等。

6）核对洞口、洞外排水系统和设施的布置是否与地形、地貌、水文、气象等条件相适应。

7）核对洞口与洞口土石方，与桥涵、挡护墙等工程的相互关系和施工衔接，以及其对洞口现场布置和洞内施工的影响。

8）弃渣方案是否符合施工布置的要求，对占用耕地和农田灌溉的影响。

（2）现场交接和核对测量桩志　根据设计单位交付的控制桩位和设置的永久水准点，会同设计单位一起进行交接和核对：

1）隧道测量控制点、施工测量用的水准点及基准点，并进行复核。

2）每个洞口应有中线投点桩和两点以上的后视桩，并设有两个水准基点，作为隧道进洞的依据。

3）主要的中线测量桩，其方法和坐标均应进行复测和验算，两端洞口和辅助坑道的水准点应联测一次，查对是否符合精度要求。

3. 编制实施性施工组织设计

一般应以一座隧道为单位（或一个洞口）编制实施性施工组织设计。编制内容应包括总说明书、施工方法、工区划分、洞口场地布置图、施工进度图、施工计划图、工程数量表、人员安排和劳动组织计划、施工机具设备计划、主要材料计划、大堆材料数量和运量计划、临时工程计划、洞口有关工程、施工

7.2.2 隧道施工测量

7.2.2.1 概述

隧道施工通常由两端对向开挖。对较长隧道，为了缩短工期、改善工作条件、减少施工干扰，常需选择一些像横洞、竖井、斜井之类的辅助坑道来增加工作面。

横洞的布置，对于正交的横洞，为便于来往车辆运输，相交处要用适当半径的圆曲线连接。横洞与正洞相交处应该具有向外不小于3%的下坡。

斜井的布置，一般要求斜井倾角不大于25°、斜井与隧道中线的水平角不宜小于40°，井底与隧道接头处，宜用平道连接，其长度多为15~25m，并设置竖曲线。

竖井的位置以设在隧道中心线一侧为宜。竖井中心与隧道中心之间的距离一般为15~20m，其间用通道连接，但竖井也有在隧道正上方直接连接的。

公路隧道施工测量的主要任务，是要保证隧道相向开挖时能够按规定的精度正确贯通，并使隧道在施工后衬砌部分和洞内建筑物不超过规定的界限。

隧道施工测量首先要建立洞外平面和高程控制网，每一开挖洞口附近都应设立平面控制点及水准点，这样将各开挖面联系起来，作为开挖放样的依据。随着坑道的向前掘进，必须将洞口控制桩坐标、方向及洞口水准点的高程传递到洞内，再用导线测量的方法建立洞内的平面控制，用水准测量方法建立高程控制。根据洞内控制点的坐标及高程来指导开挖方向，并作为洞内衬砌及建筑物放样的数据。隧道贯通后，必然产生平面的及高程的贯通误差，此时需要进行中线调整。设有竖井的隧道还需专门进行竖井测量。在隧道所有的项目完成后，要做竣工测量，并在施工过程中和竣工后对隧道及有关建筑物进行沉陷和位移观测。

7.2.2.2 洞外平面和高程控制测量

1. 洞外平面控制测量

隧道洞外平面控制测量的主要任务是，测定相向开挖洞口各控制点的相对位置，并与路线中线建立联系，以便根据洞口控制点进行开挖，使隧道按设计的方向和坡度以规定的精度贯通。下面介绍三种常用的洞外平面控制方法：中线法、导线法及三角测量法。

1) 中线法是在隧道洞顶地面上采用直接定线的方法，将隧道的中线每隔一定距离用控制桩精确地标定在地面上，作为隧道施工引测进洞的依据。

2) 导线法测量和经纬仪导线测量方法相同，但它的精度要求较高，所以测角和量边均用较精密的仪器和方法。导线布设也必须按照建筑的要求来确定。

3) 三角测量法常采于当隧道较长、地形起伏多变，不便用导线法做洞外平面控制的情况下。

以下主要介绍隧道小三角测量选点布网的原则和方法。

隧道三角网一般布置成与路线同一方向延伸的三角锁。隧道全长及各进洞点均包括在控制范围内，三角点应分布均匀，并考虑施工引测方便和使误差最小。隧道三角锁的图形，取决于隧道中线的形状、施工方法和地形条件。

直线隧道以单锁为主，三角点应尽量靠近中线，在条件许可时，可利用隧道中线三角锁的一边，以减少测量误差对横向贯通的影响，如图 7-6a 所示。曲线隧道三角锁以沿两端洞口的连线方向布设为有利，较短的曲线隧道可布设成中点多边形锁，如图 7-6b 所示；长的曲线隧道包括部分直线和部分曲线，可布设成任意三角形锁，如图 7-6c 所示。

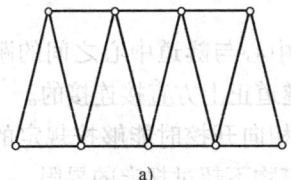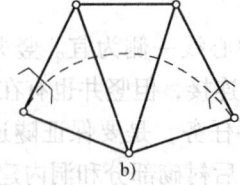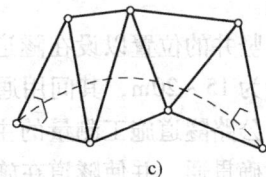

图 7-6 隧道三角网的布置形式

2. 洞外高程控制测量

隧道高程控制测量的任务是，按照规定的精度，施测隧道洞口附近水准点的高程。根据两洞口点间的高差和距离，可以确定隧道底面的设计坡度，并按设计坡度控制隧道底面开挖的高程。

水准路线应选择在连接两端洞口最平坦和最短的地段，以期达到设站少、观测快、精度高的目的。水准路线应尽量直接经过辅助坑道附近，以减少联测工作。每一洞口埋设的水准点应不少于两个。两个水准点间的高差，以能安置一次水准仪即可联测为宜。当两端洞口之间的距离大于 1km 时，应在中间增设临时水准点，水准点间距以不大于 1km 为宜。洞外高程控制通常采用三、四等水准测量方法，往返观测或组成闭合水准路线进行施测。

3. 路线引测进洞数据计算

洞外平面和高程控制测量完成后，就要进一步把相向开挖洞口附近的路线中线点（各洞口最少两个中线点），用平面和高程控制网精确求得它们的坐标和高程，同时计算洞内待定点的设计坐标。按坐标反算的方法，可求出这些洞内待定点和洞外控制点之间的距离和夹角的关系，根据这些数据，就可以用极坐标或其他方法指导进洞后的开挖，并测设洞内待定点的点位，从而使隧道中线按设计位置在洞内延伸。

7.2.2.3 隧道施工中的洞内施工测量

1. 洞内平面控制测量

主要包括以下测量内容：

（1）洞内导线测量　洞内导线测量是建立洞内平面控制的主要形式。根据地下导线的坐标，可以将隧道中线和洞内建筑物轴线放样到实地，并指示开挖方向，保证衬砌和放样正确，使贯通误差不超过规定的限值。

洞内导线的起始点通常都设在隧道洞口、平行坑道口、横洞或斜井口，其坐标在建立洞外平面控制时早已确定；洞内导线点应尽可能沿路线中线布设，或与路线中线平移一相当距离。为了提高导线端点（开挖面前的导线点）的精度和加强新设置导线点的校核，可组成多边形闭合导线或主副导线闭合环（副导线只测角、不量边）。主导线点应埋设永久基桩，埋设深度以不易被破坏和便于利用为原则。

图7-7所示为导线闭合环形式。P为洞外平面控制点，1、2、3、4、5、6…为沿隧道中线布设的导线点，其边长为50~100m，在彼此相距几厘米或几分米处并列设立另一导线1′、2′、3′、4′、5′、6′…，一般每隔两三边即可闭合一次，形成导线环。

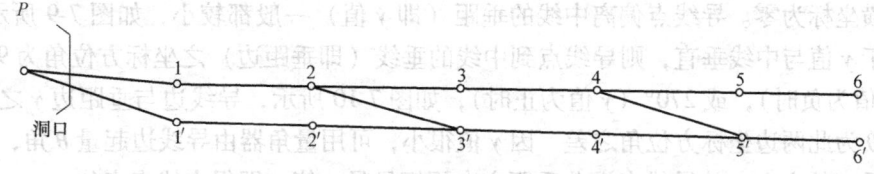

图7-7　导线闭合环

有时为了避免并列导线点被破坏，导线点可一排沿中线附近设置，另一排沿隧道边墙附近设置，考虑架设仪器及防止折光影响，点位距边墙应有一定距离，并列的二点可相距1.5m左右设立一对新点。如由点5设立点6，由点5′设立点6′，在角度边长测量以后，即可根据点4的坐标计算点6的坐标，由点5′的坐标计算点6′的坐标。这种导线闭合前的坐标叫资用坐标。由6、6′的资用坐标可以反算出6-6′的距离，将它与实地用钢尺丈量的6-6′距离比较，若未超限，即可根据这些点测设中线点或施工放样。等导线闭合以后，进行平差，利用平差后的结果计算导线点的坐标值，若平差后的坐标值与资用坐标值相差很小（一般为2~3mm），则根据资用坐标测设的中线点可不再改动；若超限，则应按平差后的坐标值来改正中线点的位置。计算到最后一点坐标时，则取平均数作为最后结果。图7-8为一主副导线闭合环。它与导线闭合环的形式完全相同，但主副导线埋设不同的标志。主导线（以双线表示）传递坐标及方位角，副导线（以单线表示）只测角不量边，供角度闭合。此法具有上述闭合导线环的优点，

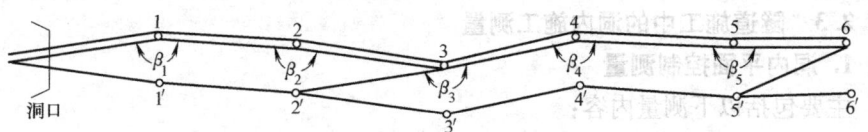

图 7-8 主副导线闭合环

即导线环经角度平差以后,可以提高导线端点的横向点位精度,并对角度测量能够进行检核,根据角度闭合差还可评定测角精度,同时减少了大量的量距工作。角度闭合差分配后按改正的角值计算主导线各点的坐标,最后,按主导线点的坐标来测设中线点的位置。对设有辅助坑道的隧道,则可将正洞导线和辅助坑导线相连接,形成闭合导线。

(2) 洞内中线测设 这是指设置在洞内的主要导线点,绝大多数不在贯通理论中线上,为了便于日常施工放样,在一定区段内,需根据主要导线点测设一定数量位于贯通理论中线上的中线点,作为施工放样的依据。测设中线点一般用直角坐标法和极坐标法。

1) 直角坐标法是在直线隧道中,由于导线点是沿中线布设,而且在计算坐标时将纵向轴线(x、z 轴)与贯通理论中线强制重合。因而凡位于中线上各点之横坐标为零。导线点偏离中线的垂距(即 y 值)一般都较小,如图 7-9 所示。由于 y 值与中线垂直,则导线点到中线的垂线(即垂距边)之坐标方位角为 90°(y 值为负时),或 270°(y 值为正时),如图 7-10 所示,导线边与垂距边 y 之夹角 θ 为此两边坐标方位角之差。因 y 值很小,可用量角器由导线边起量 θ 角,即得垂直的方向,从导线点沿此垂距方向用钢尺量 y 值,即得中线点点位。

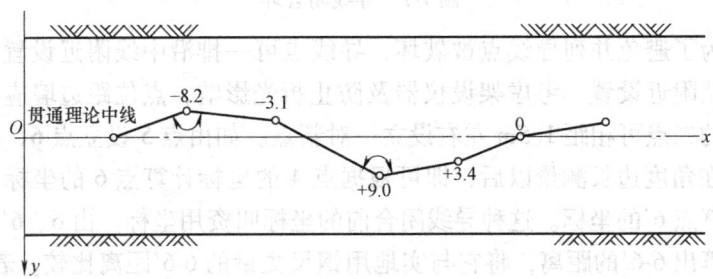

图 7-9 导线点沿中线布设

2) 极坐标法在曲线隧道或当导线点离隧道中线较远时,测设中线点时用极坐标法比较方便。

在隧道直线段内用极坐标法欲由导线点 M 测设中线点 K(见图 7-11),可利用 M、K 两点坐标求出 θ 及 D_{MK},置仪器于 M 点,以 MA 为起始方向,设出角度 θ,然后沿此方向量出长度 D_{MK},即得欲测的中线点位置。

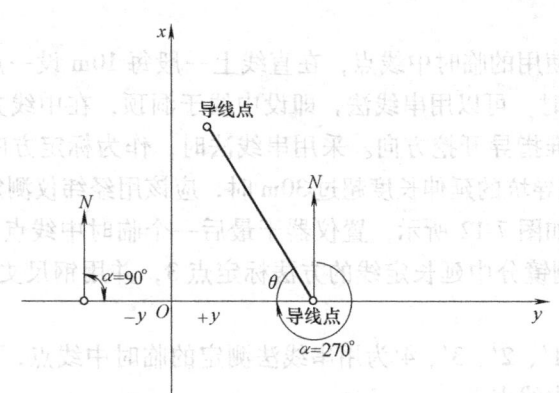

图 7-10　直角坐标法

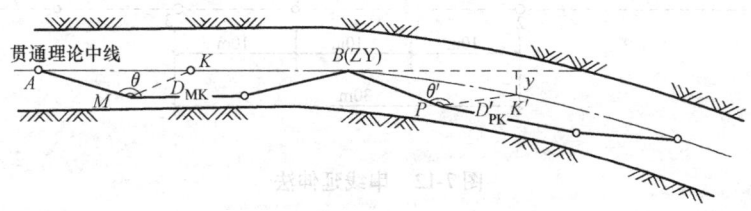

图 7-11　极坐标法

中线上某点的坐标 x_i、y_i 的求法是：首先根据设计和施工的要求，选定该点至洞口的距离 L，隧道理论中线的方位角 α 是已知的，则中线上该点至洞口的坐标增量 $\Delta_x = L\cos\alpha$、$\Delta_y = L\sin\alpha$。将其分别与洞口的坐标值相加，即得欲求中线点的坐标 x_i、y_i。

若在曲线段内，要由导线 P 测出中线上新点 K'，如图 7-11 所示，可先求出坐标 x'_k、y'_k。曲线的半径 R 为已知，以曲线起点（ZY 或 ZH）为坐标原点，切线方向为坐标横轴，K' 至 ZY 或 ZH 的曲线长为 l，按切线支距法计算公式即可求得坐标值 x'_k 和 y'_k，并将其加在曲线起点（ZY 或 HZ）坐标上，即得中线点 K' 之坐标 x'_k、y'_k。导线点 P 的坐标为已知，通过坐标关系同样可以求得 θ' 及 D'_{PK}，即可用极坐标法测出 K' 点。

(3) 洞内开挖中线的测设　隧道开挖深入洞内以后，先建立指导开挖的临时中线，当开挖到一定深度后，即可建立洞内导线点，根据导线点再测设中线点。当采用全断面开挖时，导线点和中线点都是继临时中线点后建立的。临时中线点一般需用经纬仪施测。在有条件的情况下，可配合使用激光指向仪指导开挖方向。

1) 直线隧道导坑中线的延伸的方法主要有串线延伸法和曲线隧道导坑中线

的延伸法。

供导坑延伸使用的临时中线点，在直线上一般每 10m 设一点，当导坑延伸长度不大于 30m 时，可以用串线法，即设中线于洞顶，在中线方向上悬吊 3 条垂球线，以眼瞄准指导开挖方向。采用串线法时，作为标定方向的两垂线间距不宜短于 5m。当导坑的延伸长度超过 30m 时，应该用经纬仪测定一个临时中线点。测定的方法如图 7-12 所示，置仪器于最后一个临时中线点 2，后视临时中线点 1，采用正倒镜分中延长定线的方法标定点 3，并用钢尺丈量 2~3 间的距离。

图 7-12 中，1′、2′、3′、4′为用串线法测定的临时中线点，1、2、3 为用经纬仪测定的临时中线点。

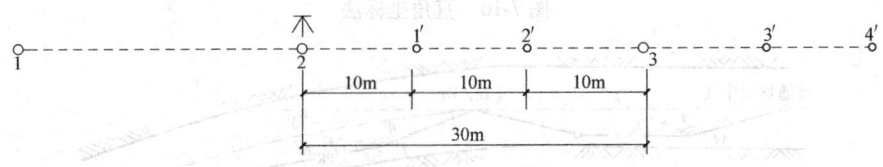

图 7-12 串线延伸法

激光指向仪延伸法是利用激光技术延伸导坑中线的方法。由于激光具有很好的方向性、单色性和很高的亮度，因此成为较理想的准直光学仪器的光源。我国先后研制成多种激光指向仪，并已广泛用于指示直线隧道的掘进方向。激光发射器发射出可见红橙色光，经过聚焦系统射出，在掘进工作面形成可见的圆形光斑，有效射程可达 500m。

使用时指向仪安置地点距掘进工作面的距离不小于 70m，以防爆破而引起仪器振动或破坏。根据仪器的性能，在保证光斑清晰和稳定的前提下，视具体情况进行安置。

如图 7-13 所示，是在锚杆上安装指向仪，其调布光束的步骤如下：①用经纬仪在隧道中设置 3 个以上的中线点 A、B、C，并在中线垂球上标出腰线位置，B、C 两点间距为 30~50m。②在安置指向仪的中线处顶板上按一定的尺寸固定 4 根锚杆，再将带有长孔的 2 根角钢安装在锚杆上。③将仪器的托板用螺栓与角钢相连接，根据仪器前后的中线移动仪器，使之处于中线方向上，然后把螺栓固紧。④将电缆从电源经开关引入仪器接线箱内。⑤调整仪器，正确标定光束方向，使光束为与腰线平等的一条中线。

2）曲线隧道导坑中线的延伸方法主要有切线支距法、后延弦线偏距法、曲线串线法、全站仪坐标法等，用于曲线隧道导坑施工中，只有当地域狭窄，必须将曲线分段，缩小支距，减小偏角，才能使用这类方法。

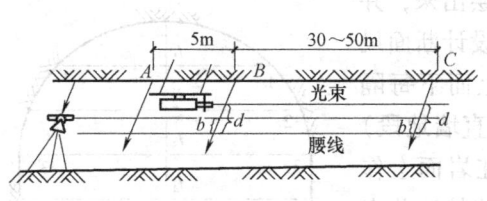

图 7-13 激光指向仪延伸法　　　　　图 7-14 隧道施工腰线标定

（4）隧道施工腰线标定　就是给定隧道竖直的方向，即按设计给定隧道坡度。标定通常采用腰线法，如图 7-14 所示，将水准仪置于欲放样的地方，后视水准点 P_5 的水准尺即得到仪器的视线高程。根据腰线点 A、B 处的设计高程，可分别求出 A、B 点与视线间的高差 Δh_1、Δh_2，然后在边墙上放出 A、B 两点，两点之间的连线称为腰线。根据腰线，施工人员便可很容易地推求出其他各部位的高程及隧道的坡度。

在隧道施工过程中，要随时掌握土石工程量，因此测量人员要随时测定隧道断面。除计算工程外，还应检查隧道开挖断面是否符合设计要求。

2. 洞内水准测量

洞内水准测量是将洞口水准点高程引测到洞内，建立一个与洞外统一的高程系统，作为隧道施工放样的依据，保证隧道在竖向上正确贯通。洞内水准测量是随着隧道向前掘进，不断地向前建立新的水准点。在洞内每隔 10m 测设一个供临时放样及控制底面开挖高程的临时水准点，有时也可将水准点埋设在顶板、底板或洞壁上，但都应力求稳固和便于观测。水准点的高程测定，按三、四等水准测量方法进行。由于洞内通视条件差，水准仪到水准尺的距离不宜大于 50m，施测时尺面、望远镜的十字丝及水准器均需采用照明措施。水准路线一般与洞内导线测量路线相同，在隧道贯通之前，洞内水准路线均属支线，需往返观测。所有水准点均应经常检测，以检查其是否受爆破震动而发生变化。

在隧道贯通之后，可在贯通面附近加设一个水准点，分别由两端洞口引进的水准路线连测到此点上，这样此水准点便有两个高程数值，其差值就是实际的高程贯通误差，若此误差在允许范围内，则以水准路线长度的倒数为权取高程的加权平均值作为所设水准点的高程。据此，再调整洞内其他水准点的高程，作为最后结果。

7.2.2.4　隧道开挖断面及建筑物放样测量

1. 隧道开挖断面测量

在隧道钻爆作业之前，应采用串线法，即在两个临时中线点上吊垂线，以仪器瞄准的方法，在开挖面上，自上而下绘出路线中线的位置 AB（见图 7-15），以白灰水、红油漆或其他方法将其标绘出来,并用水准仪放出拱顶 A 点设计高程。按设计断面尺寸,根据中线及拱顶外线高程,自上而下每隔 $0.5m$(拱部或曲墙地段)或 $1.0m$(直墙地段)向中线左右量测 l_1、l_2、l_3、…,并在岩面上作出 1、2、3、4…及 1′、2′、3′…点。连接这些点便可得到开挖面的轮廓线。然后再根据轮廓线和断面的中线布置炮眼。隧道衬砌前,还应进行断面测量,检查是否符合净空要求及超挖或欠挖情况,以便及时进行处理。

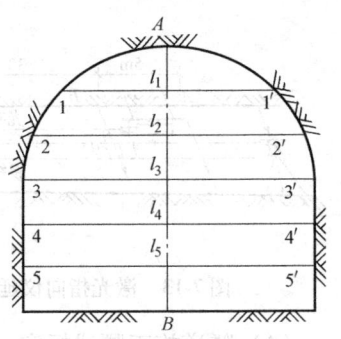

图 7-15 隧道开挖断面测量

2. 建筑物放样

在断面尺寸满足设计要求后,可按里程将每隔 $5m$ 或 $10m$ 的断面列表,列出该断面的拱顶高程、边墙底高程以及衬砌断面的支距,以供放样时使用。

中线两侧建筑物的放样,是以中线中点和水准点为依据。放样建筑物的部位有起拱线、边墙线、边墙脚等位置。拱顶内沿、拱脚、边墙脚等的设计高程均应用水准仪放出,并加以标志。

拱部衬砌的放样是将拱架安置在正确位置上,拱架定位并固定好后,即可铺设模板,灌注混凝土。在灌注过程中,应经常检查拱架和模板位置是否移动。若位移值超过允许限制,应在混凝土初凝前加以纠正。

边墙衬砌的放样,若为直墙则从校准的中线按规定尺寸放出支距,即可立模板;若为曲墙,则从中线按计算好的支距安设带有曲面的模型板,并加以支撑固定,即可开始衬砌。

7.2.2.5 隧道竣工测量

公路隧道竣工后,应在直线段每隔 $50m$、曲线段每隔 $20m$ 及需要加测断面处,测绘以路线中线为准的隧道实际净空,标出拱顶标高(高程)、起拱线宽度、行车道路面水平宽度。

公路隧道永久中线点,应在竣工测量后用混凝土包埋金属标志。直线上的永久中线点,每 $200\sim250m$ 设置一个;曲线上应在缓和曲线的起终点各设一个;曲线中部,可根据通视条件适当增加点数。永久中线点设立后,应在隧道边墙上画出标志。

公路隧道洞内水准点每公里应埋设一个,短于 $1km$ 的公路隧道,应至少设一个 BM 点,并应在隧道边墙上画出标志。

在隧道竣工后的使用过程中,由于周围所处的地质条件不同,所受外力的影响也不相同,加上隧道各部分开挖及施工顺序有先后,各种衬砌结构建筑物的强度与自重不同等原因,均可使隧道建筑结构物产生沉陷及变形。这种沉陷若超过允许限制时,就会影响隧道建筑物的正常施工及使用,严重时甚至可能导致隧道建筑的破坏。因此,在隧道施工及运营期间必须进行沉陷及变形观测(量测与监控)。

1. 隧道施工中变形的观测

隧道施工过程中的变形观测,可在对洞内所布设三角点、导线点、中线点及水准点的复测工作中,及时观测到变形大小及方向。

在坑道开挖、扩大开挖、支撑和衬砌施工过程中,因地质不良,可能产生较大的沉陷及变形、两侧岩壁内挤、底部隆起,甚至产生土石坍塌、衬砌断裂,以及局部地段被推移的现象。一般用观察的方法或检验的方法,从开挖后表面的变形、支撑受力后的情况(棚板弯曲、梁背嵌入板面、横撑嵌入立柱、梁柱压弯开裂等),可以大致判断变形原因。必要时,可设置变形观测标志进行观测,取得变形的大小、方向和速度的定量量测数据资料,以便决定采取相应的工程措施和防范措施。

隧道衬砌完成后,在地质不良地段,隧道衬砌结构物可能发生沉陷及位移,应在此变形区设置变形观测点,进行周期性观测。

变形观测标志可设在隧道的顶部、侧壁和底板部位。一般每10~15m在上下左右各设一个测标。若变形程度不很大,也可每50m设标。各测标应按里程统一编号,同时,应在变形区50m以外设立稳固的观测控制点。

2. 检测测标高程变形和水平位移的方法

(1) 检测测标高程变形　可采用水准测量的方法进行观测计算。

(2) 检测测标水平位移　可采用准直法和测角法进行观测。

1) 准直法:就是将一排测标都设在一条直线(准直方向线)上,根据测标偏离这条直线的垂直距离的大小,可求出测标的横向位移;根据测标至直线上某控制点的水平距离,可以求出测标的纵向位移。这条准直线(方向线)可以用经纬仪或激光准直仪设出,或在某固定两端点间设置细弦线标志,若某些测标不能严格保护在直线上,可用小测微尺量出测标到弦线的垂距,观察该垂距的变化即可判断位移的变化。

2) 测角法:这是在固定测站上观测固定的控制点与测标之间水平角的一种方法。设第一次观测某测标的角度值是 β_1,第二次观测的角值是 β_2,则按二角的差值 $(\beta_2 - \beta_1)$ 的符号,即可判断该测标水平位移的左右方向,位移值为 $(\beta_2 - \beta_1) l/\rho$,$l$ 为测站到测标的水平距离。每一次置镜可以观测一排点的水平角。

总之,变形观测是为了掌握测标随时间变化而产生的变形规律,所以应按期进行观测记录和计算;在变形速度较快时,观测周期应短;变形速度减慢时,观测周期可相应增长。但在特殊情况下,如地震后,应增加观测次数。变形观测后，应将观测数据整理列入记录表内，并输入计算机，以便于计算和应用；必要时还可对某些测标绘制变形曲线或沉降曲线，以便于进行分析研究变形规律，及时采取相应的工程措施和防范措施。至此，也可以充分说明隧道洞外、洞内施工测量的重要性。

7.3 隧道施工方法

7.3.1 概述

1. 隧道工程施工特点

隧道施工过程通常划分为以下几个阶段：在地层中挖出土石，形成符合设计轮廓尺寸的坑道；进行必要的初期支护和砌筑最后的永久衬砌，以控制坑道围岩变形，保证隧道长期地安全使用。

在进行隧道施工时，必须充分考虑隧道工程的特点，才能在保证隧道安全的条件下，快速、优质、经济地建成隧道建筑物。隧道工程施工的特点，可归纳如下：

1) 整个工程埋设于地下，因此工程地质和水文地质条件对隧道施工的成败起着重要的、甚至是决定性的作用。例如，当年修建穿越阿尔卑斯山的圣哥达隧道时，由于遇到事先未料到的高温（41℃）和涌水（660L/min），给施工带来很大的困难，最后延期两年才完成。因此，不仅要在勘测阶段做好详细的地质调查和勘测，尽可能准确地掌握隧道工程范围内的岩层性质、岩体强度、完整程度、地应力场、自稳能力、地下水状态、有害气体和地温状况等资料，并根据这些原始材料，初步选定合适的施工方法，确定相应的施工措施和配套的施工机具。而且，由于地质条件的复杂性和勘探手段的局限性，在施工中出现前所未料的情况仍不可避免。因此，在长大隧道的施工中，还应采取试验导坑、水平超前钻孔、声波探测、导坑领先等技术措施，进一步查清掘进前方的地质条件，及时掌握变化的情况，以便尽快地修改施工方法和技术措施。

2) 公路隧道是一个形状扁平的建筑物，正常情况下只有进、出口两个工作面，相对于桥梁、线路工程来说，隧道的施工速度比较慢，工期也比较长，往往使一些长大隧道成为控制新建公路通车的关键工程。为此，需要附加地开挖竖井、斜井、横洞等辅助工程来增加工作面，加快隧道施工速度。此外，隧道断面较小，工作场地狭小，一些施工工序只能顺序作业，而另一些工序又可以沿隧道纵向展开，平行作业。因此，要求施工中加强管理，合理组织，避免相互干扰。洞内设备、管线路的布置应周密考虑，妥善安排。隧道施工机械应当结构紧凑、坚固耐用。

3) 地下施工环境较差，甚至在施工中还可能使之恶化，例如爆破产生有害气体等。必须采取有效措施加以改善，如人工通风、照明、防尘、消声、隔声、排水等，使施工场地符合卫生条件，并有足够的照明，以保证施工人员的身体健康，提高劳动生产率。

4) 公路隧道大多穿越崇山峻岭，因此，施工工地一般都位于偏远的深山峡谷之中，往往远离既有的交通线路，运输不便，供应困难，这些也是规划隧道工程时应当考虑的问题之一。

5) 公路隧道埋设于地下，一旦建成就难以更改，所以，除了事先必须严密规划和设计外，施工中还要做到不留后患。

2. 隧道施工应遵循的基本原则

以往人们都认为在地层中开挖坑道必然要引起围岩坍塌掉落，开挖的断面越大，坍塌的范围也越大。因此，传统的隧道结构设计方法是将围岩看成是必然要松弛塌落，而成为作用于支护结构上的荷载。传统的隧道施工方法则是将隧道断面分成为若干个小块进行开挖，随挖随用钢材或木材支撑，然后，从上到下或从下到上砌筑刚性衬砌，这种施工方法也是与当时的机械设备、建筑材料、技术水平相符合的。

近二十几年来，随着岩石锚杆、喷射混凝土的机械和岩石力学研究方面的快速发展，人们对开挖隧道过程中所出现的围岩变形、松弛、崩塌等现象有了深入的认识，为提出新颖、经济的隧道施工方法创造了条件。1936年，由奥地利学者L.腊布兹维奇教授命名为"新奥地利隧道施工法"（简称"新奥法"）正式出台。他是以控制爆破或机械开挖为主要掘进手段，以锚杆、喷射混凝土为支护方法，理论、量测和经验相结合的一种施工方法。同时，又是指导隧道设计和施工的一系列原则，其中包括：

1) 因为岩体是隧道结构体系中的主要承载单位，所以在施工中必须充分保护岩体，尽量减少对它的扰动，避免过度破坏岩体的强度。为此，施工中断面分块不宜过多，开挖应当采用光面爆破、预裂爆破或机械掘进等方法。

2) 为了充分发挥岩体的承载能力，应允许并控制岩体的变形。一方面允许变形，使围岩中能形成承载环；另一方面又必须限制它，使岩体不致过度松弛而丧失或大大降低承载能力。为此，在施工中应采取能与围岩密贴、及时砌筑又能随时加强的柔性支护结构，如锚喷支护等形式。这样就能通过调整支护结构的强度、刚度和参与工作的时间（包括底拱闭合时间）来控制岩体的变形。

3) 为了改善支护结构的受力性能，施工中应尽快使之闭合，而成为封闭的筒形结构，另外，隧道断面形状要尽可能地圆顺，以避免拐角处的应力集中。

4) 在施工的各个阶段，应进行现场量测监视，及时提出可靠的、数量足够的量测信息，如坑道周边的位移或收敛、接触应力等，并及时反馈，用来指导施工和修改设计。

5) 为了敷设防水层，或为了承受由于锚杆锈蚀、围岩性质恶化、流变、膨胀所引起的后续荷载，采用复合式衬砌。

3. 隧道施工方法及其选择

一个多世纪以来，世界各国的隧道工作者在实践中已经创造出能够适应各种围岩的多种隧道施工方法。一般将他们分为：矿山法、掘进机法、沉管法、顶进法、明挖法等。

矿山法因最早应用于矿石开采而得名，它包括上面已经提到的传统方法和新奥法。由于在这种方法中，多数情况下都需要采用钻孔爆破进行开挖，故又称为钻爆法。有时候为了强调新奥法与传统矿山法的区别，而将新奥法从矿山法中分出而另立系统。

掘进机法包括隧道掘进机法和盾构掘进机法。前者应用于岩石地层，后者则主要应用于土质围岩，尤其适用于软土、流沙、淤泥等特殊地层。

沉管法等则是用来修建水底隧道、地下铁道、城市市政隧道等，以及埋深很浅的山岭隧道。

选择施工方案时，需要综合考虑下列因素：

1) 工程的重要性，一般由工程的规模、使用上的特殊要求以及工程的缓急体现出来。
2) 隧道所处的工程地质和水文地质条件。
3) 施工技术条件和机械装备状况。
4) 施工中动力和原材料供应情况；工程投资与运营后的社会效益和经济效益。
5) 施工安全状况。
6) 有关污染、地面沉降等环境方面的要求和限制。

7.3.2 新奥地利隧道施工法

新奥法——新奥地利隧道施工法（New Austrian Tunneling Method，NATM）是奥地利隧道工程师腊布希维首先提出的。它是以控制爆破（光面爆破、预裂爆破等）为开挖方法；以喷射混凝土和锚杆作为主要支护手段，通过监测控制围岩的变形，动态修正设计参数和变动施工方法的一种隧道施工法，其核心内容是充分发挥围岩的自承能力。它是在锚喷支护技术的基础上总结和发展起来的。

1. 新奥法的施工程序及基本原则

（1）新奥法施工程序　新奥法施工程序如图 7-16 所示。

（2）新奥法施工的基本原则　新奥法施工的基本原则可以归纳为"少扰动、

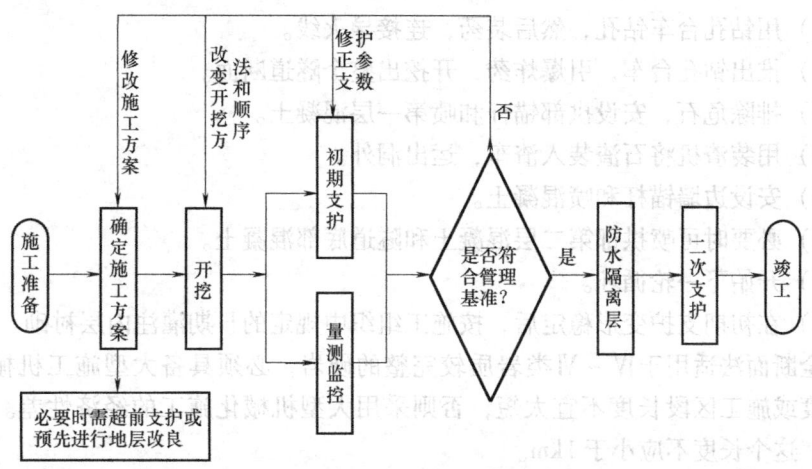

图 7-16 新奥法施工流程图

早喷锚、勤测量、紧封闭"。

1）少扰动。少扰动是在进行隧道开挖时，要尽量地减少对围岩的扰动次数、扰动强度、扰动范围和扰动持续时间。因此，要求能用机械开挖的就不用钻爆破开挖；采用钻爆开挖时，要严格进行控制爆破；尽量采用大断面开挖；根据围岩类别、开挖方法和支护条件选择合理的循环掘进进尺；自稳性差的围岩，循环掘进进尺应短一些；支护要尽量紧靠开挖面，缩短围岩应力松弛时间。

2）早喷锚。早喷锚就是开挖后及时施做初期锚喷支护，使围岩的变形进入受控制状态。一方面是为了使围岩不致因变形过度而产生坍塌失稳；另一方面是使围岩变形适度发展，以充分发挥围岩的自承能力，必要时可采取超前预支护措施。

3）勤测量。勤测量是指以直观、可靠的量测方法和量测数据来准确评价围岩（或围岩加支护）的稳定状态，或判断其动态发展趋势，以便及时调整支护形式和开挖方法，确保施工安全和施工进度。量测是现代隧道及地下工程理论的重要标志之一，也是掌握围岩动态变化过程的手段和进行工程设计、施工的依据。

4）紧封闭。紧封闭一方面采取喷射混凝土等防护措施，避免围岩因长时间暴露而致使强度和稳定性的衰减，尤其是对于易风化的软弱围岩；另一方面更为重要的是适时对围岩做封闭支护，这样不仅可以及时阻止围岩变形，而且可以使支护和围岩能进入良好的共同工作状态。

新奥法施工，按其开挖断面的大小及位置，基本上又可分为：全断面法、台阶法、分部开挖法三大类及若干变化方案。

2. 全断面法

按照隧道设计轮廓线爆破成型的施工方法叫全断面法。它的施工顺序是：

1) 用钻孔台车钻孔,然后装药,连接导火线。
2) 推出钻孔台车,引爆炸药,开挖出整个隧道断面。
3) 排除危石,安设拱部锚杆和喷第一层混凝土。
4) 用装渣机将石渣装入渣车,运出洞外。
5) 安设边墙锚杆和喷混凝土。
6) 必要时可喷拱部第二层混凝土和隧道底部混凝土。
7) 开始下一轮循环。
8) 在初期支护变形稳定后,按施工组织中规定的日期灌注内层衬砌。

全断面法适用于Ⅳ～Ⅵ类岩质较完整的硬岩,必须具备大型施工机械。隧道长度或施工区段长度不宜太短,否则采用大型机械化施工的经济性差。根据经验,这个长度不应小于1km。

全断面法的优点是:工序少,相互干扰少,便于组织施工和管理;工作空间大,便于组织大型机械化施工,因此施工进度快。目前,我国公路隧道一般都能保持月进成洞平均150m左右,高者已接近300m/月。

采用全断面法应注意下列问题:摸清开挖面前方的地质情况,随时准备好应急措施(包括调整施工方法等),以确保施工安全;各种施工机械设备务求配套,以充分发挥机械设备的效率;加强各项辅助作业,尤其加强施工通风,保证工作面有足够的新鲜空气;加强对施工人员的技术培训,实践证明,施工人员对新奥法基本原理的了解程度和技术熟练状况,直接关系到施工的效果。

3. 台阶法

台阶法中包括长台阶、短台阶和超短台阶等三种,其划分一般是根据台阶长度来决定的,如图7-17所示。至于施工中究竟采用何种台阶法,要根据两个条件来决定:一是初期支护形成闭合断面的时间要求,围岩越差,闭合时间要求越短;二是上断面施工所用的开挖、支护、出渣等机械设备对施工场地大小的要求。

在软弱围岩中应以前一条件为主,兼顾后者,确保施工安全。在围岩条件较好时,主要考虑的是如何更好地发挥机械效率,保证施工的经济性,故只要考虑后一条件。以下简介各种台阶法。

(1) 长台阶法 这种方法是将断面分成上半断面和下半断面两个部分进行开挖,上下断面相距较远,一般上台阶超前50m以上或大于5倍洞跨。施工时上下都可配置同类机械进行平行作业;当机械不足时也可用一套机械交替作业,即先在上半断面开挖一个进尺,然后再在下断面开挖一个进尺。当隧道长度较短时,亦可将上半断面全部挖通后,最后才进行下半断面施工,即为半断面法。

长台阶法的作业顺序如下:
1) 对于上半断面。用两臂钻孔台车钻孔、装药爆破,地层较软时亦可用挖掘机开挖。安设锚杆和钢筋网，必要时加设钢支撑、喷射混凝土。用推铲机将石渣推运到台阶下，再由装卸机装入运渣车内运至洞外。根据支护结构形成闭合断面的时间要求，必要时在开挖上半断面后，可建筑临时底拱，形成上半断面的临时闭合结构，然后在开挖下半断面时再将临时底拱挖掉。但从经济的角度来看，最好改用短台阶法。

2) 对于下半断面。用两臂钻孔台车钻孔、装药爆破装渣直接运至洞外。安设边墙锚杆（必要时）和喷混凝土，用反铲挖掘机开挖水沟，喷底部混凝土。开挖下半断面时，其炮眼布置方式有两种：一是平行隧道轴线的水平眼；二是由上台阶向下钻进的竖直眼（也称作插眼）。前一种方式的炮眼主要布置在设计断面轮廓线上，能有效地控制开挖断面；后一种方式的爆破效果较好，但爆破时石渣飞出较远，容易打坏洞内的机械设备。

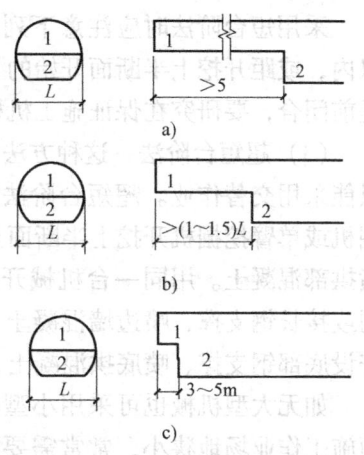

图 7-17 台阶法
a) 长台阶法 b) 短台阶法
c) 微台阶法

3) 待初期支护的变形稳定后，根据施工组织所规定的日期敷设防水层（必要时）和建造内层衬砌。

相对于全断面法来说，长台阶法一次开挖的断面宽度和高度都比较小，只需配备中型钻孔台车即可施工，而且对维持开挖面的稳定也十分有利。所以，它的适用范围较全断面法广泛，对于全断面不能自稳，但围岩坚硬不用底拱封闭断面的情况，均可采用长台阶法。

（2）短台阶法 这种方法也是分成上、下两个断面进行开挖，只是两个断面相距较近，一般上台阶长度小于 5 倍但大于 1～1.5 倍洞跨，上、下断面平行作业。

短台阶法的作业顺序和长台阶法相同。由于短台阶法可缩短支护结构闭合的时间，改善初期支护的受力条件，有利于控制隧道收敛速度和量值，所以适用范围很广，Ⅱ～Ⅵ类围岩都能采用，尤其适用于Ⅱ、Ⅲ类围岩，是新奥法施工中主要采用的方法之一。

短台阶法的缺点是，上台阶出渣时对于下半断面施工的干扰较大，不能全部平行作业。为避免这种干扰，可采用长带式运输机运输上台阶的石渣，或设置由上半断面过渡到下半断面的坡道，将上台阶的石渣直接装车运出。过渡坡道的位置可设在中间，亦可交替地设在两侧。过渡坡道法在断面较大的三车道隧道中尤为适用。

采用短台阶法时应注意下列问题：初期支护全断面闭合要在距开挖面 30m 以内，或距开挖上半断面开始的 30 天内完成。初期支护变形、下沉显著时，要提前闭合，要研究在保证施工机械正常工作的前提下台阶的最小长度。

(3) 超短台阶法　这种方法也是分上、下两部分，但上台阶仅超前 3～5m，只能采用交替作业。超短台阶法施工作业顺序为：用一台停在台阶下的长臂挖掘机或单臂挖掘机开挖上半断面至一个进尺，安设拱部锚杆、钢筋网或钢支撑，喷拱部混凝土。用同一台机械开挖下半断面至一个进尺，安设边墙锚杆、钢筋网或接长钢支撑，喷边墙混凝土（必要时加喷拱部混凝土）。然后，开挖水沟、安设底部钢支撑、喷底拱混凝土，最后灌注内层衬砌。

如无大型机械也可采用小型机具交替地在上、下部进行开挖。由于上半断面施工作业场地狭小，常常需要配置移动式施工台架，以解决上半断面施工机具的布置问题。

由于超短台阶法初期支护全断面闭合时间更短，更有利于控制围岩变形。在城市隧道施工中，能更有效地控制地表沉陷。所以，超短台阶法适用于膨胀性围岩和土质围岩，要求及早闭合断面的场合；当然，也适用于机械化程度不高的各类围岩地段。

超短台阶法的缺点是，上、下断面相距较近，机械设备集中，作业时相互干扰很大，生产效率低，施工速度慢。

采用超短台阶法施工时应注意以下问题：在软弱围岩中施工时，应特别注意开挖工作面的稳定性，必要时可采用辅助施工措施，如向围岩中注浆或打入超前水平小钢管，对开挖面进行预加固或预支护。

最后还需要说明，上述几种台阶法施工中，开挖下断面时要求做到：下半断面的开挖（又称落底）应在上半断面初期支护基本稳定后进行，或采用其他有效措施确保初期支护体系的稳定性；下部边墙开挖后必须立即喷射混凝土，并按规定做初期支护；量测工作必须及时，以观察拱顶、拱脚和边墙中部位移值，当发现速率增大时，应立即进行底（仰）拱封闭，也可以采取缩短进尺、加强支护或分割掌子面等措施。

4. 分部开挖法

分部开挖法包含台阶分部开挖法、单侧壁导坑法、双侧壁导坑法三种方式。

(1) 台阶分部开挖法　台阶分部开挖法又称环形开挖留核心土法，一般将断面分成环形拱部、上部核心土、下部台阶等三部分。根据断面的大小，环形拱部又可分成几块交替开挖。环形开挖进尺为 0.5～1.0m，不宜过长。上部核心土和下台阶的距离，一般为 1 倍洞跨。

台阶分部开挖法的施工作业顺序为：

用人工或单臂掘进机开挖环形拱部。架设钢支撑、喷混凝土。在拱部初期

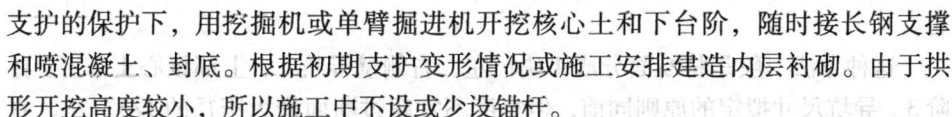

支护的保护下，用挖掘机或单臂掘进机开挖核心土和下台阶，随时接长钢支撑和喷混凝土、封底。根据初期支护变形情况或施工安排建造内层衬砌。由于拱形开挖高度较小，所以施工中不设或少设锚杆。

在台阶分部开挖法中，因为上部留有核心土支挡着开挖面，而且能迅速及时地建造拱部初期支护，所以开挖工作面稳定性好。它和台阶法一样，核心土和下部开挖都是在拱部初期支护保护下进行的，施工安全性好。这种方法适用于一般土质或易坍塌的软弱围岩中。

台阶分部开挖法的主要优点是：与超短台阶法相比，台阶长度可以加长，减少上、下台阶的施工干扰；而且施工机械化程度较高，施工速度可加快。

采用台阶分部开挖时应注意下列问题：虽然核心土增强了开挖面的稳定，但开挖中围岩要经受多次扰动，而且断面分块多，支护结构形成全断面封闭的时间长，这些都有可能使围岩变形增大。因此，它常要结合辅助施工措施对开挖工作面及其前方岩体进行预支护或预加固。

（2）单侧壁导坑法　这种方法一般是将断面分成三块：侧壁导坑、上台阶和下台阶。侧壁导坑尺寸应充分利用台阶的支撑作用，并结合机械设备和施工条件而定。一般侧壁导坑宽度不宜超过 0.5 倍洞宽，高度以达到起拱线为宜，这样，导坑可分二次开挖和支护，不需要架设工作平台，人工架立钢支撑也较方便。导坑与台阶的距离没有硬性规定，但一般应以导坑施工和台阶施工不发生干扰为原则。所以，在隧道中可先挖通导坑，尔后再开挖台阶，上、下台阶的距离则视围岩情况参考短台阶法或超短台阶法拟定。

单侧壁导坑法的施工作业顺序为：

1）开挖侧壁导坑，并进行初期支护（锚杆加钢筋网或锚杆加钢支撑、钢支撑、喷射混凝土等），应尽快使导坑的初期支护闭合。

2）开挖上台阶，进行拱部初期支护，使其一侧支承在导坑的初期支护上，另一侧支承在下台阶上。

3）开挖下台阶，进行另一侧边墙的初期支护，并尽快建造底部初期支护，使全断面闭合。

4）拆除导坑临空部分的初期支护。

5）建造内层衬砌。

单侧壁导坑法是将断面横向分成 3 块或 4 块，每步开挖的宽度较小，而且封闭型的导坑初期支护承载能力大，所以，单侧壁导坑法适用于断面跨度大、地表沉陷难于控制的软弱松散围岩中。

（3）双侧壁导坑法（又称眼镜施工法）　当隧道跨度很大，地表沉陷要求严格，围岩条件特别差，单侧壁导坑法难以控制围岩变形时，可采用双侧壁导坑法。现场实测表明，双侧壁导坑法所引起的地表沉陷仅为短台阶法的 1/2 左右。

这种方法一般是将断面分成4块：左、右侧壁导坑1、上部核心土2、下台阶3。导坑尺寸拟定的原则同前，但宽度不宜超过断面最大跨径的1/3。左、右侧导坑错开的距离，应根据开挖一侧导坑所引起的围岩应力重分布的影响不致波及另一侧已成导坑的原则确定。

双侧壁导坑法施工作业顺序为：

1）开挖一侧导坑，并及时地将其初期支护闭合。
2）相隔适当距离后开挖另一侧导坑，并建造初期支护。
3）开挖上部核心土，建造拱部初期支护，拱脚支承在两侧壁导坑的初期支护上。
4）开挖下台阶，建造底部的初期支护，使初期支护全断面闭合。
5）拆除导坑临空部分的初期支护。建造内层衬砌。

双侧壁导坑法虽然开挖断面分块多、扰动大，而且初期支护全断面闭合的时间长，但每个分块都是在开挖后立即各自闭合的，所以在施工中围岩的变形几乎不发展。

双侧壁导坑法施工安全，但进度慢、成本高。

5. 施工中可能发生的问题及对策

新奥法施工的基本原则，是根据围岩性质允许产生适量的变形，但又不使围岩松动塌落。在设计、施工过程中，若对围岩性质判断不准或喷射混凝土、打锚杆、立钢支撑时间和方法有误，围岩松动就会超过预计。此时，应根据观察和量测结果及时找出原因，进行改正；对于原因不明的，则要针对所发生的现象寻求相应的措施。根据实践经验，将新奥法中经常出现的一些异常现象及应采取的措施列于表7-1中，其中，措施A指进行比较简单的改变就可解决问题的措施；措施B指包括需要改变支护方法等比较大的变动才能解决问题的措施。当然，表中只列出大致的对策标准，优先用哪种措施，要视各个隧道的围岩条件、施工方法、变形状态综合判断。

表7-1 施工中的现象及处理措施

	施工中的现象	措施A	措施B
开挖面及其附近	正面变得不稳定	①缩短一次掘进长度 ②开挖时保留核心土 ③向正面喷射混凝土 ④用插板或排钢管打入地层进行预支护	①缩小开挖断面 ②在正面打锚杆 ③采取辅助施工措施对地层进行预加固

(续)

	施工中的现象	措施 A	措施 B
开挖面及其附近	开挖面顶部掉块增大	①缩短开挖时间及提前喷混凝土 ②采用插板或并排钢管 ③缩短一次开挖长度 ④开挖面暂时分部施工	①加钢支撑 ②预加固地层
	开挖面出现涌水或者涌水量增大	①加速混凝土硬化 ②喷射混凝土前作好排水 ③加挂网格密的钢筋网 ④设排水片	①采取排水方法（如排水钻孔、井点降水等） ②预加固围岩
	地基承载力不足，下沉增大	①注意开挖，不要损害地基围岩 ②加厚底脚处喷混凝土，增加支撑面积	①增加锚杆 ②缩短台阶长度，及早闭合支护环 ③用喷混凝土做临时底拱 ④预加固地层
	产生底鼓	及早喷底拱混凝土	①在底拱处打锚杆 ②缩短台阶长度，及早闭合支护环
喷混凝土	喷混凝土层脱离甚至塌落	①开挖后尽快喷混凝土 ②加钢筋网 ③解除涌水压力 ④加厚喷层	打锚杆或增加锚杆
	喷混凝土层中应力增大，产生裂缝和剪切破坏	①加钢筋网 ②在喷混凝土层次中增设纵向伸缩缝	①增加锚杆（用比原来长的锚杆） ②加入钢支撑
锚杆	锚杆轴力增大，垫板松弛或锚杆断裂		①增强锚杆（加长） ②采用承载力大的锚杆 ③为增大锚杆的变形能力，在垫层锚板间夹入弹簧垫圈等

(续)

施工中的现象		措施 A	措施 B
钢支撑	钢支撑中应力增大，产生屈服	松开接头处螺栓。凿开喷混凝土层，使之可自由伸缩	①增强锚杆 ②采用可伸缩的钢支撑，在喷混凝土层中设纵向伸缩缝
	净空位移增大，位移速度变快	①缩短从开挖到支护到支扩的时间 ②提前打锚杆 ③缩短台阶、底拱一次开挖的长度 ④当喷混凝土开裂时，设纵向伸缩缝	①增强锚杆 ②缩短台阶长度，提前闭合支护环 ③在锚杆垫板间夹入弹簧垫圈等 ④采用超短台阶法，或在上半断面建造临时底拱

7.3.3 传统的矿山法施工

在传统的矿山法中，历史上形成的变化方案很多，其中包括全断面法、台阶法、侧壁导坑法等。与新奥法的根本区别，除了施工原理不同外，在具体作业上也存在着不小的差异：传统的矿山法中不强调采用锚喷支护，而大量采用钢、木支撑；不强调及早闭合支护环；很少采用复合式衬砌，而是大量采用刚度较大的单层衬砌；不需要进行施工测量等。近年来，由于施工机械的发展，以及传统矿山法明显不符合岩石力学的基本原理和不经济，已逐渐由新奥法所取代。只有在一些缺少大型机械的中、短隧道中还在继续使用。

1. 漏斗棚架法

全名叫下导坑漏斗棚架法，也称下导坑先墙后拱法。它是在硬岩层中修筑隧道的一种基本的传统方法，也是我国 20 世纪 80 年代前修筑公路、铁路隧道应用最广泛的方法之一。

此法的基本程序（见图 7-18）是：首先开挖下导坑①，在下导坑开挖面后 30~50m 处，开始架设"漏斗棚架"，然后在漏斗棚架上方开挖②、③部（挑顶）和④部（扩大）。它们的间距以互相不干扰为原则，一般可采用 15~20m。挑顶或扩大爆破的石渣直接堆放在棚架上，并通过漏斗口向下装入矿车内运出

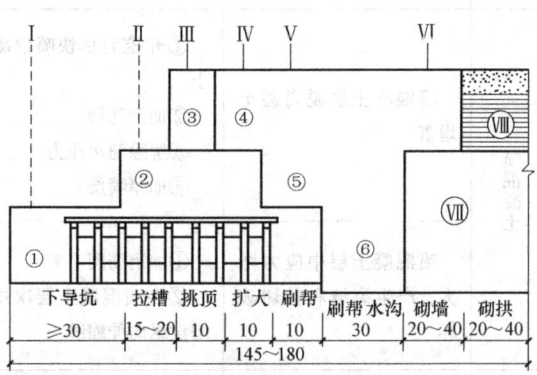

图 7-18 漏斗棚架法

洞外。石渣装完后即可拆除棚架，开挖⑤（刷帮）和⑥（边墙/水沟）。整个隧道开挖完毕后，在一定的安全距离（10～20m）外灌注边墙Ⅶ和拱圈Ⅷ混凝土，最后铺底砌水沟。

下导坑的形状一般为梯形，坚硬围岩也可用矩形，其宽度为2.8～3.0m（铺单运输线）或3.8～4.4m（铺双运输线），高度视装渣机装载高度而定，一般为2.8～3.0m。

采用漏斗棚架法施工时应注意如下问题：下导坑开挖是领先工序，它的开挖速度直接影响整个隧道的施工进度，因此，要千方百计予以保证。漏斗棚架是卸、装渣的关键结构，必须具有足够的强度和刚度以承受爆破时石渣的冲击作用。挑顶时发现拱顶有坍塌的预兆，应立即用圆木支顶住。

漏斗棚架法施工的优点：便于人力和小型机具开挖；挑顶扩大的石渣通过漏斗棚架装车，效率高，节省人力和机械；工作面多，可以安排较多的人力和机具进行平行作业，加快施工进度。

棚斗棚架法的缺点：设置棚架需消耗大量木材和钢材；断面分块多，对围岩扰动大，而且拱顶围岩暴露时间过长，所以，只适用于Ⅳ～Ⅵ类围岩；工作面多虽可平行作业，但相互干扰大，尤其刷帮开挖容易损坏风管、水管、电力线和堵塞运输。

2. 上下导坑先拱后墙法

上下导坑先拱后墙法，又称拱圈支承法，是在软土层中修筑隧道的一种基本的传统方法，也是我国以往修筑隧道采用的最广泛的方法之一。

此法的基本施工程序（见图7-19）是：首先开挖下导坑①，并尽快架设木支撑。在下导坑开挖面后30～50m处开挖上导坑②和架设木支撑。上、下导坑间开挖漏斗（如图中虚线所示），以便于上断面出渣。距上导坑15～20m，进行上导坑落底开挖③，然后由上导坑向两侧开挖④（扩大），边开挖边架设扇形支撑。在扇形支撑之间立拱架模板，灌注拱圈混凝土Ⅴ，边灌注边顶替、拆除扇形支撑。开挖中层次⑥（落底），左右错开，纵向跳跃开挖马口⑦、⑨。每个马口的纵向长度一般取拱圈灌注节长的一半。紧跟马口开挖后，立即架设边墙模板，

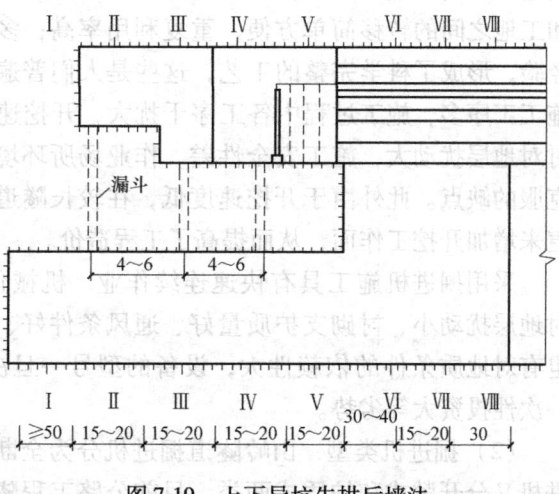

图7-19 上下导坑先拱后墙法

由下而上灌注边墙混凝土Ⅷ、Ⅸ，最后挖水沟、铺底。

采用上、下导坑先拱后墙法施工时应注意下列问题：开挖马口时要绝对避免拱圈两侧拱脚同时悬空，边墙灌注到顶部时要仔细地做到与拱脚的连接，保证衬砌的整体性。

与漏斗棚架法相比，它有如下优点，拱部围岩暴露时间短，开挖马口、灌注边墙都是在拱圈保护下进行的，因此，施工安全，能适用于较软弱的Ⅱ、Ⅲ类围岩。其缺点是衬砌整体性差，开挖两个导坑成本高、速度慢。

7.3.4 掘进机法施工

1. 概述

隧道掘进机法是用掘进机切削破岩、开凿岩石的施工方法，始于20世纪30年代。随着掘进机技术的迅速发展和机械性能的日益完善，隧道掘进机施工得到了很快发展。掘进机施工具有钻爆法施工不可比拟的优点，故使用掘进机施工的隧道数量在不断攀升。

（1）施工特点　与钻爆法开挖隧道施工过程相比，使用掘进机开挖隧道的特点在于，施工过程是连续的，具有隧道工程"工厂化"的特点。

钻爆法施工适用范围广，不受隧道断面尺寸和形状的限制；对各类围岩均能适用，当地质条件变化时，施工工艺可机动灵活随之变化；施工设备的组装和工地之间的转移简单方便，重复利用率高；多年来已积累了宝贵的丰富施工经验，形成了科学完整的工艺，这些是人们普遍认同的优势。但它同时也存在施工工序多，施工过程中各工序干扰大，开挖速度低，超（欠）挖严重，爆破时对地层扰动大，施工安全性差，作业场所环境恶劣，工人劳动强度大等难以克服的缺点。此外由于开挖速度低，在较长隧道施工时，往往需要采用辅助坑道来增加开挖工作面，从而提高了工程造价。

采用掘进机施工具有快速连续作业、机械化程度高、安全、劳动强度小、对地层扰动小、衬砌支护质量好、通风条件好、能减少辅助工程等优点。但它也有对地质条件的依赖性大，设备的型号一旦决定，开挖断面尺寸不可改变，一次性投资大等劣势。

（2）掘进机类型　山岭隧道掘进机分为全断面和悬臂式两大类。全断面掘进机又分开敞式和护盾式两类。目前公路工程隧道中广泛使用的是全断面掘进机。

开敞式和护盾式掘进机的区别在于开敞式掘进机在开挖中依靠撑于岩壁上的水平支撑提供设备推力和扭矩的支撑反力，开挖后的围岩暴露于机械四周。而护盾掘进机则可在掘进中利用尾部已安装的衬砌管片作为推进的支撑，围岩由于有护盾防护，在护盾长度的范围内不暴露。一般而言，开敞式掘进机适合于硬岩隧道的开挖。开敞式掘进机又分为单支撑和双支撑两种类型。

单水平支撑掘进机主梁和大刀盘支架是掘进机的构架，为所有的其他构件提供安装支点。大刀盘支架的前部安装主轴承和大内齿圈，它的四周安装了刀盘护盾，利用可调式顶盾、侧盾和下支撑保持开挖洞面的浮动支承，从而保证了大刀盘的稳定。主梁上安装推力千斤顶和支撑系统。由于采用了一对水平支撑，因此它在掘进过程中，方向的调整是随时进行的，掘进的轨迹是曲线。单支撑式掘进机主轴承多为三轴承组合，驱动装置直接安装在刀盘的后部，故机头较重，刀盘护盾较长。

双水平支撑掘进机在主机架中间有两对水平支撑，它可以沿着镶着铜滑板的主机架前后移动。主机架的前端与大刀盘、轴承、大内齿圈相连接，后端与后下支撑连接，推进千斤顶借助水平支撑推动主机架及大刀盘向前，布置在水平支撑后部的驱动装置通过传动轴将扭矩传到大刀盘。在掘进中由两对水平支撑撑紧洞壁，因此掘进方向一经定位，只能沿着直线掘进，只有在重新定位时，才能调整方向，所以掘进机轨迹是折线。

护盾式掘进机适用于软岩隧道开挖，护盾式掘进机也分为单护盾和双护盾两种类型。

单护盾掘进机适用于软岩地层以及自稳时间相对较短、地质条件较差的地层。单护盾掘进机在掘进和安装衬砌管片时，是依次顺序进行的，即不能同时作业。掘进中，它依靠后部的推进千斤顶顶推已安装好的衬砌管片得以向前掘进，掘进停止后，利用管片安装机将分成若干块的一环管片安装到隧道上。

双护盾掘进机在软岩及硬岩中部可以使用。当它在自稳条件不良的地层中施工时，其优越性更突出。它与单护盾掘进机的区别在于增加了一个护盾。在硬岩中施工时利用护盾作为水平支撑，所以双护盾既可利用尾部的推力千斤顶顶推尾部安装好的衬砌管片前进，也可以在利用水平支撑进行开挖时，同时安装衬砌管片，因此双护盾掘进机使开挖和安装衬砌管片的停机换步时间大大缩短。

2. 掘进

掘进机切削破碎岩石的机理是：掘进时盘形刀沿岩石开挖面滚动，同时通过大刀盘均匀地在每个盘形刀上对岩面施加压力，形成滚动挤压切削而实现破岩。大刀盘每转动一圈，将贯入岩面一定深度，在盘形刀的刀刃与岩石接触处。岩石被挤压成粉末，从这个区域开始，裂缝向相邻的切割槽扩展，进而形成片状石碴。

不同的岩石需要不同的盘形刀，压入岩石的最小压力也不同，只有施加的压力大于最小压力时。才能达到较理想的贯入深度。在坚硬和裂隙很少的岩石中，贯入深度一般为 2.5~3.5mm/转，在中等坚硬和裂隙较多的岩石中，一般为 5~9mm/转。

单个盘形刀的使用寿命,与轴承使用寿命、刀圈材质和加工质量,以及它在大刀盘上的位置有关。其优点是刀圈尖端宽度在磨损后仍保持不变,因此既使它承受的荷载有变化,也能保证它具有良好的贯入速度,从而提高了切割速度并降低刀具的损耗。

应该指出,掘进机施工不仅要注意岩石的抗压强度,还应注意岩石的磨蚀性以及岩体的裂隙程度,当岩体节理裂隙面间距越大时,切割也就越困难。

3. 衬砌施工

用掘进机施工的隧道,其衬砌结构一般由临时或初期支护和二次衬砌组成。临时或初期支护是隧道开挖中保证掘进期间岩体稳定和掘进机顺利掘进所不可缺少的。

采用掘进机施工,由于开挖工作面被掘进机主体充塞,对围岩很难进行直接观察和判断,而且造成进行支护的位置相对开挖面滞后一段距离。因此,不同形式的掘进机,也要求采用不同的支护形式。一般在充分进行地质勘探后,在隧道设计时,就应确定基本支护形式。例如引水隧道,为保证排水的可靠性,要求支护对围岩有密封性,所以大都采用护盾式掘进机进行管片衬砌的结构形式;而对于一般公路、铁路隧道,除进行临时支护外,视地质情况采用二次喷射混凝土或二次模筑混凝土作为永久衬砌。

(1) 管片式衬砌　使用护盾掘进机时,一般采用圆形全周管片式衬砌。其特点是:适合软弱围岩,特别是当围岩允许承载力很低,撑靴不能支撑岩面时,可利用后部推力千斤顶,顶推已安装的管片获得推进反力;当撑靴可以支撑岩面时,双护盾掘进机可以使掘进和换步同时进行,提高了循环速度;利用管片安装机安装管片速度快,支护效果好,安全性强,但是它的造价高。为了防水的需要,每片之间要安装止水条,并需在管片外圆和洞壁间隙压入豆石和注浆。

(2) 二次模筑混凝土　隧道施工采用开敞式掘进机时,一般是随开挖先施工临时支护,然后进行二次模筑混凝土永久性衬砌。为了保证掘进机的高速度掘进,不能使开挖作业与模筑混凝土衬砌作业同时进行。此外,在机械上部进行衬砌作业,会给掘进机设备带来严重的混凝土污染,因此只在刀盘后部进行必要的临时支护,如锚杆、喷射混凝土、架钢拱架。

二次混凝土衬砌,根据地质条件也有用喷射混凝土作为永久衬砌的。如瑞士弗尔艾那铁路单线隧道,就是采用二次喷射混凝土作为永久衬砌的,在喷射混凝土时设钢网,并加入了钢钎维。多数隧道采取二次模筑混凝土衬砌,使用穿行式模板台车进行永久衬砌的灌注。值得注意的是二次衬砌完成后,掘进机在完成掘进任务后,不可能从原路退出,只有在完成开挖位置处进行洞室扩大,在隧道内拆卸掘进机部分机件(加大刀盘的解体)后,才有可能退出。如果用一台掘进机从进口一直掘进到出口时,则不产生洞内拆卸问题。

第8章
公路附属设施的施工

近年来,汽车交通量发展迅速,车速越来越高,对公路的要求相应的也越来越高,除了要求公路几何线形好、工程实体标准高外,更主要的是要具有完善的交通工程设施。交通工程设施是保证公路安全、高效运行的必要条件。若交通工程设施与道路不配套,即使道路本身的标准再高,也难以达到安全、快速、舒适、经济的效果。因此,交通工程设施是公路建设中的一个重要组成部分,国内高等级公路特别是高速公路运营经验说明,它为道路使用者提供了快速、舒适、经济的行车环境,提高了服务水平,减少了交通事故,降低了事故的严重度,对发挥公路的作用具有重要意义。

由于交通量大、车速高,高等级公路比普通公路产生更严重的污染和噪声等问题,甚至还会破坏生态平衡。随着我国高等级公路的迅速发展,公路绿化及环境保护的问题也越来越突出。本章主要介绍护栏、隔离栅、防眩、视线诱导、标志、标线等交通工程设施等内容。

8.1 公路安全设施施工

8.1.1 护栏的施工

护栏是道路安全设施的重要组成部分,它对减轻事故的严重度,排除各种纵横向干扰,提高道路服务水平,提供视线诱导,改善道路景观等起到重要的作用。

1. 护栏的分类

(1) 护栏的分类 具体如下:

1) 护栏按刚度分类,可以分为刚性护栏、半刚性护栏和柔性护栏。

①刚性护栏是一种基本不变形的护栏结构。混凝土护栏是刚性护栏的主要形式。②半刚性护栏是一种连续的梁柱式护栏结构,具有一定的刚度和柔性。

波形梁护栏是半刚性护栏的主要代表形式。③柔性护栏是一种具有较大缓冲能力的柔性护栏结构。缆索护栏是柔性护栏的主要代表形式。

2) 护栏按设置的位置分类，可以分为路侧护栏、中央分隔带护栏等。①路侧护栏是指设置于公路路肩上的护栏。目的是防止失控车辆越出路外，避免碰撞路边其他设施。按防撞等级划分，路侧护栏有 A、S 两级。② 中央分隔带护栏是指设置于公路中央分隔带内的护栏。目的是防止失控车辆穿越中央分隔带闯入对向车道，并保护中央分隔带内的构造物。

3) 护栏形式的选择，应针对公路的具体情况，充分比较各种护栏形式的性能，结合经济合理、安全可靠、美观大方等要求进行。考虑的因素有：护栏的性能、护栏的安全性、护栏的美学及对驾驶员的心理影响、气象条件、建设费用与养护费用。

(2) 波形梁护栏　波形梁护栏一般按设置地点和防撞等级来分类见表 8-1。按设置地点可以分为路侧护栏和中央分隔带护栏。按防撞等级可分为 A 级和 S 级（Am、Sm 表示设置在中央的分隔带）。S 级护栏属于加强型，适用于路侧特别危险的路段使用。A 级用于专用公路。

表 8-1　波形梁护栏的分类

安装位置	防撞等级	构造特征	埋置方式	立柱标准中心间距	护栏代号
路侧	A	无防阻块	土中	4.0	Gr – A – E
		有防阻块			Grb – A – E
		无防阻块	混凝土中	4.0	Gr – A – B
		有防阻块			Grb – A – B
	S	无防阻块	土中	2.0	Gr – S – E
		有防阻块			Grb – S – E
		无防阻块	混凝土中	2.0	Gr – S – B
		有防阻块			Grb – S – B
中央分隔带	分设型				
	Am	无防阻块	土中	4.0	Gr – Am – E
		有防阻块			Grb – Am – E
		无防阻块	混凝土中	4.0	Gr – Am – B
		有防阻块			Grb – Am – B
	Sm	无防阻块	土中	2.0	Gr – Sm – E
		有防阻块			Grb – Sm – E
		无防阻块	混凝土中	2.0	Gr – Sm – B
		有防阻块			Grb – Sm – B
	组合型				
	Am	横隔梁	土中	4.0	Grd – Am – E
		横隔梁	混凝土中		Grd – Am – B
	Sm	横隔梁	土中	2.0	Grd – Sm – E
		横隔梁	混凝土中		Grb – Sm – B

1) 路侧波形梁护栏。路侧波形梁护栏的横断布设,不应使护栏面侵入公路建筑限界以内,并不得使护栏立柱外侧的侧向土压力明显减少。立柱外边缘到路肩边缘的最小距离为:当土路肩宽度为 75cm 时,不应小于 25cm;当土路肩宽度为 50cm 时,不应小于 14cm。

端头处理,路侧波形梁护栏的起讫点应进行端头处理。路侧护栏的端头可采用圆头式或地锚式。

防阻块构造,路侧波形梁护栏的防阻块是波形梁与立柱之间的承力部件,可以用各种形状的型钢来制造。

立柱安装,路侧护栏立柱应安装于坚实的土路肩中,立柱与路基土的相互作用,使立柱弯曲变形,土基压缩变形,这是护栏吸能过程的一环。当护栏立柱遇到立柱置于桥梁、通道、涵洞等无法打入的地方,或立柱下方遇有地下管线、石方路段及其他特殊情况时,应把护栏立柱设置于混凝土基础中。

2) 中央分隔带波形梁护栏。设置于中央分隔带的波形梁护栏,按防撞等级可分为 Am 级和 Sm 级。

Sm 级护栏属加强型,适用于中央分隔带内有重要构造物,并需要限制护栏横向位移的路段;Am 级适用于公路的一般路段。按构造可分为分设型和组合型两种。分设型护栏适合于中央分隔带相对较宽,中央分隔带内的构造物较多,并在中央分隔带下埋有管线的路段。组合型护栏适合于中央分隔带宽度较窄,中央带内构造物不多或埋设管线较少的路段。中央分隔带按分设型布设时,不宜使护栏面侵入到公路建筑限界以内。

3) 交通分流处三角地带护栏。公路互通式立交匝道进、出口,及服务区、停车场进、出口处的三角地带,属危险三角区,应设置专门设计的护栏。

该处的护栏构造应与路侧波形梁护栏相一致,并应根据三角地带的线形和地形进行布设。在布设时,靠公路主线一侧的两端 8m 范围内和靠匝道一侧的两端 8m 范围内应采用加强型(S 级)护栏,在加强型护栏的中间接 6 跨 A 级护栏,并用圆头把三角区两侧护栏连接起来。在条件允许时,应在危险三角区范围设置防撞垫。

4) 波形梁护栏的技术要求:①波形梁护栏的安装高度应考虑,一旦失控车辆与护栏发生碰撞时,希望护栏能作用于车辆的有效部位,既不致使车辆越出护栏,也不致使车辆钻入护栏横梁的下面。这就要求确定护栏的合理安装高度。护栏安装高度可通过车辆与护栏的足尺碰撞试验、使用中护栏的交通事故调查资料、现代车辆的几何特性分析等三方面情况进行确定。一般的波形梁护栏的横梁中心高,从路面算起至连接螺栓孔中心的距离以 60cm 为宜。当设有路缘石时,横梁中心高,从路面算起至连接螺栓孔中心的距离为 60cm。当波形梁护栏有防阻块时,其中心高度不变。②波形梁护栏的强度主要取决于立柱的刚度、土的承载能力及梁的抗拉能力,特别是立柱的水平承载力与位移的关系是确定立柱强度的重要因素。当立柱埋入土基中时,考虑到路肩填土密实度不够和立柱过分靠近边坡线而使侧向土压力减少这样一些因素,立柱埋深不应小于110cm,有路缘石的立柱埋深不应小于125cm。立柱埋置于混凝土基础中时,其埋深不应小于40cm。③波形梁护栏组成构件,如波形梁、立柱、防阻块、横隔梁、端头等构件应符合交通部颁发的有关产品标准的规定。

5)中央分隔带开口处活动护栏。活动护栏是在中央分隔带开口处,为方便特种车辆在紧急情况下临时开启放行的设施。这种护栏在正常情况下有一定的间隔、防撞能力。我国高等级公路上使用的活动护栏采用钢管焊接,比较容易拆装,具有一定的防撞能力,安装高度与中央分隔带波形护栏高度一致。

2. 材料要求

(1) 材料规格　各组成的材料规格如下:

1) 波形梁、立柱、横隔梁、端头及连接螺栓所用钢材为普通碳素结构钢(Q235),其技术条件应符合《碳素结构钢》(GB/T 700—2006)的规定。

2) 拼接螺栓。波形梁是受拉构件,要求拼接螺栓采用高强螺栓,以大大增强接头处的强度。

3) 防阻块。防阻块材料可用型钢来制造,钢材应符合《碳素结构钢》的规定。其技术条件应符合《冷弯型钢技术条件》(GB 6725—2002)的规定。

4) 立柱埋置于混凝土中时,混凝土强度等级不应低于C15。

(2) 材料防腐　所有波形梁护栏的冷弯型钢部件均应作防腐处理,一般可采用热浸镀锌处理。镀锌时应符合要求。热浸镀锌所用的锌应为《锌锭》(GB 470)中所规定的0号或1号锌。

螺栓、螺母等紧固件在采用热浸镀锌后,必须清理螺纹或进行离心分离处理。在条件允许的情况下,螺栓、螺母等紧固件也可采用粉镀锌技术。

活动护栏的防腐处理原则上与波形梁护栏相同,采用热浸镀锌方法时,镀锌量规定为$600g/m^2$。

对钢材有严重磨蚀作用的地区,可采用热浸镀铝、浸塑、喷塑等方法,各地可根据本地的条件,通过经济技术比较选用,当采用热浸镀铝时,附着量可达$110 \sim 120g/m^2$。

在腐蚀特别严重的地区,或出于美观上的要求,护栏钢构件可在镀锌后再涂塑或油漆。

3. 施工

(1) 护栏施工的一般要求　具体如下:

1) 护栏施工一般在路面施工完成后进行,但在施工前应预先做好施工组织设计及施工准备。护栏施工常用工具有:打桩机、开挖工具、夯实工具、钳子、头及经纬仪、水准仪、卷尺等测量工具。

2）立交桥、小桥、通道和涵洞等设施顶部遇有护栏立柱时，应在这些设施施工时按照设计图要求准确设置预埋件。

3）护栏施工时，应准确掌握各种设施的资料，特别是埋设于路基中各种管道、电缆的位置。在施工过程中要谨慎操作，不允许对地下设施造成任何损坏。

（2）立柱放样　应根据设计文件进行立柱放样，并以桥梁、通道、涵洞、隧道、中央分隔带开口、紧急电话开口、路线交叉等控制立柱的位置，进行测距定位。

立柱放样时可利用调整板调节间距，并利用分配方法处理间距零头数。

应调查立柱所在处是否存在地下通信管线、排水管等设施，或构造物顶部埋土深度不足的情况，如有应调整某些立柱的位置，改变立柱固定方式。

（3）立柱安装　立柱安装应与设计文件相符，并与道路线形相协调。位于土基中的立柱，可采用打入法、挖埋法或钻孔法施工。立柱应牢固地埋入土中，达到设计深度，并与路面垂直。

（4）波形梁安装　护栏板应通过拼接螺栓相互连接成纵向横梁，并由连接螺栓固定于防阻块、托架或横隔梁上。护栏板搭接方向应与行车方向一致。如搭接方向与行车方向相逆，即使是轻微的擦碰，也会造成较大的损失。

波形梁在安装过程中应不断进行调整。因此不应过早拧紧其连接螺栓和拼接螺栓，否则将无法发挥板上长圆孔的调节作用。待调节完成后，需按规定拧紧拼接螺栓和采用高强螺栓，需严格控制扭矩。调整后的波形梁应形成平顺的线形，避免局部凹凸。

波形梁顶面应与道路竖曲线相协调。当护栏的线形符合要求后，方可最后拧紧螺栓。但应注意的是连接螺栓不宜拧得过紧，以便利用长圆孔调节温度应力。

（5）横隔梁、防阻块及端头安装　包括横隔梁安装、防阻块安装、护栏端头安装等内容。

1）横隔梁安装。设有横隔梁的中央分隔带护栏，在立柱准确定位后安装横隔梁。横隔梁应平行于路面（垂直于立柱）安装。在波形梁安装之前，横隔梁与立柱间的连接螺栓不应过早拧紧，以便进行整体调节。当横隔梁与波形梁准确就位后，方可最后拧紧螺栓。

2）防阻块安装。防阻块通过连接螺栓固定于波形梁与立柱之间，在安装调整立柱之后，即可安装防阻块，最后把波形梁装上并进行统一调整。

3）护栏端头安装。各类护栏端头应通过拼接螺栓与护栏板牢固连接，拼接螺栓必须采用高强螺栓。防撞等级为 SA、SAm 和 SS 的波形梁护栏上的横梁必须按设计文件的规定进行端部处理。

(6) 活动护栏施工 活动护栏的基础形式主要分为钢管插入式和抽换式立柱两种情况。

1) 当采用钢管插入式活动护栏时，其基础埋设应与路面施工同步进行，预埋管件应采取保护措施，以防杂物掉入管内。钢管插入式活动护栏采用焊接成型，应使焊缝牢固、平顺，每片活动护栏应平整，尺寸正确，不能扭曲，应使其插拔自如。

2) 活动护栏如采用抽换式立柱基础时，则可使开口处的活动护栏达到正常路段的强度，其开放的灵活程度应达到，只要拧松2根立柱的6个螺栓，即可抽出一跨护栏。

8.1.2 隔离与防眩设施的设置与施工

1. 隔离设施

（1）隔离设施的分类 具体如下：

1) 隔离设施是指把金属网（或钢板网、刺铁丝）绷紧在支撑结构上的栅栏，用于阻止人、畜进入公路或其他禁入区域，防止非法侵占公路用地内的设施。其分类见表8-2。

表8-2 隔离设施分类

构造形式		埋设条件	隔离设施代号
金属网	编制网	土中	F－Wn－E
		混凝土中	F－Wn－B
	焊接网	土中	F－Ww－E
		混凝土中	F－Ww－B
	拨花网	土中	F－Wcl－E
		混凝土中	F－Wcl－B
钢板网		土中	F－Em－E
		混凝土中	F－Em－B
刺铁网		土中	F－Bw－E
		混凝土中	F－Bw－B
常青绿篱		土中	F－Hld－E

2) 隔离栅的形式选择必须考虑隔离栅的性能、经济性、美观、与公路周围环境的协调，以及施工条件、养护维修等因素。

（2）材料要求 具体如下：

1) 隔离栅应符合《隔离栅技术条件》（JT/T 374—1998）及《公路交通安全设施施工技术规范》（JTG F71—2006）的规定。

钢板网片的材料应采用低碳薄钢板，并符合《碳素结构钢和低合金结构钢

热轧薄钢板及钢带》（GB/T 912—2008）和《碳素结构钢冷轧薄钢板及钢带》（GB/T 11253—2007）的要求。

电焊网片、编织网片、刺铁丝网片的材料应采用低碳钢丝，并符合《一般用途低碳钢丝》（GB/T 343—1994）的要求。

2）立柱可采用钢管、型钢或钢筋混凝土柱。钢管以钢带焊接或焊后冷加工制造，应符合《直缝电焊钢管》（GB/T 13793—2008）的要求；型钢应符合《碳素结构钢》的要求；钢筋混凝土柱应符合规范的有关规定。

3）螺栓、螺母可采用常用的普通紧固件，并符合《紧固件机械性能 螺栓、螺钉和螺柱》（GB/T 3098.1—2000）及《紧固件机械性能 螺母》（GB/T 3098.2—2000）的要求。

4）镀锌。隔离栅的所有金属件均应采用镀锌处理，可按《高速公路交通工程钢构件防腐技术条件》（GB/T 18226—2000）及《隔离栅技术条件》对金属防腐处理的有关规定办理。

(3) 施工注意事项　具体如下：

1）隔离栅宜在路基工程完成后尽早实施；承包人应在施工前制定详细的施工组织设计并送监理工程师审批。承包人应根据批准的施工组织设计，按设计文件中规定的隔离栅设置位置和实际地形、地物的条件确定控制立柱的位置和中心线，在控制立柱之间按设计文件规定的柱距定出柱位。

2）每个柱位均应按设计文件的要求确定高程，并应按实际地形进行调整。

3）应根据设计文件的规定开挖基坑。

4）立柱的埋设应分段进行，先埋两端的立柱，然后拉线埋设中间立柱。从纵向看，立柱的轴线应在一条直线上；从高度看，柱顶应平顺，不得出现高低不平的情况。一行隔离栅中如有断开处或在道路交叉口时，可视需要适当调整立柱间距。跨越河流时，当河两岸宽不超过6m时，应按图所示或用刺铁丝连接起来；当河两岸宽大于6m时，隔离栅应做终止封闭连接设置。当设计图要求把立柱、支撑或锚头埋入混凝土基础中时，承包人应设置必要的临时拉索或支撑，以将立柱固定于适当位置，直到混凝土硬化为止。在混凝土养生7天的期间，不应在立柱、拉索和支撑上安装或拉紧任何材料或部件。所有立柱均应按照图中的要求和线形垂直埋设。

5）应将尺寸和型号符合要求的隔离栅网片按设计图规定的方式从立柱端部开始牢固安装到立柱的挂钩上；或将网片安装在框架内，框架与立柱连接应牢固。所有的网片及铁丝均应绷紧而不变形，其安装高度应符合设计图的规定。隔离栅安装完毕，立柱基础均需进行最后压实处理。

6）在高压输电线穿越过安装隔离栅的地方，隔离栅应按电力部门的规定接上地线。

7）隔离栅一般应顺着地形设置。必要时，需进行人工整平，以取得整齐的外观。在低洼地区，当地面纵剖面发生突变、无法保持规定的离地净高时，可使用较长的立柱，然后拉上多股带刺铁丝，带刺铁丝之间的垂直净空不大于150mm。在开挖或钻孔之后，所有立柱应按规定的方法埋设，立柱一般每隔100m应在其两侧加斜撑，以保证其稳定性；隔离栅在改变方向处，立柱应设为三向斜撑。

8）桥上防护网，应按图所示安设，使其牢固地安装在立柱或支撑上；金属网应伸展拉紧，整个结构不得扭曲。

2. 防眩设施

（1）防眩设施的分类　防眩设施是指防止夜间行车受对向车辆前照灯眩目的构造物。其分类见表8-3。

表8-3　防眩设施

安装位置	构造特征	设置方式	防眩设施代号
中央分隔带		与波形梁护栏相连	Gs – Pt – Gr
		埋置在土中	Gs – Pt – E
		埋置在混凝土中	Gs – Pt – B
		设置在混凝土护栏上	Gs – Pt – Gw

在道路上设置的防眩设施形式多种多样的，除植树（灌木）外，还有网格状的防眩网、栅栏式的防眩网、扇面式的防眩扇板及板条式防眩板等形式，有金属材料制成的，也有塑料制作的。在选择形式时余地比较大。目前在世界各国使用最广泛的主要是防眩板及防眩网两种形式。设置防眩设施时，既要有效地遮挡对向车辆前照灯的眩光，也应满足横向通视好，能看到斜前方，并对驾驶员心理影响小的要求。

（2）施工内容　具体如下：

1) 施工前的准备包括：① 防眩设施的施工应根据其设置方法在路面工程或护栏工程施工完成后进行。② 防眩设施在施工前应做好各项准备工作，并做出详细的施工组织设计。③ 施工前应清理场地，确定控制点，在控制点之间测距定位、放样。

2) 施工注意事项：① 设置于混凝土护栏上的防眩板或防眩网，在安装时应注意防眩板或防眩网可通过混凝土护栏顶部的预埋件及连接件安装在混凝土护栏上，未设置预埋件时，可采取后固定的施工工艺安装；混凝土护栏强度低于设计强度的70%时，不得安装防眩板或防眩网；防眩板或防眩网下缘与混凝土护栏顶部的间距应符合设计文件的规定；防眩板或防眩网安装后，不得削弱混凝土护栏的原有功能。② 设置于波形护栏上的防眩板或防眩网，在安装时应注意防眩板或防眩网可通过连接件安装在波形梁护栏上；防眩板或防眩网安装在波形护栏上时，不得削弱波形梁护栏的原有功能；防眩板或防眩网下缘与波形梁护栏顶面的间距应符合设计文件的规定；施工过程中不应损伤波形梁的防腐层，否则，应在24h之内进行修补。施工中应按设计要求处理好路段与桥梁上的防眩设施的设置位置及高度，并随时检查、校正，不得出现高低不平甚至扭曲的外形。③ 防眩板或防眩网单独埋设立柱时，可根据所在位置将立柱埋入土中、设置于混凝土基础或固定于桥梁、通道、明涵等构造物上。设置混凝土基础，其强度达到设计强度的70%以上时，方可在立柱上安装防眩板或防眩网，同时应注意不要损坏通信管道等地下构造物，并注意与道路线形协调一致。

8.1.3 标志、标线的设置与施工

公路的交通标志、标线应确保所传递的信息能最大限度地为道路使用者接受和理解，从而减少事故的发生和避免在道路上迷失方向，对交通安全起着重要的作用。

8.1.3.1 视线诱导标

视线诱导设施分为轮廓标、分流诱导标、合流诱导标、指示性线形诱导标和警告性线形诱导标。视线诱导标是指沿车道两侧设置的，用以指示道路方向、车行道边界及危险段位置的设施的总称。轮廓标以指示道路线形轮廓为主要目标，分流、合流诱导标以指示交通流分合为主要目标；而线形诱导标以指示或警告改变行驶方向为主要目标。它们以不同的侧重点来诱导驾驶员的视线，使行车更趋安全、舒适。

视线诱导设施的形式选择，应根据公路的线形情况，照明的配置及交通流向情况，充分考虑各种视线诱导设施的效果、经济性、美观及与公路周围环境协调等因素确定。

视线诱导设施一般在路面施工完成后进行；附着于护栏上的视线诱导设施，

可在护栏安装过程中或在护栏安装完成后进行；立柱安装的混凝土基础也可提前施工，但必须控制好标高。附着于护栏或其他构造物上的视线诱导设施，一般是在最后安装；安装太早，特别在公路还没有全封闭，没有正式移交给管理部门以前，这种设施很容易遭到破坏。施工安装前，应对全线视线诱导设施的埋设条件、位置、数量进行核对，并做出详细的施工组织设计。施工步骤如下：

1. 放样

轮廓标应按设计图要求定位，附着于护栏上的轮廓标，可按立柱间距定位。分、合流诱导标和线形诱导标均应按设计图量距定位。

2. 混凝土基础

埋设于土基中的轮廓标或诱导标，均应浇筑混凝土基础。混凝土基础的施工，应先定位，挖基，经检查符合要求后，先浇筑一层片石混凝土，厚度不应小于20cm，然后在片石混凝土上支模板测定模板顶部的标高。当立柱与混凝土基础浇筑在一起时，则可将立柱放入模板中，固定就位后即可浇筑混凝土。若轮廓标柱体或立柱为装配式，则应预留柱体插入的空穴，或采用法兰盘连接。

3. 安装

柱体式轮廓标，可在混凝土基础的预留空穴中安装，轮廓标柱体应垂直于地平面，三角形柱体的顶角平分线应垂直于道路中心线，在曲线上安装时，三角形顶角平分线应对向圆心。柱体与混凝土之间用螺栓连接；附着于各类构造物上的轮廓标，按照放样确定的位置进行安装。可根据不同构造物，选择合适支架和紧固件。反射器应尽可能与驾驶员视线垂直。安装高度宜尽量统一，连接牢固；分、合流诱导标和线形诱导标应在基础混凝土强度达到设计强度的80%以上方可进行安装，当诱导标附着于护栏立柱上时，应先对立柱的位置、垂直度进行检查，达到要求后才能安装诱导标的面板，采用抱箍和滑动螺栓把诱导标固定在立柱上。面板应与驾驶员视线尽量垂直，安装高度应满足设计要求。安装过程中应保持面板的平整度。

8.1.3.2 交通标志

1. 交通标志的分类及设置位置规定

交通标志可分为警告、禁令标志、指示标志和指路标四种。其设置形式分单柱式、双柱式、悬臂式、门式、附着式。在选择交通标志设置地点时，除必须考虑标志的视认性外，还要考虑道路构造、交通状况及沿路的具体情况等，驾驶员可按照交通标志的指示安全地行驶。在设置标志时应考虑到驾驶员对标志的视认距离、判读距离及行动距离等。道路的一切附属设施均不应妨碍对交通标志的视认性。设置的交通标志不能侵入道路建筑的净宽，标志板的内侧边缘线距行车道的边缘应不小于25cm。

2. 交通标志的设置注意事项

第8章 公路附属设施的施工

（1）警告标志 警告标志是对驾驶员预告在沿路运行中存在的危险或应注意的状态，是为提醒驾驶员注意而设置的标志。包括交叉点预告、道路平面线形预告、道路纵断线形的预告、路面变窄及双向交通的预告、沿路情况预告（沿路设施预告、路面状况预告、沿路的危险预告）。

（2）禁令标志 禁令标志是禁止或限制车辆及行人交通行为的标志，其尺寸根据设计行车速度确定。

（3）指示和指路标志的设置 指示标志是诱导指示车辆和行人行进的标志。其设置原则与前两种标志相同，以蓝色为底色。指示标志的形状有圆形、长方形和正方形；指路标志是传递道路和方向、地点、距离等信息的标志，其形状除地点外均为长方形。其颜色除里程牌、百米桩和公路界碑外，一般道路为蓝底白图案，高速公路为绿底白图案。

（4）辅助标志 辅助标志安装在主标志下面，一般主标志为警告和禁令标志。

3. 施工内容与注意事项

（1）标志定位与设置 所有交通标志都应按设计图的要求定位和设置，安装的标志应与交通流方向几乎成直角，在曲线路段，标志的设置角度应由交通流的行进方向来确定；为了消除路侧标志表面产生的眩光，标志应向后旋转约5°，以避开车前灯光束的直射；门架标志的垂直轴应向后倾成一角度；对于路侧标志，标志板内缘距土路肩边缘不得小于250mm。

（2）基础 标志基础可根据规范的规定就地浇筑或预制后再埋置。基础位置的确定、开挖以及浇筑混凝土立模和锚固螺栓的设置等，都应经批准后方可施工。

（3）标志支承结构

1）路侧式标志的装设，应按《道路交通标志和标线》（GB 5768—1999）第13.6条的规定进行。

2）钢支承结构应根据《公路工程招标文件范本》第414节和《道路交通标志和标线》的规定制作和安装。

3）管状或空心截面的支承结构，应设有防雨帽。

4）钻孔、冲孔和车间焊接，应在钢材电镀之前完成。提供的连接件和附件应适合标志安装系统并符合《道路交通标志和标线》附录E的要求。

5）承包人应把其推荐的安装系统，包括多标志组合装置的详情报送监理工程师审批。安装期间，标志板应适当支撑和加固，其表面应采取防止损坏的保护措施。

6）标志支撑结构的架设应在基础混凝土强度达到要求，并得到监理工程师的批准后进行。门架标志结构整个安装过程应以高空起重机为工具，不允许施工人员在门架的横梁上作业。在横梁安装之前，应先预拱，横梁中间处的预拱度一般为 50mm。悬臂标志的预拱度为 40mm。门架和悬臂式标志支撑结构安装完毕后，应按图要求，将高强级反光膜贴在立柱的迎交通流面，作为立面标记。

7) 标志中与铝合金或其他金属接触的所有钢材都应加以保护，以避免钢材或铝合金的锈蚀，保护措施应经监理工程师认可。

(4) 标志板制作安装　具体如下：

1) 标志面的制作。①交通标志的形状、图案和颜色应严格按照《道路交通标志和标线》及设计图的规定执行。所有标志上的汉字、汉语拼音字母、英文字、阿拉伯数字应符合《道路交通标志和标线》的规定，不得采用其他字体。②交通标志板面上图案、字符的平面布设，应在施工前 3 个月做出样品，提交给监理工程师审批。标志采用全反光、部分反光及反光膜的级别，应符合设计图要求。③粘贴反光膜时，不允许采用手工操作或用溶剂激活粘结剂。在标志面的最外层可涂保护层，如透明涂料等。④反光膜应尽可能减少拼接，当粘贴反光膜不可避免出现接缝时，应使用反光膜产品的最大宽度进行拼接，接缝以搭接为主。当需要滚筒粘贴或丝网印刷时，可以平接，其间隙不应超过 1mm，距标志板边缘 50mm 之内不得有拼接。⑤当用反光膜拼接标志图案时，拼接处应有 36mm 的重叠部分；如果监理工程师同意采用对接，则接缝间隙不得大于 0.8mm。反光膜粘贴在挤压型材板面上，伸出上、下边缘的最小长度为 8mm，且应紧密地粘贴在上、下边缘上。

2) 标志板应在车间剪裁或切割，以产生整齐、方正的边缘，不应有毛刺，并按《道路交通标志和标线》(GB 5768—1999) 附录 E 的规定进行加固。所有标志板的槽钢应在粘贴定向反光膜之前焊接好。

3) 承包人应先提供一种所有各类标志板面各种图案的配置图，在取得监理工程师同意之后，再进行图案制作。

4) 定向反光膜应用不剥落的热活性胶粘剂粘贴，将反光膜牢固粘贴到标志板上，其表面不得产生任何气泡和污损等缺陷。

5) 标志板的运输、储存和搬运方式应按制造厂商的要求进行。两块标志邻接面之间应用适合的衬垫材料分隔，以免在运输、搬运过程中磨损标志板面。标志板应储存在干净、干燥的室内。

6) 安装标志板时，应事先获得监理工程师的批准，标志的紧固方法应符合设计图的要求。

7) 标志安装完毕后，承包人应根据标志制造厂商建议的方法，清扫所有标志板。在清扫过程中，不应损坏标志面或产生其他缺陷。

8) 标志安装完毕后，监理工程师检查所有标志，以检查在白天和夜间条件下标志的外观、视认性、颜色、镜面眩光等是否符合设计图要求。在标志检查中发现的任何缺陷,承包人应按监理工程师的指示自费予以修正或更换。

8.1.3.3 路面标线

1. 标线的分类

路面标线与道路标志共同对驾驶员指示行驶位置、前进方向以及有关限制,具有引导并指示有秩序地安全行驶的重要作用。通常有车道线、停车线、人行横道线(或斑马人行过街线)、导向箭头、分车线、路面边缘线、停车道范围、渠化(导流)画线等。

2. 施工及控制

我国采用油漆标线和热塑标线两种,油漆标线用于车行道边缘线和收费站标线,热塑标线用于永久性的车道分界线、横向标线、人字、斑马纹导流标线、出入口标线和车道导向箭头。

(1) 材料的技术要求 根据我国的实际情况,检验材料主要技术指标见表8-4。

表8-4 检验材料主要技术指标

项目	指标	项目	指标
相对密度	$1.8t/m^3$	耐磨耗性	<200mg
软化点	>80℃	耐压强度	>12MPa
干燥速度	3min后不粘橡胶轮胎	耐碱性	用饱和氢氧化钙溶液泡18h后无异常变化
涂抹外观	颜色正不正	耐水性	在水中泡18h后无异常变化

(2) 样品检查 用密闭容器将样品提交中心实验室进行试验,其数量为:道路标线漆4L;用于道路标线漆的稀释剂4L;热塑材料2kg;用于热塑材料施工的粘层料4L;球状玻璃珠500mL。材料的试验应按照BS3900油漆试验方法进行。

(3) 尺寸允许偏差 所有的路面标线位置应与图中规定的或监理工程师认定的位置相差不大于10mm。

所有的纵向标线,其长度应与图中规定的长度相差不大于10mm,其宽度应与设计图上规定的宽度相差不大于5mm。人字形标线、箭头和限速标记的尺寸应与设计图上规定的尺寸相差不大于5mm。箭头和限速标记应正对着通车道的中心线。

(4) 颜色 油漆标线的颜色应经过试验,方法为:把油漆标线材料加压喷涂在一块洁净光滑的锡板上,喷涂率为$8.22m^2/L$,放置30min后与标准色比较。

油漆喷涂于道路表面后,经使用应在3个月内没有显著褪色。将厚度为0.35~0.4mm湿漆薄膜喷涂在平滑的沥青混凝土路面上时,任其干燥,油漆和路面粘结料互相溶解和吸收后,油漆不应出现明显的褪色现象。

(5) 路面标记涂漆 喷漆时,道路表面应干净、干燥、喷漆工作应在白天进行。天气潮湿、灰尘过多、风速过大或温度低于4℃时，喷漆工作应暂停。所有的纵向标线应由一种有效的自行式机械喷涂，喷枪的输漆量是8L/min。喷涂时使用真空喷涂装置，此装置应把油漆加压到11kPa。为能顺利工作，使用的喷枪孔径是1.32mm。油漆应喷涂均匀，湿漆膜厚度为0.35~0.40mm。

(6) 热塑材料的施工　热熔涂料中内混玻璃珠含量以18%左右为宜。在使用热塑材料之前，应把热塑材料放在一个合适的油熔锅内均匀加热至批准的温度。所有纵向标线应由一种有效的自行式机械喷涂。热塑材料应均匀地涂敷，冷膜厚度为1.5~2.0mm。所有的横向标线、图例、符号和箭头都应用样板涂敷。材料应均匀涂敷，冷膜厚度为1.5~2.0mm，表面应平滑。

(7) 玻璃珠的使用　玻璃珠应以$0.34kg/m^2$的用量加压撒布在所有的纵向标线上，撒布玻璃珠要在油漆或热塑料材料喷涂后立即进行。玻璃珠的使用率应通过野外试验检查，具体方法是：关闭油漆开关，精确地操作玻璃珠撒布器10s并测量玻璃珠的体积，其体积应符合要求。

(8) 标线厚度检验　在施工过程中，应重视其厚度的检测与控制。缺乏先进检测手段时，可将热塑材料涂敷后，取得样品进行厚度量测。

8.2　公路绿化工程施工

公路施工不可避免地会对自然环境产生影响，施工后现场为已遭破坏的工程环境，很难和沿线的环境与自然生态相协调。故在公路建设中，应采取妥善的补救措施。由于植物的树冠及草皮可防雨水冲蚀，浓密的树也可以遮阳，叶面绒毛或气孔可以净化空气，植物的各部分更可吸收、折射声音，所以可以用植栽（绿化）的方法控制公路建设对环境质量的影响，而且采用植栽方式还能促进环境调和，恢复自然生态，有时甚至比工程方法更为有效。所以，公路工程建设中，公路的绿化已成为公路工程的重要组成部分。

8.2.1　绿化的形式与布置

1. 绿化的形式

绿化的形式，大致区分为自然式和整型式两种。

(1) 自然式绿化　这是将大小树木或树木群互相按不等间距布置，使树木群的轮廓线形成不整形的绿化。边坡绿化、公路两侧的空地绿化多采用这种形式。

(2) 整型式绿化　这是把形状尺寸相同的树木，以一棵乃至几棵作为一个单位，或者以不同形状尺寸和树种，组成特殊形式作为一个单位，互相按等间距布置的绿化。

2. 绿化的布置

（1）中央分隔带绿化的布置　一般来说，中央分隔带应采用整型式绿化形式，主要以草坪等植被类和矮树配合种植为标准。若中央分隔带宽度大于4m时，可酌情增加高树，按自然式或整型式配合种植。当中央分隔带宽度小于0.8m时，不宜绿化。

（2）路侧绿带的布置　要求如下：

1）布置方式。当采用窄而分散的布置方式时，应以栽种乔木为主，其优点是护荫能力强，造价低廉，管理方便，但比较单调。当采用宽而集中的布置方式时，一条绿带的宽度宜在4m以上，其优点是：种植品种的选配较为自由，构成景象丰富多样，因而提高了道路的艺术效果，且因绿带厚密，隔声防尘能力强。

2）布置要求。两种布置方式的分段长度均宜大于500m，且不应频繁变换；绿带宽度和条数应根据红线宽度、道路功能、地下管线等因素确定。

3）特殊处理。边坡绿化，种植草皮是主要的绿化方式，但应视土质条件而定。砂质土宜铺草皮，而粘性土宜播种草籽。道路红线宽度较窄的路段，则不宜布置专门的绿带，而是采用矮墙绿篱、花墙漏窗的手法处理，或采用垂直绿化。

8.2.2　公路绿化工程施工

1. 场地清理

1）种植地点和种植区域的轮廓线应由施工单位标出和立桩，在种植区域开工前得到监理工程师认可。

2）单株种植在开挖或挖掘树坑时，应将表土挖出置于坑边，并与底土分开。碱土、砾土、石头或在开挖中遇到其他有碍于植物生长的物体，应从土壤中分离出来（用筛子筛去）废弃。

3）树坑直径应大于400mm，并大于保护根土包球的直径或根系展伸直径。树坑深至少800mm，当树在坑内处于适当水平高度时，土球或树的根系底部距底应有不少于200mm的空间，树坑周围应修整，其底部应水平。

4）灌木坑直径至少300mm，大于根球直径或根系展伸直径。灌木坑要有一定深度，当灌木处于坑的适当位置时，灌木根球或灌木根系底部与坑底至少有150mm的空间。

2. 植草地表的准备工作

1）施工单位应在播种草籽时对植草区域进行开垦，开垦的区域在150mm深度内，消除硬土和硬土层。

2）施工单位要清理表面的任何碎屑，在合同适用期内，在工地把碎屑垃圾收集起来。

3) 在地基表土上溅落的沥青、水泥或其他有害物质，以及受到影响的范围都应当挖除，污染土壤的处理依照监理工程师的指示进行。

4) 施工单位应向缺少自然表土层或自然表土层的厚度小于100mm的区域供应铺撒表土，形成不少于100mm表土生长层。

5) 地表面应当平顺、缓坡及不应有土堆与凹陷，并要稍作预滚压。应当控制人行通道与其他外形的最后剖面，以形成连续高程，除非图中有特殊说明，排水的坡度最小为1:60，最大为1:6。在做这项工作时，应避免过多地取走表土并保证在地表面准备工作结束后，最有效用的表土层深度至少为100mm。

6) 将准备好的良好的草坪种籽底肥以每公顷285kg的数量均匀地撒在准备好的苗床上，肥料应深耕至苗床深度100mm，施肥时间不得超过播种前48h或播种施肥。

3. 材料的质量检查

(1) 表土　质量要求如下：

1) 施工单位在经过监理工程师批准的情况下可以从道路用地范围内取得合适的表土。

2) 表土的意思为土壤中含有供植物生长的有机物质，无不适合的物质（如超过25mm直径的石头、粘土块、杂草、树根、木棍、垃圾以及对植物生长有害的物质）。

3) 施工单位可在按监理工程师指示的位置及面积内建立土料堆，土料堆应防风，防雨水冲没，有足够的排水区，并防止车辆往来。在存放期间，不允许料堆上有植物生长。

(2) 草种　应选择适合于当地气候条件、易于生长的草种，或经监理工程师同意或指示的其他混合草种。混合草种应试验其萌芽情况，其纯度和萌芽率均应达到90%以上。

(3) 肥料　最好使用优质的农家肥。如果使用化学肥料，应用标准商业等级化学肥料。

(4) 树和灌木　质量要求如下：

1) 送到现场的树木，依据树种，树高应为1.5~3.0m，树杆直径不小于30mm。灌木种植在坡脚或沟沿，高应为1.0~1.5m；种在路中保留地的灌木，高度应为0.6~0.7m。

2) 所有的树木均应为标准品种或一等品，并且应有正常的良好发育的树枝或根茎系统，并有苗壮的根系。为满足特定的尺寸而过分修剪的大树予以拒收；应无变态的树节，避免有太阳的灼伤及树皮磨损，免遭风或冰冻或其他外形损伤；植物应有健壮旺盛的树节，顶和根茎的修剪正常。所有苗木应为苗圃生长的。树木应具有相当直的树干和良好的杈,根据它们的自然习性生长。树木不能有直径超过 20mm 没有愈合的伤痕。

3) 灌木应是具有在工程所在区域生长特性的品种。

(5) 水 用于植物生长和养护的水,应无油、酸、碱、盐或任何有害于苗木生长的物质。

(6) 表土的堆放 堆放表土以前,应经检查并批准。

表土应按在设计图所示的位置和深度供给和铺放。施工单位应轻微地拍实表土,使最后的表面平整,达到要求的高度,无土块,随时可以耕作、种植或播种,按要求保证植物根的覆盖层。

4. 植草区的播种

(1) 撒播草种 有关规定与要求如下:

1) 播种季节。①应在设计图规定的季节正常播种、施肥和覆盖。如设计图未规定具体日期时,应在当地生长季节进行播种、施肥和覆盖。②在刮风天不应播种,也不应在过湿或未经耕作的土地上播种。

2) 播种方法。①干播。干播法应采用经监理人同意的机动播种机、条播机或其他机械设备。对于机械设备不能进入的地区可以用人工播种。播种后的地面应用监理认可的机具在 24h 内轻轻压实,随即浇水。②喷播。喷播一般用于坡度较大的地段,喷播应采用经监理同意的技术方案和机具。喷播前必须按喷播技术要求进行坡面处理,打桩挂网,并保证喷播种子的均匀程度和萌发质量。

3) 播种施工要求。①承包人应事先将采用的机具和播种方法通知监理人员。必要时承包人应在工程开始前做工艺的野外试验。②播种时应先浇水浸地,保持土壤湿润,稍干后将表层土耙细耙平,进行撒播,均匀覆土 3~5mm 后轻压,然后喷水。③播种后应及时喷水,水点宜细密均匀,浸透土层 80~100mm,除降雨天气外,喷水不得间断。亦可用草帘覆盖保持湿度,至发芽时撤除。④植生带铺设后覆土、轻压、喷水,方法同播种。⑤坡地和大面积草坪铺设可采用喷播法。⑥除图中另有规定或监理人指示外,草籽播种量一般情况下每 $1000m^2$ 平地面不少于 6kg,坡地面不少于 9kg。⑦将草籽和混合肥料拌合,均匀地撒播到已准备好的表土区内。也可在播种前不多于 48h 施肥,使肥料深入到表土层内,化肥的施肥量应根据土壤理化性质确定。

(2) 铺植草皮 有关规定与要求如下:

1) 铺植季节。①除非设计图上另有表明或监理人指示,铺植草皮应根据不同草皮在当地最适宜的季节进行铺植;种植的适宜季节和草种类型选择应符合《城市绿化工程施工及验收规范》(CJJ/82—1999)的要求。②土壤条件不适合种植时不应铺植。

2) 提供草皮、检查及运送。①承包人应在铺植工作前 14 天,向监理人提供有关草皮供应来源的全部资料,监理人可随时前来检查。所有草皮应符合现行关于植物病害及昆虫传染检疫的法规,承包人应送交监理人必要的全部检疫证明。②从采集场地运出前不少于7天,承包人应以书面形式通知监理人,在采集场地挖移以前检查草皮。监理人同意挖移的草皮,并不意味着最后验收。③草皮块运输时宜用木板置放2~3层,保护好根系。移植发育充分并有足够根系的草皮,装卸时应防止破碎。

3) 铺植草皮。在铺植地表的准备工作完成以后,即可铺植草皮,可密铺或间铺成条状方格。铺植的形式,按设计图要求。铺草皮时,除平铺外,在边坡较高较陡之处也可铺植,即自坡脚处向上钉铺,用小尖木桩或竹签将草皮钉固于边坡上。密铺应互相衔接不留缝,间铺间隙应均匀,并填以种植土。铺植后应进行滚压、喷灌浇水。

(3) 草坪混播 有关规定与要求如下:

1) 选择两个以上草种应具有互为利用、生长良好、增加美观的功能。

2) 混播应根据生态组合、气候条件和设计确定草坪植物的种类和草坪比例。

3) 同一行混播草坪应按确定比例混播在一行内,隔行混播应将主要草种播在一行内,另一行草种播在另一行内。混合撒播应筑播种床育苗。

5. 植树

1) 除图中说明或监理工程师有所指示外,落叶植物应在早春种植,大约1个月以后种植常青树。

2) 在运输之前,所有的植物应立即掘出,包扎打捆,为运输做好准备,应按照园艺实践技术精心护理。

3) 任何时候,所有植物的根系不得干燥也不得暴露在任何人工热源或冰冻温度里。在运输过程中,所有植物必须良好地包装,以保证其不受太阳晒、风吹与气候和季节的侵害。所有的裸根植物根系必须包装在有稀泥和其他适用材料的稻草袋内。

所有常青树和灌木都应有泥土球和草袋包装,泥土球必须坚固,草袋在运输到现场及种植时必须保持完好。

供应的裸根落叶树和灌木,应将根系放入足够密度的泥浆中,使全部的根系粘有泥浆。

树冠应仔细捆好,以防树枝折断。

4) 地面覆盖物,多年生植物和其他类似的植物应放在合适的盆或容器中,根系应很好保护。植物生长良好,从容器中移出后有足够的带土的根,同时未被束缚。

5) 运到现场的每株植物都应带有清楚的标签,作为一个单件,每一捆、每一包或容器装有一或多株植物,也要有这种标签。

6) 不允许用替代品种,除非得到监理工程师的批准。

7) 运送到现场不种的植物或当天种不完的植物应采取下列专门的保护措施:①裸根的植物应当散捆,侧放在沟内,植物之间留有空间,所有的根部要培土和保持潮湿。②草袋内和土球包的植物,应当用土、稻草或其他合适的材料保护土球,保持湿润,防止根系受干。

8) 所有植物应防止过热或过冷,并应存放在阴凉处,防风、防晒。

9) 对裸根植物,坑底部应有大约150mm深度的松表土,撒入大约2.5kg有机肥料(视表土质量而定)。用50~100mm厚回填土层盖住肥料,以防止根部直接接触肥料。

10) 施工要求。裸根植物置于树坑中央,根部按天然情况适当散开。折断或损坏的根,应当剪掉,以保证根部良好的生长。然后小心地围绕根部进行回填,适当地和充分地压实。当回填到根系一半深度时,植物要轻轻地向上提起,以排除空隙。然后回填树坑,土层厚度为150mm,要压密实。对单株植物应有一个深150mm、直径等于树坑直径的蓄水浅坑。回填的树坑要彻底灌水,直到表面成泥浆。

参 考 文 献

[1] 王明怀. 高等级公路施工技术与管理 [M]. 北京：人民交通出版社, 1999.
[2] 郑忠民. 公路施工机械化与管理 [M]. 北京：人民交通出版社, 2002.
[3] 吴幼松, 余清河. 公路机械化施工与管理 [M]. 北京：清华大学出版社, 北京交通大学出版社, 2007.
[4] 刘吉士, 阎洪河. 公路路基施工技术 [M]. 北京：人民交通出版社, 2003.
[5] 李朝晖. 公路施工技术 [M]. 北京：人民交通出版社, 2007.
[6] 文德云. 公路施工技术 [M]. 北京：人民交通出版社, 2003.
[7] 俞高明. 公路施工技术 [M]. 北京：人民交通出版社, 2007.
[8] 胡长顺, 黄辉华. 高等级公路路基路面施工技术 [M]. 北京：人民交通出版社, 1994.
[9] 邓学军. 路基路面工程 [M]. 北京：人民交通出版社, 2000.
[10] 长安大学. 工程材料 [M]. 北京：人民交通出版社, 2002.
[11] 陈爱萍. 道路工程施工 [M]. 北京：机械工业出版社, 2008.
[12] 李辅元. 桥梁工程 [M]. 北京：人民交通出版社, 2004.
[13] 王常才. 桥涵施工技术 [M]. 北京：人民交通出版社, 2002.
[14] 刘士林, 梁智涛, 等. 斜拉桥 [M]. 北京：人民交通出版社, 2002.
[15] 雷俊卿, 郑明珠, 等. 悬索桥设计 [M]. 北京：人民交通出版社, 2002.
[16] 周昌栋, 等. 悬索桥上部结构施工 [M]. 北京：人民交通出版社, 2004.
[17] 顾懋清, 石绍甫. 公路桥涵设计手册—拱桥：上册 [M]. 北京：人民交通出版社, 1997.
[18] 顾安邦, 孙国柱. 公路桥涵设计手册—拱桥：下册 [M]. 北京：人民交通出版社, 1997.
[19] 公路桥涵设计手册编写组. 涵洞 [M]. 北京：人民交通出版社, 1991.
[20] 交通部第一公路工程总公司. 公路施工手册·桥涵 [M]. 北京：人民交通出版社, 2000.
[21] 钱东升. 公路隧道施工技术 [M]. 北京：人民交通出版社, 2003.
[22] 王毅才. 隧道工程 [M]. 2版. 北京：人民交通出版社, 2006.
[23] 覃仁辉. 隧道工程 [M]. 2版. 重庆：重庆大学出版社, 2008.
[24] 聂让, 付涛. 公路施工测量手册 [M]. 北京：人民交通出版社, 2008.